C000139169

"Samuel Chand es líder de líderes. Sus agudas visiones y exposición vasta al liderazgo le han preparado bien para ajustar las directrices del liderazgo. Su pasión natural por el desarrollo del liderazgo es un don refinado que él comparte con entusiasmo con líderes y líderes en desarrollo."

—*Dr. John C. Maxwell*
Fundador, The INJOY Group

"La enseñanza de Sam Chand es un arma secreta que resulta en el aumento de materialización efectiva de tu potencial sin realizar."

—*Bishop T.D. Jakes*
Autor de éxitos de ventas del *New York Times*

"El Dr. Chand ha sido uno de los más valiosos mentores en mi vida y ministerio. Tiene un carácter tremendo, una valiosa perspectiva de liderazgo, un contagioso sentido del humor, y un corazón de pastor. Me ha mentoreado, y ha hecho de mí un líder espiritual mucho más fuerte."

—*Pastor Craig Groeschel*
Lifechurch.tv, Edmond, OK

"El doctor Sam Chand ha tratado personalmente con las altas y bajas del liderazgo, y ha capacitado a un sinnúmero de personas a hacer lo mismo, con la misma medida de sabiduría divina, humor e intención."

—*Brian Houston*
Pastor principal, Hillsong Church

"Samuel Chand está siendo pionero en el proceso de conducir la iglesia hacia el mañana."

—*Bill McCartney*
Promise Keepers, Denver, Colorado

"Un llamado único de Dios para motivar y preparar a los líderes para el siglo XXI."

—*Kenneth C. Ulmer*
Faithful Central Bible Church, Inglewood, California

"Samuel Chand es una de las luces más brillantes en el horizonte de la iglesia actual."

—*Jack Hayford*
Van Nuys, California

"Esclarecedor y divertido, comparte experiencias personales para ayudar a transformar a personas comunes en líderes influyentes."

—*Stowall Weems*
Celebration Church, Jacksonville, Florida

"Él ve más allá del presente y toca el mañana".

—*Tom Mullins*
Christ Fellowship Church, Palm Beach Gardens, Florida

LIDERAZGO PRÁCTICO

LOS MEJORES

PRINCIPIOS DE

LIDERAZGO

PARA PASTORES

Y LÍDERES

SAMUEL R. CHAND

LIDERAZGO
PRÁCTICO

WHITAKER
HOUSE
Español

A menos que se indique lo contrario, los versículos bíblicos citados son tomados de *La Santa Biblia, versión Reina Valera 1960* (rvr) © 1960 Sociedades Bíblicas en América Latina; © renovado 1988 Sociedades Bíblicas Unidas. Usadas con permiso. Todos los derechos reservados. Las citas marcadas (nvi) son tomadas de la *Santa Biblia, Nueva Versión Internacional*®, nvi®, © 1999 por la Sociedad Bíblica Internacional. Usadas con permiso. Las citas bíblicas marcadas (ntv) son tomadas de la *Santa Biblia, Nueva Traducción Viviente*, © 2008, 2009 Tyndale House Foundation. Usadas con permiso de Tyndale House Publishers, Inc., Wheaton, Illinois 60189. Todos los derechos reservados.
Los textos en negrita y cursivas son énfasis del autor.

Traducido por: Belmonte Traductores
Manuel de Falla, 2 28300 Aranjuez Madrid, ESPAÑA
www.belmontetraductores.com

Editado por: Ofelia Pérez

Liderazgo Práctico
Los mejores principios de liderazgo para pastores y líderes

ISBN: 978-1-64123-203-6
Impreso en los Estados Unidos de América
© 2018 by Samuel R. Chand
www.samchand.com

Whitaker House
1030 Hunt Valley Circle
New Kensington, PA 15068
www.whitakerhouseespanol.com

Por favor, envíe sugerencias sobre este libro a: comentarios@whitakerhouse.com.

Ninguna parte de este libro puede ser reproducida o transmitida de ninguna manera o por ningún medio, electrónico o mecánico —fotocopiado, grabado, o por ningún sistema de almacenamiento y recuperación (o reproducción) de información— sin permiso por escrito de la casa editorial. Por favor, para cualquier pregunta dirigirse a: permissionseditor@whitakerhouse.com.

1 2 3 4 5 6 7 8 9 10 11 **LIJ** 25 24 23 22 21 20 19 18

CONTENIDO

Parte II:
La decisión más importante del liderazgo: seleccionar tus líderes

Parte III
Tu siguiente movimiento audaz

Parte IV
La iglesia del mañana

Los métodos que utilizábamos una generación atrás probablemente no son eficaces actualmente.

Los líderes de fefutura deberían saber esto: necesitamos utilizar la tecnología.

Para que las iglesias crezcan, los nativos tienen que adaptarse al idioma y las necesidades de los inmigrantes.

Quienes ocupan cualquier posición de liderazgo en la iglesia, necesitan preguntar: "¿Qué estoy haciendo yo que evita que nuestro ministerio avance?".

Los líderes de las iglesias del mañana anticipan lo inesperado, y se adaptan a circunstancias cambiantes.

La sensibilidad cultural celebra la diversidad.

PRÓLOGO

Comencé mi viaje de liderazgo cuando en el 1974, la universidad donde estudiaba me ofreció una beca de trabajo como cocinero del desayuno, lavaplatos y conserje. Esto es lo que ahora yo llamo liderazgo *funcional*. Algún tiempo después, mi pastor me pidió que dirigiera un ministerio para envejecientes en un asilo de ancianos, y que organizara y dirigiera un coro para la iglesia. Durante ese tiempo, fui también electo por los estudiantes como presidente de la clase. ¡Wow! Poco sabía o entendía lo que conozco ahora. En aquellos momentos, fui catapultado de líder funcional a líder organizacional.

Como líder funcional, estaba trabajando con cosas y en proyectos. Mi escoba, aspiradora de polvo, sartenes, huevos y lavaplatos no se quejaban, ni me respondían ni me expresaban malas actitudes. Pero como líder organizacional, lideraba personas, no cosas. Las personas vienen con opiniones, actitudes, itinerarios, conflictos y tomas de decisiones.

¿Acaso no es así como todos comenzamos nuestro viaje de liderazgo, de funcionales (proyectos) a organizacionales (personas)? Pero aquí estamos. Liderando personas.

Desafortunadamente, muchas buenas personas se han destruido porque nunca estuvieron destinados a ser líderes organizacionales. Se destacaban como líderes funcionales, pero asumimos que porque eran buenos líderes funcionales también serían líderes organizacionales. No siempre es cierto.

Hay tres pasos que nos han traído a todos nosotros a donde estamos hoy. En el siguiente orden:

1. Observaciones

2. Opiniones

3. Oportunidades

Alguien nos observó, formó opiniones y nos dio oportunidades. Como líderes, siempre estamos bajo observaciones, las personas están formando opiniones acerca de nosotros, y nuestra próxima oportunidad de liderazgo está basada en esos dos.

En este libro estoy guiado por mis décadas de observaciones sirviendo como líder (Pastor de Jóvenes, Pastor Principal, presidente de una universidad cristiana, autor, conferencista y consultor de liderazgo), igual que observando líderes y organizaciones en todo el mundo. Esas observaciones me han llevado a la opinión de que los líderes quieren crecer ellos mismos y hacer crecer sus organizaciones. Yo espero que este libro te dé la gran oportunidad que estás buscando.

Intenté explicar y brindar pasos prácticos a los desafíos de liderazgo más comunes como organización; descubre, desarrolla y despliega líderes, sé receptivo a las transiciones y lidera tu organización hacia el futuro.

Estás preparado para el asombroso viaje de liderazgo que te espera. Tus horizontes son brillantes. Tu equipo está listo. Este es el tiempo. ¡Vamos adelante!

—*Sam Chand*

PARTE I

QUINCE PERSPECTIVAS QUE ASEGURAN EL ÉXITO DE UN LÍDER

INTRODUCCIÓN

Los aludes de barro en California en el año 2005 arrasaron con casas, vehículos y carreteras. En un caso, una roca grande se soltó y rodó hasta la autopista, creando un obstáculo infranqueable que dejó varados a motoristas en ambos lados. Una fotografía de la escena que apareció en los periódicos al día siguiente, ilustraba el problema mejor que cualquier artículo. Mostraba la frustración de los conductores que no habían anticipado el tiempo o sus consecuencias, y se encontraron atrapados por sus circunstancias.

¿Qué te obstaculiza?

¿Hay una gran "roca" en tu vida que representa una barrera para que alcances una posición de liderazgo? ¿Qué te obstaculiza para llegar al destino que te espera al otro lado? Permite que haga la pregunta de otro modo: ¿Cuál es tu mayor reto de liderazgo? ¿Qué es eso que, si se maneja exitosamente, podría llevarte al lugar donde Dios te ha llamado a estar? ¿Cuál es la "roca" en medio de tu autopista hacia la excelencia en el liderazgo?

Cuando presento seminarios de liderazgo a cualquier audiencia, he descubierto que todos los líderes se encuentran con las mismas luchas. Y durante el curso de mis años de experiencia, he identificado quince desafíos comunes y compartidos por todos los líderes, desde principales oficiales ejecutivos de corporaciones hasta directores de escuela, desde pastores de mega iglesias hasta capitanes del ejército. En este libro vamos a examinar en detalle cada uno de esos quince desafíos, y a hablar de cómo vencerlos.

Desafíos comunes a todos los líderes

1. Enfoque: Encontrar lo que es importante y mantenerse enfocado en eso.

2. Lanzar la visión: Aprender cómo lanzar la visión de un modo que motive a las personas a responder.

3. Comunicación: Decirlo de tal manera que todos lo entiendan.

4. Toma de decisiones: Entender cómo se toman las decisiones para poder tomarlas mejor.

5. Escoger al equipo: Tomar decisiones críticas respecto a quién reclutar o contratar.

6. Desarrollo de liderazgo: Crecer uno mismo y hacer crecer a los demás.

7. Cambio vs. transición: Planificar transiciones intencionadamente para lograr un cambio más suave.

8. Conflicto: Aprovechar la oportunidad que ofrece el conflicto.

9. Congruencia organizacional: Alinear estructuras formales e informales con la visión.

10. Administración financiera: Buscar consejo de asesores expertos.

11. Distribución del tiempo: Distribuir eficientemente el recurso del tiempo.

12. Control vs. delegación: Aprender cuándo irse y cuándo dejar ir.

13. Ejecución: Completar el trabajo.

14. Pensamiento de futuro: Enfocarse en lo que viene después.

15. Dejar un legado: Transmitir valores a generaciones futuras.

Abordé estos mismos quince retos durante los años que serví como presidente de *Beulah Heights Bible College* (ahora llamada *Beulah Heights University*). Cada vez que confrontaba uno de estos retos, pensaba: ¿Soy yo el único que ha tenido que enfrentarse a esto antes? Pero ahora, como consultor de liderazgo, hablo con miles de líderes cada año, y he aprendido que los líderes tienen más cosas en común que diferencias.

Los líderes necesitan saber que no son los únicos que se enfrentan a las trabas que encuentran. Pueden aprender a reconocer los patrones que conducen al éxito o al fracaso de otros que se han enfrentado a circunstancias parecidas.

Los líderes también necesitan tener en mente que estos retos no son solamente una "fase" que atraviesan una vez, y ya no tienen que volver a preocuparse al respecto. Tan solo porque un líder sepa cómo manejar un reto una vez, no significa que él o ella no volverá a afrontar ese mismo reto. En cambio, todos los líderes seguirán enfrentando los mismos obstáculos a lo largo de sus vidas personales y profesionales.

Piensa en ello. ¿Cuántos de nosotros hemos dicho: "Ojalá pudiera organizarme"? La idea implícita es que si nos organizamos una vez, nunca tendremos que volver a hacerlo. Pero eso sencillamente no es cierto. Podemos controlar el desorden temporalmente, pero al aceptar responsabilidades adicionales, automáticamente heredamos desorden adicional. Sea que el desorden esté en nuestra oficina (papeleo adicional), en nuestro horario (reuniones adicionales) o en nuestra mente (falta de enfoque), el reto seguirá ocurriendo.

Del mismo modo, los quince retos presentados en este libro no son como una roca en medio de la autopista que rodeamos una vez y nunca más volvemos a encontrar. Si estamos teniendo problemas para manejar un presupuesto de dos millones de dólares, imagina lo que será manejar un presupuesto de veinte millones de dólares. Si experimentamos desafíos con un equipo de cinco, piensa en los desafíos que tendremos con un equipo de cincuenta o incluso de cien personas. Repito: estos retos no son piedras que rodeamos una vez, y nunca más volvemos a encontrar. Seguirán "sacudiendo" nuestro mundo y requerirán nuestra atención continuada.

La analogía de la escalera

En mi tercer libro, *¿Quién sostiene tu escalera? La decisión más importante de liderazgo: seleccionar tus líderes*, desarrollé una analogía de una escalera, representando la visión del líder, y un "trepador de escalera", o el líder en busca de esa visión. Pero ningún líder puede hacerlo solo. Para trepar hasta lo alto de la "escalera" de su visión personal, el líder debe tener a alguien que sostenga la escalera: un equipo de apoyo.

A muchos lectores les resultó tan útil esa analogía, que decidí continuar con ella en mi cuarto libro: *Who Moved Your Ladder?: Your Next Bold Move* (¿Quién movió tu escalera? tu siguiente movimiento audaz). En él hablo de temas como de qué modo responder cuando Dios comienza a cambiar a un líder de una "escalera" a otra, sea esa escalera una visión o un lugar físico.

La analogía de una roca que bloquea una autopista, la cual presenté al comienzo de este libro, puede ayudarnos a identificar el reto específico que te está bloqueando. Sin embargo, no ilustra eficazmente la naturaleza continuada de ese y otros retos. Por eso decidí ampliar la analogía de la escalera a este libro. El título sirve para recordarnos que los retos que enfrentamos no son algo que tratamos una sola vez, y después nunca más tenemos que preocuparnos al respecto. En cambio, cuanto más alto subamos en la escalera, más moverán la escalera completa las reverberaciones de esos retos, desde abajo hasta arriba.

> Cuanto más alto subamos en la escalera, más moverán la escalera completa las reverberaciones de esos retos.

Nuestra tarea como líderes es aprender cómo sujetarnos a la escalera, incluso cuando está siendo movida. Es también nuestra responsabilidad saber cómo podemos prevenir, o al menos minimizar, tales "sacudidas" en el futuro. ¿Podemos reducir las reverberaciones? ¿Podemos evitar que oscile lo alto de la escalera? ¿Podemos asegurar mejor la base?

La clave para asegurar nuestros fundamentos y estabilizar nuestra "escalera" es entender los quince retos comunes a todos los líderes. Estos retos seguirán moviendo nuestras escaleras, pero podemos aprender a sujetarnos con fuerza, a anticipar cuándo llegarán los temblores a nuestro camino, y a minimizar la duración de la sacudida.

Puntos de enseñanza

Cada uno de los quince retos se aborda en su propio capítulo, al final del cual habrá una lista de "Puntos de enseñanza" pensados para proveer un breve resumen del capítulo, y algunas sugerencias prácticas sobre cómo evitar que ese reto en particular mueva tu escalera. Cuando hayas terminado de leer el libro, los "Puntos de enseñanza" servirán como una referencia rápida para manejar cada reto, al igual que como un bosquejo en caso de que desearas enseñar el material a tu plantilla de personal.

1

ENFOQUE

"El enfoque está reflejado en la capacidad de identificar y dedicar la mayor parte de tu tiempo y energía a los 'pocos y críticos' objetivos y asuntos, a la vez que sigues manejando los 'muchos importantes'."
—Sam T. Manoogian
consultor independiente de liderazgo

El pastor Walker mira por la ventana de la oficina de su iglesia, preguntándose qué hacer después. La noche anterior, un respetado diácono había presentado una idea para un nuevo programa de evangelismo diseñado para alcanzar a hombres de negocios y hogares cercanos a la iglesia. Esa mañana, el ministro de música había querido discutir la posibilidad de añadir un segundo servicio de adoración con un tipo de música diferente, para atraer a personas nuevas a la iglesia. Ambas ideas obviamente podían alcanzar a personas nuevas, pero la iglesia está en medio de un proyecto de construcción: la edificación de un nuevo santuario. Si el trabajo ha de terminarse a tiempo, el pastor Walker debe ocuparse de la pila de papeleo cada vez mayor que está sobre su escritorio.

Mientras mueve y reorganiza los documentos, ve una tarjeta de presentación y recuerda la conversación que tuvo con el hombre que se la dio. El caballero era un conocido evangelista cristiano con un ministerio nacional como conferencista que él buscaba extender, y había pedido al pastor Walker que se uniera a él como orador invitado en sus conferencias. El pastor Walker quedó halagado por la invitación, pero ahora se pregunta si es el momento adecuado para aceptarla. A medida que sopesa las oportunidades y decisiones que tiene delante, el pastor Walker se siente abrumado.

Los líderes con frecuencia tienen tantas oportunidades ante ellos que es difícil enfocarse solamente en una. Decidir sobre nuevos productos y servicios qué añadir, cambiar un enfoque de mercadeo, evaluar las oportunidades de expansión... las opciones pueden ser abrumadoras. ¿Cómo se enfoca el líder en las "pocas y críticas", mientras sigue manejando las "muchas importantes"?

Encontrar enfoque no es difícil; lo difícil es mantenerlo

La campaña capital en su iglesia debería ser el enfoque principal del pastor Walker. Él probablemente lo sabe, pero no puede evitar la distracción. Si un diácono tiene una gran idea para una nueva táctica de alcance a la comunidad, eso está bien, pero ese no es el enfoque principal del pastor. Si el ministro de música quiere comenzar un segundo servicio, eso es emocionante, pero tampoco es su enfoque. El proyecto de renovación es su prioridad; es su roca en medio de la autopista. Cuando el nuevo santuario esté terminado, entonces el pastor Walker puede dirigir su atención a nuevas oportunidades de alcance y servicios adicionales. Pero hasta que el nuevo santuario esté listo, los otros programas y proyectos no alcanzarán su pleno potencial porque el pastor siempre estará distraído por asuntos relacionados con la construcción.

Cuando yo era el presidente de una universidad bíblica, las personas siempre intentaban darme algo nuevo en lo cual enfocarme: ideas para un nuevo programa de estudio o para una nueva dirección que la universidad "debiera seguir". Alguien me decía: "Tienes que ofrecer una concentración mayor en este campo". Otra persona me decía: "Sabes que hay una verdadera necesidad de este servicio en el mercado". "Si añadieras tal y tal cosa, sé que podría conseguir mucho apoyo."

Las personas a las que lideramos tienen sus propias agendas para nosotros, lo que significa que el enfoque es el mayor reto que enfrentan los líderes en cada nivel de liderazgo. Aunque las ideas de otro pueden ser dignas de consideración, pueden distraernos de nuestra misión. Cada mañana llegamos a la oficina con un plan, pero si no tenemos cuidado, nuestros planes cambiarán o incluso serán desplazados por los planes de otros.

> El enfoque es el mayor reto que enfrentan los líderes en cada nivel de liderazgo.

Todos hemos tenido días en que sentimos que no hemos logrado nada. Nos sentimos como un Ferrari conduciendo por la zona escolar; no podemos conducirlo a plena potencia. Hemos dado el diez por ciento a este proyecto y el doce por ciento a aquel proyecto, pero no hemos pisado el acelerador a fondo en ningún proyecto. Nos preguntamos cómo podemos lograr algo.

Eso es lo que el diablo quiere. Puede que Satanás nunca nos tiente a robar un banco, oler cocaína, o engañar a un cónyuge. No tiene que hacerlo si puede evitar que logremos cualquier cosa para el reino de Dios. En lugar de sacarnos de nuestro trabajo seduciéndonos al pecado, puede mantenernos en nuestro trabajo sin hacer nada. Si retenemos nuestra posición y a la vez demostramos ser ineficientes, él sale ganando. Lo que no puede contaminar, lo diluirá.

El crecimiento multiplica las distracciones

A medida que las organizaciones que lideramos experimentan crecimiento, aumentan también las distracciones potenciales. Cuando comenzamos una empresa, lo único que queremos es que unas pocas personas trabajen a nuestro lado para aumentar nuestra clientela. No nos preocupamos por el espacio de oficinas, la adquisición de terrenos, los beneficios salariales, ni nada como eso. Nuestro único enfoque es encontrar cinco personas que estén vivas y dispuestas a ayudar.

Cinco personas pronto aumentan a quince personas. A medida que aumenta el número de personal, el ambiente de trabajo se vuelve más importante. Ya no pueden seguir trabajando en el espacio prestado; necesitan una oficina propia. Por lo tanto, ahora tenemos personas y planta física como nuestro enfoque.

Cuando la plantilla de personal aumenta a veinticinco o treinta, tenemos que establecer programas. Manejar esos programas requiere sistemas y procedimientos. De repente, el enfoque no está solamente en las personas. Ahora tenemos que considerar la planta física, los programas y los procedimientos. Nuestro enfoque se diluye.

Después, las personas dentro y fuera de la organización quieren saber cómo planeamos crecer. Ahora debemos tener un plan. Cuando había solamente cinco personas, nuestro único plan era intentar reunir a tres o más de ellas al mismo tiempo. Eso ya no es suficiente. Ahora debemos tener un plan para hoy, para mañana, y para dentro de cinco años. Cuando comenzamos, ni siquiera teníamos una cuenta bancaria. Ahora tenemos problemas de contabilidad, deducciones salariales e informes de impuestos. Y nunca termina. Lo que comenzó como un enfoque único se ha convertido ya en un revoltijo de ladrones de enfoque que exigen atención.

A medida que experimentamos crecimiento, nos distrae el creciente número de necesidades de las 5 P's: personal, planta física, programas, procedimientos y planes.

Si miramos nuestra creciente organización y vemos que las personas están confusas, antes de culparlas necesitamos detenernos y hacernos la pregunta: "¿Cuán enfocado estoy yo?". Cuando nos desenfocamos, las personas que lideramos están inseguras acerca de cómo responder y, por lo tanto, son incapaces de avanzar.

Otras señales de estar distraído incluyen las siguientes:

1. **Marginalización.** La marginalización sucede cuando nuestra aportación e influencia se reducen o se limitan a unas pocas áreas. Otras personas toman decisiones sin consultarnos, o asistimos a una reunión para "votar" sobre un asunto cuyo resultado ya está decidido.

2. **Desviaciones.** Cuando cosas que no son esenciales ocupan nuestro tiempo y nuestros pensamientos, o cuando los recursos se gastan en proyectos que no son necesarios, perdemos

nuestro enfoque. Si el pastor Walker pasa su tiempo escogiendo canciones para el servicio de adoración en lugar de terminar papeleo relacionado con la construcción del nuevo santuario, se ha desviado de lo importante por lo trivial.

3. Ataques. Resistencia y ataques encubiertos pueden quitar nuestro enfoque del asunto principal. Como dije anteriormente, puede que no sea un pecado grave el que Satanás utilice para atacarnos, sino más bien todo un conjunto de pequeñas distracciones.

4. Seducciones. Cuando agradar a nuestros aliados se vuelve más importante que permanecer en un curso difícil, pero a la vez noble, sin duda estamos distraídos. Por ejemplo, si el pastor Walker tiene miedo a defraudar al diácono, y lo alienta a avanzar con el proyecto de evangelismo sin prestarle mucha consideración, el pastor ha sido seducido por el deseo de caer bien.

El significado de enfoque

Sabemos que mantener el enfoque es difícil. Puede que incluso te resulte difícil continuar leyendo este libro debido a las distracciones a las que te enfrentas en este momento. Pero si dejas de leer cada vez que suena tu teléfono celular, cuando llega un nuevo correo electrónico, o cuando sale tu programa de televisión favorito, nunca alcanzarás las soluciones que esperas encontrar. Mantener el enfoque es difícil.

Por lo tanto, ¿qué es el enfoque, exactamente, y cómo lo mantenemos?

Un pastor amigo mío me dio una estupenda perspectiva sobre el enfoque. Me dijo que mientras él oraba, el Señor le había ayudado a entender el significado del enfoque. Lo expresó del modo siguiente.

Enfoque:

1. Primero lo primero.

2. Otras cosas en segundo lugar.

3. Elimina lo que no es importante.

4. Unifica tras la visión.

5. Permanece en ello.

El enfoque requiere que pongamos en primer lugar las cosas importantes, y releguemos todo lo demás a un segundo lugar. Si podemos eliminar lo poco importante y unificar tras la visión, siempre mantendremos un enfoque adecuado. Desde luego, lo más importante es permanecer en ello.

Para mantener el enfoque en nuestro negocio u organización, no solo tenemos que estar enfocados nosotros, sino también tiene que estarlo todo aquel que trabaje con nosotros. En cuanto los reclutemos, tenemos que establecer en lo que ellos deben enfocarse.

La mayoría de los líderes pueden hacer hasta ocho cosas a la vez, y hacerlas todas bien. Como resultado, con frecuencia esperan la misma habilidad de las personas que trabajan para ellos, olvidando que la multitarea no es el punto fuerte de todos.

Digamos que yo soy el principal oficial ejecutivo de una empresa y recluto a un nuevo contable llamado Bob. Cuando él comienza a trabajar, pronto me doy cuenta de que es un talentoso diseñador de sitios web. Hace algún tiempo que necesito un sitio web actualizado, de modo que le pido a Bob que vea lo que puede hacer para mejorar el sitio web de la empresa.

Cuando los demás en mi organización se enteran del trabajo de Bob en el sitio web, le piden que añada información o fotografías a su propia sección del sitio. Poco después, Bob está empleando más tiempo en actualizar el sitio web de la empresa que en procesar los pagos de salarios.

Repito que los líderes estamos acostumbrados a tener que hacer varias cosas a la vez, pero con frecuencia tenemos exigencias poco realistas sobre las capacidades de multitarea en las personas que lideramos. Puede que digamos algo parecido a: "Aquí todo el mundo maneja cinco tareas". Aunque puede haber veces en que todo el mundo tenga que dar un paso adelante y realizar hasta quince tareas a medida que la organización crece, tenemos que añadir personas que estén enfocadas singularmente, y permitirles que mantengan este enfoque en lugar de causarles distracciones.

Al pedir a Bob que trabaje en el sitio web, esencialmente le hemos alentado a abandonar su enfoque en la contabilidad; el trabajo para el cual le contratamos. ¿Qué sucede en nuestra siguiente reunión cuando alguien pide ver el último informe financiero?

Bob dirá: "No lo hice porque estaba actualizando el sitio web de la empresa".

¿Quiero intervenir y decir a los otros empleados: "A propósito, gracias por financiar este nuevo puesto de contabilidad que tanto necesitábamos, pero tengo a Bob haciendo otra cosa en este momento?". No. Lo contraté para ser el contable porque yo necesitaba un contable, y necesito que Bob haga ese trabajo.

El hecho de que esté desempeñando otros roles se debe a que yo no definí su enfoque con suficiente claridad. Las otras personas en la reunión no juzgarán a Bob por sus habilidades en sitios web; lo juzgarán solamente por su desempeño como contable.

Con frecuencia cuando contratamos a alguien, le decimos, por ejemplo: "Usted empleará el 30 por ciento de su tiempo haciendo esto, y el 70 por ciento de su tiempo haciendo aquello". Suena bien, y puede que incluso se vea bien sobre el papel. Pero lo principal, lo que debería estar ocupando el 70 por ciento del tiempo del empleado, a menudo se convierte en lo que más se descuida. Si la razón de ese descuido es que hemos estado asignando otras tareas al empleado, no podemos culparlo. Habría que culparnos a nosotros como líderes, porque no le permitimos mantenerse enfocado en la tarea. Como líderes, debemos ayudar a quienes nos rodean a entender cuál es su enfoque adecuado y a permanecer en él.

> Como líderes, debemos ayudar a quienes nos rodean a entender cuál es su enfoque adecuado y a permanecer en él.

Y nosotros debemos permanecer en nuestro propio enfoque adecuado. A veces somos tentados a intervenir y ayudar a quienes lideramos a hacer sus tareas, en lugar de liderarlos delegando. Sabemos que estamos inclinados a hacer el trabajo nosotros mismos en lugar de liderar, cuando hacemos afirmaciones como las siguientes: "Oye, puedo hacer eso por ti". "Te ayudaré a terminar eso; he hecho algo igual antes." "Vamos a sentarnos a repasar todas las cosas que necesitas para el proyecto." "Sí, he usado ese método antes. Deja que saque algunas cosas de mis archivos para ti."

Si cada uno en la organización, incluso el líder, usa solamente un sombrero, entonces podemos exigir y esperar ver niveles más altos de responsabilidad y desempeño. Nuestro enfoque debería estar en liderar a las personas en nuestra organización hacia el sombrero correcto, y ayudarlas a mantenerlo en su cabeza.

El enfoque debe fluir del *quién*

¿Cómo encontramos nuestro enfoque? La definición estilo acróstico que compartí anteriormente nos da algunos consejos prácticos para mantener el enfoque, pero ¿y si no sabemos en un principio cuál debería ser nuestro enfoque? Podríamos pensar que agarrar cuaderno y pluma, y hacer una lista de las cosas que necesitamos hacer nos ayudará a determinar nuestro enfoque. Entonces, tomamos la lista de 18 tareas, o de 118, y las organizamos por categorías, intentando formar algunas rocas grandes de una plétora de pequeñas piedras. A continuación, priorizamos esas rocas, y escogemos una como nuestro enfoque para el día. Pensamos que hacer una lista producirá enfoque. Pero hacer una lista de quehaceres solamente nos muestra en los que ya estamos; no nos permite seleccionar un enfoque adecuado.

Aquello en lo que nos enfocamos siempre debe fluir de quiénes somos. Por lo tanto, el lugar de comienzo para encontrar enfoque debería ser siempre hacernos a nosotros mismos preguntas como estas: "¿Quién soy yo?". "Si fuera a morir hoy, ¿qué lamentaría más dejar sin terminar?".

Aquello en lo que nos enfocamos siempre debe fluir de quiénes somos.

Cuando hemos definido quiénes somos, entonces estamos equipados para identificar el *qué* de nuestro enfoque, porque el *qué* debe fluir del *quién*. Esto es cierto para toda nuestra organización también, porque la organización es el reflejo de la visión del líder, o el *quién*. Nuestro enfoque, nuestra visión, *es lo que* hacemos. Y los miembros de nuestra organización no pueden seguir el qué hasta que no entiendan el quién.

Planes estratégicos, iniciativas y otros proyectos deberían surgir de la visión del líder para la empresa u organización. Si un proyecto no encaja en la visión, no debería hacerlo. Eso no significa que sea un mal proyecto. Solo significa que no es para su organización en este momento.

Mantuve una conversación sobre este tema hace varios años con el obispo Eddie L. Long, quien dirige una iglesia de más de 25.000 miembros cerca de Lithonia, Georgia. Pasamos horas intentando saber cuál era su visión. Finalmente, terminamos con el acrónimo *FLY: Family, Leadership and Youth* (Familia, Liderazgo y Juventud). Como el obispo Long había expresado su visión, o enfoque personal, eso le permitió mover todo lo que tenía que ver con *FLY* hasta la cima de su lista de prioridades. Si algo no encajaba en las categorías representadas por *FLY*, no significaba que nunca se hiciera. Solamente significaba que no era una prioridad para él y para su iglesia en ese momento. Con un claro enfoque, el obispo Long y su plantilla de personal son capaces de distribuir dinero, tiempo y otros recursos a los programas que están en consonancia con la visión de *FLY*, antes de emplear esos recursos en otros programas. Sin culpabilidad, él también puede decir no a cosas que le distraen de esta visión.

Es importante encontrar nuestro enfoque, pero también necesitamos tener en mente que nuestro enfoque está abocado a cambiar durante el curso de nuestra vida. A medida que envejecemos, llegamos a un punto en que decidimos que queremos dedicar más tiempo a menos cosas. Entonces nuestro enfoque disminuye aún más. Quizás el obispo Long sentirá la necesidad de formar a líderes, o quizás se enfocará en fortalecer a las familias. Puede que sea otra cosa totalmente diferente. Pero independientemente de *lo que* él haga, siempre será un resultado de *quién* es él.

El enfoque debe ser comunicado

Cuando hemos identificado nuestro enfoque, necesitamos comunicarlo por toda nuestra organización. Cubriremos este proceso en detalle en el siguiente capítulo, pero debemos establecer aquí un par de puntos. En primer lugar, el proceso real de comunicar brevemente la visión puede ayudarnos a agudizar nuestro enfoque aún más. Necesitamos ser capaces de comunicar utilizando pequeños fragmentos. Si no podemos condensar la visión en una frase que quepa en una camiseta, ¿estamos realmente enfocados? ¿O podríamos refinar el enfoque aún más?

Si no podemos condensar la visión en una frase que quepa en una camiseta, ¿estamos realmente enfocados?

En segundo lugar, los miembros de tu organización tienen más probabilidades de trabajar hacia tu visión expresada si tienen claro cuál es. Cuando tomamos tiempo para ayudar a nuestra plantilla de personal a entender *por qué* están haciendo *lo que* hacen, les damos una comprensión más profunda de su enfoque. Al compartir quiénes somos, nuestra visión, y cómo *lo que* ellos hacen se relaciona con esa visión, les mostramos que quienes son ellos también es importante.

Llevar a las personas a pensar a este nivel aumentará el diálogo acerca del enfoque dentro de la organización. Si invitamos a una conversación sincera y abierta, puede que descubramos que los miembros de nuestra plantilla comienzan a hacer preguntas inquisitivas. Al principio, esto puede que nos haga sentir incómodos, pero no deberíamos sentirnos amenazados. Las preguntas inquisitivas indican que nuestros empleados están pensando a nivel organizacional. Participar y alentar este tipo de diálogo promueve una mejor toma de decisiones, y una administración más eficiente del tiempo y los recursos.

Si el pastor Walker no sabe qué hacer después, imagina lo confusos que deben sentirse los miembros de su personal. Nuestro enfoque es nuestra luz. Si se dispersa, aún así puede iluminar una habitación. Pero cuando se concentra, enfocada como un rayo láser, no hay herramienta de liderazgo más poderosa.

Puntos de enseñanza

1. Encontrar enfoque no es difícil; lo difícil es mantenerlo.

2. Enfoque es el mayor reto que enfrentan los líderes en cada nivel de liderazgo.

3. Lo que Satanás no pueda contaminar, lo diluirá.

4. El crecimiento multiplica nuestras distracciones.

5. Las señales de estar distraído incluyen:

    ◆ Marginalización

    ◆ Desviaciones

    ◆ Ataques

    ◆ Seducciones

6. Enfoque:

    a. Primero lo primero.

    b. Otras cosas en segundo lugar.

    c. Eliminar lo poco importante.

    d. Unificar tras la visión.

    e. Permanecer en eso.

7. Asigna un enfoque a cada persona que contrates, y recuerda que aunque la capacidad para la multitarea pueda verse bien sobre el papel, con frecuencia es la culpable de una pérdida de enfoque.

8. Sé un líder que delega, y evita la tentación de hacer los trabajos de los demás por ellos.

9. Si todos hacen una sola tarea, puedes pedir y esperar niveles más altos de responsabilidad y desempeño.

10. El enfoque no se encuentra haciendo listas de quehaceres. Se encuentra cuando nos hacemos preguntas como las siguientes: "¿Quién soy yo?". "Si fuera a morir hoy, ¿qué lamentaría más dejar sin terminar?".

11. Cuando definimos quiénes somos, podemos identificar el qué de nuestro enfoque. El qué tiene que surgir de nuestro quién.

12. Nuestro enfoque cambiará durante el curso de nuestra vida.

13. El enfoque de una organización debe ser comunicado clara y continuamente.

14. No te pongas a la defensiva cuando las personas a quienes lideras comiencen a hacer preguntas sobre el enfoque de tu negocio u organización.

15. El enfoque tiene que estar tan concentrado como un rayo de luz láser.

2

LANZAR LA VISIÓN

"La esencia misma del liderazgo es que tienes que tener visión. No puedes tocar una trompeta incierta."
—Theodore Hesburgh
presidente de Notre Dame University durante 35 años

Yo no soy pescador. Aún así, cada verano me encuentro en una barca esperando atrapar algo: un pez pequeño, una gran bota, o incluso un resfriado, de modo que no me avergüence de mí.

Sirvo junto con otros cuatro consejeros de negocios en la junta de una iglesia en Las Vegas. Cada año, los cinco asistimos a un retiro en Missoula, Montana, donde todos nos subimos a una barca, remamos por el río Bitterroot, y pescamos con mosca.

La pesca con mosca es diferente al tipo de pesca lanzando la caña que la mayoría de las personas conocen. En la pesca con mosca, la clave está en el lanzamiento. La mejor caña, el mejor carrete y el cebo perfecto no ayudarán. A menos que el pescador sepa cómo lanzar, no pescará nada.

El lanzamiento perfecto requiere que ambas manos trabajen al mismo tiempo, tirando y lanzando simultáneamente. Al menos, creo que así es. No lo sé con seguridad porque nunca he pescado nada. ¿Las otras personas en mi barca? Ellos saben lanzar. La prueba está en los peces que pescan.

El pasado mes de julio, me frustraba cada vez más cuando observaba a otro miembro de la junta pescar algo en cada tercer lanzamiento. Yo lancé y lancé durante todo el día, y no pesqué nada. Sin embargo, sí aprendí una lección importante: el poder no está en el número de veces que uno lance. El poder está en el lanzamiento perfecto.

Lo mismo es cierto con respecto a lanzar una visión. Podemos tener la visión "perfecta", pero a menos que sepamos cómo lanzar esa visión, nunca agarrará a nadie.

> El poder no está en el número de veces que uno lance. El poder está en el lanzamiento perfecto.

Con frecuencia los líderes creen que lanzar la visión significa meramente decir a otras personas cuál es el plan, por ejemplo: "Oigan todos, escuchen. Vamos a construir un nuevo espacio multiusos". Eso no es lanzar la visión; es un anuncio que ayuda a explicar por qué el estacionamiento está a punto de disminuir de tamaño. Lanzar la visión es menos parecido a un anuncio, y más parecido a un lanzamiento que usan los profesionales para atraer a potenciales inversores. Cuando los líderes de negocios quieren extenderse, tienen que encontrar a alguien que invierta dinero ahora, con la promesa de una futura recompensa. Para que un líder de negocios consiga a un inversor, no solo tiene que comunicar el plan; también tiene que vender los futuros beneficios.

Cuando lanzamos nuestra visión, debemos pensar en ello del mismo modo. No estamos tratando de informar a la gente; estamos intentando hacer que la gente invierta. Y para captar la imaginación de esos inversores en potencia, necesitamos tener un plan estratégico basado en el tipo de personas a las que intentamos pescar.

Cinco tipos de personas

Hablando en general, hay cinco tipos distintos de personas que necesitamos "pescar" cuando lanzamos nuestra visión. Cada tipo responde a una variedad única de "cebo" o "anzuelo". Nuestro lanzamiento será más exitoso si comprendemos a las personas que intentamos pescar, y entonces escogemos nuestro cebo y lanzamos nuestro anzuelo en consecuencia.

Acogedores entusiastas

Los *Acogedores entusiastas* se emocionan respecto a adoptar nuestra visión. Están más adelante de la curva y creen que cualquier cosa que proponemos es una buena idea, desde el momento en que la sugerimos. No necesitan oír todos los detalles. Alimentarán nuestra visión, la multiplicarán, y nos la devolverán con sus propias ideas novedosas. Tienen energía, y están al tanto de la visión todo el tiempo. Desafortunadamente, hay pocos de ellos. Los *Acogedores entusiastas* constituyen aproximadamente el 2 por ciento de la población.

Acogedores iniciales

Como los *Acogedores entusiastas*, los *Acogedores iniciales* captarán pronto nuestra visión, quizás con menos fervor que los *Acogedores entusiastas*. Sin embargo, estas personas permanecerán trabajando con nosotros hacia realizar la visión. Los

Acogedores iniciales constituyen aproximadamente el 18 por ciento de la población.

Intermedios

Los *Intermedios* son el grupo más grande, constituyendo aproximadamente el 60 por ciento de la población. Cuando estas personas oyen sobre nuestra visión, quieren algún tiempo para pensar en ella. Aun después de haber considerado lo que les hemos dicho, siguen estando en el medio. No están en contra de la visión, pero tampoco a favor de ella. De hecho, probablemente no tomarán una decisión hacia un lado u otro a menos que un amigo los convenza para hacerlo. En política, este tipo de persona se denomina votante indeciso. Es la persona que no mantiene ninguna lealtad en particular y, por lo tanto, lo mismo puede emitir el voto por el candidato demócrata, o por el candidato republicano, por ejemplo.

Acogedores tardíos

Contrario a los *Acogedores intermedios*, los *Acogedores tardíos* deciden de antemano que no están a favor de cualquier cosa que esté sobre la mesa. Sin embargo, más tarde, cuando no les queda otra opción, otorgan su apoyo a regañadientes. Constituyen aproximadamente el 18 por ciento de la población.

Nunca acogedores

Siempre podemos contar con que los *Nunca acogedores* estén en desacuerdo, independientemente de cuál sea el asunto. No intentes hacerles cambiar de idea; ya tienen formada su opinión. Afortunadamente, los *Acogedores nunca* constituyen solo el 2 por ciento de la población.

Lanzamiento por "tipo"

Cuando nos preparamos para lanzar nuestra visión, sabemos que el principal 20 por ciento de nuestra audiencia nos apoya con fuerza, sin duda alguna. El último 20 por ciento está contra nosotros y hará muchas preguntas. Por lo tanto, seríamos sabios al tener como objetivo a los *Intermedios*: el 60 por ciento que aún no ha decidido.

Desafortunadamente, lo que hace la mayoría de los líderes es ignorar al principal 80 por ciento, e inmediatamente intentan apaciguar al 20 por ciento de abajo: un grupo de personas negativas, pesimistas y rutinarias que no van a ninguna parte. Aunque es perder una batalla, siguen regresando a este grupo de personas esperando cambiar sus opiniones. Ofrecen un nuevo cebo; consiguen una mejor caña y un mejor carrete; siguen enmarcando su visión de una manera que esperan que capte la imaginación de los dudosos. Pero sin importar cuántas veces lancemos el hilo de nuestra visión a los *Acogedores tardíos* y a los *Nunca acogedores*, es muy poco probable que pesquemos esos peces.

Digamos que vas conduciendo a la oficina para presentar una idea a cinco de tus colegas. Cuatro de ellos (Andrew, Beverly, Cynthia y Darius) son optimistas, positivos, y generalmente están de acuerdo con ideas nuevas. Eric, por otro lado, es fastidiosamente negativo. Hace repetidamente las mismas preguntas, no puede trazar la visión, y no seguirá el programa. Los otros cuatro están a bordo; lo entienden y están listos para avanzar. Durante el viaje, mientras piensas en tu próxima reunión, ¿quién está en primer lugar en tu mente? Eric. Cuando ensayas mentalmente tu presentación, piensas en Eric. Muy pronto, has tomado tu idea de tamaño Dios, y la has convertido en una de tamaño Eric, esperando que, al hacerlo, logres que él la acepte.

Yo tengo una sugerencia radical. Es contraria a lo que hace la mayoría de las personas, y tomará algún tiempo acostumbrarse a ello, pero funciona. Toma el 20 por ciento de abajo, aquellos en quienes has estado enfocando toda tu atención, e ignóralos.

Es correcto: no les prestes ninguna atención. Ellos no van a ninguna parte, y no van a ayudarte, no importa lo que hagas. Por lo tanto, en lugar de enfocarte en el 20 por ciento de abajo, haz lo contrario e ignóralos.

> En lugar de enfocarte en el 20 por ciento de abajo, haz lo contrario e ignóralos.

Desde luego, querrás tratarlos de la misma manera que tratas a los otros grupos. Asegúrate de que obtengan la misma información, se les notifiquen las mismas reuniones, y oigan la misma visión del tamaño Dios que oyen todos los demás. Pero no hagas nada especial para ellos. Dales lo mismo que obtienen todos los demás. No prepares reuniones especiales, no los lleves a almorzar fuera, y no modifiques tu presentación para apelar solamente a ellos. Deja de complacerlos y comienza a tratarlos como tratas a todos los demás.

Si sigues este consejo, lo primero que observarás es que tienes más tiempo. Ya no estás ocupado preparando reuniones especiales, revisando tus presentaciones, o preocupándote por los *Acogedores tardíos* y los *Nunca acogedores*. Cuando dejas de acomodar de manera especial a personas que no van a cambiar de opinión, terminas con más tiempo y energía para emplear-los en captar la imaginación de aquellos que son de mente abierta, y aptos para apoyar tu visión.

Ahora, toma este período de tiempo recién hallado y empléalo en el 20 por ciento de arriba. Ser intencional con respecto a pasar tiempo con los *Acogedores entusiastas* y los *Acogedores iniciales* los motivará aún más. Escuchar sus ideas y alentarlos a aspirar a roles de liderazgo los empoderará. De repente, ellos se convierten en tus aliados y tus más fervientes seguidores.

Tan pronto hay ímpetu en el 20 por ciento de arriba, necesita-mos dirigir nuestra atención al gran porcentaje de personas que están en el medio. Al igual que los políticos vigorizan sus bases y después van en busca de los votantes indecisos, podemos dirigir nuestra atención a los del medio después de haber emocionado a la base.

> Podemos dirigir nuestra atención a los del medio después de haber emocionado a la base.

La mentalidad de los *Intermedios* es distinta a la de los *Acogedores entusiastas*. El 20 por ciento de arriba llega a las reuniones para emocionarse. El 20 por ciento de abajo llega a las reuniones para enojarse. ¿Los del medio? No llegan a las reuniones. Si convocamos una reunión especial para lanzar nuestra visión, los Intermedios no estarán entre los asistentes.

Los *Intermedios* también tienden a resistirse a la autoridad. Son influenciados más fácilmente por sus iguales y colegas, que por las figuras de autoridad. La influencia informal fun-ciona mejor con los *Intermedios*. Estas son las personas con las que habla casualmente el candidato político en un restaurante o en otro lugar público. Los *Acogedores entusiastas*, por otro lado, son aquellos que aparecen en cada reunión televisada, mostrando carteles.

Cuando estamos lanzando una visión, ¿cómo alcanzamos a los *Intermedios*? Los alcanzamos de manera informal. En lugar de invitarlos a reuniones especiales, hablamos con ellos en pasillos, cuartos de baño y estacionamientos. Nos reunimos con ellos para tomar un café, compartimos una pizza, o charlamos en la sala de descanso. Los *Intermedios* serán mucho más receptivos a tu visión en estos tipos de escenarios.

Lanzar la gran visión

Cuando Dios te da una visión realmente grande, necesitas ser estratégico con respecto a cómo lanzarla. Yo recomiendo tomar una copia del directorio de empleados y pensar a cuál de los cinco grupos pertenece cada persona. Piensa en quiénes están en el 20 por ciento de arriba, quiénes están en el 20 por ciento de abajo, y quiénes están en el medio. Necesitas identificar a las personas con las que deberías pasar tiempo; y a las personas a las que vas a ignorar.

Entonces, debes reunirte con los miembros del 20 por ciento de arriba: los *Acogedores entusiastas* y los *Acogedores iniciales*. Muéstrales la lista de los *Intermedios*, y pídeles que comuniquen la visión a cualquiera de los *Intermedios* a quienes consideren amigos. De ese modo, el método es casual e informal, queriendo decir que la audiencia será más receptiva a ello.

Esencialmente, estás desatando al 20 por ciento de arriba para que trate con el 60 por ciento del medio. No le estás pidiendo al 20 por ciento de arriba que cambie la opinión de nadie ni que diga nada de libreto y ensayado. Les estás pidiendo que participen en un diálogo sincero con personas que no han tomado una decisión, con la esperanza de lograr que se decidan. Tan solo pídeles que expresen su entusiasmo genuino, por ejemplo: "Estoy emocionado por la nueva iniciativa de la que el principal oficial ejecutivo está hablando. ¿Tú no lo estás?".

Muchos *Intermedios* cambian de opinión por ósmosis; si un amigo expresa emoción por una idea, el típico *Intermedio* se dirá a sí mismo: *"Quizás yo también debería estar emocionado"*. Y es así como sucede.

La mayoría de nosotros lanzamos nuestras mejores ideas, nuestras "perlas", delante del 20 por ciento de abajo. Pero la Escritura nos advierte: *"No... echéis vuestras perlas delante de los cerdos, no sea que las pisoteen, y se vuelvan y os despedacen"* (Mateo 7:6). No estoy llamando nada a nadie; tan solo creo que esta situación es una buena aplicación de ese versículo en particular. Los cerdos pisotearán nuestras perlas, y entonces se volverán contra nosotros, haciéndonos parecer los malos. Si la misma Escritura fuera escrita en una traducción moderna para líderes, podría decir: "No echen su visión delante del 20 por ciento de abajo, porque ellos van a destruir su visión y se volverán contra ustedes".

Es crucial que seamos estratégicos al lanzar nuestra visión. Tenemos que preparar nuestro mensaje para la audiencia a la que queremos llegar, y para hacer eso tenemos que conocer a nuestra audiencia. Debemos emplear la mayor parte de nuestro tiempo con las personas que quieren ver cumplida nuestra visión, y comisionar a esas personas para que lleven el mensaje a sus amigos en los otros grupos, de modo que el mensaje tenga una recepción más cálida.

Nunca es "la reunión"

Recuerda siempre esto: "la reunión" nunca es lo más importante. La reunión antes de "la reunión", y la reunión después de "la reunión" son más importantes que "la reunión". Al regresar al escenario de tu reunión con cinco colegas, yo sugeriría que te reunieras en privado con Andrew, Beverly, Cynthia, Darius y Eric antes de "la reunión", y compartieras tu visión individualmente, con cada uno de ellos. Pero cuando te reúnas con Eric, debes evitar agradarlo; simplemente comparte la misma información que expresas a los otros cuatro.

> La reunión antes de "la reunión", y la reunión después de "la reunión" son más importantes que "la reunión".

Entonces, cuando llegue el momento de reunirte con los cinco para presentar tu idea, puedes comenzar diciendo algo parecido a lo siguiente: "Me he alegrado mucho de hablar con los cinco de ustedes acerca de mi visión y de recibir una respuesta tan positiva. He sido muy alentado por la retroalimentación que cada uno de ustedes me da dado". Nunca concedas poder a Eric. Nunca señales en medio de la reunión que él es el único que se opone a la idea.

Después de haber hecho los comentarios de apertura, debes recurrir a la persona más positiva del grupo, digamos que es Andrew, y decir: "Andrew, ¿por qué no nos dices cómo te sientes respecto a esto?". Entonces, relájate y deja que Andrew anime a los demás. Cuando Andrew haya terminado de hablar, debes pasar a la persona siguiente, permitiendo que cada compañero de trabajo hable, desde el más positivo hasta el menos positivo. No permitas a Eric que hable hasta que todos los demás hayan tenido su turno. De este modo, estableces un tipo sano de presión de grupo mediante el cual los *Acogedores entusiastas* y los *Acogedores iniciales* atraerán a los *Intermedios* a su lado. Los *Acogedores tardíos* y los *Nunca acogedores* se moverán hacia el medio, para no sentirse desplazados.

Yo he utilizado esta táctica las veces suficientes para decirte que funciona. Incluso si Eric mantiene su terreno durante meses, pronto quedará claro para todos que Eric es simplemente negativo. Finalmente, Eric comenzará a decir cosas como: "Parece que yo soy el único que sigue diciendo este tipo de cosas". Exactamente. Mientras tanto, el trabajo se ha estado haciendo, y tú nunca tuviste que señalar a Eric delante del grupo. Él reveló su verdadero yo por voluntad propia.

Por eso la reunión antes de "la reunión" y la reunión después de "la reunión" son las dos reuniones más críticas que puedes tener. Si no tomas decisiones estratégicas y haces tus tareas con antelación respecto a las personas a las que debes lanzar tu visión, entonces no estarás preparado para lanzar tu visión en "la reunión".

Repito: hay algunas personas a las que tienes que dejar ir: los Eric de este mundo. Estas personas no son únicas de un tipo de negocio u organización. Puedes encontrarlas en la sala de juntas, el salón de clases, el barrio, la asociación de padres en la escuela de tus hijos. Dondequiera que vayas, te encontrarás al menos con una persona que se negará a invertir en tu visión; y en la visión de cualquier otra persona. Y eso está bien. Cuando entiendes las dinámicas del proceso de influenciar a otras personas a fin de producir un cambio, puedes avanzar, respaldado por el 80 por ciento de las personas que te apoyan.

> Hay algunas personas a las que tienes que dejar ir.

La visión es de arriba hacia abajo

¿No odias cuando haces una llamada telefónica y eres transferido cinco o seis veces antes de finalmente llegar a la persona con la que necesitas hablar? Algunas oficinas médicas son así. El paciente que quiere una cita deja un mensaje con la persona que lleva el calendario. Llama a una enfermera si quiere hablar con el médico, a una enfermera distinta si necesita que le hagan una receta, y a otra diferente para conseguir los resultados de sus pruebas. Aunque hay solamente un paciente y un médico, parece que múltiples departamentos han establecido sus propios territorios, y no ayudarán a menos que la necesidad del paciente caiga bajo el paraguas de su área.

Muchos negocios son parecidos, con cada departamento que lanza una visión propia y, con frecuencia, inadvertidamente, minan la visión global del negocio. Pero para que un negocio sea exitoso, solamente puede haber una visión dominante lanzada por un visionario. La visión necesita ir desde arriba hacia abajo. No puedes permitirte el lujo de que cada departamento lance su propia visión, o tendrás lo que el pastor Hybels denomina "una federación de subministerios". Él estaba hablando sobre una iglesia específicamente, pero el concepto se aplica a negocios y organizaciones. Los líderes de los departamentos y divisiones no deben lanzar su propia visión hasta que el líder que está sobre ellos haya lanzado una visión para la empresa en general.

> Para que un negocio sea exitoso, solamente puede haber una visión dominante lanzada por un visionario.

En uno de mis seminarios, una mujer a la que llamaré Gloria describió la dificultad que estaba experimentando al intentar hacer cambios en el ministerio de mujeres en su iglesia. Ella quería que las mujeres se reunieran con más frecuencia, se acercaran de maneras concretas a personas que sufrían, y que pasaran a un lugar de comunión más profunda que la que se lograba durante los superficiales eventos sociales de los que disfrutaban. Sin embargo, cuando intentó lanzar su visión ante los líderes de la iglesia, cayó al piso con un ruido sordo.

El pastor principal de la iglesia de Gloria ya había lanzado su visión, una visión de la iglesia como "hospital" para personas enfermas y sufridas. Y cuando las otras señoras oyeron la visión de Gloria para el ministerio de mujeres, quedaron confusas porque no estaba en consonancia con la visión de la iglesia. Yo recomendé al pastor que convocara a quienes estaban involucradas en el ministerio de mujeres y les recordara su visión para la iglesia. Después de aquello, podía presentar a Gloria y describir que los dos estaban de acuerdo en los planes de Gloria para implementar su visión en el ministerio de mujeres, alcanzando a personas que sufren.

De este modo, cuando Gloria se levanta y dice: "La visión de nuestra iglesia es alcanzar a otros en necesidad. Necesitamos hacer algo más que solamente tener comunión; necesitamos reunirnos con más frecuencia, y necesitamos alcanzar a otros", sus ideas estarán en consonancia con la visión de la iglesia. Y las mujeres estarán más receptivas.

Notemos que sugerí dos cosas: (1) Que el pastor primero lanzara la visión a la iglesia en general. (En este caso, él ya lo había hecho). (2) Que el pastor transmitiera la visión a sus líderes, de modo que ellos pudieran llevarla a su congregación. Mi recomendación fue que el pastor estuviera delante de todas las mujeres y lanzara la bola para que Gloria la golpeara. Sin este tipo de planificación y ejecución de la visión desde arriba hacia abajo, cualquiera en la organización puede tener una visión y comenzar a lanzarla por todas partes, provocando un caos.

Un gran ejemplo de lanzar la visión desde arriba hacia abajo se encuentra en el primer capítulo del libro de Josué. Dios habla a Josué y le da una visión, la cual Josué lleva ante los líderes. Los líderes entonces comunican la visión al pueblo, y el pueblo responde a Josué. Todos podemos aprender de este poderoso ejemplo.

Lanzar la visión debe ser una prioridad

En cada reunión, independientemente de donde estemos o a quienes estemos hablando, necesitamos encontrar una manera de introducir en la conversación la declaración de visión. No tenemos que citarla palabra por palabra cada vez, a menos que sea un eslogan, pero en todo momento, sí tenemos que mantener el mensaje y la esencia de nuestra visión visibles para nuestra plantilla de personal.

Toda organización exitosa está centrada en la visión. Diles: "Esta es nuestra visión. Ahora bien, el negocio que está más adelante en la calle a la izquierda está haciendo esto, y la empresa que está a la derecha está haciendo esto otro, y eso es maravilloso para ellos. Pero nuestra visión es diferente. Esta es nuestra visión". Esa visión debería entonces impulsar cada aspecto de la empresa, desde los presupuestos, el personal y la programación hasta los planes para el futuro. Esto es lo que constituye una organización centrada en la visión.

> Toda organización exitosa está centrada en la visión.

Si la iglesia de Gloria tiene la visión de ser un hospital espiritual, el porcentaje mayor de sus gastos debería ir hacia ministrar a las personas enfermas y que sufren. La iglesia puede que no tenga un ministerio para madres jóvenes, pero probablemente tenga un plan bien pensado sobre cómo ocuparse de enfermos y moribundos. Puede que no gaste mucho dinero en músicos invitados; en cambio, gasta ese dinero en programas de recuperación. ¿Ves cómo estar centrado en la visión realmente impulsa el proceso de toma de decisiones?

Lo mismo es cierto para los negocios. Si yo dirijo un pequeño negocio de decoración de interiores, y mi visión es dar a mi cliente la casa de sus sueños con un presupuesto ajustado, no emplearé mucho tiempo comprando lámparas en Tiffany's. De hecho, probablemente emplearé más tiempo conociendo mejor al cliente que comprando, de modo que pueda estar seguro de que entiendo sus deseos mientras busco formas de satisfacerlos. De igual manera, un decorador de interiores cuyo enfoque está en proveer piezas únicas de recuerdos de familia probablemente pasa más tiempo comprando antigüedades del que pasa en las casas de sus clientes. En ambos casos, el negocio está centrado en la visión. La visión realmente impulsa la toma de decisiones.

Fuera de alineamiento

¿Qué sucede cuando la visión del líder es diferente a la visión de las otras personas en su organización? Quizás mi plantilla de personal tiene un enfoque distinto al mío. Tal vez los otros implicados en el negocio que yo comencé quieren ir en la nueva dirección. La primera pregunta que debería hacerme es: ¿Cómo sucedió esto? La segunda pregunta es: ¿Cómo sucedió esto ante mis ojos?

Los líderes deben aceptar la responsabilidad de cualquier cosa que suceda en las organizaciones que dirigen. Si hay una división en la visión de la iglesia o el negocio, el líder debe afrontarlo para saber cómo sucedió y por qué. Entonces el líder debe saber qué hacer para cambiarlo.

Si mi empresa ha comenzado a desviarse de mi visión, yo no puedo volver a alinearla abruptamente con una sola reunión de personal. En cambio, necesito pensar en mí mismo como un ortodoncista que intenta enderezar dientes. Necesito utilizar "abrazaderas" en los dientes y entonces, con cada visita, girar lentamente la llave para traer los dientes en alineamiento. No puedo simplemente apretarlos en un solo movimiento y decir: "Ahora tienes los dientes alineados". Hacer eso podría causar daños, y los resultados no durarán. Necesito apretar y afinar a mi plantilla de personal poco a poco, hasta que los haya llevado otra vez a la visión que lancé originalmente.

Muchos líderes podrían culpar a quienes están bajo su supervisión por desviarse de la visión, pero lo cierto es que el líder es responsable de mantener a todos unidos bajo una visión compartida. Cuando negamos la responsabilidad personal, cedemos nuestra capacidad de hacer cualquier cosa para cambiar la situación. Aceptar la responsabilidad por una visión perdida nos da una oportunidad de corregirla.

> **Aceptar la responsabilidad por una visión perdida nos da una oportunidad de corregirla.**

Cuando me reúno con el personal de una organización, solamente necesito unos minutos para discernir quién ha creído en la visión del líder y quién no. Sus palabras me dicen todo lo que necesito saber. Si las personas dicen, por ejemplo: "La visión del jefe es tal y cual", en lugar de decir: "*Nuestra* visión es tal y cual", hay una desconexión entre la visión del líder y la visión de quienes están bajo su supervisión. Si el líder dice algo como: "Los miembros de mi personal realmente quieren hacer tal y tal cosa", su lenguaje revela que él no ha creído en sus ideas.

Beneficios de una visión compartida

El nombre de marca *Ritz-Carlton* evoca pensamientos de servicio superior y cuidados de lujo. Esta asociación no se produce por accidente. La gerencia del *Ritz-Carlton* forma a todos los empleados del hotel para que vivan según el "Credo" de la empresa, una declaración de visión que comienza: "El Hotel Ritz-Carlton es un lugar donde el cuidado y el confort genuinos de nuestros huéspedes es nuestra más alta misión". El Credo continúa con una promesa de "el mejor servicio personal e instalaciones", "un ambiente cálido, relajado y a la vez refinado", y una promesa de cumplir "hasta los deseos y las necesidades no expresados de nuestros huéspedes".[1]

No es de extrañarse que cada empleado esté entrenado en los veinte puntos básicos del *Ritz-Carlton*, el primero de los cuales es: "El credo… debe ser conocido, poseído y energizado por todos".[2] La empresa no solo tiene una visión unificada, sino que lo primero que cada empleado nuevo debe hacer es memorizar la visión para que él o ella pueda apropiarse de ella y practicarla. ¡Imagina cómo podría crecer nuestro negocio si todos conocieran, poseyeran y energizaran nuestra visión corporativa!

En Génesis 11, la Biblia registra la historia de la torre de Babel, un poderoso ejemplo de la eficacia de personas con una visión compartida trabajando juntas. El pueblo de Babel planeó construir una torre que llegara hasta los cielos. La construyeron con ladrillo en lugar de piedra, y usaron argamasa por alquitrán. No solo estaban de acuerdo en la visión, sino también estaban de acuerdo en las tácticas que debían usar para

---

1. www.ritzcarlton.com/corporate/about_us/gold_standards.asp#credo.
2. Ibid.

cumplir esa visión, incluso si Dios finalmente ponía fin a sus esfuerzos antes de que pudieran llegar a buen término.

> ¡Imagina cómo podría crecer nuestro negocio si todos conocieran, poseyeran y energizaran nuestra visión corporativa!

Cualquiera que haya trabajado con una asociación de vecinos para añadir una nueva verja o para alterar el paisaje sabe lo difícil que es llegar a un acuerdo, incluso sobre los detalles más simples de la construcción. ¡Ver al pueblo de Babel estar de acuerdo no solo en el diseño, sino también en los métodos de edificación es bastante asombroso!

"Pero el señor bajó para observar la ciudad y la torre que los hombres estaban construyendo, y se dijo: «Todos forman un solo pueblo y hablan un solo idioma; esto es sólo el comienzo de sus obras, y todo lo que se propongan lo podrán lograr»" (Génesis 11:5-6 NVI).

Hay una lección importante en estos versículos. La visión no solo tiene que ser lanzada correctamente, sino también tiene que permanecer delante de las personas hasta que ellos la absorban como propia. La clave es, de nuevo, el lenguaje que se utiliza. La Escritura apoya la idea de que puede lograrse cualquier cosa cuando todo el mundo está hablando el mismo idioma. Cuando todas las personas implicadas han adoptado la visión como propia y están en la misma página, las palabras que utilicen reflejarán eso mismo: palabras como "nosotros", "nuestra", en adelante.

La meta de todo líder debería ser lanzar la visión entre las personas de tal modo que él las oiga regresar con estas palabras: "Nuestra visión es...". Cuando nuestra visión se lanza correctamente, nada es imposible para nuestra organización.

Ni siquiera la pesca con mosca.

> **Cuando nuestra visión se lanza correctamente, nada es imposible para nuestra organización.**

Puntos de enseñanza

1. Lanzar la visión debería ser menos como anunciar y más como reclutar.

2. Sé estratégico cuando lances tu visión.

3. A fin de diseñar tu mensaje, intenta organizar a tu audiencia según estas cinco categorías:

   + Acogedores entusiastas
   + Acogedores iniciales
   + Intermedios
   + Acogedores tardíos
   + Nunca acogedores

4. Enfócate en reclutar a los Acogedores entusiastas y los Acogedores iniciales para interactuar informalmente con los Intermedios, a fin de comunicar tu visión.

5. No desperdicies tiempo ni esfuerzo en atraer a los Acogedores tardíos o a los Nunca acogedores.

Mantenlos en el mismo círculo de comunicación que a todos los demás, pero no retrocedas por esforzarte en hacerles cambiar de opinión.

6. Recuerda que "la reunión" no es lo más importante. Lo que marca la diferencia es la reunión antes de "la reunión" y la reunión después de "la reunión".

7. La visión debe ser lanzada desde el líder más alto, hacia abajo en la organización.

8. Haz que tu organización esté centrada en la visión, manteniéndola continuamente delante de las personas.

9. Cuando la visión se desvía, asume responsabilidad. Corrige la situación lentamente.

10. Recuerda que con una visión compartida, todo es posible.

3

COMUNICACIÓN

"El líder tiene que ser práctico y realista; sin embargo,
debe hablar el idioma del visionario y el idealista."
—Eric Hoffer
filósofo estadounidense

"¡Es que ella no lo entiende!", dije echando chispas de frustración.

Julie era brillante, elocuente y educada. Su trabajo en la comunidad educativa era bien reconocido. Entonces, ¿por qué no podía ella entender lo que nuestra empresa estaba intentando hacer? Yo pensé: "Quizás necesito volver a explicárselo. Tal vez pueda ayudarla a ver cuál es el verdadero asunto".

Sin embargo, las reuniones siguientes no iluminaron a Julie. Mi frustración aumentó, convirtiéndose rápidamente en resentimiento. Comencé a cuestionar su supuesta sensatez. ¿Por qué alguien como Julie, una buena persona con credenciales impresionantes, parecía no entenderlo?

Estilos de comunicación

Pronto descubrí que se reducía al hecho de que Julie y yo teníamos distintas formas de pensar y de comunicar. Todo el mundo es, o un pensador concreto, o un pensador abstracto, con un estilo de comunicación correspondiente al estilo de pensamiento. Los líderes son usualmente grandes visionarios, pero tienden a ser pensadores abstractos. Hablan en términos generales, expresando sus elevadas metas con frases que suenan muy bonitas y carecen de información específica. Mientras tanto, los "seguidores", o quienes llevan a cabo la visión de los líderes, son generalmente pensadores concretos. Cuando hablan, utilizan términos específicos y discretos. Y la diferencia en los estilos de comunicación entre líderes y seguidores con frecuencia conduce a la confusión.

> Todo el mundo es, o un pensador concreto, o un pensador abstracto, con un estilo de comunicación correspondiente.

Un principal oficial ejecutivo de un pequeño negocio podría decir: "Queremos ampliar nuestra base de clientes". Esa es una declaración abstracta. No hay nada tangible al respecto. No puede medirse, no puede sentirse, y no hay modo de saber si se ha logrado y cuándo.

Declaraciones como esa vuelven locos a los pensadores concretos. Al responder a la frase de ejemplo que he citado, ellos demandarían conocer los detalles. Inmediatamente comenzarían a hacer preguntas al principal oficial ejecutivo en cuanto a cómo llevará a cabo su plan propuesto. Como pensadores concretos, quieren conocer los detalles; y si el principal oficial ejecutivo de pensamiento abstracto no está preparado para dar esos detalles, los pensadores concretos llenarán ellos mismos los espacios en blanco.

Es aquí donde muchos líderes lo echan a perder. No tienen en consideración cómo los pensadores concretos en sus organizaciones recibirán sus mensajes abstractos. Tan solo lanzan una idea sin tener en cuenta cómo la oirán los pensadores concretos.

Esta es una mala idea, porque, repito, cuando a los pensadores concretos no se les dan los detalles, toman lo que oyen y llenan los espacios ellos mismos. Entonces, ponen una tapa de cemento mental, del tipo que se seca rápido. El resultado es que el líder finalmente tendrá que sacar del agua su pensamiento cimentado, a fin de poner el fundamento que él quiere poner. Esencialmente, debe pedirles que cambien de idea. Y lo más grande que podemos pedir a alguien jamás es que cambie de idea. ¿Por qué querríamos hacer eso?

Incluso si somos pensadores abstractos, los líderes necesitamos convertirnos en comunicadores concretos. Necesitamos proveer los detalles cuando lanzamos una visión. Debemos "echar nuestro propio cemento", por así decirlo. De ese modo, llegamos a establecer la visión de la manera que queremos. Yo lo he echado a perder las veces suficientes en esto para conocer las consecuencias de no hacerlo, y he visto lo que sucede cuando los líderes lo hacen correctamente. Quien comunica una visión, también debería ser quien la establece en cemento.

> Si somos pensadores abstractos,
> los líderes necesitamos convertirnos en
> comunicadores concretos.

Cada mes de enero, ejecutivos de negocios lanzan nuevas visiones para sus empresas, pero si no proveen los detalles, arman a sus empleados con municiones para hacer mucho daño en nada de tiempo, dada la velocidad de la comunicación en estos días. Los miembros del personal no desperdiciarán tiempo en hacer conjeturas sobre la visión, y compartir sus dudas unos con otros vía correo electrónico, mensaje de texto, y otros medios de comunicación instantáneos.

Los vagos mensajes que proceden de la alta gerencia también tienden a poner nerviosos a los pensadores concretos, con frecuencia innecesariamente. Cuando el presidente de una empresa anuncia que está planeando una importante reorganización, pero no provee detalles de cómo será esa reorganización, algunos de sus mejores empleados empezarán frenéticamente a buscar nuevos empleos porque asumen que "reorganización" significa despidos masivos.

Como líderes, seamos pensadores concretos o pensadores abstractos, necesitamos recordar que aquellos a quienes lideramos son propensos a pensar concretamente. Quizás podemos transmitir en AM y también FM, pero aquellos a quienes lideramos puede que sean capaces de oír solamente AM. Tenemos que asegurarnos de transmitir la visión de tal manera que los receptores puedan oírla. Para hacerlo, necesitamos comunicar la visión abstracta y los detalles concretos al mismo tiempo.

Necesitamos comunicar la visión abstracta y los detalles concretos al mismo tiempo.

Evitar malos hábitos de comunicación

Cuando te preparas para lanzar una visión, intenta evitar los siguientes hábitos de los malos comunicadores.

Comunicar solamente cuando necesitas algo. No seas el tipo de líder de negocios que habla a sus empleados solamente cuando necesita algo de ellos. Ningún empleado quiere sentirse como si estuviera ahí tan solo para servir al "jefe", para estar a su entera disposición. Como líderes, necesitamos ser conscientes de cómo tratamos a las personas que trabajan para nosotros.

Larry Bossidy, presidente de la Junta y principal oficial ejecutivo de *Honeywell International, Inc.*, ya retirado, decía: "Si no tienes el interés y la energía para llegar a conocer a tu gente y tu negocio, no tendrás éxito".[3]

Bossidy tiene razón. Sí se necesita energía para estar interesado en las personas, pero lo cierto es que la energía que empleamos conociendo a nuestro personal será multiplicada por la productividad que ellos aportarán como resultado. ¿Qué empleado no querría recorrer la milla extra por un líder que se interesa verdaderamente por él?

> La energía que empleamos conociendo a nuestro personal será multiplicada por la productividad que ellos aportarán como resultado.

No dar seguimiento. Los planes mejor trazados nunca harán más que acumular polvo, a menos que realmente hagamos algo

3. "From the Editors", Leader to Leader, Verano de 2002, www.pfdf.org/leaderbooks/l2l/summer2002/editors.html.

para implementarlos. En un capítulo posterior hablaré de los retos planteados por una mala ejecución de la visión, pero por ahora, quiero señalar que la mala implementación y la falta de ejecución con frecuencia empeoran debido a nuestros propios patrones descuidados de comunicación.

Bossidy escribió un libro con Ram Charan y Charles Burck titulado *Execution: The Discipline of Getting Things Done* [El arte de la ejecución en los negocios]. En él, los autores aseveran que la mayor brecha en el liderazgo estadounidense en estos momentos está entre lo que se dice y lo que se hace; en otras palabras, una falta de compleción.

Para ver más trabajo completado, necesitamos hacer que las personas rindan cuentas. Podemos hacerlo concluyendo cada reunión, correos electrónicos y conversación con algunas preguntas clave:

+ ¿Cuál es el siguiente paso?

+ ¿Quién completará ese paso?

+ ¿Cuándo será completado?

Un poco de seguimiento cada vez que comunicamos dará como resultado mucha ejecución. Recuerda preguntar siempre: "¿Quién hace qué y para cuándo?".

Recuerda preguntar siempre: "¿Quién hace qué y para cuándo?".

No devolver llamadas telefónicas y/o correos electrónicos. La grabación estándar en los contestadores automáticos: "Por favor, deje un mensaje después del tono, y responderé en cuanto me sea posible" es una gran mentira. En cambio, debería decir: "Deje un mensaje, y llamaré si tengo ganas. Si no llamo, significa que no quería hablar con usted, así que relájese".

No solo es cortesía común responder a las personas con puntualidad; no responder permite a otros "echar cemento". Si ellos no pueden obtener de mí una respuesta, la obtendrán de alguna otra persona; y puede que no sea la respuesta que yo quiero que tengan. Esto es lo que yo hago cuando no tengo tiempo para darle a alguien una respuesta completa, como cuando recibo un correo electrónico que contiene muchas preguntas. Inmediatamente respondo con un breve mensaje que dice: "Leeré su correo electrónico en detalle y le enviaré una respuesta detallada en unos días". De ese modo, la persona no se queda preguntándose si recibí el correo, ni supone que le estoy ignorando intencionadamente. No, él o ella recibe una respuesta de confirmación de que estoy en ello.

Todos sabemos lo frustrante que es enviar un correo electrónico o dejar un mensaje en el contestador, y nunca recibir respuesta. No podemos hacer seguimiento con personas si en primer lugar no hablamos con ellas.

Descuidar el uso de la cortesía común. No debería tener que decir esto, pero lo haré, tan solo para asegurarme de que estamos claros. Cuando nos comunicamos con personas, deberíamos utilizar la cortesía básica. Deberíamos decir "por favor" y "gracias". Lo hacemos cuando hacemos un pedido en nuestro restaurante favorito de comida rápida: "¿Podría ponerme un combo número tres, por favor? Gracias". Entonces, ¿por qué no podemos hacerlo con nuestros compañeros de trabajo?

A veces, cuando las personas trabajan muy de cerca unas de otras, se olvidan de los pequeños detalles:

"¿Podrías hacer esto, por favor?".

"Gracias por enviarme ese informe".

"De nada".

"Gracias".

"En cualquier momento".

Piensa en cómo podría cambiar el ambiente en la oficina si todos hablaran con educación y emplearan la cortesía común unos con otros.

Enfocarse en lo negativo. Algunas personas tienen un don para percibir la negatividad en cualquier situación, aferrarse a ella y negarse a soltarla. Lo más importante que un líder puede hacer por su gente es postergar sus horizontes y poner algún pensamiento de cielo azul en sus vidas. Necesitamos sacar lo positivo y añadirle valor en lugar de enfocarnos en lo que va mal.

Cuando alguien comienza a quejarse de un aspecto negativo del lugar de trabajo o del empleo, intenta ayudarlo amablemente a ver el otro lado. Si él dice, por ejemplo: "Cada año que he trabajado aquí, algo ha ido mal", podrías responder: "Sé que esto es importante, y parece que no dejan de suceder cosas malas, pero piensa en todos los otros retos que has vencido en los últimos años. Dentro de un año, esto será una cosa más que añadir a esa lista. Has podido resolver todos esos problemas; creo que también puedes solucionar este". ¡Ayuda a pintar un CA (cielo azul) en su pensamiento!

No escuchar. Cuando las personas hablan de comunicación, por lo general se enfocan en su transmisión; raras veces consideran su recepción. Para que cualquier mensaje sea eficaz, alguien debe recibirlo. Si no estamos escuchando a las personas que nos rodean, no estamos siendo buenos comunicadores. Escuchar no solo ayuda a entender a la persona con quien nos comunicamos, sino también nos ayuda a saber cómo responderle mejor.

> Si no estamos escuchando a las personas que nos rodean, no estamos siendo buenos comunicadores.

Las consecuencias de no escuchar pueden ser graves. *The New England Journal of Medicine* ha publicado estudios que muestran que la mayoría de las demandas por mala práctica contra médicos podría haberse evitado si los médicos tan solo hubieran escuchado a sus pacientes.

Al igual que los médicos, nosotros los líderes estamos en el negocio de dar respuestas. Y cuando estamos en "modo de dar respuestas", es difícil que escuchemos. Pero escuchar es una habilidad que debemos cultivar. Escuchar activamente incluye observar el lenguaje corporal y establecer contacto visual con la otra persona. Eso gobierna el modo en que presentamos nuestros mensajes y respondemos a preguntas.

Escuchar y responder

Ahora bien, ¿qué tiene que ver escuchar con responder preguntas? Al escuchar de verdad, podemos oír la verdadera pregunta que la persona está haciendo. A veces, las personas no expresan la pregunta que realmente quieren que se les responda. Por ejemplo, si una empleada pregunta: "¿Es la reunión de planificación *realmente* a las cinco en punto hoy?", puede que quiera algo más que una confirmación de la hora. Quizás esté pensando: "¿Hasta cuándo va a durar esa reunión? Tengo que recoger a mi hijo en la casa de la niñera". Si respondemos su pregunta con un simple "sí", en realidad no habremos respondido su pregunta. Ella seguirá frustrada por no poder estar en dos lugares al mismo tiempo.

En cambio, si observamos su lenguaje corporal y escuchamos cómo expresa la pregunta, podemos responder de modo distinto: "Algo parece estar molestándote". Entonces ella puede decirnos que tiene que recoger a su hijo, que la presentación no estará preparada a tiempo, o que esperaba tener la aprobación de los planes antes del mediodía. Un "sí", aunque es técnicamente correcto, puede hacer que pasemos por alto información que ella no daría voluntariamente sin un poco de presión. Ni siquiera sabríamos cómo impulsarla a dar más información a menos que oyéramos lo que estaba intentando decir sin palabras. Recuerda que la primera pregunta presentada no es siempre la verdadera pregunta. La pregunta que está tras la pregunta es la verdadera pregunta.

Muchas veces, después de haber respondido a una pregunta que me hicieron, la persona dirá: "La razón por la que pregunté es…" *Ese es* el verdadero asunto. La pregunta de apertura meramente comienza el diálogo.

Escuchar es más importante que hablar. Al observar con atención y ofrecer respuestas analizadas, hacemos saber a las personas que oímos lo que están intentando decir. Si prestamos atención a otros cuando comunicamos, siempre seremos capaces de dar la respuesta correcta, incluso cuando no tengamos todas las respuestas.

El Mayor Comunicador

Para aprender del Mayor Comunicador, el Único que comunicó perfectamente, tan solo necesitamos acudir a la vida de Jesús como está registrada en el Nuevo Testamento. Siempre que Él hablaba, se reunían multitudes para oír lo que tenía que decir. Y siempre que alguien le hacía una pregunta, Él respondía la duda del corazón de la persona, sin importar si estaba en consonancia con la pregunta que la persona había hecho.

Por mis estudios de la vida de Jesús, creo que el pasaje más instructivo sobre comunicación que se encuentra en los Evangelios es, casualmente, la primera ocasión en que Jesús está en el centro de una multitud. Él tenía solo doce años en ese momento, y sus padres, María y José, habían comenzado el largo camino de regreso a su casa desde Jerusalén después de la fiesta de la Pascua, sin darse cuenta de que Jesús no iba con ellos. Él se había quedado en el templo para hablar con los doctores y rabinos que se reunían allí regularmente para la discusión y el debate.

"Y aconteció que tres días después le hallaron en el templo, sentado en medio de los doctores de la ley, oyéndoles y preguntándoles. Y todos los que le oían, se maravillaban de su inteligencia y de sus respuestas" (Lucas 2:46-47).

Vemos a Jesús modelando cuatro cosas importantes en este pasaje. ¿Qué hacía Jesús en medio de los doctores? Estaba *"oyéndoles y preguntándoles"*. Estas son las dos primeras cosas importantes: *oír y hacer preguntas*. Al hacer estas cosas, Jesús obtenía *inteligencia*, la cual le permitía dar *respuestas* sabias: las otras dos cosas a observar en este pasaje.

Piensa en el contexto sociológico de este pasaje. En la cultura judía de la época de Jesús, mujeres y niños no tenían lugar alguno con los rabinos que se sentaban, acariciando sus largas barbas mientras hablaban. ¿Cómo fue que Jesús se ganó el derecho a sentarse en medio de ellos, y ser el centro de atención? ¿Qué le había concedido ese privilegio especial? Para la comunidad en general, Jesús no era otra cosa sino el hijo de María y José; y francamente, aquellos rabinos probablemente ni siquiera conocían ni se interesaban por José, y menos por su hijo. ¿Qué le dio a Jesús su entrada a ese grupo élite?

Puedo decirte cuál fue esa entrada. Mientras aquellos rabinos y doctores de la ley mantenían una conversación de mucha profundidad, un pequeño niño de doce años llamado Jesús seguía su gran debate teológico y escuchaba. Cuanto más escuchaba Él, más oía. Después de un rato, me imagino que hubo una pausa en la conversación; y Jesús levantó la voz y dijo algo como: "Rabino Moshe, ¿podría hacerle una pregunta, señor?".

Por consentir al niño que había estado escuchando por tanto tiempo, los rabinos le permitieron hacer una pregunta. Pero cuando Él hizo la pregunta, reveló tal profundidad de perspectiva y poder que los eruditos pronto se decían entre sí: "¿De dónde salió esa pregunta? Muchacho, esa es una pregunta profunda para un niño de doce años". Y con su profunda pregunta, Jesús se había ganado el derecho a recibir una respuesta. Así que le respondieron. Entonces Él hizo otra pregunta penetrante y después otra, y el ciclo continuó hasta que Jesús entendió su postura.

Poco después, los doctores y rabinos querían saber más acerca de lo que Jesús pensaba. La conversación cambió su curso, y ellos comenzaron a preguntarle a Él. Él estaba preparado con las respuestas, y la discusión continuó por tres días, hasta que sus padres regresaron para llevarlo con ellos.

Jesús era el centro de atención de aquellos hombres entendidos, pero la situación no comenzó de ese modo. Comenzó con Él observando, oyendo y escuchando lo que ellos tenían que decir.

Cuando nos encontramos con un grupo de personas que están manteniendo una discusión, nuestra primera inclinación suele ser participar de inmediato y ofrecer nuestra propia perspectiva, en lugar de detenernos a escuchar los puntos de vista de los demás. Pasamos por alto algunas de nuestras mejores oportunidades para comunicar porque siempre estamos hablando, pero nunca escuchando.

Pasamos por alto algunas de nuestras mejores oportunidades para comunicar porque siempre estamos hablando, pero nunca escuchando.

Como líderes, necesitamos escuchar más, especialmente si consideramos que nosotros somos quienes "lo saben todo" o "tienen todas las respuestas". Al aprender a escuchar a los demás, terminamos comunicándonos más efectivamente con pensadores abstractos y concretos por igual. Recibimos mejor información de quienes nos rodean, lo cual nos otorga un entendimiento más claro de la situación, reduciendo así el riesgo de conflicto debido a la mala comunicación.

Inevitablemente surgirá el conflicto, como sucedió entre Julie y yo (¿la recuerdas al comienzo de este capítulo?). A continuación hay algunas acciones que debemos tomar al comunicarnos con personas como Julie:

+ Intentar entender las preocupaciones de la persona y empatizar con ellas.

+ Determinar si el individuo es un *"no lo haré"* o un *"no puedo"*. *"No lo haré"* refleja una actitud; *"no puedo"* refleja una falta de capacidad. Ambos pueden recibir ayuda, pero de diferentes maneras.

+ Asegurarte de que estamos transmitiendo en una frecuencia que la persona es capaz de captar.

+ Recordar que es responsabilidad nuestra, como líderes, comunicar efectivamente.

Un hecho final a destacar es que las conversaciones más importantes que jamás tendremos son las que mantenemos con nosotros mismos. El tono y contenido del monólogo interior determina, en gran parte, el resultado de toda nuestra comunicación y, finalmente, de nuestras relaciones. Las conversaciones en mi cabeza con respecto a Julie estaban llenas de enojo, duda y frustración. Cuando me detuve y escuché de verdad lo que me había estado diciendo a mí mismo, e hice una pausa de comunicación para reevaluar la situación, entendí que yo necesitaba ser el primero en cambiar.

Aprender a escuchar a otros y a nuestra propia conversación interior nos ayudará a responder apropiadamente en cada situación, incluso a las Julie que nos frustran.

Aprender a escuchar a otros y a nuestra propia conversación interior nos ayudará a responder apropiadamente.

Puntos de enseñanza

1. Hay dos tipos de pensadores, concretos y abstractos, y comunican conforme a ello.

2. Los líderes son por lo general pensadores abstractos que usan declaraciones vagas para comunicar sus elevadas visiones.

3. Quienes hacen, quienes siguen al líder, son generalmente pensadores concretos que hablan con términos específicos y detallados.

4. Los pensadores concretos llenan sus propios detalles cuando no reciben suficiente información.

5. Independientemente de cómo piensen, los líderes necesitan convertirse en comunicadores concretos.

6. Los líderes deben comunicar su visión de tal manera que todos puedan oírla y entenderla. Esto significa que deben compartir lo abstracto y lo concreto al mismo tiempo.

7. Evitar estos malos hábitos de comunicación:

+ Comunicar solamente cuando se necesita algo.

+ No dar seguimiento.

+ No devolver llamadas telefónicas o correos electrónicos.

+ No practicar la cortesía común.

+ Enfocarse en lo negativo.

+ No escuchar.

8. La primera pregunta que alguien hace no es siempre la verdadera pregunta.

9. Escuchar es más importante que hablar. Asegúrate de escuchar activamente, observando el lenguaje corporal de los demás y siendo consciente del propio.

10. Jesús fue el único comunicador perfecto, y su método era como sigue: (1) Él escuchaba, (2) hacía preguntas, (3) entendía, y (4) daba respuestas.

11. Cuando estamos siempre hablando y nunca escuchando, pasamos por alto oportunidades de comunicar efectivamente.

12. Las conversaciones más importantes son las que mantenemos con nosotros mismos.

13. Escuchar finalmente nos conducirá a dar mejores respuestas.

4

TOMA DE DECISIONES

"Cuando estás seguro al 100%,
llegas demasiado tarde."
—Charles W. Robinson
empresario estadounidense

María dirige *Mucamas de María*, un exitoso negocio de limpieza. Y María estaría feliz, si no fuera por una de sus empleadas. Su contratada más nueva, Lorna, es incompetente y no quiere trabajar al lado de sus colegas. Fue reclutada como un favor a una amiga, pero ella siempre tiene una mala actitud y raras veces se presenta al trabajo puntualmente. Sin embargo, el padre de Lorna dirige tres grandes negocios, todos los cuales son clientes de *Mucamas de María*. El padre de Lorna también ha recomendado *Mucamas de María* a otras empresas locales. Ya que él representa una importante fuente de beneficios para María, despedir a Lorna podría ser perjudicial para el negocio. Además, Lorna es una buena amiga de la hija de María. Las dos jóvenes salen en el mismo grupo, y despedir a Lorna podría tener un efecto perjudicial también en la vida social de la hija de María. ¿Qué debería hacer ella?

Dos estrategias de toma de decisiones

La respuesta de María dependerá de si ella toma decisiones situacionalmente o las toma por principios. Si las toma situacionalmente, estará más preocupada por su relación con Lorna, con el padre de Lorna y con su propia hija, que por cómo afectará a su negocio la incompetencia de Lorna. Como líder situacional, María preferirá soportar la mala conducta de Lorna que darle mucha importancia y arriesgarse a causar un conflicto.

Si, por otro lado, María toma las decisiones por principios, actuará basándose en lo que ella cree que está bien o mal. Entenderá que no es justo para las otras empleadas o para sus clientes seguir pagando a Lorna si ella es incapaz de realizar su trabajo. Es probable que Lorna sea despedida, pese a las consecuencias personales para María. Aunque ella obviamente no querría dañar su negocio ni la amistad de su hija, tomará su decisión basándose en lo que es correcto, no lo que es más fácil.

Como líder de principios, María tomará medidas para ayudar a Lorna a mejorar su rendimiento antes de recurrir a despedirla. Documentará todo lo que haya estado sucediendo: evidencia objetiva, en lugar de lo que ella "siente" registrar debido a que favorece su caso. Hará a Lorna una advertencia y le ofrecerá formación adicional. Se sentará con Lorna para una serie de conversaciones e implicará a otras personas, si es necesario. Si después de que se hayan dado esos pasos la conducta de Lorna sigue sin mejorar, entonces María no se preocupará por las consecuencias a corto plazo. Si las circunstancias lo reclaman, ella pondrá fin al contrato de Lorna.

Los resultados de la toma de decisiones por principios son más predecibles que los de la toma de decisiones situacional. La mayoría de las personas preferirían trabajar para un líder que practica la toma de decisiones por principios que para otro que las toma situacionalmente, porque hay un sentimiento de seguridad en el conocimiento de que cualquier decisión que les afecte dependerá de su propia conducta, en lugar de los sentimientos personales de su líder. Las decisiones de un líder por principios son coherentes, y siempre toman en consideración las consecuencias a largo plazo.

> Las decisiones de un líder por principios son coherentes, y siempre toman en consideración las consecuencias a largo plazo.

Quienes toman decisiones situacionalmente raras veces consideran las consecuencias a largo plazo de sus decisiones. Su prioridad principal es evitar el conflicto presente, no prevenir futuros problemas. Como resultado, su base para tomar decisiones siempre es cambiante, produciendo decisiones inconsistentes. Las personas que responden a líderes que practican la toma de decisiones situacionalmente pocas veces están seguros de cómo se tomará la decisión. Sus empleados puede que intenten controlar la información que el líder recibe, en un esfuerzo por influir en su decisión hacia una dirección que sea favorable para ellos. Trabajar para un líder situacional puede ser muy estresante porque batallamos para anticipar cómo responderá el líder a una situación dada, ya que sus reacciones han sido inconsistentes e impredecibles en el pasado.

Al escribir este capítulo, los medios de comunicación están hablando sobre una empresa nacional cuya base informática de datos fue pirateada. Esa acción dio como resultado el robo de información confidencial que afectaba a miles de personas. Cuando fueron confrontados con la información, oficiales de la empresa minimizaron el alcance del problema, pero después tuvieron que admitir que era mayor de lo que creían. A medida que se hizo cada vez más obvia la gravedad de la brecha de información, la empresa ofreció hacer algunos cambios. Cuando esas ofertas no tranquilizaron a oficiales del gobierno, la empresa hizo algunas concesiones menores a sus clientes en un esfuerzo por evitar demandas. A medida que la situación lo reclama, ellos acuerdan hacer un poco más.

Este es un excelente ejemplo de la toma de decisiones situacional en el liderazgo: oficiales haciendo lo que tienen que hacer a fin de tranquilizar al público y "arreglar" la situación sin hacer cambios drásticos.

Contrastemos este incidente con el desastre de relaciones públicas que sucedió con el analgésico *Tylenol* hace más de veinte años. Cuando se descubrió que un par de frascos de *Tylenol* habían sido contaminados con cianuro, los ejecutivos de la empresa no dijeron: "Bueno, afectó solamente a algunas personas". En cambio, retiraron todos los productos *Tylenol* de las estanterías, independientemente de dónde fue fabricado el producto, cómo fue empacado y dónde fue vendido. Esos ejecutivos estaban impulsados por principios en su toma de decisiones.

Es importante para nosotros entender cómo tomamos decisiones, ya sea basándonos en la situación o en principios, porque nuestras decisiones comunican quiénes somos al resto del mundo.

Un modelo de toma de decisiones

La toma de decisiones es a la vez un arte y una ciencia. Tristemente, a la mayoría de nosotros nunca nos enseñaron cómo tomar buenas decisiones, así que tomamos decisiones tal como nos inclinamos por naturaleza a hacerlo: basándonos en la situación. Pero podemos aprender a tomar decisiones mejores y más coherentes analizando los pasos implicados en tomar una decisión. La mayoría de esos pasos los damos de manera inconsciente. Los pasos más comunes incluyen recopilar datos, seleccionar la información que sea relevante para la decisión, combinarlos con nuestro conocimiento existente, y entonces finalmente tomar una decisión.

Este diagrama presenta todos los pasos con más detalle:

Pasos para tomar decisiones

Datos → Información → Conocimiento → Decisión

DATOS, una vez dados, son

- Seleccionados
- Resumidos
- Categorizados
- Calculados/Analizados

Información relevante para el usuario

El usuario entonces

- Compara
- Conecta
- Crea significado

Conocimiento útil en el contexto de la decisión

Decisión

Digamos que Pat vive en el norte de Georgia y necesita viajar al sur de Atlanta para la fiesta de cumpleaños de su abuela. No parece una gran decisión, ¿verdad? A Pat le encanta cómo cocina su abuela. Para él, no hay nada mejor que disfrutar de una comida en domingo en la casa de la abuela, ya que ella siempre prepara un festín. Pero si quiere llegar a casa de ella mientras el puré de patatas sigue caliente, Pat realmente tiene muchas decisiones qué tomar. Una de las mayores decisiones es cómo debería llegar hasta la casa de la abuela.

Paso 1: Recopilar datos. Durante este paso inicial, recopilamos todos los datos que necesitaremos para tomar nuestra decisión. Para Pat, esos datos podrían incluir las respuestas a preguntas como las siguientes:

- ¿A qué hora comienza la comida?

- ¿Tendrá hambre cuando llegue allí?

- ¿Cuán temprano debería planear llegar, a fin de tener un asiento en la mesa de los adultos?

- ¿Qué ruta sería más rápida y/o más segura, la I-75 o la autopista 400?

- ¿Qué ropa debería ponerse para ir a casa de la abuela? Si decide ponerse otra ropa distinta a su traje de la iglesia, ¿tendrá tiempo para ir primero a casa después de la reunión y cambiarse, o debería llevar un cambio de ropa?

- ¿Cuál es la predicción meteorológica para el domingo?

Cuando Pat ha recopilado todos los datos, comienza a seleccionar cuáles son importantes, a resumirlos y categorizarlos. Finalmente, los analiza todos y hace cálculos basándose en los datos.

Paso 2: Seleccionar información relevante. En este punto, Pat tiene que seleccionar los datos que sean relevantes para su decisión. Tener hambre o no cuando llegue a casa de la abuela y la predicción meteorológica para ese día no deberían afectar sus planes de viaje, así que puede eliminar esos datos del proceso de toma de decisión. Entonces, comparando y conectando todos los otros datos, puede separar la información que sea realmente útil para él.

Estas son algunas informaciones que tienen relevancia para la decisión que él está a punto de tomar:

- La abuela planea servir la comida a la una en punto de la tarde.

- Si él toma la Interestatal 75, la duración de su viaje será aproximadamente de noventa minutos.

- Actualmente hay un proyecto de construcción en la I-75; cierres de carriles y otras restricciones podrían causarle un importante retraso.

- Si toma la autopista 400, tardará 95 minutos, pero no encontrará ningún retraso por obras.

Paso 3: Combinar con conocimiento previo. Ahora que Pat tiene la información relevante, puede combinarla con el conocimiento previo, como el hecho de que si llega tarde a la comida, no solo la abuela estará enojada; también el primo

Arthur probablemente se quedará con su pedazo de pastel de crema de guineo.

Paso 4: Tomar la decisión. En este punto, Pat decide que irá por la autopista 400 porque aunque puede que no sea la ruta más corta hasta la casa de la abuela, si se da el tiempo suficiente llegará puntual para la comida. Y las consecuencias de llegar tarde (y de perderse el pastel de crema de guineo de la abuela) son demasiado grandes. Decisión tomada.

Seguimos estos mismos pasos cada vez que tomamos una decisión, pero en la mayoría de los casos pasamos por ellos con tanta rapidez que no somos conscientes de ellos. Entender los pasos que damos cuando tomamos decisiones puede ayudarnos a mejorar nuestras habilidades de resolver problemas, probando las suposiciones que hacemos en cada fase del proceso. Por ejemplo, si los datos que usamos para tomar una decisión son inexactos o defectuosos, la decisión no será buena. Si categorizamos incorrectamente los datos o elegimos información irrelevante para informar nuestra decisión, entonces nuestra decisión tendrá errores. Si nuestro "conocimiento" previo es inválido, entonces combinarlo incluso con los datos más exactos seguirá conduciendo a una mala decisión.

La capacidad de expresar cada uno de los pasos en nuestro proceso de toma de decisiones puede ayudarnos a tomar mejores decisiones. También puede conducir a mejores relaciones con las personas que dirigimos y con quienes trabajamos.

La toma de decisiones es una oportunidad para comunicar

Cuando aquellos a quienes diriges o con quienes trabajas toman malas decisiones, no seas duro con ellos, sino aprovecha la oportunidad para hablarles, a fin de allanar el camino para una mejor toma de decisiones en el futuro. Pregúntales cómo tomaron la decisión. ¿Qué proceso siguieron? Apoyándote en el modelo de toma de decisiones anterior, pregúntales con qué datos comenzaron. ¿Cómo seleccionaron la información que consideraron relevante para su decisión? ¿Qué conocimiento previo combinaron con los datos?

Hacer este tipo de preguntas nos ayudará a nosotros y a ellos, a entender mejor cómo abordar el proceso de toma de decisiones. Más importante, se convertirá en una oportunidad para que les ayudemos a mejorar sus habilidades de toma de decisiones.

En cualquier organización, cuanto mejor entendamos los puntos ciegos de nuestros colegas en la toma de decisiones, al igual que nuestros propios puntos ciegos, mejor equipados estaremos para conquistarlos.

Cuatro preguntas qué hacer antes de implementar una decisión

Cuando nos encontramos preparándonos para tomar una decisión que afectará a nuestro negocio u organización, necesitamos hacer al menos las siguientes cuatro preguntas, y es importante que las hagamos *en este orden:*

1. **¿Está esta decisión en línea con nuestra visión, misión y valores fundamentales?** Sin importar lo estupenda que sea una idea u oportunidad, si no está en línea con la visión, debemos decirle no.

2. **¿Tenemos la capacidad organizativa y humana para hacer esto? ¿Y tenemos el corazón para esto?** Quizás el programa

sea tan grande que desafiará al equipo completo. Tal vez no tengamos en el equipo las personas adecuadas para hacer que ocurra. O quizás simplemente no estemos preparados para implementar la decisión en este momento.

3. ¿Cómo será glorificado Dios por esta decisión? La mayoría de las personas simplemente preguntan: "¿Será glorificado Dios por esta decisión?". Responden rápidamente: "Sí". Pero no vale la pena hacer la pregunta, a menos que la llevemos un paso adelante y preguntemos *cómo* será glorificado Dios. Responder esta pregunta nos ayudará a entender el verdadero impacto que marca nuestra decisión en el reino de Dios. Para los negocios operativos que tienen un ajuste más secular, puedes hacer la misma pregunta con un ligero matiz: "¿Cómo servirá esta decisión a la comunidad local y beneficiará a otras personas?".

4. ¿Cuánto costará? Esta pregunta no es la misma que "¿nos lo podemos permitir?". La mayoría de las organizaciones no tienen dinero sentado en una cuenta esperando ser utilizado. Por lo tanto, la respuesta a la pregunta "¿nos lo podemos permitir?" es por lo general "no". Pero la respuesta a "¿cuánto costará?" es diferente. El costo es algo más que una mera cantidad en dinero; toma en consideración recursos tales como personal, tiempo, energía, y otros.

El orden en el cual hacemos las preguntas es importante, porque una iniciativa propuesta que no pase de la pregunta "¿nos lo podemos permitir?" podría obtener una respuesta diferente después de haber abordado las tres preguntas anteriores. Si la visión es lo bastante grande, si las personas tienen el corazón para realizarla, y si Dios será glorificado en gran manera, entonces puedes estar seguro de que llegarán dinero y recursos suficientes para cubrir el costo.

Responder estas preguntas concretas, en este orden, nos ayuda a entender y a apreciar cada oportunidad que tenemos delante. Nos permite tomar decisiones de principios basadas en un contexto organizativo mayor, en lugar de un aspecto limitado de la situación, como la cantidad de efectivo disponible.

Consejos prácticos para la toma de decisiones

Al hacer y responder las cuatro preguntas de las que acabamos de hablar, aseguramos un fundamento firme para tomar buenas decisiones. Aquí tenemos algunos consejos prácticos que nos ayudarán:

Ser capaces de explicar por qué. Necesitamos ser capaces de expresar por qué tomamos la decisión que tomamos. La razón no es que así podremos defendernos en el caso de que nuestra decisión demuestre ser mala; es para prepararnos para aprender de cada decisión que tomamos, sea buena o mala. Si no sabemos en un principio por qué tomamos una decisión particular, nunca mejoraremos a la hora de tomar decisiones. Entender cómo nuestro enfoque de la toma de decisiones conduce a resultados positivos o negativos nos ayudará a tomar mejores decisiones en el futuro.

> Necesitamos ser capaces de expresar por qué tomamos la decisión que tomamos.

Ser valiente. A veces, cuando estamos tomando decisiones, preferimos quedarnos dentro de nuestra zona de comodidad en lugar de tener que salir para recopilar datos adicionales. Pero nuestra zona de comodidad no es el lugar para tomar decisiones. Siempre que sea posible, debemos buscar información de las fuentes adecuadas, incluso si la búsqueda requiere que estemos un poco incómodos. Por ejemplo, pregunta:

"¿Quién en mi equipo me mostrará las cosas que más necesito ver?".

"¿Quién me dirá las cosas que son difíciles de oír?".

Ser decidido. No siempre tendremos toda la información que necesitemos cuando tomemos una decisión. De hecho, a veces lo mejor que podemos hacer es tomar una decisión sin tener toda la información. ¿Cómo identificamos qué decisiones deberían ser pospuestas hasta tener todo el conocimiento, y cuáles deberíamos tomar aunque sea sin el conocimiento completo? Mi consejo es emplear tiempo en las decisiones con la mayor recompensa potencial, y permitir que otros tomen las decisiones en las cuales tu aportación tenga poca relevancia, incluso si te gusta tomar tú mismo todas las decisiones.

Estar dispuesto a "destruir íconos". No podemos permitir que luchas territoriales, el mal uso del poder o tretas con motivación falsa afecten nuestro juicio. Resiste la idea de que la lealtad es una calle de una sola dirección. Desecha todas las estrategias a corto plazo que se interpongan en el camino de los éxitos a largo plazo.

> Desecha todas las estrategias a corto plazo que se interpongan en el camino de los éxitos a largo plazo.

Tomamos muchas decisiones cada día. Algunas de ellas son importantes, mientras otras no lo son. Mientras más atención prestemos al proceso mediante el cual tomamos decisiones, grandes y pequeñas, mejores decisiones tomaremos.

Regresemos a la historia de María y Lorna del comienzo de este capítulo. Si María puede separar los sentimientos por su hija y sus preocupaciones sobre el padre de Lorna, de su capacidad de echar una mirada objetiva al desempeño de Lorna, tomará una buena decisión con respecto a cómo tratar con Lorna. Si no puede hacer eso, entonces sus empleadas probablemente querrán buscar empleo en otro lugar porque se darán cuenta de que María se contenta con dar a sus clientes un servicio inferior al que ellos esperan.

Es importante practicar una buena toma de decisiones en los negocios, porque el número de decisiones que afrontamos aumenta de modo exponencial con cada nueva persona que contratamos. Y la decisión más crítica que tomaremos jamás en el ámbito profesional es decidir a quién añadir, y a quién mantener en nuestro equipo.

Puntos de enseñanza

1. Quienes toman decisiones situacionalmente basan sus decisiones en las condiciones actuales, con poca o ninguna consideración por futuras consecuencias.

2. Quienes toman decisiones por principios basan sus decisiones en su comprensión de lo correcto y lo incorrecto, y prestan atención a futuras consecuencias.

3. Las decisiones se toman mediante una serie de cuatro pasos principales, seamos o no conscientes del proceso. Esos pasos son:

+ Paso 1: Recopilar datos: cualquier información que pudiera ser importante.

+ Paso 2: Seleccionar la información relevante, después analizarla y organizarla.

+ Paso 3: Combinar información relevante con conocimiento anterior.

+ Paso 4: Tomar la decisión.

4. La toma de decisiones es una oportunidad para comunicar.

5. Haz estas cuatro preguntas en orden antes de tomar una decisión que vaya a afectar a tu negocio u organización:

+ ¿Está en línea con nuestra visión, misión y valores fundamentales?

+ ¿Tenemos la capacidad organizativa y humana para ello? ¿Tenemos el corazón para ello?

+ ¿Cómo será Dios glorificado por la decisión?

+ ¿Cuánto costará?

6. Al tomar decisiones:

+ Sé capaz de expresar por qué tomaste la decisión.

+ Sé valiente. Mira fuera de tu zona de comodidad para buscar información y respuestas.

+ Sé decidido. A veces tienes que tomar una decisión, independientemente de si sientes que tienes suficiente información.

+ Está dispuesto a "destruir íconos".

5

ESCOGER AL EQUIPO

"Requiere mucho tiempo y esfuerzo asegurarte de tener a las personas correctas trabajando en los puestos adecuados, pero creemos que es tiempo bien empleado... La satisfacción del cliente es la recompensa por invertir el tiempo para buscar a los mejores empleados."
—Truett Cathy
fundador de los restaurantes Chick-fil-A

Jim Collins y su equipo de veinte investigadores pasaron cinco años y más de 15.000 horas de trabajo investigando cómo algunas empresas pasan de ser meramente buenas a ser extraordinarias. Él habló de sus descubrimientos en su libro *Good to Great: Why Some Companies Make the Leap... and Others Don't* (Empresas que sobresalen: por qué unas sí pueden mejorar la rentabilidad y otras no). Un descubrimiento clave fue la importancia de escoger a los empleados correctos. Aquí tenemos una cita de su sitio web:

"El punto principal de este concepto no se trata solamente de reunir al equipo correcto; eso no es nada nuevo. El punto principal es primero hacer subir al autobús a las personas correctas (y bajar del autobús a las personas incorrectas) antes de pensar hacia dónde conducirlo."[4]

Collins establece el punto de que algunas personas quieren subirse al autobús debido al lugar a donde se dirige, pero él sugiere un camino mejor. Comienza con las personas adecuadas en el autobús, y entonces decide a dónde ir.

> Comienza con las personas adecuadas en el autobús, y entonces decide a dónde ir.

Posicionar con propiedad a las personas previene problemas

Una importante organización sin fines de lucro contrató a Harry, un hombre de negocios que ha visto mucho mundo, para estar al frente de su nuevo enfoque en las relaciones internacionales y la recaudación mundial de fondos. Como líder de su equipo, Harry ocuparía un puesto de alto perfil, que requiere viajes frecuentes a lugares donde él se reuniría con dignatarios extranjeros en el nombre de la organización. A Harry le gustaba viajar y conocer personas nuevas. Estaba emocionado acerca de hacia dónde se dirigía la organización y de su papel clave de liderazgo en esos planes.

Pero ¿qué sucede si las cosas cambian? ¿Y si la economía se desacelera, y el enfoque internacional se descarta debido a los crecientes costos de los viajes aéreos y las nuevas preocupaciones de seguridad de las aerolíneas? ¿Y si en lugar de ocuparse de las relaciones de contribuyentes en el extranjero, Harry es reubicado hacia un enfoque doméstico? Si lo único que Harry

---

4. www.jimcollins.com/lab/firstWho/index.html.

quería era un puesto de elevado perfil, va a quedar decepcionado. Él quería ir donde pensaba que se dirigía el autobús; ahora, la persona incorrecta está en el autobús, y el liderazgo superior tiene que pensar en cómo hacerle bajar.

¿Y si en lugar del "Harry de elevado perfil" la organización hubiera contratado al "estupendo Terry", alguien comprometido con la visión de la organización, sin tener en cuenta si eso le llevaría a destinos atractivos en el extranjero? Entonces Terry podría decidir hacia dónde debería ir el autobús. Sabiendo que la economía está apretada, Terry cree que puede encontrar oportunidades locales para recaudar fondos sin tener que incurrir en costos de viajes internacionales. Terry está contento al hablar con cualquiera, porque eso es lo que mejor hace. Ya que está dotado para apelar al apoyo financiero, no le importa dónde le lleve el autobús para hacer eso; solamente le importa si sus esfuerzos son eficaces.

En estos ejemplos, Harry fue contratado por *lo que sabe*, pero Terry fue contratado por *quién es él*. Es una filosofía de contratación diferente. Contratar a las mejores personas y permitirles ayudar a decidir la dirección del autobús es siempre mejor que contratar a personas que quieren ir a donde creen que se dirige el autobús. Si el autobús se avería o cambia de dirección, el segundo grupo quiere bajarse; incluso tanto como el resto de viajeros que van en el autobús quieren que lo hagan.

Además, algunas personas están más cómodas al frente; otras son servidores en la parte trasera del autobús. Un líder recién contratado podría ser un buen candidato para el departamento de contabilidad, pero si su verdadero llamado es la comunicación, encajará mejor para el equipo de mercadeo y publicidad. También tendrá más probabilidad de permanecer más tiempo en un empleo por el que sienta pasión. Cuando las personas adecuadas están en el autobús, necesitan tener los asientos correctos. En otras palabras, posicionar con propiedad a las personas previene problemas.

> Posicionar con propiedad a las personas previene problemas.

¡Ningún voluntario!

Cuando se trata de situar a personas en el autobús, no pidas voluntarios. Mi experiencia como pastor y como líder de negocios ha demostrado que las personas que se ofrecen voluntarias para un trabajo, por lo general no son las más cualificadas para realizarlo. Sea un puesto con remuneración o sin ella, es probable que quienes se ofrecen voluntarios tengan menos experiencia que los miembros del equipo que podríamos reclutar para un puesto remunerado. Las personas incorrectas son con frecuencia quienes primero se ofrecen voluntarias. ¿Cómo hacemos que un voluntario pase a ser "no voluntario" si la situación no funciona? Las personas más cualificadas están ocupadas y participando en otro lugar; no llegarán a menos que alguien las busque activamente.

Con mi ocupada agenda de viajes, en raras ocasiones me ofrezco voluntario para alguna actividad o proyecto, pero cuando alguien me recluta para un puesto, tengo mucha mayor inclinación a realizar el trabajo. Cuando Jesús necesitó discípulos, no fue mirando por ahí para ver quién se ofrecía voluntario. En cambio, Él salió y eligió personalmente a los hombres que quería como sus discípulos, diciendo en cierto momento:

"No me escogieron ustedes a mí, sino que yo los escogí a ustedes y los comisioné para que vayan y den fruto, un fruto que perdure. Así el Padre les dará todo lo que le pidan en mi nombre" (Juan 15:16 NVI).

Él los escogió a ellos y los comisionó, para que *"vayan y den fruto"*. Esa debería ser nuestra meta cuando contratamos a personas.

Consejos para reclutar

¿Recuerdas los partidos de balón prisionero que jugábamos en las clases de educación física hace muchos años? El maestro elegía a dos muchachos como capitanes de equipo, y los capitanes entonces tomaban turnos para elegir a quienes querían que jugaran en sus equipos. Primero escogían a los mejores deportistas; después escogían a sus amigos. A medida que quedaban menos opciones, intentaban escoger a los mejores de los últimos hasta que quedaba solamente un muchacho. El último muchacho al que escogían siempre se sentía un perdedor.

Un líder de negocios que selecciona a su equipo de empleados no es tan diferente. ¿Cómo reunimos a un equipo ganador? ¿Deberíamos elegir a nuestros amigos como señal de lealtad? ¿Deberíamos escoger a las personas que estén mejor cualificadas? ¿O deberíamos mostrar cierta compasión y escoger a quienes no están realmente cualificados y probablemente no conseguirán un empleo a menos que nosotros los contratemos? Yo aconsejaría encarecidamente en contra de esta última táctica. A fin de servir mejor a otros, tenemos que contratar a personas de calidad que hayan demostrado su entereza y carácter.

> Tenemos que contratar a personas de calidad que hayan demostrado su entereza y carácter.

Al escoger a personas para el equipo, recuerda las siglas ADC. Contrario a las personas que se ofrecen voluntarias, los candidatos ADC son reclutados debido a sus *actitudes, destrezas y conocimientos*: los tres atributos clave de los jugadores en un equipo ganador.

Actitud. Cuando contratamos a personas que tienen la actitud correcta, podemos enseñarles a hacer cualquier cosa. Una buena actitud puede ayudar a una persona a conquistar la más difícil de las circunstancias. Los empleados con buenas actitudes trabajan duro, están motivados a alcanzar las metas establecidas para ellos, y siguen adelante pese a cualquier obstáculo que pudieran encontrarse. Las personas con malas actitudes están desmotivadas, son negativas y ensimismadas. Independientemente de lo talentosas que sean, nunca llegan a mucho.

> Una buena actitud puede ayudar a una persona a conquistar la más difícil de las circunstancias.

William James, psicólogo y filósofo del siglo XIX, dijo: "El mayor descubrimiento de cualquier generación es que el ser humano puede alterar su vida alterando su actitud". Las personas con buenas actitudes son enseñables, corregibles y se pueden redirigir. Los gerentes de ventas con frecuencia dicen que quieren contratar a alguien que tenga "hambre". No están hablando de alguien que necesite comer; hablan de alguien que quiera salir y vender, alguien que esté motivado. Están describiendo una actitud.

Destreza. Si tu empresa necesita un diseñador gráfico, estarás buscando a alguien con destrezas artísticas y dominio de los programas de *software* apropiados, para empezar. Pero debe haber un balance entre actitud y destreza.

Los consultores de recursos humanos Ginger Rae y Donna Lowe dijeron: "Contratamos a personas por lo que saben y las despedimos por quiénes son". Las capacidades son el *qué*; la actitud es el *quién*. Un joven y entusiasta graduado de universidad que no sabe crear un diseño pegajoso, pero tiene una perspectiva positiva no será suficiente. Pero ¿quién quiere trabajar al lado de un genio artístico con una actitud malhumorada? Encontrar un balance es importante.

> "Contratamos a personas por lo que saben y las despedimos por quiénes son".

Conocimiento. El empleado o miembro ideal de un equipo posee una gran actitud y un estupendo conjunto de destrezas, además de un conocimiento extenso. Quienes son a la vez capaces y conocedores pueden no solo arreglar lo que esté roto, sino también explicar por qué se rompió en un principio. Conocimiento sin destreza es como un médico que puede dar un diagnóstico y recetar un tratamiento, pero no sabe cómo evitar que esa misma enfermedad recurra en el futuro.

Incluso con el balance adecuado de ADC, ningún empleado será plenamente productivo si se le asigna una posición que no es compatible con su temperamento y sus pasiones. Las personas son más productivas cuando les apasiona lo que están haciendo, así que deberías siempre intentar ubicar a las personas en posiciones que les permitan realizar las cosas que les interesan por naturaleza. Desde luego, es imposible hacer esto a menos que realmente conozcas a tus empleados y entiendas cuáles son sus pasiones.

Conoce a tu equipo

Después de haber reclutado a tu equipo, repito que es crucial que pases tiempo conociendo a cada uno de ellos como individuos. Específicamente, mira las siguientes cuatro A:

Actitudes. La actitud encierra quién es una persona. Al observar y analizar la actitud de alguien hacia su trabajo, hacia otras personas, puedes descubrir la esencia de su carácter.

Afinidades. Presta atención a lo que le gusta y lo que le disgusta. Algunos miembros del equipo pueden tener una afinidad con un líder anterior. El conocimiento de la existencia de tales alianzas y lealtades puede ayudarte a crear una transición suave en tu rol de liderazgo.

Ansiedades. ¿Qué tipos de detonadores, como personas, lugares o situaciones, son fuentes de estrés para los miembros de tu equipo? Si descubres que interactuar con un ejecutivo en particular tiende a crear estrés entre tus empleados, tu participación puede ayudarles a concentrarse mejor en sus trabajos.

Si la tarea de un informe mensual les quita el sueño, podrías considerar cambiar la frecuencia de su informe y que sea trimestral, a fin de minimizar el estrés y mejorar la eficiencia.

Animosidades. ¿Qué o quién disgusta a los miembros de tu equipo? Quizás un antecesor tuyo eliminó largas horas para el almuerzo, a cambio de permitir que los empleados salieran más temprano al final del día, pero la mayoría de los empleados menosprecian la nueva política porque ya no tienen tiempo suficiente durante su almuerzo para gestiones personales. Hacer un simple cambio, o permitir que ellos escojan su propio horario, podría marcar una gran diferencia. Al entender sus animosidades, descubres nuevas oportunidades de hacer cambios que levantarán la moral y harán que todos estén más contentos.

Lo que sabe tu equipo

Los miembros de tu equipo saben quién se está desempeñando bien y quién no. Si se les pregunta confidencialmente, proporcionan evaluaciones precisas de quién está haciendo su trabajo, y cuán bien lo hace. Con frecuencia, mantener en un equipo a un trabajador que rinde poco, causa conflictos por encima y más allá de los efectos negativos de su incompetencia. Entender la situación desde la perspectiva de otros miembros del equipo nos permite, como líderes, tomar decisiones informadas con respecto a su continuidad en el trabajo.

Los miembros de tu equipo también saben quiénes son las personas tóxicas. Ellos pueden decirte el nombre de la persona que tiene una mala actitud, la que está irritable todo el tiempo, y la persona que hace que sus vidas sean miserables.

Sustituir a los individuos tóxicos por nuevos empleados que sean positivos y edificantes ayudará a toda la organización a funcionar mejor. De hecho, puede que ayuden a todo el equipo a elevarse a un nivel que anteriormente no podían alcanzar.

Considera el hecho de que mientras Juan el Bautista estaba aún en el vientre de su madre Elisabet, no saltó en presencia de personas comunes. Cuando María llegó de visita con el bebé milagro en su interior, fue cuando Juan dio un salto (ver Lucas 1:41). ¿La moraleja de la historia? Las personas que están "embarazadas" de cosas buenas pueden hacer que tu equipo dé un salto y se remonte.

Considera esta cita de Charlie Crystle, fundador de *Chili!Soft*:

"La primera cosa que necesitas entender acerca de edificar una empresa es que las personas mediocres arrastran a las personas excelentes; son un cáncer, y tienes que eliminarlas tan rápidamente como sea posible. No te preocupes por crear huecos en la empresa, pues las personas excelentes son mucho más productivas cuando las personas mediocres son eliminadas de su entorno".[5]

> Las personas excelentes son mucho más productivas cuando las personas mediocres son eliminadas de su entorno.

No es que no tengamos personas suficientes en el equipo, según Crystle; es que tenemos a las personas incorrectas en el equipo. Si preguntamos a las personas correctas, ellas identificarán para nosotros quién es el problema.

5. "You Must Hire the Right People", *BusinessWeek Online*, marzo 25, 2003, www.businessweek.com/smallbiz/content/mar2003/sb20030326_3034.htm

Evaluaciones anuales

Podemos obtener importantes perspectivas de nuestros empleados durante todo el año, pero quizás el mejor momento de hacerlo es cuando nos reunimos con ellos para su evaluación anual. Además de ser un tiempo en que ofrecemos retroalimentación sobre su desempeño, deberíamos darles la oportunidad de compartir abiertamente con nosotros cualquier preocupación que puedan tener con el trabajo o cualquier colega en particular. Entonces, debemos decidir si retener, reubicar y dar formación, o dejar ir a cualquiera de los miembros de nuestro equipo.

Debemos ser lentos para contratar y rápidos para despedir. Los líderes con frecuencia lamentan no haber despedido a alguien la primera vez que pensaron en hacerlo. Nunca he conocido a alguien que dijera: "Vaya, me gustaría haberle dejado quedarse un poco más de tiempo". Por lo general es lo contrario: "Vaya, me alegro mucho de que se haya ido. Me gustaría haberle despedido antes". ¿Por qué toleramos a empleados incompetentes? La primera vez que pienses seriamente en despedir a alguien, probablemente sea el mejor momento para hacerlo.

> Debemos ser lentos para contratar y rápidos para despedir.

Finalmente, la evaluación anual es una oportunidad para que miremos a nuestro equipo como un todo, y nos preguntemos: ¿Tenemos el equipo que necesitamos para realizar el trabajo?

¿Tenemos a los líderes que necesitamos en su lugar para apoyarnos? Los líderes que nos hicieron llegar hasta donde estamos puede que no sean los líderes que necesitamos para llevarnos a nuevas alturas en el futuro. Por eso es crucial reevaluar continuamente la selección de líderes dentro de nuestra organización.

Elegir a tus líderes

La decisión más crítica que tomamos como líderes es elegir a los otros líderes que trabajarán en nuestro equipo. Mientras consideramos a los candidatos, necesitamos prestar atención a si ellos piensan y actúan como líderes o como gerentes. La distinción es importante.

> Los líderes piensan primero en el futuro y después trabajan hacia atrás hacia el presente.

Los líderes piensan primero en el futuro y después trabajan hacia atrás hacia el presente, a medida que deciden qué hacer a fin de alcanzar esa visión futura. Podrían decir: "En el futuro, necesitaremos hacer tal y tal cosa, así que es mejor que comencemos haciendo esto hoy". Se enfocan en el cuadro general; son pensadores innovadores que con frecuencia están llenos de grandes ideas; se emocionan ante la posibilidad de cambio y se mueven rápidamente cuando han identificado nuevas oportunidades. Los líderes están dispuestos a correr riesgos. Priorizan personas e ideas; y aunque esperan a que las otras personas elogien lo que ellos hacen, no requieren la aprobación de otros para hacer bien su trabajo.

Contrastemos estas características con los rasgos clave de un gerente, o alguien con una actitud de administración. Los gerentes conceptualizan planes trabajándolos desde el pasado hacia el presente. Podrían decir algo como esto: "Así es como lo hemos hecho siempre, así que vamos a seguir haciéndolo de este modo". Tienen una microperspectiva de las situaciones y tienden a examinarlas como harían con una fotografía. Están a favor de un pensamiento rutinario y son defensores del status quo. Contrario a los líderes, hacen hincapié en el *cómo* y el *cuándo* en lugar de en el *qué* y el *porqué*. Los gerentes son controladores e imperativos, y se sienten amenazados por la posibilidad de cambio. Cuando ocurren transiciones, se mueven lentamente y son rápidos para señalar el más pequeño de los obstáculos como una razón para detener el proyecto. Intentan evitar los riesgos a toda costa, y permiten que sus acciones estén limitadas por los recursos disponibles, en lugar de buscar forjar nuevas fronteras. Priorizan los planes y sistemas establecidos, y necesitan mucho la aprobación de quienes trabajan con ellos y para ellos.

Líderes	Gerentes
✦ Enfatizan el qué y el porqué.	✦ Enfatizan cómo y cuándo.
✦ Trabajan desde el futuro hacia el presente.	✦ Trabajan desde el pasado hacia el presente.
✦ Se enfocan en el largo plazo.	✦ Se enfocan en asuntos de corto plazo, inmediatos.
✦ Aceptan una macroperspectiva.	✦ Aceptan una microperspectiva.

Líderes	Gerentes
• Están a favor del pensamiento innovador.	• Están a favor del pensamiento seguro, rutinario.
• Buscan balancear idealismo y realismo.	• Enfatizan el pragmatismo por encima del idealismo.
• Muestran talento revolucionario.	• Protegen el status quo.
• Aclaran la visión, después inspiran y motivan a otros a seguirla.	• Implementan la visión.
• Se emocionan por el cambio.	• Se sienten amenazados por el cambio.
• Deciden rápidamente.	• Deciden lentamente.
• Identifican oportunidades.	• Identifican los obstáculos y permanecen en ellos.
• Corren riesgos.	• Evitan los riesgos a toda costa.
	• Limitan las acciones a los recursos disponibles.
• Buscan recursos.	
• Priorizan personas e ideas.	• Priorizan sistemas y planes establecidos.
• Se enfocan en asuntos fundamentales.	• Son distraídos por asuntos periféricos.

Líderes	Gerentes
<ul><li>Quieren la aprobación de otros, pero no la requieren.</li><li>Hacen lo correcto.</li></ul>	<ul><li>Necesitan la aprobación de otros.</li><li>Hacen las cosas bien.</li></ul>

Cuando me refiero a "gerentes", no estoy hablando de personas cuyos títulos laborales incluyen esa palabra. Quienes tienen el título de gerente pueden actuar como líderes o como gerentes. La mayor diferencia es que los gerentes sacan el máximo partido de sí mismos, mientras los líderes sacan el máximo partido de otras personas. Por eso es tan crítico tener ubicados líderes eficaces, pues se infiltran en cada nivel de una organización. Siempre que sea posible, deberíamos contratar a personas que piensen y actúen como líderes, sin importar qué papel estemos esperando llenar.

> La mayor diferencia es que los gerentes sacan el máximo partido de sí mismos, mientras los líderes sacan el máximo partido de otras personas.

En la introducción mencioné mi anterior libro, *¿Quién Sostiene tu Escalera?* En él, hablo de las cinco cualidades clave de los líderes, a las que me refiero como "sostenedores de escalera".

Los líderes deberían ser:

- **Fuertes**, para poder manejar la enseñanza y la corrección.
- **Atentos**, para que presten atención y aprendan rápidamente.

+ **Fieles**, para que crean en sus líderes.

+ **Firmes**, para no ser sacudidos de un lado a otro por individuos manipuladores.

+ **Leales**, para no cuestionar las motivaciones de sus líderes solo porque no aprueban su método.

Es crucial que los líderes en nuestra organización posean las anteriores cualidades, porque los líderes son quienes estarán sosteniendo tu escalera. Si no son personas de calidad que son buenas en lo que hacen, entonces tu escalera será inestable, fácilmente movida por cualquier viento que sople en tu dirección, y nunca podrás llegar hasta lo más alto. Pero si contratas a sostenedores de escalera superiores, no tendrás que tener miedo a subir hasta lo más alto y permanecer en el peldaño más elevado, porque sabrás que ellos evitarán que la escalera se mueva.

A los líderes superiores no hay que molestarlos o recordarles continuamente ninguna cosa, pues son intencionales y coherentes en su enfoque de su trabajo. Son fieles a la visión de la organización, y no miran alrededor para ver si hay algo mejor ahí afuera. Están ocupados edificando la organización, en lugar de estar edificando su propio currículum.

A fin de esperar este tipo de desempeño confiable de tus líderes, sin embargo, debes ofrecerles oportunidades de recibir formación. Pocos líderes de alto nivel tienen sostenedores de escalera que estén cualificados y formados. En la mayoría de las organizaciones, hay muchos seguidores y pocos gerentes. Por eso es importante mentorear y desarrollar a los líderes del futuro. Seguir el consejo de Jim Collins asegurará que las mejores personas estén en el autobús y que el autobús va por la dirección correcta. En definitiva, nosotros los líderes somos los conductores. Debemos controlar quién sube, quién baja, y dónde se sienta todo el mundo.

Puntos de enseñanza

1. Posicionar con propiedad a las personas previene problemas.

2. No pidas voluntarios para hacer un trabajo, independientemente de si el trabajo es remunerado o no. En cambio, recluta a personas que tengan las calificaciones necesarias.

3. Al contratar a personas, recuerda buscar un balance de ADC (actitud, destreza y conocimiento):

   + Actitud: la mentalidad que determina lo enseñables que son.

   + Destreza: la habilidad necesaria para realizar el trabajo.

   + Conocimiento: la experiencia personal y las perspectivas que aportan a la mesa.

4. Un líder debe llegar a conocer a las personas que están en el equipo observando y entendiendo sus:

   + Actitudes

   + Afinidades

   + Ansiedades

   + Animosidades

5. Los miembros de tu equipo saben quién está desempeñando bien y quién no.

6. Decide durante la evaluación anual si un miembro del equipo debería ser retenido, reubicado y formado, o despedido.

7. Los líderes son el fundamento de una organización. Asegúrate de seleccionar sostenedores de escalera que sean:

   + Fuertes

   + Atentos

   + Fieles

   + Firmes

   + Leales

6

DESARROLLO DE LIDERAZGO

"¿Piensan de sí mismos los vicepresidentes de Ford Motor Company como 'mecánicos'? ¿Piensan de sí mismos los líderes de Unilever como 'fabricantes de jabón'? ¿Piensan de sí mismos los ejecutivos de Wal-Mart como 'especialistas en ventas al por menor'?"
—Jennifer Schuchmann
autora de *Your Unforgettable Life* (Tu vida inolvidable)

En la fiesta de cumpleaños de un niño, con frecuencia hay abundancia de globos de helio. Sin excepción, uno de esos globos se escapa entre las manos de uno de los niños asistentes y va flotando hacia arriba hasta el punto más elevado en la habitación. Para que suba aún más, alguien tendría que elevar el techo. Pero si alguien saca fuera el globo y lo suelta, ascenderá muy por encima de la casa, flotando por el cielo tan alto, que finalmente desaparece de la vista.

En todas las organizaciones hay globos y techos. Los "globos" son las personas que se elevan hasta cierto nivel y después se detienen. Los "techos" son los líderes que evitan que esos globos se eleven más alto.

Por ejemplo, un líder que tiene temor a correr riesgos es probable que desaliente a sus empleados de que los corran ellos. Un líder que se siente amenazado por un subordinado talentoso y de alto rendimiento puede refrenarse de darle una tarea de elevado perfil que pudiera impulsarlo a una posición más elevada. Tales líderes son el "techo" que evita que los "globos" suban más alto.

La meta de todo líder debe ser liberar los globos para que asciendan lo máximo posible. Quienes se interponen en el camino y mantienen a sus empleados atascados en un lugar están gobernados por sus propias inseguridades, y destinados a ahogar y detener el movimiento de avance de toda la organización.

> La meta de todo líder debe ser liberar los globos para que asciendan lo máximo posible.

Los líderes pueden elevar el tejado

Hay importantes implicaciones en esta ilustración. La primera es que necesitamos tener en mente si estamos impidiendo el progreso de nuestros empleados, incluso si lo hacemos de manera no intencionada. En lugar de criticar a nuestros empleados, diciendo: "¿Por qué no está haciendo eso?", o "¿Cómo es que él nunca hace eso?", necesitamos asegurarnos de no ser nosotros quienes estemos evitando su ímpetu ascendente. Considerar la situación desde la perspectiva del globo cambiará con frecuencia nuestras actitudes.

Esto no significa que las personas que trabajan para nosotros nunca hacen nada equivocado o nunca se interponen en el camino de su propio éxito. Algunos globos puede que tengan un pequeño agujero o dos que permiten que el "helio" se escape e impiden su progreso ascendente. Pero si echamos una mirada más amplia a nuestra organización y dejamos de apresurarnos en culpar a partes individuales, podríamos identificar una manera de elevar el techo y ayudar a todos a ascender a nuevas alturas. De eso se trata el desarrollo de liderazgo. No es solamente dejar que un único globo vuele más alto; es aprender a quitar el tejado para dejar libres todos los globos.

Líderes de calidad

Repito: los líderes son las personas que sostienen nuestras escaleras mientras nosotros subimos en busca de nuestra visión. Son también las personas que mantienen firmes nuestras escaleras cuando son movidas por desafíos. Por lo tanto, ¿cómo podemos asegurarnos de tener a los mejores líderes sosteniendo nuestras escaleras? Hay tres opciones, y tres excusas correspondientes del porqué las personas las evitan.

La primera opción es hacerlo nosotros mismos. La ventaja de este plan es que nosotros tenemos siempre el control. La desventaja es que también es probable que nos enfrentemos al agotamiento. Las personas que trabajan en un entorno donde los líderes superiores lo hacen todo ellos mismos tienen la probabilidad de cesar todo movimiento ascendente. Los empleados que desean ascender más alto que los techos impuestos por los líderes buscarán oportunidades en algún otro lugar. La organización se levantará y caerá con nuestras propias fortalezas y debilidades.

La segunda opción es contratar a los mejores líderes que el dinero pueda comprar. Desgraciadamente, ninguna organización tiene un presupuesto ilimitado. Hay una gran brecha entre lo que necesitamos y lo que podemos permitirnos.

La tercera opción es desarrollar líderes internamente. Esta es la opción menos cara, pero es también la más arriesgada. ¿Qué sucede cuando aquellos a quienes hemos formado como líderes encuentran de repente una mejor oferta? El tiempo que hemos empleado en formarlos, ¡y habrá tomado una increíble cantidad de tiempo!, habrá sido desperdiciado, ¿cierto? Pero como dijo Zig Ziglar: "Lo único peor que formar empleados y perderlos es no formarlos y mantenerlos".

Ser mentores de otros también nos ayuda a crecer nosotros mismos.

Aunque cada una de estas opciones tiene ciertas ventajas y desventajas, la mejor opción es obviamente la tercera. No es que tenga menos desventajas que las otras dos opciones; es que las ventajas de la tercera opción son muy superiores a las ventajas de las otras. Desarrollar líderes no es un fin del juego donde los líderes llegan a ser eficaces solamente cuando están totalmente realizados. En cambio, el tiempo que empleamos en desarrollar líderes regresa en forma de tejado que es elevado en toda la organización. Más importante, ser mentores de otros también nos ayuda a crecer nosotros mismos.

Al igual que el líder determina el techo para sus empleados, nosotros determinamos el techo para los líderes que nos rinden cuentas. Y esta ilustración se aplica a todo tipo de organización. Si yo llego a ser un mejor padre, mi familia puede llegar más alto. Si llego a ser un mejor maestro de escuela, la clase va más alto. Si llego a ser un mejor líder, toda la organización se eleva conmigo.

Tres opciones de un líder:

1. Hazlo tú mismo: demasiado trabajo.

2. Contrata: demasiado dinero.

3. Desarrolla líderes desde adentro: demasiado tiempo.

Al final, desarrollar líderes desde adentro produce las mejores recompensas.

Líderes: ¿nacen o se hacen?

Un popular programa de televisión-*reality* que vi recientemente tenía como participantes a tres chefs que competían para preparar el mejor plato principal utilizando una lista concreta de ingredientes. Los tres chefs recibieron listas idénticas y el mismo límite de tiempo. Cuando sonara la campana, los chefs tenían que detener lo que estaban haciendo y presentar su plato a un panel de jueces que elegían un ganador. El formato de este programa es una útil ilustración de lo que sucede durante el desarrollo de liderazgo. Varios mentores, junto al mismo individuo, desarrollarán a ese individuo de maneras diferentes; y desde luego, ese individuo responderá de manera distinta a cada mentor, al igual que los mismos ingredientes fueron colocados de modo distinto por los varios chefs en la competencia televisiva.

Hay varias implicaciones de este paralelismo, la primera de las cuales es que los líderes deberían buscar establecer relaciones con más de un mentor. Y nosotros, como líderes, deberíamos no solo desarrollar a los líderes que están por debajo de nosotros, sino también alentarlos a buscar a otros mentores fuera de nuestra organización que puedan ayudar a desarrollar sus características y aptitudes.

Se dice que algunas personas "nacen líderes", pero yo propongo con todo respeto que es imposible nacer siendo líder. Los líderes no nacen; se hacen, al igual que se hace el pan de pasas. El desarrollo de liderazgo es una actividad intencional. De igual modo, el pan de pasas no se crea a sí mismo, aunque reunamos todos los ingredientes y los dejemos toda la noche sobre el mostrador de la cocina. Alguien debe tomar conscientemente los ingredientes y mezclarlos, poner la mezcla en la cantidad de calor adecuada y dejar que suba, después golpearla para que baje y comenzar otra vez el proceso hasta que la masa tenga la consistencia perfecta para hornear. Solamente entonces subirá adecuadamente en el horno. El mismo tipo de actividad intencional es necesaria para formar un líder y ayudarlo a elevarse.

> El desarrollo de liderazgo es una actividad intencional.

Aunque creo que nadie "nace" líder, también creo que todos nacen con los ingredientes crudos necesarios para llegar a ser líder, bajo las circunstancias correctas. Y cada uno de nosotros es un líder de alguna manera, dependiendo de nuestro lugar y rol en el mundo. En una familia, papá podría ser un gerente en una oficina. Las personas que trabajan para él reconocen que él es el líder. Pero mamá es también líder. Ella dirige la casa, es co-líder de la tropa de Niños Escuchas de su hijo, y está al frente de la Asociación de Padres en la escuela de sus hijos. Su hijo, Junior, es también un líder. Quizás sea quien marca el ritmo académico en la clase de cuarto grado o es el capitán del equipo de balón prisionero en el receso. Incluso el perro de la familia puede liderar con su ladrido cuando un extraño se acerca a la puerta.

Por lo tanto, si todo el mundo es capaz de ser líder, ¿cómo explicamos las diferencias en capacidad que vemos demostradas por varios líderes? En una escala de uno a diez, siendo el diez lo mejor, algunos líderes llegarán hasta el diez, mientras que otros ascenderán solamente hasta el tres. Los ingredientes necesarios están ahí, pero nunca parecen combinarse de una manera que impulse al líder a alcanzar su pleno potencial. Es ahí donde intervienen los líderes, para ofrecer formación y apoyo en el desarrollo. Con la formación adecuada, se enseña a los perros a guiar a personas con problemas de visión por las ajetreadas calles. ¿Quién sabe de qué serán capaces nuestros líderes si invertimos tiempo en desarrollarlos?

Factores clave de liderazgo que afectan al desarrollo de liderazgo

Hay tres factores clave que afectan al desarrollo de liderazgo. El primero de esos factores es el material en sí. La inteligencia de un individuo, su salud física y emocional, su nivel de energía y su personalidad desempeñan un papel en el tipo de líder que llegará a ser. El segundo factor es el contexto en el cual se desarrolla el líder. Algunos líderes se desarrollan mejor mediante un coaching individual, mientras que otros aprenden mejor mediante la prueba y el error, solucionando demandantes retos de liderazgo a la vez que son alentados desde las bandas.

El tercer factor es la persona que realiza el desarrollo. Finalmente, un mentor puede enseñar e impartir solamente lo que él ya sabe.

Al igual que la competencia de cocina en televisión que describí antes, el resultado del desarrollo de liderazgo está determinado en gran parte por el modo en que el mentor usa los ingredientes dados en un contexto específico. Un líder con una disposición tímida probablemente se desarrollará mejor con un coaching tranquilo y de apoyo, que por un mentor cuyo enfoque es más de "prueba de fuego". Por el contrario, si el líder en desarrollo se mueve mejor con los retos, pero no tiene oportunidades prácticas de probar sus nuevas habilidades, no alcanzará su pleno potencial.

Desarrollar y mentorear líderes se parece mucho a enseñar a andar a un bebé. Primero, los padres ayudan a su hijo a mantenerse en pie solo, sin caerse. Cuando el bebé domina el mantenerse de pie, los padres se alejan un paso y alientan al bebé a dar un paso. Finalmente, los padres se mueven por la habitación y animan a su hijo a que vaya hacia ellos. Si el bebé comienza en la dirección equivocada, sus padres le darán la vuelta. Cuando parece que el bebé está a punto de encontrarse con un obstáculo potencialmente peligroso, sus padres se apresuran a protegerlo. Y cuando el bebé se cae y no puede volver a levantarse, sus padres vuelven a ponerlo de pie para que pueda volver a intentarlo.

Toma tiempo para que un bebé aprenda a caminar, y toma tiempo para que cada líder desarrolle sus habilidades. El proceso de aprendizaje continúa indefinidamente. No hay tal cosa como un líder totalmente desarrollado. Eso es un mito.

> ## No hay tal cosa como un líder totalmente desarrollado.

En mi libro *¿Quién Sostiene tu Escalera? La decisión más importante del liderazgo: seleccionar tus líderes*, describí cómo me convertí en un "líder accidental". Hasta hace poco tiempo nunca recibí mentoría, así que ser mentor de otros no se me hacía fácil. Como resultado, cualquier mentoría que yo daba era también accidental. Pensaba que ser mentor de otros significaba recomendar buenos libros que yo había leído sobre gerencia. No creaba líderes intencionalmente; por lo tanto, cuando veía a líderes levantarse por sí solos, no sabía qué hacer con ellos. En algunos casos, me sentía amenazado por su potencial, de modo que daba pasos, neciamente, para bajar el techo. El resultado era disfuncionalidad por todas partes.

Desde entonces, he madurado hasta el punto de que entiendo que yo tenía que crecer personalmente antes de poder esperar ser mentor de otros y obtener cualquier grado de éxito. Una de las claves de mi propio crecimiento era rodearme de personas que fueran mejores líderes que yo. A veces, los nuevos líderes son intimidados a sostener su diminuta y titilante vela al lado del resplandor de una fogata. Por lo tanto, prefieren quedarse en la oscuridad, donde la suya es la única luz que brilla. Pero lo cierto es que no lo sabemos todo, y no deberíamos tener miedo a pedir ayuda cuando la necesitemos. Entender nuestras propias insuficiencias significa que tenemos menor probabilidad de transmitirlas. Aprender de quienes son más experimentados, y ser humillados por el conocimiento de nuestras propias limitaciones, puede ayudarnos a desarrollarnos más plenamente y, a su vez, ayudar a otros a hacer lo mismo.

> Aprender de quienes son más experimentados, y ser humillados por el conocimiento de nuestras propias limitaciones, puede ayudarnos a desarrollarnos más plenamente.

En este momento tengo once mentores diferentes, cada uno de los cuales me habla sobre un área concreta de mi vida. ¿Cómo encontré a esos mentores? Seguí tres pasos:

1. Categoricé cada área de mi vida que sentía que necesitaba mentoría y coaching continuados.

2. Identifiqué a personas con conocimiento especializado y habilidad en cada una de esas áreas.

3. Pregunté a esas personas si considerarían ser un mentor para mí.

Guía básica de mentoría

¿Qué es la mentoría? Según el Dr. John C. Crosby, director ejecutivo de *Uncommon Individual Foundation*, una organización dedicada exclusivamente a la mentoría: "Mentoría es un cerebro para provocar, un oído para escuchar, y un empuje en la dirección correcta". En su libro *The Kindness of Strangers* [La bondad de los extraños], Marc Freedman escribió: "Mentorear se trata principalmente de pequeñas victorias y sutiles cambios". Los dos hombres tienen razón. La mentoría no se trata de las grandes cosas; se trata de las pequeñas.

Yo creo que desarrollar a un líder comienza pasando tiempo con él. ¿Sabe cuáles son sus dones? ¿Los está usando? Si no, ayúdale a desarrollar tanto la comprensión como la práctica de sus dones únicos. Hacerlo ayudará a establecer su confianza cuando vea que no estás intentando cambiarle; intentas hacer que sea una mejor versión de quien ya es.

> **Todo el mundo está bajo el mismo cielo, pero no todos tenemos los mismos horizontes.**

En mi último libro *Who Moved Your Ladder?: Your Next Bold Move*, describo en detalle cómo fui mentor del Dr. Benson Karanja. Actual presidente de *Beulah Heights University*, él comenzó en la plantilla de personal allí como conserje. Mi mentoría a Benson implicó presentarle a otros ejecutivos y posicionarlo como alguien de importancia ante los ojos de ellos. Yo creía en él, y respaldé esa creencia corriendo riesgos con él. Amplié su mundo ayudándolo a conectarse con personas que estaban fuera de su zona de comodidad. Todo el mundo está bajo el mismo cielo, pero no todos tenemos los mismos horizontes. Yo intenté abrir los horizontes de Benson para que él pudiera ver más. Eso le ayudó a percibirse a sí mismo de modo distinto, y la autopercepción tiene mucho que ver con el desarrollo de liderazgo.

Como escribió Jennifer Schuchmann: "¿Piensan de sí mismos los vicepresidentes de *Ford Motor Company* como 'mecánicos'?. ¿Piensan de sí mismos los líderes de *Unilever* como 'fabricantes de jabón'?. ¿Piensan de sí mismos los ejecutivos de *Wal-Mart* como 'especialistas en minoristas'?". No. Cuando los ejecutivos alcanzan cierto nivel de liderazgo, ya no se trata de administrar un producto o servicio; se trata de liderar a personas. Si los ejecutivos de *Ford*, *Unilever* y *Wal-Mart* dependieran de su capacidad de fabricar vehículos, fabricar jabón y vender productos para el hogar, no serían definidos como grandes líderes. El verdadero liderazgo tiene que ver con administrar personas e ideas. Por eso los buenos líderes pueden fácilmente cambiar de empresa a empresa o incluso de industria a industria. Sus talentos no son demostrados en sus productos; son demostrados en su personal.

> La formación se enfoca en tareas; el desarrollo se enfoca en la persona. La formación es unidireccional; el desarrollo es omnidireccional.

A veces olvidamos que desarrollar líderes tiene poco que ver con la formación. No estamos desarrollando las habilidades; estamos desarrollando a los líderes. Uso deliberadamente el término *desarrollando* en lugar de *formando*. Existe una inmensa diferencia entre formar a personas y desarrollarlas. La formación se enfoca en tareas; el desarrollo se enfoca en la persona. La formación es unidireccional; el desarrollo es omnidireccional. Formamos a personas para que sean recepcionistas. Cuando su formación está completa, son buenos recepcionistas que realizan bien sus tareas asignadas; pero no los hemos desarrollado, con el resultado de que no están preparados para pasar a ninguna otra posición excepto aquella para la cual han sido formados.

Por eso creo que tenemos una responsabilidad de *desarrollar* líderes, estratégica y espiritualmente. Cuando desarrollamos a otros, necesitamos emplear tanto tiempo enfocándonos en la vida interior como el que empleamos en las partes que podemos ver. El liderazgo es cuestión de cómo *ser*, no de cómo *hacer*. Se trata del *quién*, no del *qué*.

> El liderazgo es cuestión de cómo *ser*, no de cómo *hacer*. Se trata del *quién*, no del *qué*.

Cuando yo estaba en la universidad, tenía un empleo pintando casas; pero era mucho más que un pintor. También era raspador, trabajando para quitar la pintura vieja antes de aplicar una capa nueva. Era calafateador, asegurándome de que las grietas estuvieran selladas. Era preparador de superficies, haciendo todo lo necesario para asegurarme de que la superficie absorbiera la pintura. Si no hacía primero todas esas otras tareas, mis trabajos de pintura no habrían gustado a las personas que me contrataban.

Del mismo modo, necesitamos preparar a los líderes que desarrollamos. Tienen que ser cultivados a nivel personal. Necesitamos ayudarles a quitar la pintura vieja, sellar las grietas, y preparar la superficie para lo que estamos a punto de hacer con ellos. Si no tomamos el tiempo para asegurarnos de que los individuos están preparados, entonces nuestros esfuerzos de mentoría no valdrán nada. Esos líderes serán como una mancha en la pared que no fue tratada con pintura de imprimación: permanecerán sin variaciones, sin importar cuántas veces pongamos pintura sobre ellos. Pero si tomamos el tiempo para preparar adecuadamente a las personas, entonces nuestra mentoría les ayudará a cambiar desde adentro hacia fuera.

A pesar de todo, los líderes deben trabajar en su propio desarrollo personal antes de buscar desarrollar a otros. El desarrollo personal incluye abordar las cosas "delicadas" en el interior. También incluye cosas básicas sobre su trabajo, como terminar el trabajo, hacer que su personal rinda cuentas, y mantenerse enfocado. Cuando se las hayan arreglado consigo mismos, pueden cambiar su enfoque hacia otros: ganar compromiso de parte de los miembros de su equipo, manejar conflicto, y vencer los obstáculos.

Un líder…

Lo ve (sabe).

Lo busca (crece).

Ayuda a otros a verlo (muestra).

Quizás el mejor indicador de progreso en las personas de las que hemos sido mentores sea cuando observamos que ellos están siendo mentores de otras personas; que han pasado de dirigir proyectos a dirigir a personas. No todos con quienes trabajamos para desarrollar harán esa transición. Algunos lo intentarán, fracasarán y nunca volverán a intentarlo. Pero cuando veamos a un líder finalmente apropiarse de desarrollar a otro líder, podríamos realmente ver el tejado elevarse un poco.

Preparación de nuestros sucesores

La estabilidad en el trabajo no se fortalece cuando ignoramos la necesidad de un eventual sucesor. Deberíamos estar desarrollando a personas con la meta de prepararlas para dar el paso en cualquier momento, y ponerse en nuestro lugar. Algunos líderes se sienten amenazados por el proceso de preparación de sucesores potenciales. Se preguntan qué sucederá si las personas a quienes forman llegan a ser más exitosas o hacen un trabajo mejor del que hicieron ellos mismos.

Esos temores son naturales, pero tenemos que hacerlos a un lado. Finalmente, el techo se elevará, de un modo u otro. Es mejor si somos nosotros quienes lo elevamos. Tener líderes adicionales en lo más alto puede ayudar a elevar más las vigas del tejado de lo que sería posible si un solo líder las elevara. Pensemos en cuánto podría crecer una organización si hubiera dos en lo más alto. ¿Y si hubiera cuatro, ocho, o incluso dieciséis líderes superiores? Formar a líderes para que hagan lo que nosotros hacemos no tiene que ser una estrategia de salida; puede ser una estrategia de expansión.

> Formar a líderes para que hagan lo que nosotros hacemos no tiene que ser una estrategia de salida; puede ser una estrategia de expansión.

Preguntaron al director de una orquesta compuesta por cientos de profesionales: "¿Cuál es el instrumento más difícil de tocar?". Él no dudó en su respuesta: "Segundo violín", dijo. "Cualquiera puede tocar en la primera fila, pero tocar en la segunda es mucho más difícil".

Su respuesta tiene todo el sentido. La segunda fila de cualquier instrumento dado en un grupo musical hace el mismo tipo de trabajo, y probablemente trabaja igual de duro, que la primera fila. En algunas ocasiones, el músico en la segunda fila puede que trabaje incluso más, y por menos reconocimiento y menor salario. Y en caso de que se le rompa una cuerda al primer violín, el músico que toca el segundo debe estar dispuesto a ceder su instrumento al que toca en primera fila.

Si el músico de la primera fila se va, resultando en el ascenso del segundo, también debe vencer los estereotipos y los rumores de que no era lo bastante bueno para estar en ese puesto desde el principio, y aún así encontrar el modo de hacer su trabajo. Para quienes estamos en la "primera silla", ayudar a los que están en la segunda silla a estar preparados para sucedernos no debería ser amenazante; debería ser un honor.

Cuando nuestro período como altos líderes llegue a su fin, deberíamos apuntar a dejar atrás tres cosas. La primera es recuerdos. La segunda es un líder bien desarrollado. La tercera, y quizás la más importante, es un techo que sea más elevado que cuando llegamos.

Puntos de enseñanza

1. Un globo puede llegar solamente tan alto como el techo. Y los líderes determinan en gran parte las alturas que su equipo puede alcanzar.

2. Tres opciones de liderazgo son:

   + Hazlo tú mismo: demasiado trabajo

   + Contrátalo: demasiado dinero.

+ Desarrolla líderes desde adentro: demasiado tiempo.

+ Al final, desarrollar líderes desde adentro produce las mejores recompensas.

3. Los líderes no nacen; se hacen mediante el desarrollo intencional.

4. Todo el mundo posee los ingredientes crudos necesarios para llegar a ser líder.

5. Tres factores que determinan el desarrollo de liderazgo son:

+ El material crudo: un individuo y sus recursos personales.

+ El contexto en el cual la persona será desarrollada.

+ La persona que realiza el desarrollo.

6. Desarrollar líderes es como enseñar a andar a un bebé. Debe hacerse paso a paso.

7. Quienes fueron líderes accidentales se convirtieron en mentores accidentales, enseñando solamente lo que saben.

8. Para crecer, debemos rodearnos de personas que sean mejores que nosotros.

9. Ningún líder lo sabe todo. Nunca tengas miedo de pedir ayuda.

10. Desarrollar líderes tiene poco que ver con formar, porque el liderazgo se trata de *ser*, no de *hacer*.

11. Un líder debe desarrollarse él mismo primero, antes de poder enfocarse en desarrollar a otros.

12. Una marca de tu progreso en desarrollar a un líder es cuando él o ella comienza a usar sus dones para desarrollar las capacidades de liderazgo de otros.

13. Ignorar la necesidad de un sucesor no nos da una estabilidad laboral mejorada.

14. Cuando dejamos vacante una posición de liderazgo, deberíamos asegurarnos de que el techo sea más elevado de lo que era cuando llegamos.

7

CAMBIO VS. TRANSICIÓN

"La vida es agradable. La muerte es pacífica. Lo agitado
e inquietante es la transición."
—Isaac Asimov
novelista y erudito

Teisha había dirigido exitosamente el departamento de contabilidad en su empresa durante más de siete años. Recientemente, su jefe, Matt, le preguntó si consideraría trasladarse al departamento de mercadeo, donde él necesitaba tener a un gerente con experiencia. La posibilidad de realizar análisis de mercadeo apelaba a su interés en los números, de modo que Teisha estuvo de acuerdo en realizar el movimiento. Matt anunció el cambio un lunes. Poco después, Teisha empacó sus cosas y se trasladó a una oficina en el séptimo piso cercana al equipo de mercadeo. El cambio fue fácil, pero la transición no lo fue.

En cuanto Matt hizo el anuncio, comenzó la murmuración. Todo el mundo quería saber: ¿Estaba una contable cualificada para liderar el departamento de mercadeo? ¿Quién sería el próximo gerente de contabilidad? ¿Era Teisha responsable del despido del anterior gerente de mercadeo? John había trabajado duro en mercadeo durante cinco años. ¿Por qué no fue escogido para liderar el departamento? ¿Acaso no entendía Matt que a los miembros del departamento de mercadeo no les caía bien Teisha porque ella siempre exigía recibos para sus reembolsos de gastos? Y la lista de preguntas continuaba.

El cambio vs. la transición

El cambio es un evento externo que resulta de una decisión. Trasladar a Teisha de contabilidad a mercadeo constituyó un cambio. Fue anunciado, ella cambió de oficina, y se terminó.

La transición, por otro lado, incluye el procesamiento emocional, relacional, financiero y psicológico del cambio. Las transiciones son internas. En este ejemplo, la transición incluía temores sobre el nuevo liderazgo del departamento de mercadeo, afinidades con el anterior gerente de mercadeo, animosidades hacia Teisha, alianzas inapropiadas, y muchos otros "problemas de personas" que Matt no reconoció o decidió ignorar.

Entender las diferencias entre cambio y transición puede ayudar a los líderes a planear adecuadamente ambas cosas. Es raro que el cambio en sí cause problemas. Por lo general, el culpable es una falta de planificación transicional adecuada. Los líderes son responsables de anticipar las dinámicas de cada transición y enfocarlas estratégicamente. Con demasiada frecuencia, sin embargo, emplean tanto tiempo planeando los detalles del cambio, que no abordan los problemas transicionales, y menos aún los contabilizan.

Los líderes son responsables de anticipar las dinámicas de cada transición y enfocarlas estratégicamente.

Planes transicionales

Para ser un eficaz principal oficial ejecutivo o presidente, supervisor u otro tipo de líder, no es suficiente con solo pensar detenidamente lo que vamos a hacer. También debemos tomar tiempo para anotar todas las contingencias y crear un plan transicional por escrito.

Antes de realizar el cambio que implicaba a Teisha, Matt debió haber hecho una lista de todos los problemas que era capaz de prever, en especial qué tipo de vacío crearía al trasladar a Teisha a un departamento diferente. En este caso, el departamento de contabilidad se quedaría sin un gerente, al menos temporalmente.

A continuación, Matt debió haber intentado imaginar la nueva situación que estaba creando, en la cual Teisha podría no ser respetada por las personas a las que su tarea era liderar. Entonces, debió haber intentado pensar en qué podría hacer para ayudar a Teisha a ganarse el respeto de sus colegas.

Las anteriores son algunos ejemplos concretos de algunas preguntas genéricas que deberíamos hacernos cuando realizamos cambio de personal. Otras preguntas generales incluyen:

+ ¿Quiénes serán afectados por el cambio propuesto?

+ De esas personas, ¿quiénes son los que se preocuparán?

+ De los que se preocuparán, ¿quiénes lo harán profundamente?

+ De quienes se preocuparán profundamente, ¿quiénes serán positivos respecto al cambio, y quiénes no lo serán?

La pregunta principal, en el caso de Matt, es esta: ¿Cómo posiciono a Teisha para el éxito en su nuevo rol?

Después de pensar bien en ese tipo de preguntas, el líder debe bosquejar un plan escrito, y después tomar decisiones estratégicas basándose en ese plan que tome en consideración las preguntas siguientes:

+ ¿Cómo enfocaré a cada persona?

+ ¿Qué información necesitará cada persona para entender este cambio?

+ ¿Cómo le comunicaré los detalles?

Permite que comparta otra ilustración. Digamos que tú eres el principal oficial ejecutivo de una empresa en la cual uno de tus gerentes de departamento, un joven llamado Tim, viola la política de la empresa sobre acoso sexual, y tienes que aplicar la acción disciplinaria. Le pides que deje su posición, pero pronto surgen problemas. Algunas de tus empleadas piensan que no fuiste lo bastante duro con él. Algunos de tus empleados piensan que fuiste demasiado duro con él. Y algunas otras personas piensan que no hubo nada de malo en lo que él hizo, pensando que muchos líderes hacen lo mismo cada día en empresas en todo el país.

¿Ves lo que está sucediendo? Hiciste un cambio que se suponía que no iba a ser gran cosa, pero muchos problemas transicionales han regresado a ti para morderte. Habría sido sabio trazar primero todas las contingencias, sabiendo que algunos de esos planes sucederán, y no tendremos que preocuparnos por otros. No podemos planearlo todo, pero deberíamos intentar pensar en los problemas transicionales lo más detalladamente posible.

Matt debió haber enfocado el cambio del rol de Teisha con un pensamiento sistémico, teniendo en mente que un cambio en un departamento afecta también a todos los otros departamentos. Cuando la transición se ha solucionado y los empleados están seguros, el cambio no supone problema alguno. Liderar una organización en medio del cambio es fácil si primero entendemos cómo manejar la transición.

Cómo hacer la transición

William Bridges es un destacado experto en cambio y transición. En su libro más reciente, *Managing Transitions: Making the Most of Change* [Cómo manejar las transiciones: sacar el máximo partido al cambio], plantea que la razón por la cual los agentes de cambio fallan se debe a que se enfocan en la solución, en lugar de hacerlo en el problema. Él cree que un líder debería emplear el 90 por ciento de sus esfuerzos en vender el problema y ayudar a las personas a entender lo que no está funcionando. Afirma correctamente que las personas no perciben la necesidad de una solución si no creen que haya un problema en un principio.

> Las personas no perciben la necesidad de una solución si no creen que haya un problema en un principio.

Digamos que tengo una asistente administrativo que no está funcionando. Habitualmente llega tarde, siempre tiene una mala actitud, y carece de las habilidades necesarias para su trabajo. Despedirla resolvería ese problema, pero antes de que pueda despedirla, necesito considerar cómo afectará tal acción a sus compañeros de trabajo. Actualmente, ella obtiene mucho apoyo por parte de ellos, ya que está embarazada y también tuvo que cambiar de apartamento recientemente. Ellos actúan como facilitadores de su conducta y me alientan a que yo haga lo mismo, recordándome la situación de ella.

Este es un ejemplo de cómo las demandas pueden convertirse en problemas transicionales. Despedir sin causa a una mujer embarazada podría causar problemas legales a mi empresa y a mí mismo. Debo estar seguro de que se entienda el problema. Desde luego, yo soy consciente de que ella no está siendo una buena asistente, pero tengo que ayudar a todos los demás en la oficina a entender que su incapacidad para hacer su trabajo está causando problemas para todos nosotros. Si no lo hago, ellos serán los primeros en debilitarme diciendo a la nueva asistente que contrate: "¿Sabías que él despidió a la mujer embarazada que vas a sustituir?".

Claramente, parte de la transición es ayudar a las personas a entender el problema que el cambio va a abordar, de modo que ellos acepten el cambio como una solución.

En mi libro *Who Moved Your Ladder?* (¿Quién movió tu escalera?), dedico mucho tiempo al tema de los problemas transicionales, usando el ejemplo de mi renuncia de mi posición como presidente de *Beulah Heights University*. En lugar de tan solo anunciar mi renuncia, viajé por todo el país para reunirme con miembros de juntas, y decirles personalmente lo que iba a hacer y por qué. También desarrollé a un sucesor potencial.

Al hacer ese cambio, tenía un plan de transición preparado con antelación. Sabía con quién iba a hablar, cuándo iba a hablar con ellos, y qué iba a decir. Y puedo decirte que el tiempo que pasé pensando y planeando la transición hizo que algo que de otro modo podría haber sido una situación negativa, fuese un período de crecimiento positivo para mí y para la universidad igualmente.

Los líderes son responsables de las transiciones

Una transición exitosa no es responsabilidad de las personas que pasan por el cambio. La responsabilidad de una transición exitosa pertenece al líder que inicia ese cambio.

> La responsabilidad de una transición exitosa pertenece al líder que inicia ese cambio.

En uno de mis seminarios, una joven llamada Regina describió que ella había sido ascendida de su rol en el ministerio de niños en su iglesia a un ministerio de educación cristiana. Regina había hecho todo lo que se le ocurrió para preparar para el cambio a las personas que le rodeaban. Ayudó a elegir y después formar a su sucesor, y también ayudó a cambiar al equipo de personas a las que anteriormente lideraba a su nuevo líder.

Pero nadie hizo lo mismo para Regina. El pastor de la iglesia no hizo el anuncio de que Regina había sido ascendida a su nuevo rol. Para complicar más aún las cosas, no le habían dicho al anterior ministro de educación cristiana que ya no tenía trabajo, y por eso él siguió operando como si nada hubiera cambiado. Este es un ejemplo de libro de texto de un cambio que se hizo sin tener consideración alguna por la transición. Regina había hecho el cambio, pero sin el pastor para ayudar a facilitar la transición, ella se vio impotente en su nuevo rol e incapaz de cumplir con las responsabilidades correspondientes.

Algunas personas podrían preguntarse cómo un pastor de una iglesia pudo manejar tan mal una transición. Yo creo que lo sé. Fue porque Regina era su hija, y él estaba preocupado por cómo la gente podría reaccionar a que él le diera un rol tan importante. Él sentía que ella era la mejor persona para ese trabajo, y ella sentía que estaba preparada. Pero debido a que la transición no se manejó apropiadamente, nadie más en la iglesia tenía esa misma confianza. Ahora el pastor intenta solucionar el asunto, tratando problemas personales y también profesionales.

Mi recomendación a Regina fue que su padre se pusiera delante de la iglesia y les dijera: "Mi hija Regina va a proveer un gran liderazgo al departamento ministerial de educación cristiana en nuestra iglesia. Realmente, ella debería haber estado operando en esa posición los tres últimos meses, pero yo fui descuidado y no hice el anuncio. Estoy corrigiendo eso hoy. Ven aquí, Regina, y habla a todos acerca de tu visión. ¿Qué va a hacer Dios contigo?"

El pastor necesitará apoyar la visión de ella y también hacer que la gente ore por ella en su nuevo rol, como un tipo de toma de posesión. Él también tiene que reconocer que fue descuidado al no informarles de la transición antes, de modo que todos entenderán la razón del retraso.

Asimilar a personas nuevas en roles de liderazgo es uno de los cambios más difíciles que realizaremos jamás. Sin embargo, si como líderes somos conscientes de las diferencias entre transiciones y cambios, si preparamos y ejecutamos adecuadamente un plan transicional, y si aceptamos la responsabilidad de los cambios que nosotros iniciamos, entonces los resultados bien valdrán la pena el esfuerzo.

Puntos de enseñanza

1. El cambio es el resultado de una decisión.

2. La transición incluye el procesamiento emocional, relacional, financiero y psicológico del cambio.

3. El cambio es externo; la transición es interna.

4. El cambio puede con frecuencia ser suave. La transición raras veces lo es.

5. Los líderes son responsables de anticipar los problemas transicionales y desarrollar una estrategia para abordarlos cuando realizan cambios en su organización.

6. Un plan transicional debe tomar en cuenta todas las contingencias, y debe ser escrito.

7. Al prepararse para realizar un cambio, el líder debería considerar las dos siguientes preguntas:

    (1) ¿Qué vacío se creará con este cambio?

    (2) ¿Qué situación se creará como resultado de este cambio?

8. Otros problemas de personal que deberían considerarse son:

    + ¿Quiénes serán afectados por el cambio propuesto?

    + De esas personas, ¿quiénes son los que se preocuparán?

- De los que se preocupan, ¿quiénes lo harán profundamente?

- De quienes se preocupan profundamente, ¿quiénes serán positivos respecto al cambio, y quiénes no lo serán?

9. Todo plan transicional debería incluir acciones que hay que tomar para cada persona involucrada.

10. William Bridges, el experto en cambio, cree que el 90 por ciento de los esfuerzos de un líder deberían emplearse en vender el problema. Las personas no necesitan una solución si no tienen un problema.

11. Una transición exitosa no es responsabilidad de las personas que pasan por el cambio. La responsabilidad de una transición exitosa pertenece al líder que realiza el cambio.

12. Asimilar a personas nuevas en roles de liderazgo es uno de los cambios más difíciles que efectuaremos jamás.

8

CONFLICTO

"Todo el mundo en los Estados Unidos es blando, y aborrece el conflicto. La cura para esto, tanto en política como en la vida social, es la misma: fuerza de voluntad."
—John Jay Chapman
escritor y ensayista estadounidense

Después de haber naufragado, un hombre había vivido en una isla desierta durante casi cuatro años cuando oyó que pasaba un barco por la costa. Corrió hasta la orilla, ondeando una antorcha con la esperanza de hacer una señal al barco. El capitán lo vio y envió una barca de remos para investigar, llevando con él a varios miembros de la tripulación. Cuando se acercaban al frente de playa, se maravillaron por lo que vieron. El hombre obviamente había aprovechado bien las escasas provisiones que tenía a su disposición.

"Esto es increíble", dijo el capitán. "Antes de irnos, ¿le importaría darnos un rápido tour a mis hombres y a mí?".

"En absoluto", dijo el náufrago aliviado.

Mientras les mostraba la pequeña isla, ellos notaron tres cabañas.

"¿Por qué tres cabañas?", preguntó el capitán.

"Yo vivo en la primera", respondió el hombre. "La segunda es la iglesia a donde voy. Pensé que sería importante adorar en un edificio separado".

El capitán estaba impresionado. "Entonces, ¿para qué se usa la tercera?", preguntó.

"Ah, ¿esa?", dijo el náufrago. "Esa es la iglesia a la que *solía* ir".

El propósito del conflicto

A la mayoría de los líderes eclesiásticos que oyen esta historia les resulta a la vez divertida y precisa, porque todos ellos conocen a personas que han dejado su congregación sin una razón aparente. Mientras algunas personas dejan una congregación por otra debido a sinceras diferencias teológicas, muchas más se van debido al conflicto no resuelto. Como líderes, ya sea de una iglesia, un negocio, u otro tipo de organización, es importante que entendamos el conflicto, su uso adecuado, y cómo resolverlo mejor.

No hay tal cosa como una zona libre de conflicto. El único modo de eliminar el conflicto es dejar de hacer algo y suspender toda interacción humana. Mientras haya movimiento o actividad humana, o participación, habrá conflicto. Cuando dos, o tres, o doscientos están reunidos, en un matrimonio, un negocio o una iglesia, es inevitable que haya conflicto. Por eso, cuando un pastor me dice que él lidera una congregación pacífica en la cual todo el mundo se lleva bien, pienso para mí: "O usted está fuera de contacto con la realidad, o no está haciendo nada".

A veces, tenemos tanto temor al conflicto que caminamos hacia la paz y el consenso, cuando un poco de conflicto podría realmente ayudar a la causa. La falta de conflicto no necesariamente es señal de progreso; de hecho, probablemente sea señal de inactividad. El conflicto es algo que siempre será. En su núcleo, no es bueno ni malo; simplemente es. Y es el modo en que lo tratamos lo que produce resultados positivos o negativos.

> La falta de conflicto no necesariamente es señal de progreso.

Los beneficios del conflicto

El conflicto puede tener un propósito útil. Cuando hay conflicto, eso nos impulsa a explorar más a fondo los problemas que rodean ese conflicto. La tensión asociada puede causar que miremos más profundamente una decisión, asegurándonos de tener toda la información que necesitamos y no pasar por alto nada. En esencia, el conflicto se convierte en nuestra motivación para estar seguros de que examinamos la situación en detalle. Nadie quiere estar en el lado equivocado de un problema que no investigó totalmente.

Cuando surge un conflicto en torno a cierto problema, con frecuencia las personas están más comprometidas a la decisión final porque tienen confianza en que el problema ha sido examinado desde todos los ángulos, produciendo la mejor solución posible.

Para que el conflicto dé resultados positivos, debe involucrar diálogo con las partes oponentes antes de que se tome una decisión. El proceso de tomar la decisión se vuelve más importante que la decisión misma. Incluso personas con perspectivas contrarias responderán positivamente, o al menos "acordarán estar en desacuerdo", si sienten que su perspectiva fue oída y entendida por quienes toman la decisión.

El lado oscuro del conflicto

Pero el conflicto puede tener también un lado oscuro. Consideremos a un líder que se enfrenta al conflicto en cada decisión que intenta tomar. Si no aprende a abordarlo de maneras constructivas, finalmente dejará de tomar decisiones. Como un perro cuyo dueño ha instalado una valla electrónica invisible alrededor de la propiedad, aprende rápidamente que es mejor evitar los límites por completo y mantenerse bien dentro de las líneas, en lugar de arriesgarse a ser electrocutado. Cuando eso le sucede a un líder, se ve condicionado a alejarse de un problema en lugar de abordarlo, todo ello debido a su temor al conflicto. Como resultado, el ámbito de su liderazgo queda restringido, con un correspondiente límite del potencial de su visión.

Cada año, más de diez mil pastores renuncian en los Estados Unidos solamente debido a conflictos irresolubles en sus iglesias. El deseo de evadir problemas difíciles y dar vuelta a las distracciones causadas por el conflicto puede hacer que huyamos de él en lugar de abordarlo de frente. Cuando situamos el mantener la paz por encima de todo lo demás, perdemos oportunidades para el avance y el crecimiento, muchas de las cuales necesitan el conflicto.

> ## Cuando situamos el mantener la paz por encima de todo lo demás, perdemos oportunidades para el avance.

Es necesario un poco de conflicto

Todos hemos oído la vieja frase: "No se puede agradar a todo el mundo". Me gustaría que alguien me hubiera dicho hace mucho tiempo: "Sam, habrá sangre en el piso. Puede que sea tuya, o puede que sea de ellos; pero para llegar hasta donde vas, tendrás que pagar por ello con sangre". Desde luego, incluso si alguien me hubiera dicho eso, probablemente yo no lo habría entendido hasta que hubiera experimentado esa verdad de primera mano. Pero he aprendido desde entonces que hay un precio qué pagar por el crecimiento y el progreso.

La disciplina es tan solo un ejemplo de conflicto necesario. Si debes reprender a un empleado por violar una política de empresa, él o ella probablemente no te enviará una nota de agradecimiento, aunque termine creciendo y mejorando como resultado del castigo. En cambio, va a haber "sangre en el piso".

La disciplina nunca es una experiencia que acogemos bien cuando se produce, aunque con frecuencia descubrimos más adelante que fue para nuestro propio bien. El escritor de Hebreos lo expresó bien: *"Es verdad que ninguna disciplina al presente parece ser causa de gozo, sino de tristeza; pero después da fruto apacible de justicia a los que en ella han sido ejercitados"* (Hebreos 12:11). Como líderes, estamos destinados a hallarnos en una posición en que debemos disciplinar a un miembro del equipo o empleado. Puede que intentemos hacerlo de un modo que resulte en que se derrame un mínimo de sangre sobre el piso. Quizás intentemos que todo quede limpio y ordenado. Sin embargo, un cohete no puede despegar de la tierra sin que haya mucho calor y un ruido muy alto. Debemos entender que aunque podamos intentar minimizar el derramamiento de sangre, algo de sangre seguirá ahí.

Desde luego, no estoy hablando de sangre literal sobre el piso; hablo sobre los dolorosos sentimientos que se avivan cuando corregimos a alguien. También estoy hablando de los sacrificios hechos en el proceso. Cuando mi padre me disciplinaba, él nunca derramaba sangre literal, pero la vergüenza que me hacía sentir por mis acciones imprudentes con frecuencia me daba la sensación de que mi sangre había sido derramada.

> Necesitamos tomar a bien la posibilidad de que no caigamos bien a otras personas.

Todas las personas poseen una necesidad inherente de caer bien y de ganarse la aprobación de otros. Esta necesidad con frecuencia nos impulsa a hacer todo lo que podamos para evitar el conflicto, incluso el tipo de conflicto necesario que da como resultado crecimiento y mejora. Aunque no estoy sugiriendo que nos convirtamos en amantes del conflicto que constantemente buscan agitar las aguas, sí digo que necesitamos tomar a bien la posibilidad de que no caigamos bien a otras personas. Necesitamos ser capaces de decir: "No puedo agradar a todo el mundo, y se producirán conflictos. No importa quién soy yo o dónde vaya; a veces, va a haber sangre en el piso".

Nuestra salud determina nuestra respuesta al conflicto

Si me hago un corte en el dedo, se formará una costra y se curará. Dependiendo del tamaño y la ubicación del corte, podría dejar cicatriz, pero como estoy sano, el corte finalmente se curará. Si no estuviera sano, digamos que fuera hemofílico o tuviera una enfermedad inmune, la hemorragia sería mucho más difícil de detener. Podría tener una infección o incluso morir desangrado.

Necesitamos ver el conflicto en términos de nuestra salud general. No hay tal cosa como un buen matrimonio o un mal matrimonio, una buena iglesia o una mala iglesia, una buena compañía o una mala compañía. Matrimonios, iglesias, corporaciones… están sanas o enfermas. Esa es la mayor distinción.

Como líderes, cuando manejamos el conflicto tenemos que hacernos preguntas como las siguientes:

+ "¿Es sana esta interacción?".

+ "¿Es sano el modo en que ella me mira?".

+ "El modo en que yo le devuelvo la mirada, ¿es eso sano?".

+ ¿Son sanos estos pensamientos?".

No deberíamos apuntar a terminar en acuerdo o en desacuerdo; deberíamos apuntar a terminar en una salud excelente. Al final de cualquier diálogo difícil, deberíamos preguntar siempre: "¿Sigue siendo sana nuestra relación?", porque las relaciones sanas permiten transparencia y comunicación abierta. Cuanto más sana sea la relación, mayor será el grado de transparencia. Pero la transparencia puede ser difícil porque ambas partes aportan su propio bagaje a la relación. Esa es la razón por la cual debemos evaluar continuamente nuestra propia salud. Antes de una conversación difícil, deberíamos preguntarnos: "¿Cuán sano estoy?". No podemos ayudar a otros con su bagaje hasta que hayamos retirado el nuestro.

Diferentes estudios dicen cosas distintas, pero aproximadamente el 50 por ciento de los primeros matrimonios terminan en divorcio; y el índice de divorcio en segundos matrimonios está en el sesenta y pico. La razón de esto es que cuando una persona demente entra en un matrimonio, algo está abocado a ir mal. En cualquier matrimonio posterior al divorcio, en lugar de un matrimonio mejor, simplemente se añade una maleta extra al bagaje que ambos cónyuges ya estaban cargando.

Todos nosotros tenemos días dementes en que cualquier minucia nos molesta. Personalmente, en mis días dementes, pospongo tratar cualquier asunto importante hasta que mi salud haya mejorado. Si está sucediendo algo insensato en mi matrimonio, y tengo una cita de consejería programada con una mujer joven, pospongo la cita hasta que haya solucionado las cosas con mi esposa. De igual manera, si mis finanzas no están sanas, me refreno de ir de compras hasta que la salud de mi chequera haya sido recuperada.

Estamos en una mejor posición para resistir la tentación cuando estamos sanos, razón por la cual seremos sabios en reorganizar nuestro horario en nuestros días dementes: posponer tomar decisiones y hacer cosas que nuestra mala salud podría desordenar y confundir. Cuando estamos sanos, podemos domar nuestra lengua, resistir la tentación y limitar nuestro gasto; pero cuando no estamos sanos, tenemos que hacer ajustes. Hacer evaluaciones sinceras de nuestra propia salud, y después actuar apropiadamente es la clave para ser capaces de manejar bien el conflicto.

> Cuando estamos sanos, podemos domar nuestra lengua, resistir la tentación y limitar nuestro gasto.

¿Recuerdas a Tim? Era el gerente de departamento al que tuviste que disciplinar por acoso sexual en una situación hipotética que yo creé en el capítulo anterior. Bien, regresemos al escenario y digamos que él dejó tu empresa para ir a trabajar en la empresa del Sr. Smith.

Pero lo mismo que sucedió en tu empresa va a suceder en la empresa del Sr. Smith. ¿Por qué? Porque Tim sigue siendo demente. ¿Cómo lo sabemos? Porque Tim nunca se arrepintió o expresó remordimiento por sus acciones. Nunca reconoció su mala conducta ni invitó la corrección.

Muchos de nosotros hacemos lo que hizo el Sr. Smith: contratamos a personas dementes y entonces, en lugar de ayudarlas a sanar, les permitimos que desaten sus contagios sobre el resto de nuestro equipo de trabajo. Tim dejó a su exjefe bajo un espíritu de conflicto, y llevará ese mismo espíritu de conflicto a su nuevo ambiente de trabajo. No podemos simplemente ofrecerle un despacho y decirle que se ponga a trabajar; antes necesitamos asegurarnos de que está sano. Y para hacer eso, primero tenemos que estar sanos nosotros mismos.

Repito que el conflicto nunca debería considerarse en el contexto de bien o mal, acuerdo o desacuerdo. El conflicto debería verse siempre como una medida de salud. Las personas y los negocios sanos no tienen temor a enfrentarse al conflicto de cabeza, y buscan maneras de crecer como resultado.

Las personas inseguras no son sanas

Solamente porque alguien esté en desacuerdo conmigo no significa que esté contra mí. Pregúntale a mi esposa, Brenda. Ella está en desacuerdo conmigo todo el tiempo; sin embargo, no está "contra" mí. Tener esto en mente preserva nuestra salud y nos permite afrontar el conflicto de maneras constructivas. Se produce una mala salud cuando permitimos que se cuelen las inseguridades. Consideremos 1 Corintios 12:18: *"Mas ahora Dios ha colocado los miembros cada uno de ellos en el cuerpo, como él quiso"*. ¿Qué dice este versículo que hizo Dios? Él ha colocado a los miembros como quiso. La colocación es crítica. Una vez que estamos seguros en nuestra ubicación, podemos ser sanos. Cuando las personas están inseguras e infelices con el lugar donde están es cuando están molestas y experimentan una mala salud.

> Se produce una mala salud cuando permitimos que se cuelen las inseguridades.

Para nuestro décimo quinto aniversario de bodas, Brenda me regaló un anillo de oro que tenía incrustados cinco diamantes. Fue un gesto romántico que llegó con una póliza de seguro no tan romántica. Para mantener actualizada esa póliza, tengo que llevar el anillo a la joyería cada seis meses para que lo inspeccionen. El joyero comprueba su estado y entonces firma una tarjeta de garantía. En caso de que se cayera un diamante, puedo presentar la garantía y que lo sustituyan sin costo alguno.

Cuando el joyero inspecciona el anillo, raras veces comprueba la alianza de metal precioso; rápidamente cuenta los cinco diamantes y entonces, con intenso detalle, examina meticulo-samente la colocación. Si lo que les rodea tuviera algún fallo, los diamantes pueden aflojarse y perderse; pero si lo que rodea su colocación está intacto, el anillo retendrá los diamantes, y su valor. Así, la integridad de la colocación es crítica.

Pensemos de nuevo en lo que el apóstol Pablo dijo en 1 Corintios 12:18: Dios ha colocado a cada miembro como Él quiso. No se trata de la ubicación donde nosotros queramos estar; Él nos ha colocado en el lugar donde *Él* quiso. En los libros de Romanos y Efesios, Pablo habla sobre que todos somos miembros, o partes, del Cuerpo de Cristo. El lugar donde las partes se unen en un cuerpo se llama "articulación". La articulación es la ubicación. Necesitamos tener articula-ciones sanas en la ubicación donde Dios nos ha colocado.

Resolver el conflicto

Yo hablo en ambientes muy diferentes, y con frecuencia llevo puesto un micrófono para que todos puedan oírme. Para que el micrófono funcione adecuadamente, dependo de la persona que maneja el sistema de sonido.

Una vez, mientras estaba enseñando en una conferencia muy grande, el sistema de altavoces comenzó a pitar y sisear cada vez que yo hablaba. También había un eco. No sé si algo estaba causando la interferencia, pero sabía que tenía un problema.

Por lo tanto, en el siguiente receso fui a hablar con Larry, el hombre que estaba manejando la mesa de sonido. Ahora bien, yo sabía que hay dos maneras en que podía manejar la con-versación. Podía discutir el *qué*: la reverberación y los otros ruidos. O podía discutir el *quién*: en este caso, Larry. Cuando caminaba hacia la cabina de sonido, pensé en el *quién*. ¿Por qué este hombre no puede solucionarlo? Si es un profesional, ¿no debería saber lo que hace? ¿Por qué me asignaron al peor técnico de sonido en toda la conferencia?

Pero sabía que cuando hablara con Larry, necesitaría enfocarme en el *qué*. Sabía que mientras pudiera mantener la conversación en el *qué*, en este caso el problema de sonido, obtendría la resolución que quería. Pero si pasaba del *qué* al *quién* (Larry), solamente aumentaría el problema. Si resultaba ser un problema continuado de incompetencia por parte de Larry, entonces alguien, algún día, tendría que encarar el *quién*. Pero esa conferencia en particular no era el momento de hacerlo, y tampoco yo era la persona para hacerlo. Mi meta era únicamente conseguir que el sistema de sonido funcionara adecuadamente durante el resto del evento.

Cuando llegué a la cabina de sonido, estaba listo para hablar sobre el *qué*. "Larry, ¿qué está causando ese siseo y pitidos?", le pregunté. "¿Cómo podemos arreglarlo?".

Sabía que mientras Larry también se mantuviera enfocado en el *qué*, podríamos resolver el problema. Si su respuesta era algo parecido a: "Hay acople en los altavoces; mientras usted se mantenga por detrás, no habrá problema", habríamos encarado el *qué*. Pero si Larry dijera: "¿De qué me está acusando? No es culpa mía; es culpa de usted. No escuchó cuando le dije que no caminara delante de los altavoces. ¿Es usted estúpido, o está sordo?", entonces su respuesta se habría enfocado en el *quién*, en este caso yo, en lugar de en el *qué*; y probablemente nunca habríamos resuelto el problema.

Cada vez que alguien pasa del *qué* al *quién*, se vuelve un asunto personal. Las personas se ponen a la defensiva, y el problema aumenta en lugar de resolverse. En toda situación de conflicto potencial, primero necesitamos tratar el *qué* antes de abordar el *quién*.

> En toda situación de conflicto potencial, primero necesitamos tratar el *qué* antes de abordar el *quién*.

Permíteme compartir otra ilustración. En iglesias pequeñas, siempre parece que hay una persona que tiene el "don" de ajustar el termostato, y a él o ella le gusta ejercitar ese don durante la mitad del servicio cada domingo. Ese era el caso en una iglesia que yo lideraba. Había un caballero mayor que sentía que su llamado era ajustar el termostato. Yo estaba predicando en la plataforma en el frente, y él se levantaba, iba hasta la pared trasera, se ponía sus lentes, estudiaba el termostato por un minuto, y entonces movía el botón de un lado a otro. Durante cada servicio movía ese termostato mientras yo intentaba predicar. Se sentaba, entonces se levantaba unos minutos después y comenzaba a moverlo otra vez. Eso lo hacía muchas veces cada domingo.

Me di cuenta de que no tenía sentido querer encarar el *quién*, así que decidí ocuparme del *qué*. Contraté a un electricista y le hice cambiar el termostato a una pared detrás de la plataforma, pero dejé los viejos controles en su lugar. Por lo tanto, cada domingo el mismo hermano seguía levantándose y moviendo los controles, pero no cambiaba la temperatura en absoluto. Mientras yo predicaba, podía verlo moviendo los controles placebo, y era difícil no reírme en voz alta. Por doscientos dólares me ocupé del *qué* y nunca tuve que encarar el *quién*.

Siempre deberíamos comenzar tratando la situación, y después encarar a la persona responsable solamente si es necesario. Esto es lo opuesto de lo que recomendé al hablar del reto del enfoque. En el enfoque, comenzamos con el *quién* y después pasamos al *qué*. Quién es importante para el enfoque, pero cuando se trata de conflicto, necesitamos mantenernos alejados del *quién*.

Encarar a los "portadores de conflicto"

A veces, el *quién* es el problema. Si María tiene un problema con Allen, y María tiene un problema con Susan, y María tiene un problema con Dewayne, entonces el problema no es Allen, Susan o Dewayne. El problema es María: el denominador común en cada uno de esos escenarios. John Maxwell llama a personas como María "portadores de conflicto".

No importa dónde vayan, los portadores de conflicto siempre están creando problemas. Si María es una empleada que por rutina altera a toda la plantilla de personal, yo debería encararla en privado para hablar de su conducta, para explicarle lo que espero de ella, y para decirle que si no puede arreglárselas para estar a la altura de esas expectativas, tendré que despedirla. Pero necesito darle una oportunidad de corregir su conducta que altera. Siempre deberíamos ofrecer un camino redentor antes de tomar medidas para disciplinar, degradar o despedir.

Sin embargo, necesitamos estar en guardia. Los portadores de conflicto como María con frecuencia desviarán una conversación sacando a la luz problemas concretos cuando nosotros intentamos hablar sobre patrones generales de conducta. Por ejemplo, si yo comienzo la conversación diciendo: "Ayer en la oficina...", María puede que inmediatamente se ponga a la defensiva y comience a darme razones por las cuales actuó del modo en que lo hizo el día anterior. Si yo digo: "Hubo un problema entre Allen y usted", ella cambiará el tema de ella misma a Allen.

Debo tener especial cuidado con mi tono de voz y con mi comunicación no verbal: expresiones faciales y especialmente lo que hago con los ojos. La conversación debería tener lugar en un ámbito informal, porque las situaciones formales tienden a detonar el radar de los portadores de conflicto. A muchos de tales individuos les cuesta dirigirse a figuras de autoridad, así que nunca mantendré esa conversación mientras estoy de pie detrás del escritorio en mi despacho. Todas esas conversaciones deberían ser de bajo perfil, informales, amigables y cálidas. Deberíamos dejar a un lado cualquier agenda excepto la de entender de dónde proviene la otra persona.

> Las situaciones formales tienden a detonar el radar de los portadores de conflicto.

Yo siempre empiezo tales conversaciones diciendo: "He observado un patrón", y entonces paso a describir ese patrón. También tapo los huecos que la otra persona intenta utilizar para escaparse diciendo, por ejemplo: "Escuche, María. No quiero hablar de nada concreto; eso no va a ayudarnos en este momento. Pero usted puede ayudarme a entender qué podría estar sucediendo". Entonces, pacientemente espero para ver a dónde llevará ella la conversación. Cuando ella pasa a los detalles, yo amablemente vuelvo a dirigirla a una conversación del patrón general que he observado.

Nunca deberíamos decir a un portador de conflicto: "Personas me han dicho…". Admitir que estamos actuando por lo que otros dicen solamente causará que la persona se ponga a la defensiva y comience a discutir. Aprópiate y di: "He observado…", y entonces pide a la persona que te ayude a darle sentido a lo que has observado.

Ella intentará distraerte con otros detalles y asuntos no relacionados, pero no te dirijas ahí. Permanece enfocado y mantén la conversación en el camino. Dile: "Tan solo ayúdeme a entender; hay un patrón aquí". Ella se sentirá cómoda al hablar de detalles concretos porque tiene la información; le resulta más difícil defender patrones generales.

Si yo conduzco esa conversación exitosamente, crearé una oportunidad para llegar a María y, con suerte, para iniciar un cambio positivo. Pero si cometo el error de enfocarme en un detalle concreto, la discusión habrá terminado antes de comenzar. Debo ser asertivo al establecer los parámetros de la conversación desde el principio.

Cuando mi amiga Jennifer me oyó hablar sobre este tema, se dio cuenta de que ella usaba frecuentemente las tácticas de un portador de conflicto cuando se comunicaba con su esposo. Al tener un trasfondo en ventas, Jennifer tiene estupendas habilidades verbales. Su esposo, David, que es contable, se siente más cómodo con los números. En el pasado, cuando David intentaba hablar a Jennifer sobre algún problema, ella siempre demandaba que le diera una ocasión específica de aquello a lo que se refería. Él lo hacía, si se acordaba de alguna; pero Jennifer en seguida le interrumpía, diciendo: "Eso no cuenta, y esta es la razón...". Entonces trazaba círculos adicionales alrededor de él, demandando más ejemplos solamente para descartar la validez de cada uno hasta que David se quedaba sin ejemplos. Ya que Jennifer siempre se las arreglaba para defenderse de las ocasiones concretas que citaba su esposo, no veía el patrón que él intentaba comunicar. Finalmente, un David desmoralizado, confuso y desesperanzado terminaba la conversación, con Jennifer preguntándose qué problema tenía él.

Jennifer finalmente reconoció que ella estaba siendo una portadora de conflicto en su matrimonio. Esa comprensión la llevó a dar un paso atrás, y reexaminar su papel en las conversaciones con su esposo. Actualmente, ella está abierta a evitar los detalles y aprender de los patrones.

Algunos individuos carecen de la madurez para reconocer las tendencias de un portador de conflicto en sí mismos, pero creo que deberíamos tratar de ser lo más sinceros posible acerca de nosotros mismos. Queremos recorrer la milla extra, y podemos hacer eso solamente si estamos sanos; y nuestra salud viene de estar seguros en nuestro ámbito, incluso si es una isla remota con tres cabañas.

Puntos de enseñanza

1. La ausencia de conflicto no indica necesariamente que se esté haciendo progreso.

2. No hay tal cosa como una zona libre de conflicto.

3. El conflicto no es ni bueno ni malo; simplemente es.

4. El conflicto nos ofrece la oportunidad de:

   * Explorar un problema totalmente.

   * Considerar profundamente una decisión para asegurar que tenemos toda la información necesaria.

   * Cimentar el compromiso con la decisión final.

5. El problema de manejar mal el conflicto es que...

   * Puede hacernos renuentes a liderar.

   * Nos ofrece la opción de alejarnos de un problema en lugar de abordarlo.

   * Puede limitar nuestra influencia.

   * Hace difícil que hagamos bien nuestras tareas.

   * Se difunde para iniciar conflicto en otras áreas.

   * Amenaza con minar nuestra búsqueda de nuestro llamado en un esfuerzo por mantener la paz.

6. Nunca seremos capaces de agradar a todo el mundo.

7. Habrá sangre en el piso; nuestra tarea no es detenerla, eso es imposible, sino minimizar la cantidad.

8. Nuestra salud como líderes determina nuestra respuesta al conflicto.

9. Nuestra meta al abordar el conflicto no es terminar en acuerdo o desacuerdo. Nuestra meta es la salud continuada de la relación.

10. Necesitamos evaluar sinceramente nuestra propia salud y evitar cualquier fuente potencial de conflicto cuando no estamos sanos.

11. Podemos ayudar a otros a estar sanos solamente cuando nosotros mismos estamos sanos.

12. Las personas y organizaciones sanas pueden solucionar el conflicto y crecer por él.

13. Dios nos ha puesto en la ubicación que Él quiere. Necesitamos estar seguros ahí.

14. Las personas están molestas cuando no han sido ubicadas.

15. Al intentar resolver un conflicto, concéntrate en el *qué*, no en el *quién*. Pasar del *qué* al *quién* solamente aumenta el problema.

16. A veces, el *quién* es el problema. En tales casos, el *quién* es lo que John Maxwell denomina un "portador de conflicto".

17. Prueba siempre el paso redentor primero.

18. Al intentar hablar a un portador de conflicto, permanece enfocado en el patrón general que has observado. No permitas que el portador de conflicto desvíe la conversación al hablar de detalles.

19. Al tratar con portadores de conflicto:

    ✦ Ten cuidado con tu tono de voz y expresiones faciales.

    ✦ Mantén la situación en bajo perfil e informal.

    ✦ Resta importancia a tu autoridad.

9

CONGRUENCIA ORGANIZACIONAL

"Toda empresa tiene dos estructuras organizacionales:
la formal está escrita en las gráficas;
la otra es la relación de cada día de los hombres
y las mujeres en la organización."
—Harold S. Geneen
expresidente, ITT

Cuando el pastor Frye aceptó el trabajo en la iglesia *First Church* hace dos años, se sentía energizado por las posibilidades. Siempre había querido ministrar en el centro de una ciudad. Y el nuevo edificio multiusos de la iglesia sería la perfecta combinación de complejo deportivo y centro juvenil, atrayendo a los miembros de la comunidad las 24 horas del día, todos los días de la semana. El programa comenzó con poco, pero el pastor Frye tenía una visión grande.

Tras algunos meses, los ancianos de la iglesia se acercaron al pastor Frye con la idea de abrir una escuela cristiana en el edificio. Aunque no era exactamente lo que el pastor había planeado, seguía siendo un ministerio para la comunidad, y aún así sería posible utilizar el mismo espacio para la recreación en las tardes y los fines de semana. "Estas son buenas personas, y están haciendo cosas buenas", se decía para sí. "No hay de malo en lo que están pidiendo." Así que él aprobó la propuesta.

La *First Christian School* abrió aquel otoño. Los salones de clase estaban separados por paredes temporales que podían moverse para acomodar otras actividades en el mismo espacio. Pero cuando los maestros y los alumnos se establecieron allí, las paredes se movían cada vez con menos frecuencia. Poco después, los administradores de la escuela comenzaron a quejarse de que las paredes temporales eran demasiado delgadas y que el ruido que dejaban pasar interrumpía el proceso de aprendizaje. En la siguiente reunión de la junta, el director de la escuela propuso hacer algunas modificaciones al edificio, y la junta las aprobó. Una de tales modificaciones sería la sustitución de las paredes temporales por otras permanentes. El pastor Frye no estaba exactamente a favor de la idea, pero había tantas personas que sí la aprobaban que él siguió la corriente.

Unos meses después, cuando el pastor Frye caminaba por el pasillo principal de los salones de clase, se le ocurrió que su visión de un ministerio deportivo había sido sustituida por una escuela cristiana privada. No sentía que fuera el mejor uso de sus habilidades, y sin duda no era la visión que Dios le había dado para la iglesia. Pero ¿qué debía hacer?

La organización debe ponerse en línea con la visión y los valores del líder

Más de un líder se ha encontrado en circunstancias parecidas a las del pastor Frye. Él se incorporó a una iglesia o una corporación con una visión específica que, con el tiempo, cambió hacia otra cosa totalmente distinta. Al principio, el líder puede seguir adelante con la visión modificada porque piensa que no supone un gran problema. Mientras Dios esté siendo glorificado, todo va bien, ¿no? Finalmente, sin embargo, amanece un día en que este líder se despierta y se da cuenta de que la visión de la organización es vastamente distinta a la suya propia. En esta situación, el líder puede sencillamente decidir ajustar su visión e intentar seguir la dirección establecida por la organización.

Esta técnica puede funcionar, pero solamente durante un tiempo. Poco después, el líder descubrirá que no puede unirse a un desfile que ha comenzado sin él. Incluso si llega a la primera fila a tiempo, ¿cómo puede liderar cuando no sabe hacia dónde se dirige el grupo? Tal líder ha subordinado su visión dada por Dios a un grupo de personas que van de viaje a otro lugar. Podría ser que la visión de ellos sea tan digna como la del líder, pero el punto es que no es la de él. No es lo que Dios le dio a él para que hiciera.

Los miembros de una organización deben estar en línea con la visión y los valores fundamentales del líder. Si no lo están, entonces ¿cómo se supone que va a liderarlos? Un principal oficial ejecutivo con principios no puede liderar a un subordinado que no cree en las normas. Un pastor no puede enfocarse si su congregación no apoya la visión en la cual él está enfocado. La congruencia organizacional es esencial en cualquier organización que apunte a operar eficazmente.

> Los miembros de una organización deben estar en línea con la visión y los valores fundamentales del líder.

¿Qué es la congruencia organizacional?

La congruencia organizacional ocurre cuando la visión y los valores de un líder están en línea con las metas de la organización en general. Digamos que una iglesia identifica las misiones como uno de sus valores fundamentales. Algunas señales de congruencia organizacional serían que el presupuesto refleje que un gran porcentaje de los ingresos de la iglesia va hacia proyectos misioneros, el departamento de misiones tenga más miembros en su plantilla de personal que ningún otro departamento, y el calendario revele que gran parte del programa en la iglesia sea para actividades relacionadas con las misiones. En esos términos, si los directores del ministerio de niños y el departamento de misiones quisieran reunirse con el pastor, y él tuviera tiempo solamente para una reunión, escogería reunirse con el director del departamento de misiones. Todas esas señales apuntarían a congruencia organizacional.

La congruencia organizacional comienza con nuestro enfoque; fluye de nuestra visión, misión y valores fundamentales; y se extiende por cada área de nuestra organización. Si no lo hace, no tenemos congruencia organizacional.

Promover la congruencia mediante la planificación estratégica

El pastor Jones quiere hacer crecer el ministerio de niños en su iglesia. Este deseo está en línea con la visión de la iglesia, cuyo lema es "Llevando a las familias de regreso a la iglesia". Ahora bien, el pastor podría programar una reunión de personal en la cual diga: "Tengo una visión para hacer crecer nuestro ministerio de niños". Pero como dijimos anteriormente, tal declaración es demasiado abstracta para fomentar cualquier tipo de acción. En cambio, necesita poner algo concreto detrás de sus palabras. Una manera de hacer eso es mediante la planificación estratégica.

Para ejecutar un plan estratégico, el pastor Jones convocaría a su equipo y diría: "Hay muchos niños en los apartamentos y otros edificios de viviendas cercanos a la iglesia. Decidamos la mejor manera de alcanzar a esos niños".

Tras una breve discusión, digamos que la coordinadora del ministerio de niños, Annette, ofrece implementar un programa que ella utilizó en otra iglesia en una zona con demografía similar. En este punto, la reunión podría concluir, con todos deseando lo mejor a Annette. Pero este es el momento de ser estratégico respecto a implementar el plan propuesto. Durante la reunión, los implicados deberían tomar tiempo para dialogar y después poner por escrito los detalles de quién, qué, por qué, dónde, cuándo y cómo; y deberían mantener la lista para futura referencia.

Para facilitar tus propias reuniones de planificación estratégica, he creado una Hoja de trabajo de Planificación Estratégica que puedes fotocopiar y usar como guía. Completar esta hoja de trabajo durante la reunión ayudará a llenar los detalles de perseguir la visión.

Hoja de Trabajo de Planificación Estratégica

1. ¿Cuál es nuestra visión?

_____

_____

_____

_____

2. ¿Por qué estamos haciendo esto? (¿Cómo se relaciona esta visión con nuestros valores fundamentales?)

_____

_____

_____

3. ¿Cuáles son los pasos necesarios implicados en este plan? ¿Quién será responsable de cada paso?

    a. _____

    b. _____

    c. _____

    d. _____

    e. _____

4. ¿Cuándo se hará esto? (¿Cuáles son las fechas asignadas para las tareas concretas?)

_____

_____

_____

_____

5. ¿Cuánto costará esto? ¿Tenemos la capacidad (personas, instalaciones, recursos, finanzas, etc.) para emprender esto en este momento?

_____

_____

_____

_____

6. ¿A quién rendimos cuentas de esto?

_____

_____

_____

7. ¿Cómo mediremos nuestro éxito?

_____

_____

_____

_____

A continuación tenemos cómo podría verse la hoja de trabajo después de la reunión convocada por el pastor Jones.

Hoja de trabajo de Planificación Estratégica

1. ¿Cuál es nuestra visión?

Extender el ministerio de niños de nuestra iglesia.

2. ¿Por qué estamos haciendo esto? (¿Cómo se relaciona esta visión con nuestros valores fundamentales?)

Porque más del setenta por ciento de las familias locales tienen hijos; y si podemos alcanzar a los niños, podemos alcanzar al resto de sus familias.

3. ¿Cuáles son los pasos necesarios implicados en este plan? ¿Quién será responsable de cada paso?

Annette, nuestra coordinadora del ministerio de niños, será responsable de estar al frente del proyecto. Usará un programa que ella misma implementó con éxito en la iglesia donde trabajó anteriormente.

4. ¿Cuándo se hará todo esto? (¿Cuáles son las fechas asignadas para las tareas concretas?)

En tres semanas.

5. ¿Cuánto costará esto? ¿Tenemos la capacidad (personas, instalaciones, recursos, finanzas, etc.) para emprender esto en este momento?

Sí, tenemos la capacidad, aunque los costos variarán.

6. ¿A quién rendimos cuentas por esto?

Annette rendirá cuentas al pastor Jones.

7. ¿Cómo mediremos nuestro éxito?

Evaluaremos su progreso trimestralmente. Lo basaremos en el crecimiento en el número de niños que participen en la escuela dominical y la escuela bíblica de vacaciones, y asistan a nuestros nuevos eventos especiales. También planearemos tener una evaluación anual, y asignaremos metas separadas para esa evaluación.

Cuando el personal esté familiarizado con el proceso de la planificación estratégica, las preguntas y respuestas llegarán de distintas partes de la sala hasta que se hayan acordado los términos de un plan concreto. Esa es la belleza de enseñar planificación estratégica al personal; pronto ellos lo estarán haciendo sin ni siquiera darse cuenta.

> Cuando una visión se materializa, las transiciones son más suaves, se reduce el conflicto, y aumenta la congruencia organizacional.

Recuerda que esta hoja de trabajo no es para ayudar a tu equipo a tomar una decisión. Es para ayudarte a asegurar que las decisiones que ya has tomado serán implementadas de modo estratégico. Tomar tiempo para poner carne en los huesos de una idea ayudará a asegurar que realmente dará fruto. Y cuando una visión se materializa, las transiciones son más suaves, se reduce el conflicto, y aumenta la congruencia organizacional.

Esta hoja de trabajo también está pensada para asegurar que haya congruencia entre las personas y la estructura de una organización. No solo tenemos que asegurarnos de que la organización esté en línea con nuestra visión; también necesitamos asegurarnos de que ponemos en consonancia a las personas dentro de la estructura organizacional, de tal modo que les permita producir resultados medibles.

Las personas deben tener prioridad sobre la estructura

En una organización, cuando las cosas no están funcionando, los líderes con frecuencia prefieren cambiar la estructura formal de la organización porque es el área más fácil de abordar. Mover cajas de un lado a otro en una gráfica organizacional, reasignando quién rinde cuentas a quién, y dando nuevos títulos, estos tipos de cambios no requieren mucha capacidad gerencial. Cada uno es un proceso limpio, lógico y ordenado.

En la mayoría de las organizaciones, reorganizar la estructura no hará que las personas rindan mejor o trabajen más duro. Es como el hombre que necesita limpiar su garaje, pero decide organizar el armario de su dormitorio. Puede que sea más fácil, pero no dará como resultado un garaje más limpio.

Cambiar la estructura formal de una organización no cambiará la motivación del individuo, su conducta o su mentalidad establecida. Podemos hacer que Cindy se reporte ante Beth en lugar de ante Bob; pero si a Cindy no le cae bien Beth, seguirá buscando guía de su supervisor anterior. Podría tener sentido poner a Mark a cargo de la organización de voluntarios porque él sabe cómo funciona el programa de horarios. Pero si Mark prefiere las computadoras antes que las personas y es incapaz de reclutar la ayuda que se necesita, puede que no haya voluntarios suficientes para cubrir los diversos proyectos que es necesario realizar. Lo importante no es la tarea y los detalles formales; son las personas que hacen el trabajo.

> **Lo importante no es la tarea y los detalles formales; son las personas que hacen el trabajo.**

Para cambiar realmente cosas en una organización, deben hacerse ajustes en las conexiones informales, no en la estructura formal. Estos procesos y conductas informales pueden ser problemáticos, pero cuando su gerencia se maneja adecuadamente, los resultados valen la pena el esfuerzo.

Larry Bossidy ha dicho: "Personas me han dicho que empleo demasiado tiempo en las personas, pero yo sé que si consigo a las mejores personas, voy a llevarme el premio. En esta época, las organizaciones que no tienen a las mejores personas no ganan". Las personas deben tener prioridad sobre la estructura.

El pastor Frye necesita entender que no se trata de una escuela cristiana o un programa comunitario recreativo. Tampoco se trata de mantener a la gente en fila. Más bien se trata de mantener consonancia entre personas, visión y estructura. Congruencia es conseguir que todas las partes operen como un cuerpo, para bien.

Puntos de enseñanza

1. Una organización debe estar en línea con la visión y los valores del líder.

2. Cuando la organización que lideran no está en línea con su visión, muchos líderes dicen: "Yo puedo ajustarme". Pero sus intentos al final fracasan, porque un líder no puede unirse a un desfile que comenzó sin él. Incluso si consigue llegar a la primera fila a tiempo, ¿cómo puede liderar cuando no sabe hacia dónde se dirigen las personas?

3. El líder ha subordinado su visión dada por Dios a un grupo de personas que van de viaje a otra parte.

4. La congruencia organizacional se logra cuando el grupo se sitúa en línea con la visión y los valores fundamentales del líder.

5. Se puede promover congruencia organizacional mediante el uso de la planificación estratégica.

6. La planificación estratégica implica respuestas detalladas al siguiente tipo de preguntas:

   + ¿Cuál es nuestra visión?

   + ¿Por qué estamos haciendo esto? (¿Cómo se relaciona esta visión con nuestros valores fundamentales?)

   + ¿Cuáles son los pasos necesarios implicados en este plan? ¿Quién será responsable de cada paso?

   + ¿Cuándo se terminará todo esto? (¿Cuáles son las fechas designadas para las tareas concretas?)

   + ¿Cuánto costará esto? ¿Tenemos la capacidad (personas, instalaciones, recursos, finanzas, etc.) para emprender esto en este momento?

   + ¿A quién rendimos cuentas de esto?

◆   ¿Cómo mediremos nuestro éxito?

Esquema de planificación estratégica

QUÉ	POR QUÉ	CÓMO	CUÁNDO	CUÁNTO	CUENTAS A	PROCESO DE EVALUACIÓN

7.   Las personas deben tener prioridad sobre la estructura. Los líderes con frecuencia prefieren cambiar la estructura formal porque es más fácil que cambiar a las personas. Pero reorganizar la estructura no pondrá en consonancia a las personas. Para iniciar un cambio eficaz dentro de una organización, altera las conexiones informales, no la estructura formal.

10

ADMINISTRACIÓN FINANCIERA

*"¿Cómo debe un pastor, formado en teología,
administrar un negocio?"*
—Sam Chand

Cuando me convertí en presidente de *Beulah Heights University*, ni siquiera sabía lo que era una auditoría. Nunca antes había visto una. No entendía la diferencia entre "fondos restringidos" y "fondos no restringidos". No tenía idea de lo que se quería decir con el término "depreciación", y las diversas categorías de cifras no tenían ningún sentido en absoluto para mí. La primera vez que me presentaron una auditoría, era una página tras otra de nada más que números. Al final de la página, en letra pequeña, había muchos descargos de responsabilidad escritos en cierto tipo de jerga de contabilidad.

La mayoría de los líderes eclesiásticos no están preparados para manejar asuntos financieros

La mayoría de las iglesias u otras organizaciones sin fines de lucro tienen mucho qué aprender sobre contratar, despedir, y otros asuntos de personal; administración monetaria; seguros; y responsabilidades legales. Sin embargo, esos mismos individuos están sirviendo como el principal oficial ejecutivo de corporaciones multimillonarias con holdings de importantes propiedades, que contratan a muchos empleados a tiempo parcial y completo. Pese a una generalizada carencia de formación en estas áreas, se requiere a esos líderes que se conformen a las leyes y regulaciones que los gobiernan, incluidas las de las agencias *Occupational Safety and Health Administration* (OSHA), *Generally Accepted Accounting Principles* (GAAP), *Federal Deposit Insurance Corporation* (FDIC), e *Internal Revenue Services* (IRS). También deben cumplir con las prescripciones de inspectores de sanidad, prestamistas, ordenanzas locales, y regulaciones de zonificación.

Tales líderes con frecuencia se sienten abrumados; y debería ser así, si no obtuvieran la formación que necesitan para tener éxito en su trabajo. Hasta hace poco tiempo, los seminarios no ofrecían cursos de administración de negocios. A la luz de recientes escándalos de contabilidad en empresas, incluso los negocios ahora se enfrentan a un mayor escrutinio financiero y legal que nunca antes.

Las iglesias siempre han estado bajo escrutinio. Los miembros quieren estar al tanto de cuánto dinero está entrando y cuánto se gasta, y con todo el derecho. El Servicio de Rentas Internas (IRS) observa para asegurarse de que las iglesias cumplan los requisitos de su estatus de organizaciones sin fines de lucro. Debido a las actividades delictivas negligentes e incluso rotundas de algunos ministerios radiales y televisivos, las iglesias que tienen un ministerio en medios de comunicación se sienten especialmente nerviosas. Los reporteros de noticias queriendo aumentar las audiencias de su cadena utilizan cámaras ocultas para sacar a la luz a líderes religiosos hipócritas que estafan dinero a los fieles. Toda esta atención causa a los líderes honestos ansiedad adicional, mientras buscan hacer lo correcto. Aunque la vigilancia de ciertas organizaciones es necesaria e incluso buena, el factor de intimidación a veces evita que personas honestas y con buenas intenciones hagan lo que fueron llamadas a hacer. ¿Cómo debe un pastor, formado en teología, administrar un negocio?

Los líderes que carecen del peritaje en tales áreas necesitan primero darse cuenta de su carencia, y deben saber que no pueden remediarla con la suficiente rapidez. Los pastores están teológicamente preparados para servir a su gente, pero no tienen concepto alguno de cómo dirigir las masivas cantidades de asuntos financieros y legales que son críticos para dirigir un negocio. Tampoco tienen el tiempo para la formación práctica, ni la flexibilidad para los costosos errores que están propensos a cometer. Si hubiera un plan financiero de doce pasos para pastores, el primer paso sería admitir que ellos no lo saben todo, y que eso está bien. No hay espacio en el clima empresarial actual para "fingirlo hasta lograrlo".

Pide ayuda cuando sea necesario

Cuando me fueron presentados por primera vez los reportes financieros generados por el auditor durante mi período como presidente de *Beulah Heights University*, yo no sabía cómo descifrar la información, así que hice lo único que podía hacer: pedí ayuda. Creé un equipo consultor presidencial que se reunía una vez al mes para hablar de las finanzas de la universidad. En el equipo había nueve personas con diferentes trasfondos. Algunos de ellos tenían experiencia en finanzas o contabilidad, mientras otros eran personas no financieras que utilizaban los datos para tomar decisiones. Los miembros de este equipo se reunían, estudiaban la información, dialogaban al respecto, y entonces hacían recomendaciones basándose en su educación, experiencia y perspectiva. Sus comentarios me permitían tomar buenas decisiones basadas en un análisis de información que yo nunca había sido formado para entender.

Lo primero que aprendí fue que la cifra más importante podía encontrarse en la página tres. (Para otras organizaciones, esa cifra puede estar en una página diferente, así que no tomes mi consejo demasiado literalmente). Cuando encontraba esa cifra, comprobaba para ver si estaba entre paréntesis. Si así era, entonces era un número negativo; eso era malo. Si no había paréntesis, era un número positivo; eso era bueno. Pronto, llegué a ser un "experto" financiero, y podía hojear el reporte financiero y buscar los paréntesis. Obviamente, eso seguía sin darme información suficiente para tomar decisiones informadas.

Aprendí rápidamente que necesitaba depender de mi equipo. Tenía que ser lo bastante sano para admitir cuando no entendía algo, y lo bastante humilde para pedir a otra persona que me lo explicara.

Descubrí la importancia de reunir a diferentes tipos de personas con diferentes trasfondos debido a la sinergia resultante. Por ejemplo, incluso si los miembros del personal de una iglesia no asisten rutinariamente a las reuniones de la junta, tendría sentido que el contable se reuniera con el comité financiero para poder responder a sus preguntas y caminar en armonía. De igual modo, cuando un gerente de inversión sugiere un nuevo plan para la iglesia, no debería reunirse exclusivamente con el pastor, sino más bien con todos los implicados en las finanzas de la iglesia.

La Biblia confirma que hallamos seguridad en el consejo recopilado de multitud de consejeros. Proverbios 15:22 (NVI) dice: *"Cuando falta el consejo, fracasan los planes; cuando abunda el consejo, prosperan"*. Esto es especialmente cierto en el caso del consejo financiero. Un consejero de confianza e informado no es suficiente. Deberíamos buscar consejo financiero de varias personas calificadas con diferentes trasfondos y personalidades para asegurarnos de obtener una retroalimentación imparcial.

> Es importante que seamos extremadamente selectivos al escoger a los jugadores clave cuya ayuda y experiencia reclutamos.

Como líderes, siempre estamos involucrados en tomar las grandes decisiones, pero el papel que desempeñamos puede cambiar cuando se trata de finanzas, asuntos legales u otra área especializada. Por ejemplo, cuando una iglesia hace una transacción importante en bienes raíces, el pastor principal es parte del proceso, pero más como visionario que como jugador clave. Los jugadores clave son los que llenan los documentos y comprueban los cálculos que aparecen en los formularios. Por eso es importante que seamos extremadamente selectivos al escoger a los jugadores clave cuya ayuda y experiencia reclutamos.

Escoge consejeros que puedan dar algo más que datos

Si nuestros consejeros reciben remuneración por sus servicios, los mismos principios que se aplican a la selección de sostenedores de escalera desde adentro de nuestra organización se aplican también a los consejeros que elegimos. Cuando la organización alcanza cierto tamaño, tener un contable en la plantilla de personal es importante. A medida que la organización crezca, puede que finalmente sea necesario contratar a un contable independiente para realizar auditorías externas, reportes financieros, y cosas similares. Deberíamos apuntar a tener un balance entre los consejeros con quienes nos sentimos lo bastante cerca para poner agarrar el teléfono y hacer una pregunta rápida, y los consejeros que están lo bastante distantes para tener una opinión independiente e imparcial.

Algunos líderes usan la excusa de que no pueden permitirse la ayuda financiera o legal que necesitan. Pero si es el liderazgo quien se ocupa en cambio de esa área, y carece de la experiencia necesaria, van a pagar por ello de un modo u otro. Gastar 50 mil dólares al año en buen consejo legal o consejo financiero no parece tanto, si consideramos que al final podría ahorrarnos tener que gastar millones de dólares en multas o, peor aún, tiempo en la cárcel.

Los buenos consejeros nos dan los siguientes cuatro puntos, en orden:

1. **Datos.** Ellos nos dicen la información que necesitamos saber.

2. **Las implicaciones de los datos.** Explican lo que significan los datos para nosotros, en el contexto adecuado.

3. **Recomendaciones basadas en las implicaciones.** Ofrecen lo que ellos creen que es el mejor consejo basándose en las implicaciones de los datos.

4. **Estrategias para implementar las recomendaciones.** Estas estrategias responden al *quién, qué, cuándo,*

por qué y *cómo* de implementar cada recomendación específica.

Digamos que diriges una iglesia que recibe un promedio mensual de 100 mil dólares en diezmos y ofrendas. Este mes pasado, esa cantidad fue de 130 mil dólares. Estos son los datos que te comunicó tu contable, Dean. Si Dean es un buen consejero, también te dará las implicaciones de los datos. En este caso, Dean podría decir: "Podemos utilizar el dinero extra para ponernos al día en las facturas que debemos, para hacer crecer un programa concreto, o para invertir para un gasto posterior". También podría hablar de sus preocupaciones de que las ofrendas pudieran descender el mes siguiente debido al número de miembros que probablemente estarán fuera de vacaciones, o datos adicionales que sugieran que los miembros de la iglesia darán regularmente a este nivel en el futuro. De estas maneras, al dar Dean sentido a los datos, eso significa algo para nosotros.

Pero un buen consejero no se detendrá ahí. Dean diría entonces qué recomendación considera él la mejor, basado en la información que tiene. Por ejemplo, podría decirte: "Pastor, creo que deberíamos utilizar estos ingresos adicionales para pagar nuestra deuda. Recientemente incurrimos en facturas más altas de servicios; y con el interés de la deuda, me temo que si no reducimos nuestros gastos mensuales, sobrepasaremos nuestro presupuesto para el año". Entonces presentaría cualquier dato adicional necesario para apoyar su recomendación.

Si Dean ha hecho su trabajo, tendremos toda la información que necesitamos, al igual que el contexto necesario para entender esa información y tomar una decisión basándonos en sus recomendaciones.

En este punto, Dean podría decir: "Bien, déjeme hacer un plan basándome en su decisión y hablaremos otra vez en unos días". Debiéramos comunicar a nuestros consejeros que esperamos que ellos desarrollen un plan antes de la reunión. Si Dean tiene cuatro recomendaciones diferentes, debería llegar a la reunión preparado para presentar cuatro planes correspondientes, de modo que cuando tú digas: "Quiero seguir adelante con las recomendaciones uno y tres", él tendrá las estrategias para el uno y el tres ya bosquejadas. De ese modo, Dean puede actuar según los planes en cuanto yo llegue a una decisión. No requerirá tiempo adicional para intentar pensar qué hacer a continuación.

Digamos que, como pastor, decides dividir los 30 mil dólares extra entre dos proyectos que Dean recomienda: 20 mil hacia un nuevo parque de juegos para los niños y 10 mil hacia una organización misionera que trabaja para aliviar el hambre en el mundo. Sin un plan ya trazado, Dean tendrá que tomar tiempo para consultar a posibles constructores del parque, cuánto cobrarían por un nuevo parque de juegos, y dónde en el campus de la iglesia debiera ubicarse el nuevo parque. También tendrá que consultar diversas organizaciones misioneras que alivian el hambre en el mundo, para que puedas decidir a cuál apoyar.

Un secretario capaz puede contar dinero y saber que tu iglesia recibió 30 mil dólares más de lo normal en un mes dado; pero un sabio consejero financiero proporciona a su líder el significado poniendo los datos en contexto. Debe presentar recomendaciones específicas, de modo que juntos puedan llegar a la mejor solución y después actuar en consecuencia. Si Dean llega a la reunión con esos planes bosquejados, puedes ejecutar de inmediato la estrategia que decidas seguir.

> Un sabio consejero financiero proporciona a su líder el significado poniendo los datos en contexto.

Necesitamos alentar a las personas que trabajan para nosotros a pensar en varias soluciones potenciales a cada problema, y después en estrategias para implementar cada una de esas soluciones. Demandar este tipo de información y la correspondiente planificación estratégica a los miembros de nuestro equipo y empleados es una manera de que nos desarrollemos como líderes. Es un modo práctico con el cual podemos elevar el "techo" de ellos.

Negativos financieros

No dejes la toma de decisiones a tus consejeros. Como líder, puedes apoyarte en los comentarios de tus consejeros cuando tomas una decisión, pero tú deberías ser quien tenga la última palabra. Toda la información financiera pertinente debería ser presentada y discutida por un equipo de consejeros con experiencia en el campo de las finanzas, pero nunca debes abdicar tu poder de toma de decisiones. Si no tienes la información que necesitas para elegir un curso de acción, debes pedir que tus consejeros hagan más investigación, o debes tener nuevos consejeros. En cualquier caso, la responsabilidad de tomar la decisión es solamente tuya. Hay dos cosas que un líder nunca debería delegar: formar una visión y tomar decisiones que apoyan esa visión.

Hay dos cosas que un líder nunca debería delegar: formar una visión y tomar decisiones que apoyan esa visión.

No comprometas tus normas y valores éticos. Muchos líderes comienzan como tomadores de decisiones con principios, pero en un esfuerzo por hacer que las cifras se vean más atractivas para sus accionistas, se convierten en tomadores de decisiones situacionales en lugar de por principios. No permitas que tus circunstancias tengan prioridad sobre tus principios cuando se trata de tomar decisiones financieras. Tus decisiones deberían estar siempre basadas en tus normas y valores éticos, sin considerar las consecuencias inmediatas. Las consecuencias a largo plazo de la toma de decisiones situacional siempre serán peores que el costo inmediato.

No intentes hacerlo todo tú mismo. Si pudiera ayudar a todos los líderes a entender una sola cosa, sería que no tienen que hacerlo todo ellos mismos. Esto es especialmente cierto en áreas donde puede que estén mal equipados o poco informados, como la gerencia financiera.

Haz lo que mejor haces

En Hechos 6, las viudas griegas se quejaban de que no estaban recibiendo su comida. Los apóstoles acordaron que era una queja legítima, pero también sabían que corregir el problema estaba fuera de su llamado. Por lo tanto, los Doce convocaron una reunión y pidieron a todos los discípulos que asistieran.

Puedo imaginarme a uno de ellos levantándose en la reunión y diciendo algo como esto: "Las viudas se están quejando otra vez, y tenemos un malestar legítimo. No ha habido un buen manejo de la situación, pero nosotros no tenemos el tiempo o las habilidades para asegurar que el problema sea corregido adecuadamente. Nuestro enfoque está en difundir las buenas nuevas, preparar a la gente para la segunda venida, y dar dirección espiritual. La distribución de alimentos no es realmente nuestro fuerte. No tenemos ninguna experiencia en comprar ingredientes al por mayor, preparar comidas, o distribuir esas comidas de manera oportuna".

Según el registro de Hechos, los apóstoles pidieron a los asistentes a la reunión que eligieran *"a siete hombres de buena reputación, llenos del Espíritu y de sabiduría, para encargarles esta responsabilidad"* (Hechos 6:3 NVI). Esencialmente, querían nombrar personas que estuvieran calificadas para manejar la responsabilidad.

Cuando los hombres fueron elegidos, dirigieron el programa de distribución de alimentos de modo que los apóstoles pudieran concentrarse en otras cosas. Obviamente, debieron haber escogido a las personas adecuadas para el trabajo, porque el problema parece que desapareció después de aquella reunión.

Existe una gran diferencia entre entender el ministerio y entender el negocio del ministerio. La mayoría de los líderes eclesiásticos no están equipados para dirigir el negocio del ministerio, y probablemente tampoco están llamados a hacerlo. Su falta de educación formal y experiencia en esta área los convierte en un pasivo en lugar de un activo. En estos casos, los líderes deben apoyarse en consejeros de confianza que puedan proporcionarles la información que necesitan para tomar las mejores decisiones. Por eso recomiendo que los líderes empleen menos tiempo preocupados por su auditoría y más tiempo preocupados por su camino de información.

Existe una gran diferencia entre entender el ministerio y entender el negocio del ministerio.

Puntos de enseñanza

1. La mayoría de los líderes no están preparados para presidir sobre asuntos financieros. Por ejemplo, los pastores normalmente no reciben formación en asuntos financieros; sin embargo, son llamados a servir como los principales oficiales ejecutivos de corporaciones multimillonarias.

2. Los líderes no tienen el tiempo para aprender en el trabajo, y los errores son costosos.

3. Los líderes necesitan admitir que no lo saben todo. Necesitan ser lo bastante sanos para pedir ayuda cuando la necesiten.

4. El buen consejo se encuentra en una multitud de consejeros.

5. A la hora de reunir consejeros...

   + Busca personas con diferentes trasfondos para ofrecer una perspectiva amplia.

   + Busca las mismas características que esperas de los sostenedores de escalera.

+ Busca un balance entre personas con las que te sentirías cómodo llamándolas en cualquier momento para pedir consejo, y a quienes pagas para tener una opinión independiente y exterior.

+ Busca a quienes no tengan temor a decirte la verdad.

6. Si tu organización no puede permitirse pagar el consejo necesario, no deberías estar haciendo lo que sea que estés haciendo, porque pagarás por ello de un modo u otro.

7. Los buenos consejeros nos dan...

+ Datos.

+ Las implicaciones de los datos.

+ Recomendaciones basadas en las implicaciones.

+ Estrategias para implementar las recomendaciones.

8. Demandar información detallada y planificación estratégica a las personas que trabajan para nosotros es una manera de ayudarles a desarrollarse como líderes.

9. Los negativos financieros incluyen lo siguiente:

+ No dejes la toma de decisiones a tus consejeros.

+ No comprometas tus normas y valores éticos.

+ No intentes hacerlo todo tú mismo.

10. Los líderes deberían hacer lo que mejor hacen. Todo lo demás debería ser delegado a individuos designados por los líderes, como ocurrió en Hechos 6.

11. Existe una gran diferencia entre entender el ministerio y entender el negocio del ministerio.

DISTRIBUCIÓN DEL TIEMPO

"Evitar la frase 'No tengo tiempo…' pronto te ayudará a entender que sí tienes el tiempo necesario para cualquier cosa que decidas lograr en la vida."
—Bo Bennett
autor, *Year to Success*

Cassandra tenía pasión por la decoración. Le encantaba ayudar a sus amigas a escoger pintura y papel pintado, y siempre sabía dónde encontrar las mejores ofertas en muebles y objetos decorativos para el hogar. Mientras ayudaba a Susan con la decoración de su casa nueva, su amiga sugirió que Cassandra comenzara su propio negocio. Con el aliento de Susan, nació *Decoración de Interiores Cassandra*.

Al principio, a Cassandra le encantaba su trabajo. Siempre le había gustado coordinar telas y pintura, y ahora le pagaban por hacerlo. A medida que se difundió su buena reputación, la demanda de sus servicios aumentó. Con frecuencia trabajaba hasta bien entrada la noche después de meter en la cama a sus hijos, pero estaba energizada por su éxito y por la posibilidad de ganar dinero extra para sostener a su familia.

Pronto, sin embargo, las cosas comenzaron a cambiar. Cassandra solía esperar a sus hijos en la parada del autobús cada tarde, pero con el crecimiento de su negocio se vio obligada a matricularlos en un programa extracurricular donde ellos estarían cada día hasta que su papá pudiera ir a recogerlos después del trabajo. Con el ocupado horario de Cassandra, ya no tenía tiempo para cocinar para la familia. Compraba comida rápida de camino a casa después de sus compromisos, y pasaba las tardes trabajando en las facturas mientras sus hijos veían televisión en sus cuartos.

Poco después, en lugar de sentirse energizada, las largas horas comenzaron a hacer mella en ella, pero tenía que seguir trabajando. Había invertido una gran cantidad de dinero en su negocio, desde comprar una nueva computadora, comprar un muestrario de objetos decorativos populares, y cambiar su viejo auto por un nuevo SUV. El vehículo le daba una ventaja competitiva porque podía utilizarlo para entregar pequeños muebles y barras de cortinas a la medida, en lugar de contratar a otra persona para hacerlo. A medida que aumentaron sus gastos, era más importante que nunca que Cassandra siguiera aceptando nuevos clientes, para así poder pagar las facturas.

Pronto, el único momento que tenía disponible Cassandra para enseñar telas a sus clientes era en las tardes y los fines de semana. Lo que había comenzado como una empresa divertida ahora amenazaba con tomar el control de las cosas que ella había priorizado antes, como pasar tiempo con su familia. Cassandra quería seguir poniendo su familia en primer lugar, pero los ingresos extra significaban que podían permitirse cosas que por mucho tiempo habían estado por encima del alcance de sus finanzas, como el nuevo auto y unas vacaciones.

Desde luego, realmente no podían irse de vacaciones porque Cassandra no podía permitirse sacar tiempo libre del trabajo. ¿Qué debía hacer? Si recortaba sus horas o dejaba de hablar con nuevos clientes, no sería capaz de hacer los pagos de su auto; pero si seguía con el negocio a ese ritmo, iba a perder a su familia. Cassandra confió a su amiga Susan su difícil situación, diciendo: "Lo que comenzó como diversión ahora me posee".

Evitar el agotamiento

Todos sabemos lo que es comenzar sintiéndonos energizados por un proyecto o tarea solamente para encontrarnos amedrentados poco después. ¿Cómo sucede eso? Supongo que nos sucede a nosotros del mismo modo que le sucedió a Cassandra: algo que comenzamos como diversión cobra vida propia. Se hace más grande que tan solo un pasatiempo, y se convierte en algo que toma el control de otras áreas de nuestra vida.

Alguien describió una vez el "agotamiento" como algo que sucede "cuando dejas de hacer lo que te gusta para participar en las actividades que apoyan el hacer lo que te gusta". A fin de que Cassandra se divirtiera escogiendo telas y papel pintado, tenía que solicitar nuevos clientes, hacer entregas, pasar tiempo haciendo cálculos, y facturando a los clientes. Pronto, pasaba más tiempo haciendo las cosas que apoyaban sus talentos del que pasaba realmente utilizando esos talentos.

He visto que lo mismo les ha sucedido a pastores jóvenes. Comenzaron emocionados por poder finalmente llevar a cabo su llamado, pero después de unos años en el trabajo, descubren que están empleando más tiempo tratando con el personal, del que pasan predicando desde el púlpito y ministrando de otras maneras entre su gente. Sus días están llenos de reuniones, pero no están realizando mucho ministerio. El agotamiento llega rápidamente porque no están empleando su tiempo en hacer lo que les energiza. Están haciendo lo que tienen que hacer para mantener llenas las cestas de la ofrenda y contentos a los feligreses.

Es imposible seguir nuestra pasión a menos que también manejemos las obligaciones requeridas de nosotros. Como líderes, con frecuencia intentamos compensar este desequilibrio trabajando más horas y más duro. En definitiva, nuestros recursos son limitados. Solamente tenemos veinticuatro horas en cada día. Un estilo de vida apresurado y falta de horas de sueño finalmente nos alcanzarán. Algo tiene que ceder.

> Es imposible seguir nuestra pasión a menos que también manejemos las obligaciones.

Definir prioridades

La mayoría de las personas que lanzan un negocio o plantan una iglesia comienzan dispuestas a ir a cualquier lugar y hacer cualquier cosa. Trabajarán dieciocho horas diarias con una energía aparentemente ilimitada y una visión inagotable. Pero a medida que la organización crece y la carga de trabajo aumenta, tienen más demandas sobre su tiempo. La lista de quehaceres es más larga, pero completan cada vez menos cosas.

Para recuperar el control de nuestro tiempo, tenemos que comenzar evaluando y reordenando nuestras prioridades. En muchos aspectos, este proceso es paralelo al acto de definir nuestro enfoque, de lo cual hablamos en el primer capítulo. Pero definir nuestras prioridades va más allá de nuestro enfoque en el trabajo para incluir lo que es importante en nuestras vidas personales también. Nuestro enfoque en el trabajo puede que sea terminar una campaña de construcción, pero nuestra prioridad en la vida podría ser nuestra relación con Dios y con los miembros de nuestra familia. En ese escenario, independientemente de cuánto papeleo conlleve el nuevo proyecto de construcción, si Dios es nuestra prioridad, entonces pasar tiempo con Él debe estar en primer lugar. Si nuestra familia es una prioridad, entonces decidiremos ir al partido del pequeño Tommy y cambiar la reunión de las siete con el constructor.

La habilidad de tomar este tipo de decisiones es evidencia de que tenemos prioridades bien definidas. Una incapacidad de tomar estas decisiones indica que no tenemos claro lo que debería estar en primer lugar en nuestras vidas.

Una vez oí a alguien decir que cada sí está embarazado de un no. Cuando yo digo sí a asistir al partido de mi hijo, debo decir no a estar presente en la reunión en la iglesia. Cuando digo sí a trabajar los fines de semana, debo decir no a pasar tiempo con mi familia. Definir prioridades significa tener claro lo que es un sí y lo que es un no.

En su libro *When Work and Family Collide: Keeping Your Job from Cheating Your Family* [Cuando trabajo y familia colisionan], Andy Stanley dice que hacer trampas es "la decisión de renunciar a una cosa a fin de obtener otra cosa". El término "hacer trampas" por lo general conlleva una connotación negativa. Tendemos a pensar en hacer trampas o engañar en nuestros impuestos como manera de ahorrarnos algo de dinero, pero raras veces consideramos que estamos renunciando a nuestra integridad al hacerlo. Cuando hombres y mujeres engañan a su cónyuge, renuncian a su promesa de fidelidad.

Pero Stanley argumenta que todos nosotros somos engañadores, o hacemos trampas. Todos intercambiamos algo por otra cosa. Él destaca correctamente que podríamos trabajar 24 horas al día los siete días de la semana, y aún así, no lograr realizar todos los puntos de nuestra lista. De igual manera, podríamos dejar nuestro trabajo para quedarnos en casa con nuestra familia, y aún así nunca oír a los niños decir: "Ya he terminado de jugar, mamá/papá; ya puedes regresar al trabajo", o a nuestro cónyuge decir: "Ya es suficiente, cariño; me has ayudado tanto que ya no queda nada qué hacer en la casa".

Al final del día, "hacemos trampas" en nuestro trabajo para irnos a casa con nuestra familia, aunque sigue habiendo llamadas telefónicas que hacer, correos electrónicos que contestar, y papeleo que finalizar. También engañamos a nuestra familia cuando decimos a nuestros hijos: "Estaré en tu siguiente partido, cariño", o: "No me esperes levantado; llegaré tarde a casa". Ya que no podemos obtener más tiempo, Stanley recomienda que decidamos en este momento que diremos no al trabajo y sí a nuestra familia, haciendo así que ellos sean nuestra primera prioridad. Él defiende "hacer trampas" en el trabajo para poder pasar más tiempo con nuestra familia.

En su libro, Stanley usa el ejemplo de un ejecutivo que se ausenta del trabajo durante días e incluso semanas consecutivas para abordar una crisis en el hogar. Cuando un cónyuge o un hijo se enferma, o hay otro tipo de emergencia, a todos nos resulta fácil decir: "Tengo que irme ahora". Pero raras veces tenemos ese tipo de confianza sin una crisis. Si la familia es nuestra prioridad, debemos aprender a decirles sí a ellos y no a todo lo demás.

Poner las cosas en el orden apropiado

Seguimos teniendo la pregunta: ¿Cómo maximizamos nuestro tiempo? ¿Y cómo lo hacemos sin pedalear más rápido y no llegar a ninguna parte? Considera esta ilustración, incluso si la has oído antes. En un salón de clases, hay sobre una mesa un gran tanque de cristal cerca de cuatro cubos grandes. Un cubo está lleno de agua, el segundo de arena, el tercero de gravilla, y el último de rocas. Los cubos son solamente un poco más pequeños que el tanque. "Necesito que alguien llene este tanque usando todo lo que hay en estos cubos", anuncia el maestro a la clase.

Un alumno pasa adelante. Echa el agua y parte de la arena en el tanque hasta que el tanque está casi lleno. Entonces intenta añadir gravilla y algunas rocas, pero no puede hacerlo sin causar que el contenido del tanque se desborde. "Sigue intentándolo hasta que puedas meter en el tanque todo lo que hay en los cubos", le alienta el maestro. La tarea parece imposible. Después de intentarlo y fallar varias veces, el alumno cree que puede tener una solución, y decide probarla.

Primero, mete las rocas más grandes en el tanque; después mete la gravilla. La gravilla rellena los espacios alrededor de las rocas grandes, dejando espacio suficiente para añadir la arena. La arena llena todos los rincones y huecos hasta que el tanque se ve casi lleno, pero sin embargo aún hay espacio para el agua. Echa el agua, dejando los cubos vacíos y el tanque lleno. Ha encontrado un modo de lograr lo que parecía una tarea imposible.

Como líderes, nuestros días están demasiado llenos y sin el tiempo suficiente para hacerlo todo. Nuestra listas de quehaceres nos persiguen con sus metas inalcanzables. Cuando vemos una demostración tal como la que acabo de describir, somos tentados a pensar que la lección es esta: "Si lo intentas con bastante fuerza, puedes conseguir meter todo dentro". Pero ese no es el punto en absoluto. El mensaje que hay detrás de esta ilustración es que siempre debemos comenzar con las rocas grandes. Si no comenzamos con las rocas grandes, nunca podremos conseguir que todo lo demás encaje; sin embargo, si las rocas grandes están en su lugar, siempre habrá espacio suficiente para las cosas pequeñas.

Las rocas grandes representan nuestras prioridades. Si ponemos en primer lugar nuestras prioridades, podemos hacer que las otras cosas encajen en nuestro horario. Regresemos a la historia de Cassandra. Cuando ella mantenía la decoración como pasatiempo y ponía a su familia en primer lugar, tenía tiempo para su familia y tiempo para hacer lo que le gustaba. Pero cuando su trabajo fue la prioridad, aunque estaba haciendo lo que le "gustaba", no tenía tiempo suficiente ni para su familia ni para su negocio.

El tanque en la ilustración anterior representa nuestras vidas y el tiempo que albergan. Lo importante es el orden, o la prioridad, de las cosas que metemos en nuestros tanques, y no la cantidad de actividades que nos las arreglamos para hacer encajar.

Organiza tus prioridades

Para poder poner en primer lugar las "cosas grandes", necesitamos saber cuáles son esas "cosas grandes". Como líderes, necesitamos tener tanta claridad sobre nuestras prioridades como la que tenemos sobre nuestro enfoque. Cuando hayamos identificado nuestras prioridades, necesitamos decidir cómo manejaremos otras demandas que se hagan sobre nuestro tiempo y atención. Si decir sí a una prioridad significa decir no a otra cosa, necesitamos estar preparados para comunicar a las personas cuyas prioridades difieren de las nuestras la razón por la cual escogemos una cosa por encima de la otra. Cuando tenemos el control de lo que es y lo que no es una prioridad, podemos maximizar la productividad de nuestros días organizando nuestras prioridades.

> Cuando tenemos el control de lo que es y lo que no es una prioridad, podemos maximizar la productividad.

Todd Duncan de *The Duncan Group* dice que no se trata de priorizar el orden de nuestro horario; se trata de organizar nuestras prioridades. Se refiere a que necesitamos ser proactivos respecto a tomar decisiones que honren nuestras prioridades. Al igual que el alumno pensó que necesitaba meter primero las rocas grandes en el tanque, nosotros tenemos que decidir cuáles son nuestras prioridades y después organizarlas: meterlas en el "tanque" de nuestro calendario antes de añadir nada más. La alternativa es reaccionar a lo que suceda durante el día, lo cual finalmente nos conducirá a hacer trampas en nuestras prioridades.

La distribución del tiempo no se trata de encontrar más tiempo o hacer encajar más cosas. Se trata de dar tiempo de modo deliberado e intencional a las cosas que consideramos una prioridad para nosotros. Todos tenemos la misma cantidad de tiempo en cada día, pero cada uno decide cómo distribuirá ese tiempo. No hagamos trampas en nuestras prioridades.

Puntos de enseñanza

1. Si no somos deliberados respecto a establecer nuestras prioridades, lo que comienza como diversión puede finalmente poseernos.

2. El agotamiento sucede cuando dejamos de hacer lo que nos gusta a fin de participar en las actividades que apoyan el hacer lo que nos gusta.

3. Debemos definir nuestras prioridades, lo cual va más allá de nuestro enfoque en el trabajo para incluir lo que es importante en nuestras vidas personales.

4. Cada sí está embarazado de un no. No podemos decir sí a algo sin decir no a otra cosa.

5. Andy Stanley, en su libro *When Work and Family Collide: Keeping Your Job from Cheating Your Family* [Cuando trabajo y familia colisionan], dice que hacer trampas es "la decisión de renunciar a una cosa a fin de obtener otra cosa".

6. Cuando se trata de administración del tiempo, todos somos "engañadores". Necesitamos ser engañadores deliberados que deciden hacer trampas en el trabajo, no en la familia.

7. Si podemos encontrar tiempo para alejarnos del trabajo durante una crisis familiar, entonces deberíamos ser capaces de encontrar tiempo cuando no hay una crisis. Para poder hacer eso, necesitamos tener nuestras prioridades en el orden adecuado.

8. La idea de que podemos hacer encajar todo lo que necesitamos hacer si tan solo lo intentamos con la fuerza suficiente es un mito.

9. Debemos comenzar siempre con las rocas grandes (nuestras prioridades). Si no comenzamos con las rocas grandes, nunca podremos encajarlas en nuestras vidas. Sin embargo, cuando las rocas grandes están colocadas, siempre hay espacio para las rocas pequeñas, piedras, arena, y otras cosas.

10. Poner en primer lugar nuestras prioridades abre espacio para que todo lo demás encaje. Todd Duncan de *The Duncan Group* dice que no se trata de priorizar el orden de nuestro calendario; se trata de organizar nuestras prioridades.

11. La distribución eficaz del tiempo se trata de establecer, de modo deliberado e intencional, nuestro horario según nuestras prioridades.

12

CONTROL VS. DELEGACIÓN

*"Rodéate de las mejores personas que puedas encontrar,
delega autoridad, y no interfieras."*
—Ronald Reagan
cuadragésimo Presidente de los Estados Unidos

Cuando yo era presidente de *Beulah Heights University*, era como la mayoría de los líderes: estaba en la nada envidiable posición de ser capaz de escoger mi propio dolor. ¿A qué me refiero? Bien, cuando surgía un proyecto importante, yo podía decidir hacerlo yo mismo o delegarlo a otra persona. Y cualquiera de las opciones me causaba dolor.

Hacerlo yo mismo por lo general significaba trabajar largas horas, y dejar escapar otras responsabilidades mientras esbozaba mi camino en la tarea yo solo. Después de varias ocasiones de escoger esta opción, me di cuenta de que no era sabio. Otros aspectos de mi trabajo no recibían la atención que necesitaban mientras toda mi energía estaba enfocada en el proyecto. Y mi familia sufría porque yo tenía que pasar muchas horas en el trabajo.

En aquella época, sin embargo, delegar tareas a otras personas no parecía una mejor opción. Al hacerlo todo yo mismo, podía tener confianza en que el trabajo se haría exactamente del modo en que yo quería. Si delegaba alguna o toda la responsabilidad, me quedaría sin ninguna seguridad del resultado. Habría más preguntas que respuestas. "¿Y si no hace el trabajo del modo en que yo lo haría? ¿Y si su rendimiento no está a la altura de mis normas? ¿Y si fracasa totalmente, y termino teniendo que hacer otra vez el trabajo?".

Por eso dije que mi posición era "nada envidiable". Yo podía escoger entre el dolor de hacerlo yo mismo y el dolor de delegarlo.

Delegar dificultades

Cuando una organización continúa creciendo, llega un momento en que los líderes se dan cuenta de que no pueden hacerlo todo ellos mismos. Para los líderes que están acostumbrados a estar a cargo, esto significa un nuevo tipo de dolor: el dolor de delegar.

Cuanta más responsabilidad delego, más "fuera de control" estoy, y mayor es la oportunidad de que algo vaya mal. Delegar puede causar conflicto, decepción y desaliento; y siempre deja lugar a la posibilidad de que, después de todo, termine teniendo que realizar el proyecto yo mismo. Esa es la razón por la que los líderes decimos con frecuencia: "Si quiero que se haga bien, tendré que hacerlo yo mismo". Nos gusta el sentimiento de control que proviene de saber que subiremos o caeremos sobre la base de nuestro propio rendimiento. Sin embargo, el control puede camuflar dolor: el dolor relacionado con hacerlo todo nosotros mismos. La verdad es que no podemos hacerlo todo solos; y si lo intentamos, otros aspectos de nuestro trabajo y vida familiar sufrirán.

Podemos escoger ir solos. Sin embargo, cuando estamos en la situación, estamos destinados a quejarnos de que no hay nadie cerca para ayudarnos. En realidad, probablemente hay muchas personas dispuestas a ayudarnos, pero no estamos dispuestos a soportar el dolor de delegar. Cuando un líder sigue aferrándose mucho después de cuando debería haber soltado las riendas, es una buena señal de que se está ahogando. Solamente las personas que se están ahogando se aferran con fuerza, de modo que si alguien no quiere renunciar a algo, podría ser una señal de que se está ahogando. Intenta evitar al tipo de personas que no pueden soltar. Las víctimas que se están ahogando intentarán hundir a sus rescatadores junto con ellas en la lucha desesperada por mantenerse agarradas. Los líderes que no han aprendido a delegar están necesitados e inseguros, listos para ahogarse a sí mismos en su incapacidad de delegar en otros. Todos los líderes deben escoger qué tipo de dolor quieren soportar: el dolor de hacerlo todo ellos mismos o el dolor de delegar.

Tu umbral de dolor determina las alturas que alcanzarás

Cuanto mayor sea el dolor que puedes manejar como líder, más alto subirás. Al aprender a delegar, y manejar el dolor relacionado con ese proceso, ensanchamos nuestra base y ampliamos nuestros horizontes. La alternativa es mucho más dolorosa. Digamos, por ejemplo, que yo soy el presidente de una empresa, y me reservo el derecho exclusivo de aprobar peticiones de cheques. En este escenario, debo evaluar cada petición antes de que se emita un cheque. Ocasionalmente, un vendedor puede solicitar un cheque inmediatamente para que nuestra empresa se califique para un descuento o una fecha de entrega garantizada. En tales casos, debo detener cualquier cosa que esté haciendo para revisar la petición, autorizarla, y después pedir al contable que prepare el cheque. Sería sabio delegar esta responsabilidad a un asistente personal. Aunque hacerlo invita a correr el riesgo de que se cometan errores, los perjuicios de una negativa a delegar (interrupciones continuas, por ejemplo) son más graves y plantean una mayor amenaza a mi productividad.

Cuanto mayor sea el dolor que puedes manejar como líder, más alto subirás.

Un líder solamente llegará tan lejos como su umbral de dolor lo permita. En el ejemplo que acabamos de mencionar, esto significa que yo no delegaré la responsabilidad de revisar las peticiones de cheques a mi asistente personal, a menos que esté dispuesto a soportar el dolor de enseñarle y esté preparado para soportar el dolor de verle fallar. Si puedo manejar ese dolor, tendré a otra persona para revisar las peticiones de cheques, queriendo decir que yo ya no tendré que afrontar las interrupciones relacionadas con esa tarea. Podré lograr más, con una concentración mejorada, como resultado de haber delegado esa responsabilidad.

Finalmente, la altura hasta la que ascenderemos, como líderes, depende de la cantidad de dolor que podamos manejar. Si insistimos en mantener el control, las organizaciones que lideramos no crecerán más allá de nuestras propias capacidades. Pero si aprendemos a delegar, cuantas más responsabilidades asignemos a otros, más ampliaremos la base de nuestra organización. Desde luego, la única manera de hacer crecer la organización es ampliando la base.

> Cuantas más responsabilidades asignemos a otros, más ampliaremos la base de nuestra organización.

IBM es una empresa donde los líderes hacen un trabajo excelente respecto a delegar responsabilidades a sus empleados, después de proveerles una completa formación. Los ejecutivos de la empresa entienden que algunos empleados, al ser formados, dejarán *IBM* y se irán a otra empresa donde pondrán en práctica sus habilidades. Pero en lugar de aislar o ignorar a ex empleados, la empresa los acepta. Cuando un empleado de IBM se va para aceptar otro trabajo, se le invita a unirse a la asociación de ex alumnos de *IBM*, conocida como *The Greater IBM Connection*. Como resultado, muchos ex empleados de *IBM* se convierten en nuevos clientes, adquiriendo productos y servicios *IBM*, y actuando como portavoces positivos en el mercado, en nombre de la empresa.

Aunque la pérdida de un empleado individual puede tener influencia en su gerencia, por lo general no afecta a la empresa en general. *IBM* tiene una visión a largo plazo. Los líderes de la empresa entienden que la formación y las experiencias que proporcionan a sus empleados seguirá sirviendo a las metas de la empresa, incluso si los empleados se van a otro lugar. Cuando llega el momento de negociar un contrato con un cliente, o se presenta una nueva oportunidad de venta, los gerentes en *IBM* tienen la opción de contactar con ex empleados que ahora estén trabajando para clientes o clientes potenciales.

De ese modo, *IBM* amplía su base tanto interna como externamente. Muchas organizaciones nunca crecerán porque no ven las ventajas de ampliar su base de esta manera.

El antídoto para el dolor

La solución al dolor de delegar se resume en lo que yo denomino las tres D: *descubrir, desarrollar y desplegar.* Tomemos al empleado A. Lo llamaremos Chuck. Cuando yo *descubro* que Chuck tiene muchas de las cualidades de liderazgo que discutimos anteriormente, decido que lo *desarrollaré* como líder, y pasaré tiempo ayudándolo a crecer. Pero no puedo detenerme ahí. En algún momento tengo que dejar de desarrollarlo, y comenzar a confiar en que está preparado para ocuparse de sus propias responsabilidades. Necesito comenzar a delegar cosas a Chuck. Tengo que *desplegarlo* como líder. Lo último que quiero hacer es levantar a un líder y después intentar mantenerlo quieto. Sin embargo, por eso muchos individuos inteligentes y trabajadores han sido sacados de sus lugares de trabajo, porque el líder no estaba dispuesto a desplegarlos. Como líderes, tenemos que recordar que cuanta más responsabilidad deleguemos, más alto subiremos.

En el capítulo 11, "Distribución del tiempo", hablé de la importancia de decir no. Pero delegar no se trata de decir no; delegar se trata de decir sí a permitir que otra persona lo haga. ¿Cuánto dolor estamos dispuestos a tolerar? La respuesta nos dirá lo alto que llegaremos como líderes.

Delegar se trata de decir sí a permitir que otra persona lo haga.

Puntos de enseñanza

1. Como líderes, tenemos que escoger entre el dolor de hacer una tarea nosotros mismos y el dolor de delegarla.

2. Hacerlo nosotros mismos por lo general significa trabajar largas horas y dejar que se escapen otras responsabilidades. Finalmente, aprendemos que no podemos hacerlo todo.

3. Cuando delegamos una responsabilidad, no tenemos seguridad alguna del resultado. De ese modo, delegar es una entrega de control. Cuanto más "fuera de control" estemos, mayor será la oportunidad de que algo vaya mal.

4. Cuando decidimos ir solos, podemos seguir quejándonos de que no hay nadie que nos ayude, cuando lo cierto es que hay personas dispuestas a ayudarnos; tan solo no estamos dispuestos a soportar el dolor de delegar.

5. Cuando un líder sigue aferrándose mucho después de cuando debería haber soltado la cosas, es una buena señal de que se está ahogando. Deberíamos evitar a tales personas, porque las víctimas que se están ahogando siempre intentan hundir a sus rescatadores junto con ellas.

6. Un líder subirá solamente tan alto como su umbral de dolor. Cuanto más dolor pueda manejar, más alto subirá.

7. Cuantas más responsabilidades delegamos, más ampliamos la base de nuestra organización.

8. La única solución al dolor de la delegación es las tres *D*:

   + Descubrir nuevos líderes.

   + Desarrollarlos como líderes.

   + Desplegarlos para que lideren a otros.

13

EJECUCIÓN

*"No es siempre que sepamos o analicemos antes de tomar
una decisión lo que hace que sea una gran decisión. Lo
que constituye una buena decisión es lo que hacemos después de tomarla para implementarla y ejecutarla."*
—C. William Pollard
presidente emérito, *The Service Master Company*

El inminente almuerzo era muy importante para Linda.
Sería su primera oportunidad de presentar a las personas
importantes en su comunidad sus planes para revitalizar la
zona del centro de la ciudad. Había planeado cuidadosamente
los detalles de la reunión, y su equipo de trabajo los había ejecutado fielmente. O eso pensaba ella.

De camino a la reunión, supo que los principales oficiales ejecutivos de los tres negocios locales más grandes ni siquiera
habían sido invitados. Después de consultar a su asistente,
supo que estaba programado que todos llegaran a mediodía,
pero el servicio de comidas no llegaría hasta las doce y media.
Ahora, Linda tendría que pensar en algo para llenar treinta
minutos, y dar la impresión de que era parte del programa
desde un principio. También significaba que tendría que dar

su discurso mientras todo el mundo estuviera comiendo, de modo que pudiera incluir todo lo que quería decir antes de que sus invitados tuvieran que regresar a sus oficinas para seguir trabajando.

Linda estaba furiosa con su equipo de trabajo por no estar a la altura de sus expectativas. Ese almuerzo no era de ninguna manera lo que ella había imaginado.

Expectativa vs. realidad

Podemos organizar todas las reuniones de personal que queramos, pero no conseguiremos nada a menos que alguien realmente *haga* algo. Linda tenía ciertas expectativas sobre cómo había que organizar el almuerzo, y creyó que las había comunicado a su equipo de trabajo; pero la realidad era muy distinta a la visión. La disonancia de expectativas no cumplidas, cuando la realidad no encaja con la visión, se conoce como *conflicto*.

Consideremos otro ejemplo. Digamos que acabas de contratar a una mujer llamada Cynthia. Naturalmente, tienes ciertas expectativas con respecto a su hora de llegada en la mañana, su hora de salida en la tarde, y su desempeño en sus rutinas de trabajo. Se produce conflicto cuando ella llega tarde, se va a casa temprano, o no hace un trabajo de calidad. Cynthia tiene sus propias expectativas, desde luego: cuál será su salario, cuántas horas por semana trabajará, lo que le pedirán que haga, y otras. Se produce conflicto cuando ella cree que estará dirigiendo a personas, y en cambio le mandan que traiga café para todo el equipo de trabajo; o cuando ella cree que los bonos estarán basados en las ventas, solamente para descubrir que están basados en la antigüedad en el trabajo.

Más que cualquier otra cosa, el liderazgo se trata de manejar expectativas. Nuestra tarea principal como líderes es minimizar la distancia entre expectativas y realidad. Cuanto más pongamos en línea ambas cosas, menos conflicto habrá. Y la mejor manera de asegurar que hay consonancia entre expectativas y realidad es comunicar los detalles clara y concretamente.

> Nuestra tarea principal como líderes es minimizar la distancia entre expectativas y realidad.

En el primer ejemplo que compartí, Linda puede haber creído que había compartido con su asistente su visión completa para el almuerzo. Pero es posible que Linda estuviera más enfocada en la visión abstracta que en los detalles concretos de esa visión. Puede que comunicara solamente conceptos vagos, dejando a su asistente sin otra opción sino la de rellenar ella misma los detalles concretos. Desgraciadamente para Linda, los detalles que su asistente produjo no encajaban en la visión que Linda había imaginado.

Falta de ejecución

Iba yo en un auto con el pastor de una iglesia grande y prestigiosa, y estábamos hablando sobre el crecimiento que su congregación estaba experimentando, cuando repentinamente él interrumpió la conversación. "Perdone, pero necesito hacer una llamada a la iglesia. Su comentario me recordó algo". Usó su teléfono celular para llamar al líder de alabanza de su iglesia, y confirmar cierto detalle sobre el próximo servicio del domingo.

Cuando terminó la llamada, reanudamos nuestra conversación, pero no pasó mucho tiempo hasta que volvió a agarrar su celular. "Perdón", dijo. "Acabo de recordar que hoy teníamos que responder a la junta de zonificación con cierta información que necesitan para procesar nuestra petición de rezonificación. Déjeme llamar a la oficina y asegurarme de que se acordaron de ocuparse de ello".

Pasé varios días con este pastor, y durante el curso de nuestro tiempo juntos, nuestras conversaciones eran continuamente interrumpidas porque él hacía llamadas telefónicas para estar al tanto de una cosa u otra.

Para algunas personas, este pastor parecería desorganizado o un microgerente. Al haber visto la misma conducta mostrada por muchos otros líderes, yo sabía lo que ocurría. Él tan solo intentaba asegurarse de que su equipo de trabajo hiciera el seguimiento de lo que habían acordado hacer; estaba comprobando que su equipo hubiera realizado sus tareas, que hubiera ejecutado el plan. Veo todo el tiempo a líderes que actúan de ese modo. La verdad es que, después de que todo está dicho y hecho, usualmente es más lo que se ha dicho que lo que se ha hecho.

Después de que todo está dicho y hecho, usualmente es más lo que se ha dicho que lo que se ha hecho.

Mis clientes que son pastores de iglesias son especialmente rápidos en confirmar este hecho. Ellos me dicen que no está sucediendo nada en sus iglesias porque hay falta de implementación. Se despiertan en mitad de la noche preguntándose si se realizaron ciertas tareas: "¿Salió esa carta en el correo hoy? Espero que ella haya hecho esa llamada telefónica. Me pregunto quién se está ocupando de los detalles del funeral. ¿Enviaron a tiempo las declaraciones de contribuciones?". Cuando el pastor está fuera de la oficina, este tipo de preguntas ronda por su cabeza como si fueran mosquitos que él debe "espantar" constantemente llamando a la oficina, para asegurarse de que alguien se está ocupando de esas cosas.

Muchos pastores y otros líderes no tienen paz mental con respecto a delegar ciertas tareas a otras personas. La razón es que están rodeados de personas que dicen sí a una petición porque quieren llevarse el mérito, pero sin embargo no la realizan. Esas personas dejan los detalles al siguiente nivel y esperan que alguien los complete.

La solución a este problema puede ser tan sencilla como una estrategia que presenté por primera vez en el capítulo 3: "Comunicación". Cuando estés en una reunión, no pases al siguiente punto en la agenda hasta que hayan contestado la pregunta: "¿Quién hace qué y cuándo?". Si esta pregunta no ha sido respondida, la tarea no se realizará.

> "¿Quién hace qué y cuándo?"
> Si esta pregunta no ha sido respondida,
> la tarea no se realizará.

El *cuándo* es una parte crucial de esta ecuación. Nunca te quedes en la pregunta "¿quién hace qué?". No puedes permitirte olvidar el *cuándo*. Si yo le digo a alguien: "Por favor, comunícate conmigo lo antes posible", puedo estar seguro de que mi "lo antes posible" es menos tiempo que su "lo antes posible". Cuando le digo a alguien "llega allí temprano", ya sé que mi "temprano" es más temprano que su "temprano". A menos que pongamos un *cuándo* específico al lado del *quién* y del *qué*, estaremos frustrados. Un cuándo indefinido es lo mismo que no tener ningún cuándo.

Digamos que has solicitado un nuevo trabajo, y estás cerrando una entrevista con el gerente de recursos humanos. ¿Cuál de las siguientes frases te gustaría más oír?

    a. "Me pondré en contacto con usted".

    b. "Me pondré en contacto con usted la próxima semana".

    c. "Me pondré en contacto con usted el próximo miércoles".

    d. "Me pondré en contacto con usted el miércoles a las 10:00 de la mañana".

Preferirías oír la opción d, ¿verdad? Sé que así sería. La opción d. es la más concreta. Pero ¿y si el entrevistador dijera solamente: "Me pondré en contacto con usted pronto"? Supongamos que llegó otra oferta de trabajo el martes. No sabrás si aceptarla o no, ya que no sabes cómo define "pronto" el gerente de la primera empresa. Quizás "pronto" para él fuera el lunes; o quizás fuera el miércoles.

Como líderes, con frecuencia somos nosotros quienes se ocupan de las contrataciones. También somos responsables de establecer expectativas para las personas que empleamos. Y es justo establecer una línea de tiempo para cuándo han de cumplirse esas expectativas.

La mayoría de los líderes gritan: "¡Tan solo termínalo! ¡Haz que ocurra!". Pero es más fácil hacer que suceda cuando sabemos quién debe hacer qué y para cuándo. Louis V. Gerstner Jr., presidente por mucho tiempo de la junta de directores y principal oficial ejecutivo de *IBM*, es conocido por decir: "Las personas no hacen lo que tú esperas, sino lo que tú inspeccionas". Saber quién ha de hacerlo y cuándo ha de terminarse hace que sea más fácil para nosotros inspeccionar el trabajo y hacer rendir cuentas a la parte responsable.

"El método de la iniciativa es planear con audacia y ejecutar con vigor", escribió el autor Christian Nestell Bovee.

> "Las personas no hacen lo que tú esperas, sino lo que tú inspeccionas."

Si los líderes quieren ver resultados y evitar conflicto, entonces les digo: pregunten quién estará haciendo qué y para cuándo, y entonces inspeccionen lo que ustedes esperan.

Puntos de enseñanza

1. Podemos organizar todas las reuniones de personal que queramos, pero no conseguiremos nada a menos que alguien en realidad *haga* algo.

2. Más que ninguna otra cosa, el liderazgo se trata de manejar expectativas.

3. El conflicto ocurre cuando hay una desconexión entre expectativas y realidad. Como líderes, somos responsables de minimizar la desconexión.

4. La mejor manera de poner en consonancia expectativas y realidad es comunicar los detalles clara y concretamente.

5. Después de todo, por lo general se dice más de lo que se hace.

6. Para mejorar la ejecución, en cada reunión asegúrate de hacer y responder la pregunta "¿quién hace qué y para cuándo?", antes de pasar de un punto de la agenda al siguiente. Si no se hace y se responde esta pregunta, el trabajo no se realizará.

7. Un *cuándo* indefinido es lo mismo que no tener ningún cuándo.

8. Cuando se trata de que les digan lo que se espera de ellas, las personas prefieren tener todos los detalles concretos posibles.

9. Louis V. Gerstner Jr. dijo: "Las personas no hacen lo que tú esperas, sino lo que tú inspeccionas".

10. Saber quién ha de hacerlo y cuándo ha de terminarse hace que sea más fácil para nosotros inspeccionar el trabajo, y hacer rendir cuentas a la parte responsable.

14

PENSAMIENTO DE FUTURO

*"La oportunidad de toda una vida debe aprovecharse
dentro de la vida de la oportunidad."*
—Leonard Ravenhill
evangelista británico

Era como cualquier otra reunión de equipo de trabajo en una iglesia de tamaño mediano. Primero, el pastor oró. Entonces, el contable dio un reporte sobre cuánto dinero se había recaudado y gastado durante el mes anterior. A continuación, el ministro de educación habló sobre las fluctuaciones en la asistencia a la escuela dominical, seguido del ministro de niños que resumió el éxito de la actividad de la Pascua de Resurrección el mes anterior. Después, la reunión mensual será prácticamente igual, excepto que el ministro de niños reportará sobre la escuela bíblica de vacaciones en lugar de la Pascua de Resurrección.

Este tipo de reunión se produce semanalmente o mensualmente en iglesias por todo el país. El problema no es que las reuniones sean aburridas, aunque probablemente lo son; el problema está en su enfoque. Esas reuniones solamente miran al pasado. Los participantes hablan de lo que ha sido, no de lo que llegará. A fin de administrar una organización eficaz, ya sea un negocio o una iglesia, los líderes necesitan emplear menos tiempo mirando al pasado y más tiempo anticipando el futuro.

> Los líderes necesitan emplear menos tiempo mirando al pasado y más tiempo anticipando el futuro.

Planificación del futuro

El mundo en el que yo fui formado para ministrar ya no existe. No nos enseñaron cómo preparar un sermón utilizando multimedia; grandes pantallas que proyectan gráficas, mapas, versículos de la Biblia e incluso videos, con frecuencia hacen sombra a los púlpitos de las iglesias hoy. El uso de canto, danza o breves dramas para preparar el sermón también es popular en muchas iglesias. El modo en que me formaron para predicar, enseñar, administrar y aconsejar ya no se considera eficaz o suficiente.

Pensemos por un momento en todos los cambios que se han producido en nuestro mundo en las últimas décadas. Las computadoras y la Internet han cambiado nuestras vidas, creando nuevas maneras de hacer trámites bancarios, comprar y viajar. La proliferación de teléfonos celulares (y ahora teléfonos inteligentes) ha transformado nuestra manera de comunicarnos. Incluso nuestros hogares, edificios de oficinas e iglesias se construyen de modo distinto a como se hacía hace unos años.

Ahora bien, supongamos que hoy envío a mi primer hijo al kínder. ¿Cómo será la vida para él cuando se gradúe de secundaria? ¿Usará un teléfono? ¿Seguiremos usando el correo electrónico? ¿Cómo verá la televisión? ¿Qué temas estudiará en la universidad? ¿Qué empleos tenemos hoy que no estarán aquí para entonces? ¿Tendrá él que salir de su casa para ir al trabajo?

En mi libro *Futuring: Leading Your Church into Tomorrow* (Mirando el futuro: llevando tu iglesia hacia el mañana) aliento a los líderes de iglesias y otras organizaciones a hacerse ese tipo de preguntas regularmente. Los líderes eclesiásticos deberían organizar sesiones de planificación durante las cuales sus equipos pensaran creativamente e hicieran proyecciones sobre cómo será la iglesia dentro de algunos años, de tres a cinco como máximo. Divide al equipo en grupos, y dales preguntas para investigar. Entonces pídeles que compartan sus descubrimientos en otra reunión tres meses después.

Aquí tenemos algunas preguntas para comenzar. Durante los tres a cinco próximos años…

+ ¿Cómo cambiará la demografía de nuestra congregación?

+ ¿Tendremos más miembros varones, o hembras?

+ ¿Qué grupo de edad crecerá con más rapidez?

+ ¿Cómo se verán los vecindarios que rodean la iglesia?

+ ¿Qué desarrollos locales están planeados que aún no conocemos? ¿Hay un plan para construir cerca un gran supermercado, una nueva escuela, o un complejo de apartamentos sociales para personas con bajos ingresos?

+ ¿Hay planeada una nueva autopista que atravesará el estacionamiento y ocupará doce mil metros cuadrados de nuestra propiedad? ¿Cómo cambiará el flujo de tráfico basándonos en nuevos patrones de construcción?

Las respuestas a algunas de estas preguntas puede que estén disponibles en el ayuntamiento, la Cámara de Comercio, u otra oficina local. Otras preguntas pueden responderse siguiendo indicios de corporaciones locales. Si *McDonald´s* se ha trasladado recientemente al vecindario, probablemente puedes suponer que la corporación cree que el vecindario será estable a largo plazo. Si la franquicia local de *McDonald´s* construye un parque infantil, la investigación de la corporación probablemente haya indicado que hay cerca muchas familias en crecimiento.

¿Está considerando la junta escolar local la construcción de una nueva escuela? Si es así, entonces probablemente haya un crecimiento proyectado para los próximos cinco a diez años. ¿Es el edificio propuesto una escuela elemental o de secundaria? ¿Qué indica la respuesta sobre la demografía de la zona? ¿Se están llevando canalizaciones de agua o líneas eléctricas a cierta ubicación? ¿Ha proyectado un desarrollador planes para una subdivisión?

Responder ese tipo de preguntas puede ayudarnos a anticipar cómo pueden cambiar las necesidades de nuestra congregación en el futuro cercano.

Supongamos que alguien en tu equipo de trabajo regresa en unos meses con información que sugiere que la comunidad latina cercana a la iglesia tiene probabilidad de explotar en unos años. Supongamos también que ha sabido que hay planes de construir un complejo de viviendas sociales en el bloque de al lado. Armado con esos descubrimientos, puedes tomar decisiones más informadas acerca de los ministerios y programas de tu iglesia. Por ejemplo, ¿tienes a alguien en el equipo de trabajo que hable bien español? ¿Has considerado un ministerio de inglés como segundo idioma (ESL)? ¿Deberías añadir un servicio dirigido en español? ¿Qué otros servicios puedes ofrecer a la comunidad local? ¿Deberías considerar comenzar un lugar de cuido diurno?

Alguien dijo una vez: "Las oportunidades nunca se posponen; se pierden para siempre". Perderemos oportunidades si no somos intencionales con respecto a nuestra planificación. Debemos ser líderes "del futuro" que emplean más tiempo pensando el futuro y menos tiempo pensando en el pasado. Imaginemos cómo sería transformada la reunión de personal del comienzo de este capítulo si, en lugar de mirar hacia atrás, los participantes miraran hacia delante. Lo único que podemos hacer respecto al pasado es aprender de él; pero para que esas lecciones tengan valor, tienen que ser aplicadas al futuro.

> "Las oportunidades nunca se posponen; se pierden para siempre."

Líderes del futuro

Los líderes del futuro prevén tendencias, imaginan escenarios, y ayudan a crear un futuro deseado. Los líderes del futuro están impulsados por la visión. Dicen cosas como: "¿Hacia dónde vamos? ¿Qué vamos a hacer?", y no: "¿Dónde hemos estado?". Cuando conducen un auto, pasan más tiempo mirando por el parabrisas que por el espejo retrovisor.

En una reunión dirigida por un líder del futuro, el tiempo se empleará en hablar de cosas que estén surgiendo, en lugar de cosas que ya hayan sucedido. Un líder del futuro aplica intencionadamente las lecciones del pasado a actividades futuras. Toda su manera de pensar está enfocada en el futuro.

> Un líder del futuro aplica intencionadamente las lecciones del pasado a actividades futuras.

Los líderes del futuro tienen una manera única de manejar la disciplina del equipo de personal. Si un empleado comete un error, en lugar de meramente citárselo, un líder del futuro dice: "La próxima vez, asegúrese de hacer tal y tal cosa". Su vocabulario refleja su enfoque en el futuro.

Regresando al ejemplo anterior de una reunión de personal, un contable que trabaje para un líder del futuro no informará exclusivamente de ganancias pasadas, sino también ofrecerá proyecciones. Sabe que la planificación financiera y estratégica van de la mano. De igual modo, cuando llega el turno de hablar al ministro de niños, ella tomará pocos minutos para informar brevemente de lo que sucedió en la escuela bíblica de vacaciones este año. La mayor parte de su tiempo la empleará en hablar de planes para el próximo año.

Retos para líderes del futuro

Los líderes del futuro deben:

1. Enfocar en el futuro la mayoría de sus esfuerzos.

2. Entender la naturaleza fundamental del cambio.

3. Apreciar sistemas complejos y su funcionamiento.

4. Examinar su estilo de liderazgo.

5. Crear una visión compartida para construir puentes en el futuro.

Es emocionante estar cerca de líderes del futuro porque ellos siempre ven las posibilidades: lo que puede ser. Pero nadie puede ser un líder del futuro a solas. Los líderes del futuro necesitan el apoyo de su equipo de trabajo, razón por la cual deben tomar tiempo también para ayudar a sus empleados a aprender a mirar hacia adelante más que hacia atrás.

Los líderes del pasado puede que no sean líderes del futuro

Una de las lecciones más difíciles de aprender es que las personas que nos condujeron a donde estamos ahora, puede que no sean las mismas personas que nos llevarán hacia el futuro. Las personas que llevaron una iglesia de 100 a 200 miembros puede que no sean las que la llevarán de 200 a 300. Las personas que ampliaron nuestra base de clientes de cinco a quince puede que no sean las mismas que harán crecer aún más nuestra lista de clientes a treinta. El liderazgo siempre cambia, y de manera necesaria. No es que los líderes se vuelvan incapaces de liderar. Es que son incapaces de ver la organización de modo muy diferente a como estaba cuando ellos llegaron.

> Las personas que nos condujeron a donde estamos ahora, puede que no sean las mismas personas que nos llevarán hacia el futuro.

Cuando Lewis se incorporó como director de desarrollo de una pequeña universidad, la matrícula era de 3.000 personas. En un período de varios años, la población estudiantil creció hasta casi 7.000, pero él la ve como una escuela de 3.000 miembros, y quiere seguir tomando decisiones como si lo fuera. Las personas tienden a ver las cosas de la manera que eran cuando llegaron. Con frecuencia es difícil para ellas ajustarse a un nuevo paradigma.

Necesitamos reclutar líderes con pensamiento de futuro para que nos acompañen. Necesitamos en nuestro equipo personas que puedan imaginar el futuro. Algunos de nuestros líderes originales no podrán hacer el viaje con nosotros, así que necesitamos planear cómo desconectarnos de ellos. Este tipo de transición puede demostrar ser difícil, pero es necesaria.

Walt Disney murió antes de que *Disney World* estuviera terminado. Cuando la construcción del parque fue finalizada, alguien dijo: "¡Qué malo que Walt Disney no viviera para ver esto!". Mike Vance, director creativo de los Estudios Disney, respondió: "Él lo vio; y por eso está aquí".[6]

El modo de pensar de Walt Disney lo resume bien el erudito y teórico John Schaar, quien dijo: "El futuro no es el resultado de decisiones entre caminos alternos ofrecidos por el presente, sino un lugar que es creado; creado primero en la mente y la voluntad, y creado después en actividad. El futuro no es algún lugar hacia donde vamos, sino uno que estamos creando".

Como líderes, necesitamos tener nuestra mente enfocada en crear un futuro que imaginamos, y dar pasos para que se produzca.

---

6. Dave Kraft, "The Leader's Vision," http://www.davekraft.org/posts/2015/4/12/the-leaders-vision.html.

Puntos de enseñanza

1. No importa nuestro ámbito de negocio, el mundo que fuimos formados para liderar ya no existe.

2. Considera por un minuto cómo ha cambiado el mundo en las últimas décadas. Ahora, considera de qué maneras puede haber cambiado cuando los niños que hoy están en el kínder se gradúen de secundaria. Este es el tipo de pensamiento que necesitamos practicar en las organizaciones que dirigimos.

3. Organiza una sesión para hacer que tu equipo piense creativamente acerca de lo que puede suceder tu negocio u organización en los tres a cinco años próximos. Divide a todos en grupos pequeños y dales tipos de preguntas concretos para investigar. Pídeles que hablen de sus descubrimientos dentro de tres meses.

4. Las oportunidades nunca se posponen; se pierden para siempre. Perderemos oportunidades si no somos intencionales acerca de prepararnos para ellas.

5. Los líderes necesitan emplear más tiempo pensando en el futuro y menos tiempo pensando en el pasado.

6. Lo único que podemos hacer con respecto al pasado es aprender de él, y las lecciones son valiosas solamente si las aplicamos al futuro.

7. Los líderes del futuro:

   + Prevén tendencias, imaginan escenarios, y ayudan a crear el futuro deseado.

   + Miran por el parabrisas, no por el espejo retrovisor, mientras conducen.

- Están impulsados por la visión.

- Dicen cosas como: "¿Hacia dónde vamos?" y "¿Qué vamos a hacer?", y no "¿Dónde hemos estado?".

- Dirigen las discusiones en las reuniones hacia lo que vendrá, en lugar de lo que ya ha sucedido.

- Hablan con un vocabulario que refleja un enfoque en el futuro.

8. Los empleados que trabajan para líderes del futuro:

   - Tratan con proyecciones al igual que con reportes.

   - Emplean mucho más tiempo planificando para el futuro que informando sobre el pasado.

9. No podemos ser líderes del futuro sin el apoyo de un equipo de personal que haya aprendido a mirar hacia adelante más que hacia atrás.

10. Una de las lecciones más difíciles de aprender es que los líderes que nos llevaron hasta el punto donde estamos ahora puede que no sean los líderes que nos llevarán al futuro.

11. John Schaar dijo: "El futuro no es el resultado de decisiones entre caminos alternativos ofrecidos por el presente, sino un lugar que es creado; creado primero en la mente y la voluntad, y creado después en actividad. El futuro no es algún lugar a donde vamos, sino uno que estamos creando".

12. Como líderes, necesitamos tener nuestra mente enfocada en crear el futuro que imaginamos, y dar pasos para que se produzca.

15

DEJAR UN LEGADO

"Este es el comienzo de un nuevo día. Se te ha dado este día para que lo uses como quieras. Puedes desperdiciarlo o usarlo para bien. Lo que hagas hoy es importante porque estás intercambiando un día de tu vida por él. Cuando llegue mañana, este día se habrá ido para siempre; en su lugar está algo que has dejado atrás... que sea algo bueno."
—Autor anónimo

En la Introducción a este libro describí una roca que cayó por un monte durante un alud de barro, y llegó a descansar en medio de la carretera, bloqueando por completo el camino de modo que ningún conductor podía rodearla. Fue para ilustrar lo que sucede cuando algo nos obstaculiza para que no seamos un líder exitoso.

Entonces, en los capítulos que siguieron identifiqué quince retos que todos los líderes enfrentan en todo lugar. Son las rocas que bloquean nuestras carreteras; los temblores que mueven nuestra escalera de liderazgo. En distintos momentos en nuestra carrera, puede que sintamos que hemos dominado uno o más de esos retos, pero lo cierto es que nunca llegamos a conquistar completamente ninguno de ellos. Los mismos retos seguirán reapareciendo de maneras nuevas y diferentes a medida que crecemos.

Terminar este libro en el reto de dejar un legado, entonces, podría parecer un poco extraño. ¿No es el legado algo que nos esforzamos por dejar atrás cuando muramos? ¿Cómo podía ser eso un reto en este momento? Además, realmente no tenemos mucho control sobre nuestro legado, ¿no es cierto?

En realidad, no tenemos que estar muertos para dejar un legado. Creamos nuestro legado cada día en el modo en que manejamos los retos que enfrentamos. El concepto de legado subraya cada uno de los catorce retos de los que ya hemos hablado. Por eso lo reservé para el final. Repito que el modo en que manejamos cada uno de los catorce retos anteriores determina cuál es y será nuestro legado.

> Creamos nuestro legado cada día en el modo en que manejamos los retos que enfrentamos.

Concretamente, nuestro legado depende de…

- Nuestro enfoque.
- Lo bien que lanzamos nuestra visión.
- Cómo comunicamos.
- Cómo tomamos decisiones.
- El equipo que escogemos.
- Los líderes que desarrollamos.
- Cómo manejamos el cambio.
- Cómo manejamos el conflicto.

- ◆ Si logramos congruencia organizacional.

- ◆ Cómo manejamos el dinero.

- ◆ Cómo distribuimos nuestro tiempo.

- ◆ Lo bien que delegamos responsabilidad.

- ◆ Nuestra capacidad para ejecutar planes.

- ◆ Nuestra planificación para el futuro.

El legado que dejemos, sea nuestra partida a otra empresa o a la otra vida, está determinado por el modo en que manejemos la lista anterior de retos. Nuestras decisiones, acciones y conducta se convierten en el legado que dejamos atrás. ¿Qué tipo de legado estamos creando? Necesitamos recorrer nuestra carrera en el liderazgo con el fin siempre en mente. Necesitamos vivir intencionalmente de tal manera que transmitamos nuestros valores fundamentales a quienes nos rodean y finalmente a la siguiente generación.

Lo que la Biblia dice sobre legado

En Juan 15:16 Jesús dijo a sus discípulos: *"No me elegisteis vosotros a mí, sino que yo os elegí a vosotros, y os he puesto para que vayáis y llevéis fruto, y vuestro fruto permanezca; para que todo lo que pidiereis al Padre en mi nombre, él os lo dé".*

Hay tres componentes en este versículo, y cada uno de ellos es relevante para nuestras vidas y nuestros legados. **El primer componente está en tiempo pasado, y describe la parte de Dios.** Él dice que nos ha elegido y nos ha puesto. Eso es algo que Él ya ha hecho; no podemos hacer nada al respecto, sino aceptarlo con gratitud.

En el segundo componente del versículo, Jesús dice que **deberíamos ir y llevar fruto.** Esto es algo activo; es la única parte sobre la cual tenemos control. Muchos de nosotros cumplimos este mandato en las organizaciones que lideramos. Construimos nuevas instalaciones, comenzamos nuevos programas y aumentamos nuestros negocios. Trabajamos duro haciendo nuestra parte, y somos emocionados y bendecidos por el fruto que vemos como resultado.

En la parte final del versículo, Jesús promete que todo lo que pidamos en el nombre del Padre, lo recibiremos de Él. Pero hay una condición a esta promesa: debemos llevar fruto, y **ese fruto debe permanecer.** Muchas personas pasan por alto esta parte. No es que debamos dar cualquier tipo de fruto; hemos de llevar el tipo de fruto que permanece. De modo que la verdadera pregunta es: ¿qué estamos haciendo para asegurarnos de que nuestro fruto permanezca?

Con frecuencia les digo a pastores de iglesias inmensas y presidentes de grandes empresas: "Este es un campus estupendo lleno de instalaciones maravillosas, pero un día no estarán". Los edificios serán derribados. Programas y ministerios pueden cambiar con tanta rapidez como el liderazgo. Instalaciones e infraestructura vendrán y se irán. Entonces, ¿qué permanecerá? Si muriéramos hoy, o si nuestra empresa dejara de existir, ¿qué permanecería?

Yo creo que lo único que verdaderamente permanece es el *quién*, nunca el *qué*. Por eso es importante para nosotros, como líderes, no quedar enredados en el *qué* que nos rodea. Necesitamos invertir en las personas por encima de todo, sean esas personas nuestros constituyentes: los miembros de la iglesia que pastoreamos o los clientes de nuestras empresa, que se benefician del *qué* (programas y edificios), o sean esas personas los líderes que hemos desarrollado y que llevarán su propio fruto. En cualquiera de los casos, tenemos que decidir que nuestro legado no se tratará de edificios, bonos o balances.

> Lo único que verdaderamente permanece es el *quién*, nunca el *qué*.

Sí, estamos haciendo una buena obra al llevar fruto, y deberíamos celebrar eso. Pero para llevar fruto que permanece, tenemos que invertir en otras personas. Eso no significa que dejemos todas nuestras labores; en cambio, significa que ponemos más atención en quienes permanecen. Nuestro legado debe tratarse de otras personas, primero y por encima de todo. ¿Qué estamos haciendo intencionalmente para invertir en otros? ¿Cómo nos estamos asegurando de que nuestro legado permanecerá en ellos, y que su legado permanecerá en otros?

Cuando encontramos lo que permanece y comenzamos a invertirnos nosotros mismos en ello, esa acción no solo define nuestros legados, sino que, según el versículo, significa que Dios responderá nuestras oraciones. Todo lo que pidamos en su nombre, Él nos lo dará. Solamente personas, nunca cosas, pueden ser nuestro legado.

El reto del legado

Ha habido varios temas recurrentes en este libro, incluidos la importancia del enfoque, planificación estratégica y vivir intencionalmente. Hemos hablado sobre cuándo concentrarnos en el *quién* y cuándo enfocarnos en el *qué*. También hemos hablado de la diferencia entre comunicación abstracta y comunicación concreta. Todos estos temas se unen bajo el legado. Nadie quiere un legado abstracto.

Queremos tener un legado concreto. En lugar de: "Él era un buen hombre", queremos que las personas digan: "Él dio su almuerzo a un niño hambriento". En lugar de: "Ella fue una buena líder", queremos oír: "Ella invirtió en mí". Después de cambiar de empleo, avanzar hacia nuevos retos o irnos para estar con el Señor, queremos que otros nos recuerden por rasgos de carácter específicos, concretos, y acciones correspondientes que edificaron a otros, mejoraron nuestra organización, y avanzaron el reino de Dios.

En un esfuerzo por ayudarte a que te enfoques en edificar un legado deseado y duradero de fruto que permanece, he incluido una hoja de trabajo de intencionalidad pensada para ayudarte a considerar cómo tu respuesta a cada uno de estos retos dará forma a tu legado.

Piensa en las ideas que han sido presentadas sobre cada reto, y después toma un momento para anotar cómo planeas manejar cada una, en términos generales. Por ejemplo, bajo "conflicto", podrías escribir: "Cuando sea desafiado por el conflicto, tengo intención de enfrentarlo de cara y asegurarme de que ambas partes terminen en una relación sana, independientemente del resultado". Bajo "ejecución", podrías escribir: "Cuando sea desafiado por la ejecución, me esforzaré para asegurarme de que comunico mis expectativas a mi equipo, de manera lo más clara y concreta posible".

Hoja de trabajo de intencionalidad

1. Cuando sea desafiado por el enfoque, tengo intención de

_____

_____

_____

_____

2. Cuando sea desafiado por lanzar la visión, tengo intención de

_____

_____

_____

_____

3. Cuando sea desafiado por la comunicación, tengo intención de

_____

_____

_____

_____

4. Cuando sea desafiado por la toma de decisiones, tengo intención de

_____

_____

_____

_____

5. Cuando sea desafiado por escoger al equipo, tengo intención de

_____

_____

_____

_____

6. Cuando sea desafiado por el desarrollo de liderazgo, tengo intención de

_____

_____

_____

_____

7. Cuando sea desafiado por el cambio y la transición, tengo intención de

_____

_____

_____

_____

8. Cuando sea desafiado por el conflicto, tengo intención de

_____

_____

_____

_____

9. Cuando sea desafiado por la congruencia organizacional, tengo intención de

_____

_____

_____

_____

10. Cuando sea desafiado por la administración financiera, tengo intención de

_____

_____

_____

_____

11. Cuando sea desafiado por la distribución del tiempo, tengo intención de

_____

_____

_____

_____

12. Cuando sea desafiado por el control y la delegación, tengo intención de

_____

_____

_____

_____

13. Cuando sea desafiado por la ejecución, tengo intención de

_____

_____

_____

_____

14. Cuando sea desafiado por el pensamiento de futuro, tengo intención de

_____

_____

_____

_____

15. Tengo intención de que mi legado sea

_____

_____

_____

_____

El punto de este ejercicio es ayudarte a tomar lo que has leído y comenzar intencionalmente a practicarlo. Tener un plan estratégico para dejar un legado nos ayudará a remontar cada reto de modo que dé fruto que permanezca mucho después de que nosotros ya no estemos.

En Juan 17:4 Jesús dijo: *"Yo te he glorificado en la tierra; he acabado la obra que me diste que hiciese"*. El mismo versículo en la Nueva Traducción Viviente dice: *"Yo te di la gloria aquí en la tierra, al terminar la obra que me encargaste"*. No hay mejor manera de terminar que completar lo que se nos ha asignado hacer, y que nuestro fruto permanezca. Esa es mi esperanza y mi oración para ti.

> No hay mejor manera de terminar que completar lo que se nos ha asignado hacer, y que nuestro fruto permanezca.

Puntos de enseñanza

1. Ningún líder es inmune a los dieciséis retos que hemos presentado. Los mismos retos seguirán produciéndose de maneras nuevas y distintas a medida que crecemos.

2. Nuestro legado depende de cómo manejemos los retos que enfrentamos. Nuestras decisiones, acciones y conducta se convierten en el legado que dejamos.

3. Necesitamos comenzar nuestra carrera de liderazgo con el fin en mente. Necesitamos vivir intencionalmente de tal modo que transmitamos nuestros valores fundamentales a la siguiente generación.

4. Jesús dijo: *"No me elegisteis vosotros a mí, sino que yo os elegí a vosotros, y os he puesto para que vayáis y llevéis fruto, y vuestro fruto permanezca; para que todo lo que pidiereis al Padre en mi nombre, él os lo dé"* (Juan 15:16).

   ✦ La primera parte del versículo está en pasado: Dios ya se ha ocupado de ello.

   ✦ En la segunda parte, Jesús dice que deberíamos ir y llevar fruto. Esto es algo activo: la parte sobre la que tenemos control.

   ✦ En la última parte del versículo, Jesús promete que todo lo que pidamos en nombre del Padre, el Padre nos lo dará, con la condición de que llevemos fruto que permanece.

   ✦ Así que la verdadera pregunta es: ¿Qué estamos haciendo para asegurarnos de que nuestro fruto permanezca?

5. Lo único que verdaderamente permanece es el *quién*, nunca el *qué*.

6. Es importante para nosotros, como líderes, no quedar enredados en el qué que nos rodea. Necesitamos invertir en las personas y preguntarnos: ¿Qué estamos haciendo para invertir intencionalmente en otros? ¿Cómo podemos asegurarnos de que nuestro legado permanezca en ellos, y que su legado permanezca en otros?

7. Solamente personas, nunca cosas, pueden ser nuestro legado.

8. Tener un plan estratégico para dejar un legado nos ayudará a superar cada reto de modo que dé fruto que permanezca mucho después de que ya no estemos.

9. Jesús dijo: *"Yo te di la gloria aquí en la tierra, al terminar la obra que me encargaste".* No hay mejor manera de terminar que completar lo que se nos ha asignado hacer, y que nuestro fruto permanezca.

PARTE II

LA DECISIÓN MÁS IMPORTANTE DEL LIDERAZGO: SELECCIONAR TUS LÍDERES

1

¿QUIÉN SOSTIENE TU ESCALERA?

Miraba fijamente por la ventana mientras esperaba a que alguien me llamara para entrar al santuario. Yo era el orador invitado a una conferencia en la iglesia Evangel en Queens, Nueva York. Mientras meditaba en los puntos que deseaba cubrir, algo en la calle llamó mi atención.

Era un hombre, parado sobre una escalera, pintando. A simple vista no era algo inusual. Sonreí, recordando mis días de estudiante en la escuela bíblica. Había pasado mis veranos realizando esa clase de trabajo. Pero no podía quitar mi mirada del hombre. Por varios minutos miré sus agraciados movimientos mientras movía su brocha a través de la superficie.

«¿Quién le estará sosteniendo la escalera a ese hombre?», pregunté en voz alta, pues no alcanzaba a ver hasta la parte de abajo de la calle.

Mientras permanecí en el estudio del pastor Robert Johansson, seguí pensando en esa pregunta. Alguien tenía que estar abajo agarrando la escalera del pintor aunque yo no podía verlo. Me hice esa impresión al mirar fijamente desde ocho pisos por encima del nivel de la calle. Mientras miraba al hombre pintar la pared exterior, noté que él únicamente podía cubrir un área limitada. Se estiró lo más lejos que pudo a la izquierda y después a la derecha, e incluso alcanzó por encima de su cabeza.

Mientras lo observaba, se me ocurrió que él solo llegaría a la altura hasta donde le fuera cómodo subir o alcanzar.

¿Qué le permitiría ir más arriba? me pregunté. Pude ver que estaba parado en una escalera de extensión, así que podía ir más arriba; y tendría que hacerlo si quería terminar el trabajo. Si la escalera alcanzaba hasta la parte superior del edificio, él todavía necesitaba una cosa más. Necesitaba tener a alguien abajo, a nivel de la calle, que sostuviera su escalera firmemente mientras él trabajaba.

Por sí solo, el pintor no podría llegar más lejos. Se había estirado y alcanzado, y había hecho todo lo posible por sí mismo. Él necesitaba tener ayuda.

Mientras miraba sus agraciados brochazos, pensé en esa acción en términos de liderazgo. Comprendí que, ya sea en administración o en sistemas, la eficacia de un líder depende de la persona o personas que le sostienen la escalera: aquellos que están en labores de apoyo.

> Ya sea en administración o en sistemas, la eficacia de un líder depende de la persona o personas que le sostienen la escalera: aquellos que están en labores de apoyo.

Entonces, otro pensamiento me sorprendió: aquellos que sostienen las escaleras son tan importantes como lo son los líderes.

Mi mente no soltaba esa imagen. Mientras miraba fijamente por esa ventana en Queens, continué pensando que ningún líder llega a la cima sin aquellos que están abajo sosteniendo la escalera. Estiré mi cuello tratando de ver a la acera, pero nunca pude ver quién sostenía esa escalera.

Entonces sonreí mientras mi mente se tornaba al simbolismo del liderazgo, del éxito, y de las personas que permiten que las cosas sucedan. Aquellos que apoyan fielmente desde abajo no son a menudo visibles. Eso no disminuye su importancia o el que sean necesarios; mas significa que aunque cada parte de sus ministerios o posiciones son tan importantes como el pintor en la parte de arriba, en ocasiones hacen su trabajo sin que se note. A veces puede que Dios sea el único que sabe quién está sosteniendo la escalera.

Llevé la idea aún más allá. Comencé a pensar en la escalera como el símbolo del sueño y de la visión del líder, y, por supuesto, eso hace del pintor un visionario. Una vez que los visionarios comienzan a levantar sus escaleras, los ministerios pueden ser enormes y de gran alcance, o pequeños y limitados. Los visionarios podrían tener todo el entrenamiento posible, el equipo más costoso, años de experiencia y conocimiento sobre pintura, y podrían tener toda la maestría y ser extremadamente apasionados en lo que hacen, pero ese no es el factor decisivo. Quien sostiene la escalera determina la altura del que sube por ella. «¡Así es!», exclamé. «Quienes sostienen la escalera controlan el ascenso de los visionarios.»

Quien sostiene la escalera determina la altura del que sube por ella.

ESCALERAS Y LIDERAZGO

Continué pensando en esa idea mucho tiempo después de haberme ido de la conferencia en Queens. Consideraba cómo ese concepto se aplica al liderazgo en los negocios o en la iglesia. Inmediatamente, recordé tres ejemplos (o paradigmas, como nos gusta llamarlos hoy día). Primero los escuché como parte de un poderoso mensaje del pastor Gerald Brooks, de Grace Outreach Center, en Plano, Texas. En una conferencia grande a la que asistí, él enfatizó que hay tres formas en las cuales realizamos las labores en el ministerio.

La primera es hacer todo nosotros mismos. Así es como una cantidad de líderes intenta operar, especialmente cuando la congregación es pequeña. Finalmente afrontan la realidad. *¡Es demasiado trabajo!*

La segunda es contratar personal. Algunas iglesias les pagan a otros para que asuman el control de una parte o de toda la carga. *¡Eso cuesta demasiado dinero!*

La tercera es desarrollar a otros. Algunos líderes les enseñan a las personas a realizar las labores. *¡Eso toma demasiado tiempo!*

El pastor Brooks enfatizó que nos había dado tres paradigmas y que todos tenían desventajas. «¿Qué es lo más acertado que se puede hacer?», preguntó.

Obviamente, la respuesta es la tercera opción: desarrollar a otros. Sin embargo, demasiados líderes de la iglesia están tan ocupados pintando en la parte superior de sus propias escaleras, que no se dan cuenta de cuánta ayuda necesitan. No captan la importancia de desarrollar sostenedores de escalera hasta que se encuentran a dieciocho metros por encima del suelo y comienzan a mirar hacia abajo. A consecuencia de no haberles enseñado a otros a sostener sus escaleras, algunos visionarios han caído. Otros se han desgastado por el trabajo excesivo y por tratar de hacerlo todo ellos mismos. Algunos simplemente han dejado de intentarlo. «Es demasiado duro», dicen, «y demasiado solitario.»

Cuando utilicé el término *desarrollar* a otros, cuidadosamente seleccioné esa palabra en vez de entrenar. Hay una gran diferencia entre desarrollar personas y entrenarlas. El entrenamiento se enfoca en las labores; el desarrollo se enfoca en la persona. El entrenamiento es unidireccional; el desarrollo es multidireccional. Entrenamos a las personas para ser recepcionistas. Cuando terminamos, son buenos recepcionistas y hacen bien sus labores. No los hemos desarrollado de modo que estén listos para ocupar otras posiciones.

> Hay una gran diferencia entre entrenar personas y desarrollarlas.
> El entrenamiento se enfoca en las labores; el desarrollo se enfoca en la persona.

La intención de Dios nunca fue que la iglesia local fuera una organización de una sola persona. Esto nos regresa de nuevo al concepto de desarrollar líderes. Si no desarrollamos y equipamos a otros, nunca vamos a tener la clase de sostenedores de escalera que necesitamos, especialmente cuando deseamos subir a los peldaños superiores.

Quizás la mejor forma de mostrar cómo funciona esto es considerar el contraste entre proyectos y personas. El momento en que los líderes más necesitamos a los sostenedores de escalera, es cuando cambiamos el trabajo con actividades, por el trabajo con individuos. Los proyectos implican políticas, programas, edificios, ideas o sistemas. Esas cosas son bastante estables y se entienden fácilmente. Por lo general, podemos controlar las variables.

Cuando nos movemos más allá de los proyectos, no solo hemos dado un salto importante; también tenemos que cambiar nuestra manera de pensar. No podemos tratar a la gente de la forma que tratamos las ideas o las actividades. Obviamente, la mayoría de las personas son egocéntricas y están más preocupadas por sí mismas que por otros. Es decir, ellas no se preocupan naturalmente por servir a Dios o a otros. Eso es algo que tienen que aprender en su proceso de crecimiento. Comprender ese hecho sobre la naturaleza humana nos obliga constantemente a movernos en busca de nuevas respuestas. Necesitamos ayudar a aquellos que estamos desarrollando a:

+ entender su propósito,

+ entender por qué sus funciones son importantes,

+ hacerle frente a la decepción como también al éxito,

+ encender su pasión e inspirarles a alcanzar la plenitud de su potencial.

Algunos líderes sienten como si estuvieran progresando porque hay acción. Se enfocan en el alboroto y en el nivel de ruido que hay alrededor de ellos. En realidad, puede que estén retrocediendo. Tener muchas actividades no siempre es avanzar. La prueba viene cuando el tumulto cesa. Ahí es cuando las personas se dan cuenta de que la acción los ha retrasado.

Por ejemplo, esto sucede cuando los líderes pasan de proyectos a personas. A causa de que no están preparados o enseñados para lidiar con personas, terminan regresando a los proyectos. Es decir, terminan administrando en vez de liderar. Lideramos personas, pero administramos cosas.

> Lideramos personas,
> pero administramos cosas.

Algunas veces intentar pasar de proyectos a personas termina en escándalos, enojos profundamente arraigados y serios reproches. Muchas cosas pueden estar sucediendo, inclusive cosas buenas, pero ellas no extienden el reino de Dios ni permiten a los cristianos crecer.

Muchos de aquellos que se llaman a sí mismos líderes, son en realidad buenos con proyectos. Ellos pueden visualizar lo que es necesario hacer; son conscientes de que a menos que las aguas se dividan milagrosamente, necesitarán construir un puente para atravesar el río Jordán. A menudo son conscientes de la necesidad de llegar al otro lado del río mientras los demás están disfrutando del agua. Ellos captan los problemas que conlleva hacer una estructura suficientemente fuerte o amplia. Muy a menudo, sin embargo, no saben cómo llevarlo a cabo porque no saben trabajar bien con las personas. Solamente son conscientes de que necesitan que se construya un puente, y no pueden entender por qué las personas no se ofrecen voluntariamente y echan una mano para realizar la tarea. *Son líderes de proyecto.*

Si no tienen excelentes habilidades sociales, se enfocan en dirigir a otros, poniendo a los individuos a trabajar para culminar la tarea. Le dan poca importancia a los talentos o intereses de aquellos que están haciendo el trabajo. «Solo termínalo», es la primera frase en su vocabulario.

Esto demuestra una diferencia crucial en el liderazgo. Los líderes de proyectos ven la necesidad, y admiramos su interés en terminar las cosas. No se preocupan mucho sobre quién hace qué, siempre y cuando tengan el puente construido, el arca del pacto y todo el equipo sacerdotal sean llevados cuidadosamente a través del Jordán.

En resumen, ocuparse de proyectos es más fácil, pero tratar con la gente es más difícil.

Ocuparse de proyectos es más fácil, pero tratar con la gente es más difícil.

Para el momento en que los líderes de proyecto preparan el campamento en el lado este del Jordán, alguien comienza a comprender que hacer proyectos y construir puentes no es lo que realmente cuenta. Ellos necesitan los puentes, por supuesto, pero entienden que las prioridades están equivocadas. Al final, el reino de Dios madura y se extiende a través de personas que están siendo edificadas, apreciadas y desarrolladas. A los ojos de Dios, las personas valen más que puentes, elevadores, escaleras eléctricas o escaleras convencionales. Todos los proyectos necesitan personas, pero necesitan el tipo apropiado de personas. Especialmente necesitan trabajadores comprometidos y talentosos para construir correctamente el puente.

LOS SOSTENEDORES DE ESCALERA APROPIADOS

Después de salir de la iglesia del pastor Johansson, por muchos días pensé en los sostenedores de escalera. He estado alrededor de millares de líderes en los negocios y en el ministerio; y he llegado a una comprensión fundamental: la decisión más importante que los líderes toman -ya sea construir un puente que cruce el Jordán o erigir escaleras para escalar los muros de las fortalezas del enemigo- es seleccionar a los ayudantes apropiados. Si no tienen a las personas adecuadas sosteniendo la escalera, el proyecto fracasará.

En la iglesia necesitamos escoger líderes involucrados, activos, y que ya estén mostrando su compromiso con Jesucristo a través de su participación. En los negocios necesitamos la misma clase de dedicación. Cuando miramos las cualidades que buscamos, sin embargo, antes de cualquier otra cosa, necesitamos comenzar con la integridad.

¿Suena obvio? Puede ser que no. Tengo un amigo que llegó a ser el pastor de una iglesia donde tenían una junta directiva de quince ancianos. Anualmente la congregación elegía a cinco ancianos que servían por tres años. Eso suena bien, pero el problema al que mi amigo se enfrentaba cada año era la elección de esos cinco ancianos.

Él se sentía frustrado porque la mayor parte de los ancianos no asistían a la escuela dominical, y sin embargo tomaban decisiones sobre los programas educativos. Varios de ellos no diezmaban, y sin embargo eran personas que tomaban decisiones referentes a las finanzas de la iglesia. Tres de ellos asistían a la iglesia alrededor de una vez al mes y pasaban más domingos en el campo de golf que en la adoración, y sin embargo tomaban decisiones sobre evangelismo y campañas de alcance.

«¿Por qué lo eligieron?», preguntó el pastor acerca de un anciano.

«Para honrarlo. Ha estado en esta iglesia toda su vida y su papá fue también un anciano.»

«Es uno de los mejores hombres de negocios de la ciudad y la gente respeta sus decisiones», dijo otro. «Él puede ayudarnos a tomar buenas decisiones.»

«Si lo elegimos como anciano», fue otra respuesta, «quizá él será activo como líder.»

«Actívenlo como líder», refutó mi amigo, «y después nómbrenlo anciano.»

A mi amigo pastor le tomó dos años más con la iglesia eligiendo ancianos para hacer entender la necesidad de integridad. Le tomó otros dos años lograr tener una junta directiva que funcionara con visión y compromiso. Antes de finalizar el quinto año de su ministerio, tenía personas en el liderazgo que fielmente adoraban cada semana y que daban por lo menos el diez por ciento de sus ingresos. Algunos enseñaban en la escuela dominical, cantaban en el coro o participaban en grupos de estudio. Todos se habían probado a sí mismos en algún tipo de ministerio antes de llegar a ser ancianos. En resumen, eran personas de integridad.

¿Por qué es esta cualidad tan crucial? La respuesta es que, en última instancia, el cumplimiento de la visión depende de la gente que sostiene la escalera del líder visionario.

En última instancia, el cumplimiento de la visión depende de la gente que sostiene la escalera del líder visionario.

He aquí un ejemplo de cómo funciona esto. Yo puedo cambiar la bombilla del techo de mi sala. Eso no es un gran problema porque lo único que necesito es una pequeña escalera de un metro y medio. Puedo pararme en el peldaño que necesite para alcanzar el accesorio. No necesito a nadie que sostenga mi escalera.

¿Qué pasa si las bombillas que iluminan la parte exterior de mi casa necesitan ser reemplazadas? (Las bombillas están ubicadas a dos pisos de distancia del suelo). No puedo cambiarlas desde la parte interior de la casa o inclinándome desde la azotea. La única forma de cambiar las bombillas es utilizando una escalera de seis metros.

Pararse a seis metros de distancia del piso en un pedazo de madera de cuarenta y cinco por quince centímetros da bastante miedo. ¿Qué sucede si la escalera comienza a tambalearse? ¿Qué sucede si llego arriba y me siguen faltando tres centímetros para alcanzar a la izquierda? Sí, necesito a alguien que sostenga mi escalera.

Una situación como esta me sucedió realmente. Habíamos invitado a unos amigos para celebrar el cumpleaños de nuestra hija, Rachel. Ella había cumplido dieciocho años. Mi esposa Brenda había trabajado arduamente preparando la casa para los invitados. Al inicio de la semana ella me había encargado algunas tareas exteriores, y una de ellas era cambiar los focos de iluminación. Yo había olvidado hacer esa tarea.

Quince minutos antes de que nuestros primeros invitados llegaran, fui a encender las luces exteriores y no respondieron. Entonces recordé: me olvidé de poner un foco nuevo.

«Lo compondré», me dije, mientras entraba al garaje, tomaba un foco y sacaba mi escalera práctica y plegable de la tienda *Home Depot*. La instalé al lado del garaje. Después me di la vuelta y miré la distancia a la que estaba del suelo. Hasta ese momento, no me había dado cuenta de lo alto que estaba el foco del suelo. Yo tenía experiencia en subir y bajar escaleras, así que levanté mis hombros y pensé: es solo una bombilla, no es gran cosa, y comencé a subir. Cuando había subido cerca de dos terceras partes, sentí que la escalera comenzó a tambalearse, solo un poco, pero lo suficiente como para saber que no era seguro continuar.

«¡Rachel! Ven y ayuda», exclamé. «Necesito que me sostengas la escalera.»

Mi hija salió y me miró fijamente, sin estar segura de lo que debía hacer. Ella se inclinó hacia adelante con un brazo en cada lado. Yo sonreí ante su inocencia.

«No, tienes que sostener esto de modo que cuando llegue a la parte superior de la escalera no se tambalee y me haga caer.»

Me bajé y le pedí que estuviera parada delante de la escalera. «Ahora dobla los dedos del pie y apóyalos en la parte inferior.» Le mostré cómo.

«¡Estos son mis zapatos nuevos!», dijo ella.

«¿Qué prefieres?», le pregunté sonriendo. «¿Quieres unos zapatos con rasguños o un padre con una pierna fracturada?.»

Ella quiso entrar corriendo y cambiarse primero sus zapatos, pero casi era la hora de llegada de los invitados. Dije impacientemente: «No, ahora no me preocupan tus zapatos, solo sostén la escalera.»

Ella sostuvo la escalera precisamente como yo le había mostrado. Sin embargo, al llegar a la parte de arriba y destornillar la vieja bombilla, esta se rompió y la parte de metal se quedó dentro de la toma de corriente. Tuve que bajarme de la escalera, entrar apresuradamente a la casa, apagar el interruptor, y tomar el alicate para extraer el residuo de metal.

Cuando regresé, Rachel sostuvo fielmente la escalera (no se le rayaron sus zapatos). Mientras bajaba, comprendí la importancia de lo que ella había hecho. Para mi hija, sostener la escalera había sido una tarea sin mucha importancia. Para mí, fue un asunto de seguridad. No habría podido cambiar esa bombilla si ella o alguien más no hubiese sostenido mi escalera.

Mientras retiraba mi equipo, pensé: *esta es la manera en que funcionan la iglesia y el mundo de los negocios.* Cuanto más arriba necesitamos llegar, más importantes llegan a ser los sostenedores de escalera. Fue uno de esos grandes momentos de revelación para mí. Siempre he valorado a las personas, pero en ese instante comprendí la necesidad absoluta de buscar, reclutar y entrenar individuos para sostener escaleras o realizar cualquier otra función en el liderazgo.

> Cuanto más arriba necesitamos llegar, más importantes llegan a ser los sostenedores de escalera.

Desde ese día en Queens, el mensaje de sostener escaleras ha llegado a ser cada vez más significativo para mí. Mientras viajo alrededor del país, a veces hago esta pregunta: «¿Quién sostiene tu escalera?.» Estoy convencido de que todos los pintores exitosos que pueden alcanzar las partes altas del edificio, lo hacen debido a aquellos que los estabilizan en la parte inferior mientras ellos trabajan y cumplen su visión.

Aquellos que insisten en hacerlo todo ellos mismos, pueden aún pintar, pero no muy arriba y no muy eficazmente. Y porque insisten en hacerlo ellos mismos, no es muy seguro o razonable.

¿QUÉ CLASE DE PERSONA SOSTIENE TU ESCALERA?

«**N**o soy nadie.»

«No marco ninguna diferencia. Incluso nadie me extraña cuando estoy ausente.»

«Solamente contesto el teléfono en nuestra oficina y hago un poco de mecanografía. Cualquiera puede hacer lo que yo hago.»

«No soy predicador o cantante, de manera que solo soy una de las luces menos notables en nuestra iglesia.»

Esa es la clase de respuestas típicas que he oído de personas (personas de apoyo), aquellos que son sencillamente tan importantes en sus propias funciones de apoyo como las estrellas del show.

Quiero ser claro en cuanto a identificar a los que sostienen la escalera:

+ Son el fundamento de cualquier organización.

+ Son los que permiten que los líderes alcancen su máximo potencial.

+ Tienen la escalera sostenida con tanta seguridad, que los líderes no tienen qué inquietarse o preocuparse constantemente por la posibilidad de caerse.

Los sostenedores de escalera son el fundamento de cualquier organización; permiten que los líderes alcancen su máximo potencial.

En el capítulo anterior pregunté: «¿Quién sostiene tu escalera?.» Ahora pregunto: ¿Qué clase de persona sostiene tu escalera? Démosle una mirada más de cerca a aquellos que aceptamos, enlistamos, reclutamos o contratamos para sostener nuestra escalera.

El punto más obvio es que no podemos simplemente poner a cualquiera a que haga el trabajo.

Para dar una idea de la importancia de este rol, me pondré yo mismo como ejemplo. Peso cerca de 70 kilos y mido 1,76 metros, así que no soy una persona pesada. Digamos que tú decides subir a una escalera de seis metros. Posiblemente yo pueda sostener tu escalera si el suelo es totalmente plano. Pero, ¿qué sucede cuando decides subir a una escalera de doce metros? No vas a querer a cualquiera en la parte de abajo.

En las conferencias, a menudo ilustro este punto. Busco a uno de los hombres más altos de la audiencia y le pido que suba a la plataforma y que se sitúe a mi lado. Me aseguro de que él me sobrepase por lo menos en quince centímetros y que pese veinte o más kilos que yo.

Mientras el hombre está a mi lado, las diferencias entre nosotros son tan obvias que no es necesario comentarlas. «Si estuvieran subiendo una escalera de doce metros, ¿a quién elegirían para sostener esa escalera?», le pregunto a la audiencia. Obviamente, siempre eligen al otro hombre.

Luego digo: «¡Mírenme! Soy muy bueno sosteniendo escaleras. Ustedes no saben esto, pero tengo un doctorado en sostener escaleras. Me fascina sostener escaleras. No hay nada que me haga sentir mejor que eso. Me da un profundo gozo y satisfacción interior. Además de eso, he aprendido técnicas estupendas. Por eso, yo puedo sostener cualquier escalera con dos dedos y usar solamente un pie. Cuando sostengo una escalera soy tan elegante, que pareciera como si estuviera posando para un escultor. Además, he sostenido muchas escaleras en mi vida. También he sostenido escaleras en Kenia, en India, y en Australia, así que soy un sostenedor de escaleras internacional. Bueno, algunas escaleras se sacudieron un poco, pero hasta ahora nadie se ha caído; por lo menos, todavía no.»

Señalo al hombre que está a mi lado. «Ustedes no saben nada acerca de él y no le han preguntado sobre su experiencia. Con solo mirarnos, ustedes preferirían que él sostuviera su escalera al subir una altura de doce metros. ¿Por qué elegirían a esta persona menos experimentada en lugar de elegirme a mí?.»

«Él es más alto.»

«Es más fuerte.»

«Es más grande que tú.»

No culpo a la audiencia. Si tuviera una opción, desearía que alguien más pesado y más fuerte que yo estuviera en la parte de abajo de mi escalera.

El principio funciona en cualquier forma de liderazgo. Los líderes prefieren al hombre más grande porque sus vidas están en juego. Cuanta más altura, más fuerte quieren que sea la persona en la parte de abajo. Eso es simplemente sentido común.

También descubrí que a la audiencia no le interesó mi educación, y no quisieron saber que podía posar elegantemente al hacer mi trabajo. Ellos querían fuerza física, la seguridad de que estarían fuera de peligro al alcanzar los nueve, doce, quince y aun los dieciocho metros.

Usualmente alguien grita: «Queremos que alguien lo suficientemente fuerte sostenga la escalera, de modo que podamos sentirnos seguros.»

CUALIDADES NEGATIVAS

No siempre queremos elegir a la persona más grande. Eso depende de la tarea. La fuerza es importante, pero a menudo tenemos otras cualidades que necesitamos. Una manera de ver esto es enfocarse en las cualidades que no queremos.

¿Qué nos dice esto de quienes están en funciones de liderazgo?

> Necesitamos escoger a la gente apropiada para realizar el trabajo que queremos hacer.

Necesitamos escoger a la gente apropiada para realizar el trabajo que queremos hacer.

Aquí están las clases de personas que no queremos que sostengan nuestras escaleras.

1. *No queremos a aquellos que necesitan que se les recuerde algo constantemente.* Cuando sé que voy a tener que trepar veinte metros, ¿qué clase de persona elijo? Mientras pensamos en las labores que necesitan ser hechas en nuestra iglesia o negocio, ¿a quién se lo pediríamos?

Es agotador y frustrante si tenemos que decirle a alguien el domingo en la mañana: «No te olvides. El martes en la noche prometiste ayudarme.» Qué molestia si tenemos que llamar a esa misma persona dos horas antes del tiempo programado y decirle: «Solo quería recordarte que esta noche empezaremos a las 7:30.»

Tenemos mucha gente como esa en nuestros negocios e iglesias. Por ejemplo, voy a contar sobre un hombre al que llamaré Héctor. Tenía la sonrisa más agradable que jamás he visto. «¿Vendrás el viernes en la noche para ayudar?», le pregunté cierta vez. Estuvo de acuerdo y prometió que quería hacer cualquier cosa que pudiera para ayudarme.

No me tomó mucho tiempo darme cuenta de que Héctor haría cualquier cosa; eso sí, si se lo recordaba muchas veces. Esto es un poco exagerado, pero parecía que para el martes, tendría que llamarle y recordarle lo que yo quería que hiciera. El miércoles, tendría que decirle a qué hora lo quería en la iglesia. El jueves tendría que llamarle otra vez, solo para cerciorarme de que no se había olvidado ni había planeado hacer otra cosa.

Esto no se aplica solamente a Héctor, porque él tiene hermanos y hermanas; y la iglesia y el mundo laboral están llenos de ellos. Si hago toda la organización y después lo explico con simples detalles, ellos harán lo que quiero. Algunos de ellos vendrán el día indicado, pero puedo también suponer que lleguen por lo menos quince minutos tarde.

Otros desean ayudar, pero tengo que explicar cada paso sobre cómo hacer el trabajo. Es el mismo trabajo que expliqué tres semanas atrás y necesitaré aclararlo nuevamente en otras tres semanas.

¿Qué decimos de personas como Héctor?

«Con todo el tiempo que me toma decirle lo que tiene que hacer, prefiero hacerlo yo mismo», es la reacción común.

A veces estamos tan cansados de aquellos que necesitan constantes recordatorios, que preferimos hacerlo nosotros mismos sin ninguna ayuda. Eso es un error. Nos hemos centrado tanto en los que sostienen la escalera negativamente, que olvidamos que hay otros individuos confiables que podemos invitar.

2. *No queremos a aquellos que se comportan indiferentemente.* He aquí una pregunta que cada líder de negocio e iglesia necesita formularse: «Las personas que yo empleo o recluto, ¿se interesan por su trabajo?.» Si Elmer sostiene mi escalera, ¿apoyará todos los dedos de sus pies y sostendrá la escalera con ambas manos? O ¿tendrá una mano medio puesta en uno de los peldaños y en la otra una taza de café de Starbucks? ¿Sorberá su café y sostendrá una conversación con alguien al otro lado de la calle mientras yo estoy arriba pintando? Espero que no. Si Elmer va a sostener mi escalera, yo quiero toda su atención.

Quiero cerciorarme de que mi sostenedor de escalera entienda lo que estoy intentando lograr. Pensemos en las diversas tareas voluntarias en la iglesia, como ser un ujier.

Por ejemplo, en la noche del sábado culminé una conferencia en Albuquerque, Nuevo México, y había planeado tomar el vuelo nocturno de regreso a Atlanta. Debido al mal tiempo en el este, el vuelo fue cancelado y no pude salir hasta el mediodía del domingo. Escogí una iglesia cerca del hotel y entré.

Necesito cerciorarme de que mi sostenedor de escalera entienda lo que estoy intentando lograr.

Dos ujieres estaban parados en la puerta de entrada hablando sobre un concierto góspel al que uno de ellos había asistido. Ambos sostenían boletines en sus manos. Me detuve brevemente, mirándoles fijamente, pero estaban muy ocupados para notarme. Esperé algunos segundos y pregunté: «¿Me permiten un boletín?.»

«Claro que sí», dijo uno de ellos mientras me entregaba uno, y después dio un paso atrás, de modo que yo pudiera pasar. Tan pronto como pasé, los dos hombres reanudaron su conversación. ¡Tampoco me gustaría que ninguno de ellos sostuviera mi escalera!

¿Y qué de las personas que dirigen el tráfico en el estacionamiento? En cuanto el lugar se llena, ¿están atentos para ayudar a la gente a encontrar un espacio para sus vehículos? ¿Y qué de la simpatía de los trabajadores de nuestra guardería? ¿Y qué del ministro de música o del director del coro? ¿Les interesa servir o solamente hacer una presentación?

¿Y qué sobre la oficina de la iglesia? ¿Está contestando la recepcionista los teléfonos con propósito o indiferentemente? Es decir, la recepcionista ¿hace sentir especial a cada persona que llama, o actúa como si fuera una intrusión de poca importancia en su tiempo? ¿Están respondiendo prontamente los mensajes de llamadas de sus casilleros de voz?

¿Acaso la mayoría de nosotros no hemos entrado a una oficina y hemos esperado por varios minutos mientras que la recepcionista termina una llamada personal? Incluso han habido recepcionistas que me han ignorado cuando digo: «Discúlpeme.» Algunas veces, la persona detrás del escritorio, sin siquiera mirarme, dice de forma cortante: «Déme un minuto.» En una ocasión, una mujer estaba limándose las uñas y me gritó: «¿No puede ver que estoy ocupada?.»

Cuando he hablado sobre tales situaciones en conferencias, una o dos personas de negocios se dirigen hacia mí y hacen referencia a estas cualidades negativas. Dicen algo como esto: «Eso tiene más sentido para mí que cualquier otra cosa.» Ellos comprenden la importancia del enfoque intencional de cada persona en su organización.

3. *No queremos constructores de currículum.* ¿Quiénes son los constructores de currículum? Son aquellos que mientras están sosteniendo mi escalera, no me están dando toda su atención. Están mirando alrededor a otras cosas que harán después de que hayan terminado conmigo. Para ellos soy solamente un trabajo temporal hasta que el trabajo verdadero llegue. Hacen el trabajo, a duras penas, pues esa no es realmente su área de interés. Están mirando alrededor buscando la luz más brillante, la escalera más reluciente, o el edificio más alto. No están comprometidos con lo que están haciendo ahora; están pensando en lo que desean hacer en su próxima posición.

Quiero personas que fijen sus ojos en mí mientras sostienen mi escalera. Muy a menudo, especialmente en el comercio, los que se supone que sostienen la escalera están sosteniéndola solamente lo suficiente para dar la impresión de que están trabajando. Lo están haciendo, pero no en la escalera. Se están posicionando a sí mismos para el próximo trabajo.

Esto significa que, como líderes, cuando seleccionamos a los que sostienen la escalera, necesitamos elegir a aquellos que están comprometidos con nosotros. Si vamos a estar a doce metros de altura, no queremos a alguien que se despida mientras nos deja para ir a sostener una escalera más grande al final de la calle, cuando aún estamos arriba en el aire.

> Como líderes, necesitamos elegir a aquellos que están comprometidos con nosotros.

4. *No queremos personas descontentas.* Nunca he entendido por qué alguien continuaría asistiendo a la misma iglesia por treinta y ocho años y cada domingo saldría enojado. La mayoría de nosotros conocemos individuos como esos en nuestra iglesia. También los conocemos en los negocios. Están descontentos al llegar, y al salir se van enojados. La música estará demasiado fuerte una semana y la próxima no muy animada. El pastor oró demasiado largo o no predicó suficientemente el evangelio.

Pensemos en una situación como esta. Supongamos que Antonio va al restaurante ABC el viernes en la noche. Él le dice al pastor García que la comida es pésima, el servicio es lento y los precios elevados.

«Qué terrible», dice el pastor García.

La semana siguiente, Antonio dice: «Comí otra vez en el restaurante ABC el viernes en la noche. Todavía la comida es pésima, el servicio es lento y los precios elevados.»

Cada semana Antonio se quejará del restaurante, pero no dejará de ir. ¿No será necesario que alguien le diga: «Ve a comer a otro lugar?.» A menudo les he dicho a los pastores: «Algunos de sus miembros podrían ser "sanados" si estacionaran sus autos en otra iglesia.»

No aplicamos el mismo sentido común a los perpetuos gruñones de nuestras congregaciones. Han estado descontentos por cuarenta y tres años. Las probabilidades de que cambien serán muy pocas.

5. *No queremos personas que solo estén de acuerdo.* Cuando era pastor, me di cuenta de que había personas que estaban de acuerdo con todos mis planes e ideas. «Oh, sí, sí, pastor», decía ella. «Le ayudaré en el plan de construcción del edificio. Estoy allí para ayudarle con un nuevo y más enfocado ministerio a las mujeres, y le apoyaré mientras usted levanta ese ministerio de los hombres.» Ella también deseaba ayudarme con el coro de los jóvenes.

Entonces, como líder visionario, inicié esos proyectos. Comencé a subir la escalera, tranquilamente y libre de ansiedad. Después de todo, ella dijo que estaría allí para apoyarme. Subí cinco metros y miré hacia abajo. ¡Ella no estaba allí! Comencé a moverme hacia arriba, tratando de mantener las cosas estables, y comprendí que cuanto más arriba subía, más ayuda necesitaba en la parte baja. No supe dónde estaba ella, pero si pudiera encontrarla, estoy seguro de que la conversación comenzaría con algo como esto:

«Usted prometió sostenerme la escalera.»

«Sí, sí, por supuesto, le ayudaré. Sé que usted está haciendo lo correcto.»

CINCO CUALIDADES FUNDAMENTALES DE LOS SOSTENEDORES DE ESCALERA

Si estoy subiendo, quiero estar seguro de que mis ayudantes saben lo que estoy tratando de hacer cuando me encuentro solo en la parte de arriba con mis cubetas, mis cepillos y raspadores de pintura. Aquellos que están en el suelo, ¿entienden lo que estoy tratando de llevar a cabo? ¿Son conscientes de que no puedo pintar sobre la pintura agrietada porque primero debo quitar la pintura vieja? ¿O se ponen impacientes y gritan: «Solamente pon una capa de pintura fresca sobre esa cosa vieja»?

También quiero aclarar esto: aquellos que están sujetando la escalera no tienen que estar de acuerdo con mis tácticas o métodos. Sin embargo, necesitan entender a dónde quiero ir, inclusive, si ellos hubieran tomado una ruta diferente. Tienen que creer en mi visión y estar de acuerdo con hacia dónde voy.

> Aquellos que están sujetando la escalera no tienen que estar de acuerdo con mis tácticas o métodos. Tienen que creer en mi visión y estar de acuerdo con hacia dónde voy.

Pero ¿y si no tienen la visión? ¿Qué tal si no tienen ni idea de hacia dónde voy? ¿Cuánto podré depender de ellos y de su compromiso con mi visión?

Por ejemplo, digamos que visito la iglesia *Nuevas de Gozo* el próximo domingo en la mañana y tienen cien personas en el servicio de adoración. Espero fuera hasta que el servicio termine, tengo una grabadora en mi mano, y a cada persona que pasa le pregunto: «¿Cuál es la visión de esta iglesia?.»

¿Cuántas respuestas conseguiré? ¿Podría contar con que veinte personas de las cien me dieran la misma respuesta? No me refiero a una declaración memorizada o a algo tan simple como «nuestra visión es salvar almas.» Puede que la iglesia ni siquiera cuente con un programa de evangelismo y que en los dos últimos años nadie se haya integrado a la iglesia, pero ¿será esa todavía la visión? Probablemente no.

¿Qué sucede en la iglesia *Nuevas de Gozo* cuando hago la pregunta? Si no saben la visión, ¿cómo pueden estar en sintonía con el pastor? Pueden amar al pastor y menear la cabeza afirmativamente en los sermones cada semana. Pueden gozar del programa de música y sentirse inspirados por la adoración. Pero eso todavía se mueve en el ámbito de los proyectos. El sermón es un proyecto; la música es un proyecto. *¿Cuál es la visión?*

Ya que me planteé ese tema a mí mismo varias veces, comencé a hacerme una pregunta. *Si tuviera que encontrar a una persona que sostuviera mi escalera, ¿qué cualidades principales buscaría?* ¿Qué deberían tener para ser considerados sostenedores de escalera de primera clase, águila, número uno o lo mejor de lo mejor?

Se me ocurrieron cinco cualidades en las que insistiría. Hay otras cualidades que también me gustaría y esperaría ver, pero las siguientes son las esenciales para los que sostienen la escalera.

La primera cualidad es *fortaleza*. Tienen que ser fuertes. Con esto me refiero a que deben ser personas que puedan lidiar con la instrucción y la crítica, con las cuales pueda hablar claramente, y no tener que caminar sobre cáscaras de huevo y tener que acomodarles las cosas. Eso significa que si necesitan ser corregidos en ciertas áreas, puedan cambiarlas sin que yo tenga que estar preocupado de cuánto voy a lastimar sus sentimientos.

No me refiero a ser insensible, grosero, arrogante o desagradable. Por ejemplo, enfoquémonos en la persona que maneja el sistema de sonido. El domingo pasado en la mañana el sistema de sonido en ocasiones retumbó y me hizo estremecer.

En otros momentos, la amplificación era tan baja que la gente se esforzaba para escuchar lo que yo decía.

No deseo excusas ni largas explicaciones, y esto es más importante que si el ingeniero de sonido durmió bien la noche anterior. Esto es ministerio, es servicio al cuerpo de Cristo.

Necesito poder decir: «El sonido no estuvo bien» y después agregar: «Haz lo que tengas que hacer para que salga bien. La gente no puede adorar cuando tiene las manos tapando sus oídos.»

Yo espero que el ingeniero de sonido sepa cómo encargarse de esas cosas. Cuando hablo de esa forma, no estoy tratando de herir sentimientos; solo estoy haciendo mi trabajo administrativo.

Sin embargo, sabemos que algunos miembros en la iglesia son tan frágiles, que muy pocas veces podemos corregirlos sin que se ofendan. Ellos pueden decir: «Estoy haciendo lo mejor que puedo, usted lo sabe.» «¿Por qué siempre se está fijando en mí? ¿Por qué no le agrado? ¿Por qué encuentra defectos en todo lo que hago?.»

> Necesitamos personas fuertes que sostengan la escalera, aquellos lo suficientemente fuertes para aceptar la crítica y que quieran mejorar.

Necesitamos personas fuertes que sostengan la escalera, aquellos lo suficientemente fuertes para aceptar la crítica y que quieran mejorar.

Para usar nuevamente la ilustración de la escalera, no puedo estar a dieciocho metros de altura y tener que gritar hacia abajo para remediar los errores que mi sostenedor está cometiendo. Necesito a alguien suficientemente fuerte para realizar la tarea correctamente y tener la seguridad de que puedo gritar y dar instrucciones y saber que la persona escuchará.

Otra forma en que explico esto es al decir: «Cuanto mayor sea la necesidad, más corta la oración.» Si me estuviera ahogando, yo no diría: «Oh Dios, el Padre Eterno de Abraham, Isaac y Jacob, el Todopoderoso, el que era, que es y que será, santificado sea tu nombre; siendo que me estoy ahogando, tírame una cuerda para así poder aferrarme aunque siempre estoy a salvo en la vieja y cruenta cruz.»

No, yo gritaría: «¡Auxilio, Dios!.» No me voy a preocupar de si me dirigí a la Trinidad completa o solo a Jesús. No voy a estar preocupado de si concluí con «en el nombre de Jesús, Amén.» ¡Estoy demasiado ocupado intentando permanecer vivo!

Por lo tanto, a mayor necesidad, más corta la oración. Es más, cuando me encuentro arriba sobre una escalera de doce metros, la necesidad es más grande. No es una opción; debo tener personas sosteniendo la escalera, las cuales sean hábiles para captar instrucciones en dos o tres palabras y que puedan llevarlas a cabo rápidamente.

La segunda cualidad es la *atención*. Necesitan tener la capacidad de prestar atención, estar alertas a lo que estoy diciendo y asimilarlo rápidamente. No quiero darles las mismas lecciones repetidamente.

Si Santiago y Marta han sido ujieres por veintisiete años, ¿podemos suponer que deberían saber lo que deben hacer?

Los que limpian la iglesia deberían saber dónde está cada tarro para la basura. Aquellos que cantan en el coro deberían saber la hora en que deben estar para practicar el miércoles en la noche, y a qué hora se espera que ellos estén con sus trajes apropiados el domingo en la mañana.

No tenemos que andar detrás de las personas atentas constantemente. Ellos entienden desde la primera vez.

La tercera cualidad es la *fidelidad*. No me estoy refiriendo a tener fe en el Señor. Eso se supone si van a servir en la iglesia. Estoy hablando de tener fe en mí como su líder y estar comprometidos conmigo.

Al inicio de mi propio ministerio aprendí que si no son fieles a mí, que si no están comprometidos con la misma visión en la que yo lo estoy, me abandonarán. Lo peor es que ellos salen corriendo, no antes de iniciar ni tampoco cuando explico lo que deseo. Afirman con la cabeza, sonríen y están de acuerdo, pero tan pronto como estoy a cuatro metros de distancia, me abandonan.

Necesito personas que permanezcan en la escalera sin importar cuán difíciles se pongan las cosas. Mientras estoy arriba, los fieles me demuestran que puedo estar seguro de que ellos están abajo. No necesitan constantemente mis gritos: «Están haciendo un gran trabajo. Son maravillosos.» Son constantes y sé que puedo confiar y contar con ellos.

La cuarta cualidad es la *firmeza*. Con esto quiero decir, no explotados por gente manipuladora. En cada iglesia y en cada corporación hay tipos manipuladores. Los terroristas de Al Qaeda no son nuevos; solo el nombre lo es. El terrorismo en la iglesia no es nada nuevo, sino que por lo general está cubierto con el lenguaje eclesiástico; se oculta en las reglas, y lo hacen sonar espiritual y atractivo. La meta final de los terroristas de la iglesia es control y destrucción. Eso suena duro, estoy seguro, pero eso es tras lo que van.

> El terrorismo en la iglesia no es nada nuevo, por lo general está cubierto con el lenguaje eclesiástico; se oculta en las reglas, y lo hacen sonar espiritual y atractivo

Pueden hablar en lenguaje piadoso, como por ejemplo: «El Espíritu Santo me dirigió»; o dicen: «El Señor habló a mi corazón.» Pueden estar extremadamente autoengañados o simplemente son malintencionados. No importa lo que sea, ya que el final es el mismo. Quieren destruir los planes y las operaciones actuales. Lo hacen de muchas formas, pero la que he notado más a menudo es la que llamo *manipulación seductora*.

Una ilustración puede ayudar; y es una de esas vergonzosas. Mi primer conocimiento serio de la manipulación seductora llegó cuando tenía veintiséis años de edad y era pastor asistente de una iglesia en Oregon. Algunos de los líderes comenzaron a llamarme a un lado. Me adularon y me dijeron cuánto admiraban mi ministerio y cuánto apreciaban mi compromiso.

«Tú sabes, realmente cuando predicas lo disfrutamos. Cuando estás en el púlpito, le sacamos provecho al servicio», decían, y me abrazaban. «Quisiéramos que predicaras cada domingo y cada martes.»

Hasta ese momento nunca había pensado en tal cosa. Había llegado para ayudar al pastor principal.

«Tú nos alimentas cuando predicas o enseñas. Estás ungido y entiendes. El pastor no nos transmite nada. Sus mensajes están bien, solamente que no son relevantes para nuestras necesidades.»

Esta clase de conversación no sucedió solo una vez, sino por varias semanas. Yo era joven, ingenuo y egocéntrico. Tontamente, les permití que me manipularan mediante sus constantes alardes al ego. En vez de ser el fiel sostenedor de escalera que debí haber sido, comencé a disfrutar de esas conversaciones. Al principio les escuchaba y les agradecía. Cuando me retiraba, me sentía realmente especial y ungido.

No pasó mucho tiempo antes de que participara en las conversaciones. «Tienen razón. Él no entiende las necesidades de la gente de hoy.»

Todavía recuerdo una reunión donde había un punto particularmente importante en la agenda. Varios de los ancianos, los que habían estado adulando mi ego, me habían convencido de que el plan que el pastor quería poner en acción era poco sensato. Él habló y explicó exactamente lo que quería que sucediera.

«¿Puedo decir algo?», pregunté. Cuando el pastor asintió con su cabeza, me puse de pié. Discrepé fuertemente con todo lo que él había dicho. Punto por punto, discutí en contra de lo que él quería hacer. Mis seductores manipuladores habían hecho un buen trabajo en mí.

Estaba equivocado. Pienso que lo supe treinta segundos después de que empecé a hablar. Sin embargo, no supe cómo retractarme y decir: «Lo siento.» Mis palabras continuaron y vetamos algo a lo que el pastor estaba comprometido. Debí haber sido su principal sostenedor de escalera, y no solo hablé por hablar, me había puesto en su contra. No fui el firme ayudante que él merecía.

Dios tiene una manera de nivelar las cosas. Al año siguiente cuando fui pastor en Michigan, coseché el fruto de la mala semilla que había sembrado en Oregon. En ese entonces era el pastor principal, y el mismo tipo de manipuladores seductores avanzaron sobre mi territorio.

Mediante esa triste experiencia, aprendí tres lecciones importantes:

1. Si estamos en desacuerdo con nuestro líder, no lo manifestemos en público. Necesitamos discutirlo con esa persona en privado.

2. Si estamos en desacuerdo, deberíamos examinar nuestros motivos antes de hablar. Necesitamos estar seguros de que otros no nos predispongan. No hablarán por sí mismos, sino que encontrarán un alma confiable e ingenua que haga el trabajo por ellos.

3. Si estamos en desacuerdo, deberíamos asegurarnos de que no lo hacemos por ganancia personal. No lo entendí en ese entonces, pero esos manipuladores habían inculcado en mí un deseo de convertirme en el pastor principal. Debido a ellos, codicié una posición a la cual Dios no me había llamado.

A medida que he pensado con mucha vergüenza sobre mi comportamiento en Oregon, comprendí, demasiado tarde, que mi agenda no era estar en desacuerdo y desear expresar mi punto de vista. Mi agenda secreta fue que quise parecer más listo, más brillante, y mejor informado que el pastor principal. Esos seductores manipuladores estuvieron usándome, así como Satanás usó a Eva en el jardín del Edén. Y tal como Eva, fui muy ingenuo para comprender lo que estaba sucediendo, hasta que fue demasiado tarde.

Si estamos en desacuerdo con nuestro líder, no lo manifestemos en público, y asegurémonos de que no lo hacemos por ganancia personal.

La cualidad final es la *lealtad*. No significa que deben estar de acuerdo todo el tiempo. Lealtad no significa repetir «sí, sí, sí», sin importar lo que el visionario dice.

He formulado tres frases que explican lo que quiero decir:

1. Puedes estar en desacuerdo con tu cabeza, pero no con mi corazón.

2. Puedes estar en desacuerdo con el «cómo hago las cosas» pero no con el «por qué hago las cosas.»

3. Puedes estar en desacuerdo con mis métodos, pero no con mis motivaciones.

PASTOR O GERENTE

La primera vez que me desempeñé como presidente en el Instituto Bíblico Beulah Heights en 1989, no tenía experiencia en recursos humanos. Teníamos siete personas empleadas en ese tiempo: cuatro de ellas a medio tiempo y tres a tiempo completo (catorce años más tarde, teníamos más de noventa personas empleadas). Con el transcurso de los años he aprendido algunas lecciones sobre los sostenedores de escalera, que pudieran ser de provecho para aquellos que contratan y despiden gente.

Aunque mi experiencia ha sido en gran parte con el personal en el Instituto Bíblico Beulah Heights, estos principios también se pueden poner en práctica en situaciones pastorales. Casi cada semana en el año tengo conversaciones con pastores que tienen problemas con el personal remunerado. Tienen un trabajo difícil hoy día. Por un lado, son pastores, eso quiere decir que son los pastores que cuidan las ovejas. Por otro lado, son los gerentes y la congregación los hace responsables del buen funcionamiento administrativo de la iglesia.

La primera cosa que he aprendido es que aunque sean pastores y gerentes, no pueden ser ambas cosas al mismo tiempo. Intento ayudarles a entender la diferencia entre las dos y cuándo dar prioridad a una y cuándo a la otra.

> Aunque sean pastores y gerentes, no pueden ser ambas cosas al mismo tiempo.

Puede ayudar si lo explico de esta manera. Digamos que soy el ministro principal en *La Primera Iglesia Espiritual*. Para cada miembro del personal remunerado, primero soy el gerente, y en segundo lugar soy el pastor. Eso significa que primero debo realizar los asuntos administrativos de la iglesia con ellos. Cuando haya logrado eso, puedo funcionar como su pastor. Si invierto el orden, estoy en problemas y también lo está la organización.

Para cada miembro de la iglesia, primeramente soy el pastor y en segundo lugar el gerente. Debo estar dispuesto a extenderles la mano a aquellos que necesitan ser nutridos, fortalecidos, animados, reprendidos y disciplinados. Cuando he desempeñado mis deberes pastorales, puedo funcionar como el gerente. Si me equivoco en esto, es regresar entonces al asunto de poner los proyectos antes que a las personas. Si veo a los miembros solamente como el medio para lograr lo que deseo hacer, entonces los manipularé, amenazaré, obligaré o adularé para cumplir mi propia agenda.

Cuando funciono como el gerente con los empleados remunerados, la primera lección que aprendemos es que contratamos a la gente por lo que saben; y los despedimos por quiénes son.

Podemos contratar al músico porque en cada pieza que interpreta puede hacer un concierto del sonido musical más sencillo. Lo despedimos porque tiene una mala actitud. Contratamos a un administrador porque es veloz en la computadora y comprende las hojas de cálculo, ganancias y pérdidas, reglamentos de gobierno, y conoce el programa de computadora más reciente. Lo despedimos porque no puede llevarse bien con la gente.

¿Qué hacemos cuando es hora de incorporar a alguien en el personal? Mi sugerencia es que necesitamos pensar mucho en nuestras políticas. Obviamente, queremos gente competente, pero cuando seleccionamos sostenedores de escalera, necesitamos pasar más tiempo con lo que ellos son, que con lo que saben.

> Cuando seleccionamos sostenedores de escalera, necesitamos pasar más tiempo con lo que ellos son, que con lo que saben.

Puedo leer su currículum y puedo hablar con personas con las que han trabajado, y con las personas para las que han trabajado. Eso es importante. Pero también sé que los problemas en el trabajo generalmente se inician con asuntos de personalidad y no de capacidad. Una vez que estén empleados, me darán alegría o dolor. Con pocas excepciones, la gente que he despedido ha sido debido a sus actitudes. Muy pocas veces he tenido que deshacerme de alguien por la falta de capacidad para realizar el trabajo.

Esto me conduce a la segunda lección que he aprendido: contrata lentamente y despide rápidamente.

Es mejor tener una vacante que una mala ayuda. Supongamos que el doctor te diagnostica cáncer, dice que la cirugía es la única opción, y pregunta: «¿Cuándo desearía programarla?.»

Supongo que dirás: «Cuanto antes.»

Cómo líder, una buena pregunta para hacerse es esta: ¿por qué tolero a personal incompetente? ¿Por qué permito que infecten al resto del personal con su mala actitud? Aquí está la forma en que me gusta decirlo: No apresures la decisión al emplear; no retrases la decisión al despedir.

La tercera lección que he aprendido es esta: el mejor momento para despedir a alguien es cuando por primera vez pasa por tu cabeza. Tendemos a confundir aquí otra vez nuestros roles. En vez de pensar como gerente y en el beneficio de la organización, tendemos a cambiar a nuestro rol pastoral y a buscar formas de excusar o pasar por alto problemas lo suficientemente serios por los que deberíamos considerar el despido.

También he aprendido que si la situación es bastante seria como para despedir a la gente y no lo hacemos, después de eso comenzamos a buscar razones para que se queden.

Para cuando entendí esta tercera lección, observé un anuncio en la revista *USA Today* [1] por Randall Murphy, el fundador y presidente de la Corporación Acclivus. No sé mucho sobre Acclivus, salvo que sus clientes incluyen organizaciones importantes como Dunn and Bradstreet, Exxon, Mobile, Dell, FedEx, Dr. Pepper/Seven-Up y Roadway Express. El anuncio decía: «Cuando le asignan la tarea de conquistar la colina, o el mercado, usted se interesa menos por quién está por usted y más por quién está con usted.»

Esas palabras me impactaron, y leí la frase varias veces. He traducido la declaración de Murphy a los asuntos de la iglesia, por ejemplo cuando una congregación comienza un nuevo programa de edificación.

Aquellos que hacen compromisos están por nosotros; los que pagan sus compromisos están con nosotros. No tenemos que estar involucrados en las iglesias mucho tiempo para darnos cuenta de que hay una gran brecha entre estos dos grupos.

Solo porque la gente dice: «Estoy contigo», no es el verdadero asunto. El verdadero asunto es lo que sucede en sus vidas. ¿Hacen lo que prometen? ¿Siguen sus palabras fielmente a sus acciones?

TRES NIVELES DE SOSTENEDORES DE ESCALERA

Ya he mencionado las cinco cosas que tenemos que observar, que nos describen quiénes son esos sostenedores de escalera. Desde ahí, comencé a pensar acerca de lo que sucede con los sostenedores de escalera en la iglesia.

Concluí que hay tres niveles de sostenedores de escalera.

En el primero hay *seguidores*. Esta palabra puede referirse a todos, a cada uno en la congregación.

En el segundo están los *ministros*. Ellos sienten que Dios los ha llamado, delegado autoridad y que les ha otorgado dones para servir en la iglesia. Cuando utilizo la palabra ministro, no me refiero a ministros y pastores ordenados, aunque puede incluirlos. Me refiero a todos aquellos que tienen un corazón para servir a otros.

En el tercero están los *líderes*. Ministran a través de otros. No solo tienen un sentido del llamado; también tienen pasión, y esa pasión es la de ver a Dios trabajar a través de otros. Los verdaderos líderes no tratan de engañarse a sí mismos pensando que ellos pueden hacerlo todo. Están dispuestos a delegar y a confiar en otros. Los ministros principalmente sirven por sí mismos; los líderes lo hacen a través de otros.

> Los verdaderos líderes no tratan de engañarse a sí mismos pensando que ellos pueden hacerlo todo.

A lo largo de todos mis años sirviendo en la iglesia, me he dado cuenta de que hemos arruinado a muchos buenos ministros empujándolos al liderazgo. He aquí un ejemplo de lo que quiero decir. Digamos que José tiene una pasión por el ministerio de prisiones. También tiene dones porque él sabe conectar con los prisioneros. Ellos lo escuchan porque confían en él. Por su propia cuenta, y sin nadie de la iglesia siguiéndole, José va a la cárcel local cada viernes y sábado. Él hace eso sin ningún interés y con amor. Lleva consigo porciones del Evangelio y enseña a los presos cómo leer el Nuevo Testamento. Canta, predica y toma tiempo para aconsejar a cualquiera que se lo pida.

Después de dos años, José tiene un asombroso despliegue de resultados, tales como varias personas creyendo en Jesucristo. Algunos de ellos se han incorporado a la iglesia. Todos reconocen el valor del ministerio de José.

Un día, el pastor dice: «Necesitamos comenzar un ministerio oficial de prisiones a través de nuestra iglesia. José ya lo está haciendo, así que pongámosle a cargo.»

«Cada vez que tomamos peticiones de oración», dice uno de los ancianos, «José nos pide que oremos por el ministerio de prisiones y por los prisioneros.»

«Él nos envía regularmente correos electrónicos acerca de las personas que han sido salvas», dice un diácono.

«Él tiene pasión por eso», dice otro.

La junta está de acuerdo por unanimidad.

Esta decisión puede sonar como una buena idea, pero en los diez minutos que les tomó hacer el veredicto oficial, arruinaron a José y a su ministerio.

Hasta entonces, José había sido un excelente ministro para Dios. Hizo una labor extraordinaria mientras fue el único que realizó el trabajo. Tenía un corazón sensible y la gente confiaba en él por instinto.

Sin embargo, su ministerio ya había sido arruinado, porque José se había movido del ministerio al liderazgo. Él ya no está enfocado en las personas. Está abrumado reclutando músicos y evangelistas. Constantemente está programando quién irá a qué cárcel y en qué momento. Debe pasar una gran cantidad de tiempo enseñando a aquellos que se han hecho voluntarios para el ministerio. Necesitan entender el comportamiento apropiado y lo que pueden y no pueden hacer por los presos. Él tiene que explicar, por ejemplo, que no pueden llevar o traer correspondencia para los prisioneros. No pueden aconsejar, especialmente ningún asesoramiento legal. Varias veces ha tenido que ir donde el comandante a disculparse por errores que su gente comete.

Después de cuatro meses, José se da cuenta de que tiene que organizar y dirigir a la gente. Ya no tiene un ministerio. Su pasión comienza a secarse. La bien intencionada junta de la iglesia lo ha arruinado. Él está poniendo todo su empeño para sostenerles la escalera a otros y él necesita subir la suya propia.

Todo esto para decir que aun cuando alguien esté haciendo un ministerio ejemplar como José, no significa que pueda funcionar bien como un buen sostenedor de escalera.

ENTRENANDO SOSTENEDORES DE ESCALERA

Esto me lleva a enfatizar que los sostenedores de escalera necesitan ser entrenados. Muy pocos ministros han preparado y entrenado sostenedores de escalera. He tenido conversaciones con pastores de iglesias grandes por todo el país. He hecho notar las cualidades que ya he mencionado. Necesitan personas que sean fuertes, atentas, fieles, firmes y leales.

> Los sostenedores de escalera necesitan ser entrenados.

Entonces digo: «Nómbreme a sus sostenedores de escalera. No estoy preguntando por posiciones y títulos como diáconos o miembros de la junta administrativa. Piense en esas cinco cualidades que le mencioné.» Me detengo brevemente y después digo: «Dígame los nombres de los que le sostienen la escalera.»

Sin importar cuántas veces haya hecho esto, la mayor cantidad de nombres que alguien ha podido mencionar ha sido cinco. El tamaño de la congregación parece no importar, ya sea una iglesia de cien miembros o una con más de diez mil.

Cuando los pastores no pueden ir mas allá de mencionar unos pocos nombres, eso me dice que la iglesia ha realizado un excelente trabajo aumentando seguidores, pero que ha sido pésima en cuanto al desarrollo del liderazgo.

Al principio de este libro mencioné que desarrollar a las personas toma tiempo, y el tiempo es algo que escasea en nuestras vidas tan ocupadas.

También les recuerdo a los pastores que sus escuderos o asistentes no necesariamente tienen que ser sostenedores de escalera. Solamente porque alguien es un asistente pastoral, asistente del director del coro, vicepresidente de la corporación, o tiene un título impresionante, eso no le convierte en un sostenedor de escalera confiable.

Para hacer esto más claro, llevo a los pastores a pensar en situaciones cuando la iglesia está llena de problemas y les pregunto: «¿A quién acudirías por ayuda?.»

Ellos continúan mirándome fijamente confundidos, así que he aquí una ilustración que parece haber aclarado lo que quiero decir.

«Digamos que estás abandonado en una isla. La batería de tu teléfono celular se está agotando. Decides que solo tienes la carga suficiente para hacer una llamada. También digamos que sabes que ningún miembro de tu familia está disponible.» Después hago una pausa y pregunto: «¿A quién llamarías?.»

Ellos fácilmente eliminan a los que no llamarían; y algunos de ellos son prominentes en la iglesia. Finalmente se dan cuenta de que necesitan llamar a un verdadero sostenedor de escalera, a una persona que es fiel y que está personalmente comprometida con ellos. Esos son los individuos que harán lo que sea necesario para sacarlos de la isla.

Si estuvieras abandonado en esa isla, ¿quién es el sostenedor de escalera al que llamarías?

¿CÓMO RECLUTAMOS VOLUNTARIOS?

«**¿Q**uién sostendrá mi escalera?» Esa es una forma común en la que buscamos ayuda. Miramos alrededor, le suplicamos a cualquiera que venga en nuestra ayuda, y le damos la bienvenida, sin importar sus capacidades. Puede que no lo expresemos de esa manera. En lugar de eso, anunciamos: «Necesitamos a dos nuevos maestros de escuela dominical. ¿Quién servirá por un año?.» O imploramos para que los hombres se unan al coro.

¡Ese método funciona! La gente se hace voluntaria y obtenemos resultados. Solo hay un serio problema: es el enfoque incorrecto.

Mi consejo es simple. *Deja de pedir voluntarios.*

Explicaré la razón.

Cuando era pastor y pedía voluntarios, las personas que no podían realizar el trabajo levantaban siempre sus manos. Apreciaba su celo, pero ellos simplemente no podían hacer lo que yo necesitaba realizar.

La gente que no podía cantar corría para ser parte del coro. Personas a las cuales se les había olvidado sonreír se ofrecían voluntariamente como ujieres. Personas a las que les desagradaban los niños levantaban sus manos para encargarse de la sala cuna. Personas que no podían enseñar se comprometían a encargarse de una clase de escuela dominical.

También me di cuenta de otro problema. Dentro de un corto plazo, aquellos que se hacen voluntarios tan fácilmente están listos para dejar de serlo. Parecen oír el susurro del Espíritu Santo diciendo «te envío» cada vez que el pastor pide ayuda. Después de algunas semanas, parece ser que también oyen al mismo Espíritu Santo susurrar: «Tu trabajo aquí se acabó.» No realizaron algo productivo, pero por lo menos se marchan.

> Dentro de un corto plazo, aquellos que se hacen voluntarios tan fácilmente están listos para dejar de serlo.

En primer lugar, en realidad no debieron haberse ofrecido como voluntarios.

El problema más grande ocurre cuando esos ayudantes no aptos, pero bien intencionados, se posicionan y luego tenemos que preguntarnos: «¿Cómo te desharás de ellos?.»

Esa es la pregunta; y ese también es el problema. ¿Cómo "des-voluntariamos" a un voluntario? No hay muchas opciones de que alguien del coro, que es bajo y no puede cantar un Do por debajo del Do central, llegue a aprender a hacerlo. La persona rezongona del equipo de sala cuna, de repente no querrá cambiar pañales gustosamente.

Supongamos que leemos el titular del periódico matutino que dice que la escuela pública local busca voluntarios para enseñar inglés, ciencias y matemáticas. ¿Quisiera que mis niños asistieran a una escuela donde todos los instructores son voluntarios? El público no lo apoyaría. «Queremos a profesionales enseñándoles a nuestros niños», insistirían ellos.

¿Por qué es que equipamos nuestros departamentos de educación cristiana, comité de ujieres y sala cuna con personal voluntario? ¿Podrá ser que la lectura, escritura y aritmética son mucho más importantes que asuntos reales de la vida tales como la preparación para el cielo o la integridad personal? Continuamos haciendo lo que la iglesia ha estado haciendo por los últimos cien años: ponemos avisos en el boletín y en la página de Internet de la iglesia: "Necesitamos cuatro maestros para el departamento de los niños."

Seguramente debe de haber una mejor manera.

¡Y la hay!

Necesitamos ver a los voluntarios como personal sin sueldo.

He llegado a la conclusión de que las personas más calificadas están esperando para ser reclutadas. Ellos no se apresuran a apuntarse en la hoja colgada en el tablero de anuncios. No llaman al teléfono celular del líder de alabanza. Están ahí, disponibles y dispuestos a servir *si se lo piden*. Necesitamos aprender cómo reclutar voluntarios.

LA BIBLIA Y LOS VOLUNTARIOS

¿Alguna vez te has preguntado qué dice la Biblia sobre el voluntariado?

Desde los tiempos del Antiguo Testamento, hasta Juan el Bautista, los seguidores generalmente eligieron a su líder. La gente oiría a un gran profeta, le escucharía, haría lo que él les dijera y se convertirían en sus discípulos.

Sin embargo, algo cambió después de Juan el Bautista. El siguiente líder en la escena del mundo fue Jesús. Los seguidores no eligieron a Jesús; Jesús eligió a los seguidores. Me pregunto cuánta gente piensa en esto. Cada uno de los Evangelios nos cuenta cómo realizó Jesús su ministerio. Uno de sus primeros actos fue elegir a aquellos que Él quería que le siguieran, y fue a quienes entrenó. (Ver Marcos 1:16-20 y Lucas 5:1-11).

> **Los seguidores no eligieron a Jesús;**
> **Jesús eligió a los seguidores.**

A veces personas se ofrecían a seguir a Jesús y Él no se lo permitía. Aquí tenemos dos ejemplos. «Yendo ellos, uno le dijo en el camino: "Señor, te seguiré adondequiera que vayas". Y le dijo Jesús: "Las zorras tienen guaridas, y las aves de los cielos nidos; mas el Hijo del Hombre no tiene dónde recostar la cabeza"» (Lucas 9:57-58). No, dijo Jesús.

En otra ocasión, Jesús liberó a un hombre de los demonios y luego el hombre sanado quiso ir con el Señor. Jesús le dijo que no (ver Marcos 5:18-19).

Jesús mantuvo una visión poderosa de su escalera que se extendía de la tierra al cielo. Él no quería simplemente a cualquier persona apoyándole. De hecho, momentos antes de su traición, Jesús les dijo a sus discípulos: «No me elegisteis vosotros a mí, sino que yo os elegí a vosotros, y os he puesto para que vayáis y llevéis fruto, y vuestro fruto permanezca» (Juan 15:16a).

En ningún lugar en el ministerio de Jesús leemos que se levantó y dijo: «Necesito ayudantes para hacer el trabajo. Quiero que cincuenta personas me sigan.» En lugar de eso, Jesús reclutó voluntarios que sostuvieran firme esa escalera sin importar cuán violentamente golpearan las fuerzas del mal.

En lugar de buscar personas que se ofrezcan voluntariamente, los líderes sabios siguen el ejemplo del Señor y buscan a los que tienen dones. Como pastor y presidente de un creciente instituto bíblico, sé que si queremos ser exitosos, debemos tener en todas las posiciones clave a personas provistas de dones. Sí, he cometido errores, pero también he tomado muchas buenas decisiones. Busco a aquellos que muestran ese «algo extra», llámalo un don o una cualidad única, pero hay individuos que tienen esa chispa especial que los pone aparte del resto. Esos son los que quiero desarrollar.

En el Nuevo Testamento, Pablo escribe varias veces sobre los dones espirituales. Aunque menciona nueve de ellos en 1 Corintios 12, él no ofrece el catálogo entero de capacidades. Obviamente, hay dones que no mencionó, pero el punto es el mismo. Si queremos lograr algo, confiamos en aquellos que son talentosos, dotados y que pueden realizarlo. No nos la pasamos sentados y esperanzados en que golpearán nuestras puertas. Como hizo Jesús, nos acercamos a ellos y les decimos: «Te necesitamos.» «Tenemos un lugar para ti.»

También es interesante que los que Jesús reclutó tenían que decidir si querían seguirle, inclusive después de que se les preguntara. En Lucas 9:59-62, Jesús le pidió a un hombre que lo siguiera. El hombre manifestó que tenía que ir a casa y enterrar a su padre. Jesús dijo: «Deja que los muertos entierren a sus muertos; y tú ve y anuncia el reino de Dios» (v. 60).

«Y otro también dijo: "te seguiré, Señor; pero déjame que me despida primero de los que están en mi casa. Y Jesús le dijo:

Ninguno que poniendo su mano en el arado mira hacia atrás, es apto para el reino de Dios"» (vv. 61-62).

También es interesante que Pablo exhorta a los tesalonicenses: «os rogamos hermanos, que reconozcáis a los que trabajan entre vosotros, y os presiden en el Señor, y os amonestan» (1 Tesalonicenses 5:12). La única vez que oigo a alguien citar ese versículo es durante servicios de ordenación. Eso encaja, por supuesto, pero tiene una aplicación mucho más amplia.

En el primer capítulo de este libro señalé tres formas de hacer el trabajo de la iglesia, y la tercera es desarrollar a otros: enseñarles a hacer lo que pueden hacer. También señalé que toma tiempo para que eso suceda. Significa trabajar con esos sostenedores de escalera e instruirlos en cómo hacer un trabajo excelente. Algunos pueden ser mejores sosteniendo escaleras cortas, y otros pueden ser idóneos para escaleras largas. Algunos pueden trabajar mejor solos y otros en grupos. El principio sigue siendo el mismo: los líderes necesitan desarrollar a otros.

Sé que en congregaciones grandes a los pastores se les dificulta conocer a cada persona. Para el momento en que una iglesia tiene diez mil miembros, es probable que el pastor principal no conozca más que al 10 % de ellos. Simplemente quiere decir que ellos tienen muchas escaleras y muchos pintores, y que necesitan una mayor fuerza de soporte detrás de esos pintores.

Los líderes verdaderos desarrollan a sus propios seguidores. Hablaré más acerca de eso en el siguiente capítulo. Los líderes sabios integran a las personas al reconocer sus dones y al ponerlos en el rol correcto. Ellos tienen archivos de quién puede realizar determinada función. Cuando necesitamos acompañantes para ir con nuestro grupo de jóvenes a un día de campo, si somos listos, no preguntamos: «¿Quién va a ayudar?.» Simplemente porque son padres no quiere decir que serían los acompañantes apropiados.

> Los líderes sabios integran a las personas al reconocer sus dones y al ponerlos en el rol correcto.

Puede haber quienes no tienen tiempo o inclinación para trabajar con el departamento de jóvenes cada semana. Pero si conocemos sus capacidades y los invitamos dos o tres veces al año cuando tenemos eventos especiales, probablemente dirán: «Sí, puedo ayudar.»

Encontrar quién es talentoso no es una tarea imposible; con buenos programas de computadora fáciles de conseguir, cuando ingresamos información podemos hacer un inventario de dones, de pasiones o un inventario de llamados.

Cuando un nuevo miembro dice: «me encanta organizar proyectos a corto plazo», es importante que lo pongamos en un archivo. Por ejemplo, cuando nos preparamos para sacar un nuevo directorio de la iglesia, eso es un proyecto a corto plazo. Esa persona puede organizar y hacer que el proceso se lleve a cabo sin problemas. Esa es la misma persona que no estuvo disponible para las tareas que se realizan cada semana a lo largo del año.

He aquí un ejemplo. Compartí en una conferencia de liderazgo en Boston, en la Iglesia Cristiana del Nuevo Pacto

(*New Covenant Christian Church*), donde el obispo, Gilbert Thompson, un visionario, es el pastor principal. El obispo Thompson se sentó en la fila del frente con una computadora portátil abierta, tomando notas tan rápido como podía. No quería perderse ninguna información importante. Recuerdo ver la sonrisa en su rostro cuando hablé acerca de no preguntar por voluntarios.

Meses más tarde, el asistente del obispo Thompson dijo que ese factor importante «ha revolucionado nuestro ministerio. Ya no preguntamos por voluntarios; los reclutamos.»

¿Será algo extraño que la Iglesia Cristiana del Nuevo Pacto tenga erigidas docenas de escaleras de alto nivel?

ASUNTOS IMPORTANTES, RECLUTAMIENTO IMPORTANTE

Piensa en voluntarios de esta forma. Tú eres un líder. Estás a solo un metro del suelo, pero estás subiendo los peldaños. Mientras que miras hacia arriba, sabes que eres capaz de alcanzar una altura por lo menos de dieciocho metros.

Mientras comienzas a ascender, ¿vas a gritar: «pueblo de Dios, alguien, cualquier persona, venga y sostenga esta escalera?.» Probablemente no. Si eres un líder sabio, debes haber escogido (o reclutado) a alguien en quien confías. Quieres llegar tan alto como tu escalera te lo permita y no preocuparte de si la persona en la parte de abajo va a perder el interés o a marcharse.

Cuando estamos entrenando sostenedores de escalera, esos aprendices necesitan instrucciones claras. La gente de la iglesia no capta indirectas, y la mejor forma de entender esto es al pensar en los anuncios de la iglesia.

Necesitamos sostenedores de escalera diferentes para los diferentes niveles del ministerio.

Como líderes, podemos poner toda la información en el boletín. Podemos decirle a cada uno personalmente, hacer llamadas telefónicas, enviar correos electrónicos, anunciarlo desde el púlpito y escribir un anuncio en el proyector o para el Power Point. No importa lo que hagamos o cuán a menudo enviemos la información, las personas continuarán llamando a la oficina de la iglesia. «¿A qué hora era esa reunión? ¿Era a las nueve, o nueve y media? ¿Era el lunes o el martes?.»

Sin embargo, cuando estamos desarrollando sostenedores de escalera, los entrenamos de la manera apropiada. Una buena forma de ver esto es a través del libro de los Proverbios. A pesar de que la mayoría de la instrucción se lee como que un padre le está dando consejo a un hijo, los eruditos o estudiosos han visto esto de una forma diferente. El consejo y la instrucción están diseñados para los eruditos en entrenamiento. Los instructores los miraban como estudiantes o hijos. Esas son instrucciones sobre crecimiento personal y liderazgo.

En el muy citado Proverbio 22:6, dice: «Instruye al niño en su camino, y aun cuando fuere viejo no se apartará de él.» Si aplicamos esto (y pienso que esta es la forma correcta) a estudiantes o a eruditos que reciben instrucción, quiere decir que si nosotros que somos líderes entrenamos nuevas personas apropiadamente, es decir, cuando lo hacemos bien y lo hacemos en el principio, producirá la clase correcta de resultados. También significa que más adelante no tendremos que tomar muchas acciones correctivas. Si un árbol comienza a crecer derecho, no tendremos que pasar mucho tiempo tratando de enderezarlo. Cuando estamos hablando de sostenedores de escalera, sabemos que deben ser entrenados y desarrollados correctamente.

ANTES DE SUBIR ESCALERAS

Joseph Campbell una vez dijo que una de las grandes tragedias en la vida es subir a la cima de la escalera solo para descubrir que nuestra escalera se está apoyando contra la pared equivocada. Dijo que mucha gente toma lo que él denominó "el camino prudente en la vida", pero pierden el gozo. Dijo que esas personas nunca descubren su dicha.

¿Cómo evitamos ese problema? ¿Cómo nos ayudamos a nosotros mismos y a otros a descubrir la dicha?

Antes de comenzar a subir, tenemos que hacer tres cosas:

1. *Necesitamos decidir a dónde queremos ir.* En primer lugar, necesitamos estar seguros de nuestra razón para estar sobre la escalera. ¿Qué herramientas necesitamos para hacer el trabajo por el cual estamos subiendo la escalera? ¿Qué herramientas necesitaremos cuando lleguemos a la cima? Una cosa que aprendí cuando pinté durante mis días de estudiante fue que era muy fatigante y absorbente subir y bajar esa escalera. Tenía que cerciorarme de que tuviera todo listo antes de empezar a subir.

2. *Necesitamos ser claros respecto a nuestra visión.* Necesitamos poder decirles a nuestros sostenedores de escalera la razón por la cual estamos allá arriba y por qué están trabajando tan duro. Si lográramos llegar muy alto y la escalera se sacude, debemos estar seguros del porqué estamos allí. Cuando

pasamos por esos tiempos de turbulencia, y a todos nos pasa, debemos tener claridad respecto a nuestra razón de estar a tanta distancia del suelo. También necesitamos aclarárselo a aquellos que nos apoyan de modo que sepan el porqué están haciendo su trabajo.

Los líderes hacen dos preguntas. Mencioné esto en mi libro *Futuring*[2], pero pienso que es importante decirlo otra vez aquí.

Los líderes preguntan *qué y por qué*; los seguidores preguntan *cómo y cuándo*. Cada líder eficaz necesita entender esto.

> ## Los líderes preguntan qué y por qué; los seguidores preguntan cómo y cuándo.

Los líderes deben primero definir el qué: lo que quieren realizar. Una vez que tienen esa respuesta, necesitan ser claros en el porqué: ¿Por qué estamos haciendo esto?

En mi libro *Futuring*[3], di esta ilustración. En el Instituto Bíblico Beulah Heights quisimos alcanzar e iniciar un programa de estudios para los estudiantes que no tenían el inglés como su primera lengua. Ese era un *qué*: el programa de estudios.

¿Por qué queremos hacer eso? Contestamos, porque la misión de la institución, incluso en sus comienzos, fue alcanzar a los grupos no alcanzados. *¿Por qué?* Cada vez hay un gran incremento de personas para las cuales el inglés es una segunda lengua y necesitamos alcanzarlos. *¿Por qué?* Porque representan otro mercado. *¿Por qué?* Porque el lugar de las misiones ha cambiado. Hay más misioneros de otros países nacidos en América el día de hoy que los que hay de América en otros países. *¿Por qué?* Porque no tienen que conseguir visas y

tienen puentes naturales construidos, ya tienen credibilidad, y poseen el lenguaje.

3. *Necesitamos preguntarnos: ¿Qué estamos haciendo para prepararnos como mejores comunicadores?*

Durante las vacaciones de verano cuando fui estudiante en el Instituto Bíblico Beulah Heights, me ganaba la vida como pintor. Siempre he dicho que lo hice para pagar mis cuentas, no porque era mi idea de un alto llamado.

Recuerdo muchas veces que me cansaba al subir y bajar. Los primeros días se me olvidaba una herramienta o caía en cuenta de que necesitaba algo más y que tenía que regresar abajo y tomarlo. Eso no solo era fastidioso, era poco eficiente.

A causa de que aprendí esa lección absolutamente bien, la enseño de esta manera en las conferencias. A menudo pregunto si hay alguien en la audiencia que haya trabajado pintado, profesionalmente. Generalmente, dos o tres personas levantan sus manos, así que les pido que se acerquen.

«Supongan que voy a pintar la segunda planta de una casa», les digo. «Allá muy arriba, la pintura se está pelando, y está en malas condiciones. Me estoy alistando para subir a una escalera de doce metros. No quiero subir y bajar repetidamente, así que díganme lo que necesito poner en mi cinturón de herramientas antes de subir.»

«Necesitará un raspador y el cepillo de acero», dirá alguno.

«Necesita la lija y un martillo.»

Uno de ellos mencionará martillo porque siempre hay clavos que sobresalen. Alguien mencionará una pistola de calafateo.

«Necesitará pintura y una brocha, y por lo menos un trapo para limpiar las manchas que haga», dirá uno de ellos.

Sonrío porque lo saben exactamente bien. «Ahora, si usted está subiendo una escalera de doce metros como maestro de la escuela dominical, usted desea ser un maestro de escuela dominical excelente. ¿Qué herramientas necesita poner en su cinturón?.»

Entonces pregunto: «¿Hay alguien aquí que es maestro de escuela dominical? Vengan, por favor.» Después de que vienen, y siempre son muchos, les pregunto: «¿Es usted un buen maestro de escuela dominical?.»

Además de sonrisas y algunas risitas nerviosas, contestan: «Sí.»

«¿Puede ser un mejor maestro de escuela dominical?.»

La respuesta siempre es: «¡Sí!.»

«¿Qué es todo lo que tiene que hacer para ser un mejor maestro de escuela dominical?.» Entonces espero que respondan.

Comienzan siempre con «necesito orar más y leer más la Biblia.»

Todos asienten con su cabeza y les digo: «Sí, eso está bien, pero ¿qué más necesitan hacer?.» Antes de que respondan los maestros, la gente de la audiencia grita: «Leer más libros.»

Les pido nombrar algunos libros y lo hacen. Entonces comienzan a agregar cosas tales como una concordancia, un diccionario bíblico, una enciclopedia bíblica, y diversas versiones de la Biblia.

Podríamos hacer las mismas preguntas para cualquier posición en la iglesia. En lo que quiero que piensen es en esto: ¿Qué debo hacer si voy a ser un mejor y más eficaz comunicador?

¿Qué debo hacer si voy a ser un mejor y más eficaz comunicador?

También les recuerdo a los líderes de las iglesias que siempre que nos paremos a predicar, necesitamos recordarnos a nosotros mismos que tenemos cinco generaciones frente a nosotros.

¿Cuán eficaz soy en alcanzarlos? Para ser más eficaces, ¿qué estamos poniendo en nuestra caja de herramientas en cuanto a habilidades en la comunicación, el contar historias, movimientos, gestos de las manos, lenguaje corporal y vocabulario? ¿Qué estamos leyendo que nos ponga en contacto con la generación actual?

También es importante que nos acordemos de que cada persona no es un líder. Dios no nos llama a todos de esa forma. Aun cuando sabemos eso, algunos de nosotros en posiciones de liderazgo podemos estar intentando llevar a cabo trabajos para los cuales no somos idóneos.

Quizás necesitamos ser gerentes.

ASUNTO DE LIDERAZGO	MADUROS	BUILDERS Edificadores	BOOMERS Postguerra	BUSTERS (Generación X)	MILENIALES Emergentes
Era de nacimiento	Antes de 1928	1929-1945	1946-1964	1965-1983	1984-x
Paradigma en la vida	Destino manifestado	Agradece que tienes trabajo	Me debes	Se relaciona conmigo	Toma lo que desees
Actitud hacia la autoridad	Respeto	Tolerante	Reemplazo	La ignora	La eligen
Desempeño en las relaciones	A largo plazo	Significativas, útiles	Limitado, afectuoso	Central	Global
Sistema de valores	Tradicional	Conservador	Basado en sí mismo	Cambiante	Buscándolos
Rol en la profesión	Leal, responsable	Medio de vida	Enfoque central	Irritante	Cambiando siempre
Agenda	¿Qué hay para hacer?	Calmada	Frenética	Sin objetivos	Volátil
Tecnología	¿Qué es eso?	Espero sobrevivirla	¡Domínala!	¡Disfrútala!	¡Empléala!
Visión del futuro	Incierta	Busca estabilidad	¡Créala!	Sin esperanza	¿?

5

¿ESTAMOS ADMINISTRANDO ESCALERAS?

¿**E**res un líder? ¿O te ha dado Dios dones para ser un administrador? Es importante darse cuenta de lo que somos y a dónde pertenecemos.

Los líderes saben a dónde quieren llegar. Ellos señalan hacia un punto tan alto, que aquellos que están a su lado no siempre lo ven.

Los administradores saben exactamente dónde ubicar la escalera para el mayor beneficio. Puede que no vean ese punto especial que los líderes ven, pero pueden lograr hacer que todo funcione, de modo que los líderes puedan ascender sin tener que mirar atrás y sin tener que preocuparse por si tienen un soporte sólido.

> Los líderes saben a dónde quieren llegar. Los administradores saben exactamente dónde ubicar la escalera para el mayor beneficio.

En primer lugar, deseo poner en claro que los líderes no son superiores, ni tampoco lo son los administradores. Uno no es más importante que el otro; sin embargo, son diferentes. El siguiente cuadro hace la distinción entre líderes y administradores. Necesitamos administradores de la misma forma que necesitamos líderes.

No importa cuán grandes y visionarios sean los líderes; a menos que tengan administradores en su equipo, no irán muy lejos.

Líderes	Administradores
Enfatizan el qué y el porqué.	Enfatizan el cómo y el cuándo.
Trabajan desde el futuro hacia el presente.	Trabajan desde el pasado hacia el presente.
Se enfocan a largo plazo.	Se enfocan a corto plazo o en lo inmediato.
Abarcan una perspectiva macro.	Abarcan una perspectiva micro.
Están a favor del modo de pensar innovador.	Están a favor del modo de pensar rutinario/seguro.
Buscan balancear el idealismo con el realismo.	Enfatizan el pragmatismo sobre el idealismo.
Muestran dotes revolucionarias.	Protegen el status quo.
Explican la visión, inspiran y motivan.	Implementan la visión.
Emocionan a otros a través del cambio.	Son amenazados por los cambios.
Deciden rápidamente.	Deciden lentamente.
Identifican las oportunidades.	Identifican los obstáculos.

Toman riesgos.	Evitan los riesgos.
Buscan recursos.	Limitan sus acciones a los recursos disponibles.
Se centran en las personas.	Se centran en los sistemas.
Se centran en las ideas.	Se centran en los planes.
Se centran en los asuntos principales.	Se distraen por los asuntos periféricos.
Quieren la aprobación de otros.	Necesitan la aprobación de otros.
Hacen lo correcto.	Hacen las cosas bien.

OBSERVACIONES SOBRE LÍDERES Y ADMINISTRADORES

+ Los líderes y los administradores se complementan.

+ Ambos necesitan trabajar en el área de sus fortalezas.

+ Los administradores exitosos no siempre son líderes exitosos; los líderes exitosos no necesariamente son administradores exitosos.

+ Necesitamos evaluar de forma diferente el éxito de los administradores y el éxito de los líderes.

+ Consideramos existosos a los administradores cuando manejan la organización eficientemente, como también cuando entregan el trabajo a tiempo y dentro del presupuesto.

+ Consideramos a los líderes exitosos cuando hacen posible que su organización crezca en su capacidad de servir a la comunidad al descubrir nuevas necesidades, ampliando la base de recursos e innovando formas de entregar el trabajo, y cuando vigorizan o transforman la organización.

En segundo lugar, necesitamos reconocer lo que somos, porque si somos líderes en posiciones de administradores estamos frustrados y somos ineficaces. Constantemente veremos formas mejores de hacer las cosas o perderemos la paciencia con aquellos que trabajan de forma metódica y detallada. Igualmente es cierto que si somos administradores en posiciones de liderazgo, estamos matando nuestra organización. Estamos ocupados viendo que las cosas funcionen apropiadamente, que todas las luces estén apagadas en la noche y que no paguemos de más a nuestros acreedores. Si es ahí donde estamos, no tenemos tiempo, energía o capacidad para soñar acerca del futuro.

Si somos administradores, nos enorgullecemos de ser prácticos.

Por el contrario, si somos líderes, nos enorgullecemos de ser imaginativos y visionarios.

> Si somos administradores, nos
> enorgullecemos de ser prácticos.
> Si somos líderes, nos enorgullecemos
> de ser imaginativos y visionarios.

En tercer lugar, si somos supervisores encargados de personas, queremos comprender la clase de sostenedores de escalera que necesitamos. Algunas veces una situación requiere de otro líder, y otras veces de un administrador. Si somos líderes, aprenderemos a reconocer los talentos de cada individuo.

En vez de entrar más en detalle sobre esto, y si deseas saber más, consulta por favor mi libro *Futuring: Dirigiendo su Iglesia Hacia el Mañana* [*Leading Your Church into Tomorrow*] (Baker Books, 2002, páginas 123-128).

He aquí una interesante diferencia entre líderes y administradores. Los líderes se enfocan en el futuro. Saben lo que quieren lograr. Pueden ver cinco años hacia el futuro. Para conceptualizar esto, ellos trabajan desde el futuro hacia el presente para demostrar a otros cómo llegar al cumplimiento de su visión.

Los administradores simplemente no ven la vida de esa forma. Ellos conceptualizan la vida desde el pasado hasta llegar al presente. Saben cómo solían funcionar las cosas. Ahora construyen sobre el pasado para trabajar eficientemente en el presente. No tienen ninguna pauta que los introduzca al futuro.

Veamos cómo funciona esto en un nivel práctico. Digámos que decidimos tener un banquete para honrar los diez años de servicio de nuestro pastor a nuestra congregación.

Si eres un administrador talentoso, te preguntarás: «¿Cómo han hecho esto antes? ¿Qué hicieron en su quinto aniversario como pastor?.» O probablemente el administrador irá a los archivos de la iglesia para enterarse de cómo lo hizo la iglesia para con el pastor anterior que sirvió casi treinta años. Los administradores prontamente sabrán la época y qué actividades se realizaron. Sabrán quién habló, dónde se llevó a cabo el banquete, cuánto les costó a los miembros, e incluso tienen una copia del menú. Los administradores conocen el pasado, así que pueden darle unos retoques para hacerlo fluir con el presente.

Si le damos la misma tarea a un líder, esa persona empezará en un lugar diferente. «Olvida lo que se hizo hace cinco años.

Este es el presente. ¿Cuál es el propósito de este evento? ¿Qué queremos lograr? ¿Cuál es el resultado que deseamos de este banquete?.»

Los líderes también preguntarán: «¿Es esta la mejor época para hacer esto? ¿A quiénes necesitamos llamar para que nos ayuden a realizar esto?.»

Una vez que hayan establecido dónde desean estar al final del banquete, trabajan hacia atrás.

He aquí otra forma de entender a los líderes. Los líderes adoptan una perspectiva macro o del cuadro completo; los administradores adoptan una perspectiva micro o parcial. Para los administradores es difícil ver cualquier cosa que no esté en su escritorio. Se enfocan en límites, tareas especificas; y por eso son buenos administradores.

> Los líderes adoptan una perspectiva macro o del cuadro completo; los administradores adoptan una perspectiva micro o parcial.

Si cambiamos a los administradores al rol de los líderes, todo se atasca. Si intentamos convertir a los líderes en administradores, no podrán quitar sus ojos del cielo lo suficiente para saber cómo fortalecer la escalera o situar a toda la gente que necesitan.

Los líderes necesitan entender -especialmente aquellos en el nivel de gerente o pastor principal- que uno de los mayores desafíos que continuarán enfrentando es el pintar el cuadro completo.

También saben que aun cuando otros miren hacia adelante, no siempre captan lo que el líder ve. Otros pueden decir: «Bueno, hay una casa en la pradera. Sí, qué bueno.» El líder quiere que capten el resto de la pintura que también incluye montañas en el fondo y riachuelos en el primer plano. Los líderes querrán que la gente vea el cúmulo de nubes que se pasean a través del paisaje, pero los espectadores ven solamente el destello de los rayos del sol sobre la corriente apacible del riachuelo.

Los líderes entienden eso. De hecho, con la ayuda de los administradores forman grupos de observadores del riachuelo y de espectadores de la casa. Ellos mismos, sin embargo, continúan contemplando en su totalidad el cuadro que han pintado.

Los líderes acogen el pensamiento innovador; están llenos de nuevas ideas. Constantemente empujan los límites, deseosos de intentar nuevos programas o prever oportunidades emocionantes.

Los administradores acogen el pensamiento rutinario. Desean saber exactamente qué se espera de ellos, y lo harán fielmente. Preguntan: «¿Quieres que te sostenga la parte izquierda de esta enorme escalera?.» «¡Más te vale! Nadie la sostendría tan firmemente como yo.»

Los administradores no tienen muchas ideas originales. Los líderes tienen un estilo revolucionario y constantemente están dándoles giros a las cosas. Los administradores protegen el *status quo* y lo conservan. El cambio es difícil para los administradores. Si has puesto a alguien en un departamento donde deseas que haya cambios y progreso y pones allí a un administrador, no puedes esperar que esas cosas sucedan porque ellos mantendrán el estatus, tal vez más eficientemente, pero no transformarán su entorno.

Como ya lo he señalado, para los líderes el énfasis está en el *qué* y el *porqué*; para los administradores el énfasis está en el *cómo* y *cuándo*. Alguien lo ha dicho esta manera: Aquellos que saben el cómo siempre trabajarán para aquellos que conocen el porqué.

> Aquellos que saben el "cómo" siempre trabajarán para aquellos que conocen el "porqué".

Los líderes inspiran, y son rápidos para desafiar a la gente a intentar cosas nuevas. Los administradores controlan; dirigen la atención y las actividades. Si pudiéramos ver esto como el plan de Dios para el crecimiento de la iglesia y que Dios necesita ambas clases de personas, eso podría traer mucha armonía en la forma en que ponemos y protegemos nuestras escaleras.

Necesitamos a ambos. A menudo pienso que cuando hablamos de liderazgo, hacemos parecer menos significativos a los administradores. Uno de los mejores propósitos que veo en los administradores es que a veces ellos son los que mantienen los pies del pintor firmemente sobre la escalera. Algunos visionarios están tan embebidos en su visión, que piensan que pueden caminar en el aire o saltar de edificio en edificio. Los administradores les recuerdan sus limitaciones humanas.

Los administradores también guardan la tradición; y no toda la tradición es mala. Muchas veces la tradición es el esquema, la base sólida que nunca podemos abandonar si deseamos mantener nuestros pies sobre roca sólida. Solamente tenemos que pensar en líderes que han alcanzado alturas espléndidas y después han caído al piso; o colgaron inútilmente hasta que alguien los ha rescatado y les ha permitido comenzar de nuevo.

A nivel personal, soy de esa clase de visionarios, pero Dios me ha equipado con algunos administradores. Me recuerdan que estoy parado en la tierra cuando quiero volar al espacio exterior. También soy lo suficientemente inteligente como para escucharlos. A veces, también he tenido que impulsarlos. En varias ocasiones tuvieron sus reservas, pero confiaron en mí y en mi visión. Esa es la manera en que Dios quiere que funcione, ¿no es así?

Veamos cómo funciona esto en la iglesia. Digamos que el Dr. Holmes, el pastor-gerente, tiene una poderosa visión de levantar un gran edificio. Eso es inspirador, pero a menos de que tenga las cosas bajo control, constantemente estará pasándose del presupuesto y del tiempo. El Dr. Holmes inició con el santuario que le costó unos dos millones de dólares, pero su visión se siguió agrandando. Continúa cambiando, buscando formas más eficaces de alcanzar a un mayor número de personas, de entrenar más eficientemente, y de guiar más almas atribuladas al reino. Su visión final es un complejo de nueve pisos que costará ochenta millones de dólares. Todo estará en caos a menos que un buen administrador aporte estabilidad y control.

También es cierto que el cambio entusiasma a los líderes y asusta a los administradores. En una empresa como esa necesitamos a los dos. El temor sano es un aliado.

> El cambio entusiasma a los líderes y asusta a los administradores. En una empresa como esa necesitamos a los dos. El temor sano es un aliado.

He aquí un hecho importante para recordar siempre que hablemos de modificaciones o de ajustes: el que propone esos cambios no es la misma persona que está escuchando los planes. Si ponemos a ambos en una página, tendríamos una línea divisoria y ellos estarían en dos columnas diferentes.

Si dibujamos una línea en la mitad de la página, la columna del lado izquierdo sería lo que llamo la columna de ganancias; la columna de la derecha es lo que llamo la columna de pérdidas. Cuando el pastor Holmes habla a la gente y le dice sobre los cambios, está hablando de la columna de ganancias. Él enfatiza las cosas buenas que saldrán de sus ideas y proyectos. Él no les dirá sobre las posibilidades de fallos ni creará dudas en sus mentes.

Sin embargo, supongamos que una madre soltera, Sandra Pérez, está escuchando. Ella solo puede pensar en las pérdidas. La calidez y cercanía de los miembros se irá. Ella solía concertar citas para hablar con el obispo Holmes, pero no le será posible hacerlo de nuevo. Él dice que tendrán un consejero de tiempo completo, pero Sandra Pérez quiere al obispo.

Detrás de ella se sienta el anciano Marco Núñez. Él ha sido miembro de esa iglesia por cincuenta y un años. Fue bautizado allí a la edad de dieciséis. Lágrimas llenan sus ojos al caer en cuenta de que la vieja pila bautismal desaparecerá. Él y su esposa se casaron allí y el funeral de ella tuvo lugar en ese edificio. Ahora todo eso desaparecerá.

El administrador de negocios del Dr. Holmes, Pedro Garza, actualmente tiene una oficina esquinera, pero él sabe de acuerdo a los planos del nuevo edificio, que ahora estará encajonado en una oficina con dos ventanas que dan hacia otro edificio. También sabe que su nueva oficina medirá dos metros cuadrados menos que su oficina anterior. No está entusiasmado respecto a los cambios. Él puede ver solamente las pérdidas.

Cuando hablamos acerca del crecimiento de la iglesia, estamos hablando de ganancias, pero mientras la iglesia crece, los que están activamente involucrados pueden fácilmente ver eso como una pérdida. Su influencia, poder y control son socavados. Llegarán individuos con grandiosos talentos, mayor motivación y más destreza. Los líderes necesitan entender esto cuando desean hacer las cosas de forma diferente. Ellos mismos se entusiasman por el cambio, pero los administradores se sienten amenazados. Los líderes se mueven rápidamente; los administradores lentamente.

He aquí otra forma de ver esto. Los líderes identifican oportunidades; los administradores identifican obstáculos. Así que en una reunión de negocios, el Dr. Holmes entusiasmadamente habla del nuevo edificio y de cómo pueden ser de mayor beneficio para la comunidad, y de la influencia que pueden tener en la vida de las personas.

Los líderes identifican oportunidades; los administradores identifican obstáculos.

«Pero ¿qué de los permisos del edificio?», pregunta Pedro Garza. «¿Han pensado en la propiedad que vamos a tener que comprar en este vecindario? ¿Qué sucede si no podemos completar nuestro presupuesto el próximo mes? Recuerden, apenas pudimos pagar nuestras cuentas dos meses atrás.»

Los líderes toman riesgos; los administradores evitan los riesgos.

Como líder, he aprendido dos cosas sobre esto.

1. El mayor riesgo es negarse a tomar un riesgo. Nada sucede sin tomar riesgos.

2. Si esperamos hasta estar cien por ciento seguros, ya es demasiado tarde.

Como dijo una vez una persona sabia respecto al béisbol: «No puedes robar segunda base y continuar con tu pie en primera base.»

Para que el crecimiento se dé, alguien debe tomar un riesgo. Un líder procura adquirir recursos, pero los recursos disponibles limitan a los administradores. Esto significa que si soy un líder y no tengo el dinero, puedo encontrar una forma para obtenerlo. Si soy un administrador diré: «No tenemos el dinero en el banco.» Los líderes ven los cofres vacíos y saben que los pueden llenar; los administradores ven solamente que los cofres están vacíos.

> Los líderes ven los cofres vacíos y saben que los pueden llenar; los administradores ven solamente que los cofres están vacíos.

TOMAR DECISIONES

Quiero mostrar cómo la mayoría de las congregaciones toman decisiones. Esto se hace normalmente en una reunión de la junta, o en la reunión de ancianos. El pastor tiene una excelente idea de cómo pueden crecer y aumentar su influencia en la comunidad. Presenta sus ideas, y después hace una pausa y pregunta al tesorero o secretario de finanzas: «¿Tenemos el dinero?.»

He aprendido que los tesoreros han sido entrenados para mover sus cabezas en un solo sentido, y es para decir que no. Usualmente esa es la sentencia de muerte para seguir hacia adelante.

Este escenario tan frecuente significa que los visionarios han permitido a los de vista corta tomar decisiones sobre el futuro. Lanzan el poder de veto a las manos del status quo antes de que la idea haya sido completamente discutida.

En contraste, vi esto funcionando perfectamente poco después de ser presidente del Instituto Biblíco Beulah Heights.

Comencé a realizar cambios en la forma en que tomábamos decisiones porque el Instituto estaba enfrentando serias dificultades. Teníamos inscritos ochenta y siete estudiantes, el Instituto no estaba acreditado y nuestro personal era poco, con exceso de trabajo, y mal pagado.

Tuvimos que tomar algunos riesgos. Tuvimos que pensar de forma diferente. Propuse una regla simple. Tenemos cuatro preguntas que necesitamos hacernos antes de tomar nuestras decisiones, y las cuatros deben estar en el orden correcto. Como presidente, podía hacer cumplir eso; y lo hice.

1. *¿Tiene esto que ver con nuestra visión, misión y valores fundamentales?* Otra forma de hacer la pregunta es esta: ¿Es algo que debemos hacer? No se supone que cada instituto bíblico, iglesia u organización debe hacerlo todo. De hecho, con cuantas menos cosas haga una organización, mejor le irá, porque se pueden enfocar y hacerlas todas ellas correctamente.

Por ejemplo, ¿es un ministerio a los desamparados una excelente oportunidad para que la iglesia de Dios exprese la compasión? Sí, lo es.

¿Es parte del ministerio de nuestra iglesia? Quizás no.

¿Es alcanzar a los refugiados de Somalia algo bueno que hacer? Absolutamente, pero puede que no sea parte del ministerio que Dios nos ha dado.

Las tutorías de refuerzo después de la jornada escolar y el programa para completar la secundaria, ¿son buenos programas para que una iglesia se involucre? Sí, pero tales programas educativos puede que no sean para nosotros.

Sin embargo, podemos proveer recursos para quienes eso es su pasión y desafío.

Lo que debemos hacer como iglesia, instituto bíblico o grupo paraeclesiástico, es contestar esta pregunta: ¿Irá esto a ser parte de nuestra visión y misión? ¿Fluye con nuestros valores fundamentales? ¿Estamos considerando esto solamente porque es un buen programa que está teniendo éxito en otro lugar?

2. *¿Tenemos el corazón para lograr que esto se lleve a cabo?* Después de que todas las discusiones terminen, se va a requerir el corazón, el celo, el compromiso, para lograrlo. Otra

manera de expresarlo para el área de los negocios es: ¿Tenemos la capacidad organizativa para hacer esto una realidad?

3. *¿Cómo será Dios glorificado?* No es "si Dios será glorificado", porque podemos decir sí a casi todas las oportunidades que se nos presenten. Somos cristianos y detectamos necesidades o percibimos oportunidades. Entonces nuestra pregunta es: ¿cómo? Queremos poder decir que si llevamos a cabo esa conferencia, hay tres maneras en que Dios será glorificado. Contestamos la pregunta diciendo: «He aquí tres maneras en que glorificaremos a Dios si expandimos nuestro currículo.»

4. *¿Cuánto costará?* No discutimos el dinero hasta que hemos contestado a las primeras tres preguntas. Nadie puede mencionar el factor costo a menos que tengamos respuestas positivas a las tres primeras.

Parte de la regla que adoptamos fue que no nos hacemos la pregunta: «¿Tenemos el dinero?» Si hemos contestado las tres primeras preguntas y todavía creemos que esto es para nosotros, entonces seguimos adelante. Parte de ese avance es imaginarse lo que costará.

Le he recordado varias veces al personal: «la salvación es gratis, pero el ministerio es costoso.» Una vez que sepamos todas esas respuestas, podemos comenzar a pedirle a Dios que nos muestre cómo obtener el dinero para hacer el ministerio. Esto es distinto a si comenzáramos con si tenemos o no los fondos. En muchas iglesias, y desde luego en Beulah Heights, si hubiésemos formulado la pregunta de si teníamos o no el dinero en primera instancia, a estas alturas probablemente nuestras puertas habrían estado cerradas. Desde el año 2003 somos el Instituto Bíblico en América, predominantemente afroamericano, de más rápido crecimiento. Creo que se debe a que estamos haciendo las preguntas correctas, en el orden correcto.

He aquí otra diferencia: los líderes están dispuestos a decir: «Adquiramos recursos.» Los administradores detienen la discusión con: «Pero no tenemos los recursos.»

He aquí otras diferencias: Los líderes están enfocados en la gente y los administradores en los sistemas. Para los administradores es importante tener manuales con políticas y procedimientos. Los líderes odian las políticas y los manuales de procedimientos, ¡y a los administradores les encantan! Por eso asistimos a una conferencia en la iglesia y los administradores citan mejor los reglamentos que la Biblia. A ellos les fascinan los sistemas.

De hecho, los administradores sienten que si pueden observar un diagrama organizacional y mover los recuadros de un lugar a otro, pueden transformar la organización. Nosotros podemos mover los recuadros todo el día sin resultados efectivos. Los diagramas organizacionales no contribuyen al éxito de la corporación, la gente sí.

Es como la pregunta: «¿Quieres el cáncer en tu hombro derecho o en el izquierdo?.» Podemos mover a un individuo ineficaz (cuyo mal desempeño actúa como un cáncer) de un departamento a otro. Las personas en la nueva división preguntan: «¿Qué hicimos para merecer esto?» .

He aquí otra forma de ver esto: los líderes se enfocan en las ideas, los administradores en los planes. Esa es una gran diferencia, porque los líderes dicen: «Esto es lo que me gustaría hacer.»

He aquí otra forma de ver esto: Los líderes se enfocan en las ideas, los administradores en los planes.

Los administradores responden: «Necesito un plan antes de que pueda hacer esto.»

Ahí es cuando la batalla entre ambos llega a ser inevitable. Si salen triunfantes, es porque los administradores listos han captado las buenas ideas y han dicho: «Está bien, aquí está el plan de cómo podemos lograr esto.» Los mejores sostenedores de escalera son excelentes administradores. Una vez que idean un plan, pueden hacer que se logre.

Los líderes pueden hablar el lenguaje de los líderes y el lenguaje de los administradores. Los administradores solo pueden hablar el lenguaje de los administradores. Eso hace que los líderes sean responsables de construir un puente, atravesarlo, y estrechar la mano de los administradores.

Finalmente, para los líderes, la aprobación de la gente es un *deseo*; para los administradores, la aprobación es una *necesidad*.

Si le estuviera hablando a un grupo, en este momento le diría: «Como líder, quiero su aprobación.» Los que dicen que no les importa lo que la gente piensa están mintiendo. De hecho, la gente que anda por ahí diciendo: «No me importa lo que la gente dice», probablemente es a quienes más les importa, o ellos no pensarían en las opiniones de otros. Sin embargo, como líder, tambien sé que no necesito la buena opinión de alguien para poder funcionar.

«Me gustaría que me aprobaras.» Realmente no digo esas palabras, pero la aprobación es algo que me gustaría tener.

Cuando comparto en una conferencia o en un banquete, mi deseo es hacer un buen trabajo, y quiero que a la gente le guste lo que digo y que esté de acuerdo con mi mensaje. Pero sigue siendo un deseo.

Casi en toda situación, al proponer planes para el crecimiento, no a todos les gustará mi mensaje; algunos pocos pueden estar en rotundo desacuerdo. Si la gente no está de acuerdo o lo desaprueba, eso me preocupará. Podría orar para que la situación cambiara. De cualquier manera, la desaprobación de otros no me detendría de seguir adelante con mis ideas. La desaprobación de algunos no me impediría mañana hablarle a otro grupo sobre el mismo tema. Sí, quiero la aprobación, pero no la necesito.

La necesidad de aprobación de los administradores significa que ellos deben ser reconocidos por los líderes. Entender y mantener llenos los tanques de los administradores pone una carga en los líderes. Pueden hacerlo a través de simples afirmaciones. Pueden enviar correos electrónicos, decir unas simples palabras como «bien hecho», o enviar una nota de agradecimiento. Ellos pueden asomar sus cabezas dentro de la oficina de los administradores y decirles: «Ayer estuvo genial el coro. Gracias por tu arduo trabajo.» Los administradores constantemente necesitan ser apreciados, valorados y afirmados.

Cuando fui pastor, tuve que ser mi propio motivador y mi propio motor de arranque. De hecho, tuve que comenzar frente a toda clase de pronósticos y llenar mi tanque en formas diferentes a la de tener personas acercándose a mí para afirmarme. Los administradores solo pueden arrancar si alguien más les llena el tanque.

A los líderes, las ideas, los conceptos, las visiones, los sueños y el iniciar cosas nuevas, les llena sus tanques, les pone una sonrisa en sus rostros y los emociona. Para los administradores, la realización, la afirmación y el ánimo son los más grandes motivadores. Ellos siempre están trabajando para alguien más y tienen la necesidad de sentirse importantes porque la importancia nunca se va.

> Para los líderes, las ideas, los conceptos, las visiones, los sueños y el iniciar cosas nuevas, les llena sus tanques, les pone una sonrisa en sus rostros y los emociona.

Soy el presidente del Instituto Bíblico Beulah Heights y cada miembro del personal es mi sostenedor de escalera. Mantengo mi tanque lleno por todo el país: «Estás haciendo un gran trabajo.» Generalmente las personas no llaman a mi decano y le dicen que el Instituto está haciendo un trabajo excepcional. Ellos me dicen esas palabras a mí. No llaman a mi director de finanzas y le dicen: «Terminaste en positivo, estás haciendo un gran trabajo, balanceaste el presupuesto.» No, esas cosas me las dicen a mí.

Los líderes son los responsables de llenar los tanques de los administradores, pero los administradores no llenan los tanques de los líderes. De hecho, los líderes se meten en problemas cuando esperan que otros les llenen sus tanques.

¿No hemos escuchado todos: «la cima es muy solitaria»? Hemos oído esas palabras, pero yo no creo eso. La cima no es solitaria. Si los que estan en la cima están solos, es porque no llevaron a nadie a la cima con ellos. No tiene que ser solitario, pues allá hay otras escaleras; justamente al lado de ellos. Los que están en la cima de sus escaleras están haciendo lo que les hace felices. Pueden disfrutarse mutuamente.

Finalmente, los administradores obtienen lo mejor proveniente de ellos mismos; los líderes lo obtienen de otros. Los líderes, por su naturaleza, constantemente dirigen y al mismo tiempo inspiran a otros. Son los animadores y hacen posible que otros digan: «¡Sí! ¡Sí!¡Yo puedo hacer eso!.»

En la revista *Catalizador* de abril de 2003, Ben Dyer escribió una columna que comienza con un artículo con estas palabras: «Si no fuera por la gente, esto sería un negocio fácil.»[4] Después citó a John Imlay, un prominente inversionista que dirigió la compañía de programas de computación Mandrin Sciences of America. Imlay dijo: «La gente es la clave.»[5]

De esto trata este libro: la gente es la clave.

El posible nuevo dueño de Atlanta Thrashers y de Atlanta Hawks, David McDavid, ofreció una entrevista al Diario Constitución de Atlanta el 2 de mayo de 2003, que se convirtió en un artículo en titulares para la sección de deportes. Él habló sobre criarse alrededor de caballos y agregó: «A propósito, eso no es diferente a los equipos deportivos. Si quieres ganar, debes tener el personal.»[6] En el mismo artículo, McDavid dijo: «Pero como propietario… pienso que mi trabajo sería encontrar el mejor administrador general disponible… Si fuera a tratar de tomar esas decisiones yo mismo, no necesitaría un administrador general. Pero el asunto es que no soy competente para hacerlo.» Un hombre de ese calibre se da cuenta de que su primer trabajo es contratar el mejor administrador general y no intentar hacerlo él mismo.

6

¿PODEMOS TRANSFORMAR SOSTENEDORES DE ESCALERA EN TREPADORES DE ESCALERA?

«¿En dónde comenzaste tu ascenso?.»

Es la pregunta que me gustaría hacerle a cada líder de iglesia y negocio. Me gustaría saber si ellos divisaron una escalera, corrieron a ella y treparon hasta la cima. ¿Habrán esperado hasta que alguien les hiciera señas y les dijera: «Sube»?

Al mirar mi propia experiencia y al considerar la trayectoria ascendente de otros, supongo que la mayoría comenzaron abajo. Es decir, sus carreras iniciaron después de que aprendieron a sostener con seguridad la escalera para que alguien más subiera sin complicaciones.

Hicieron más que solo sostener la escalera. Observaron, aprendieron, vieron las técnicas usadas, y entendieron a dónde se dirigía la persona que iba ascendiendo. El día llegó cuando las mismas personas que sostuvieron escaleras iniciaron su propio ascenso.

Ese tampoco es el final de la historia, por lo menos no para la clase de líderes que Dios llama a prominencia hoy día en la iglesia. Para mí, no es suficiente estar en la cima de la escalera del Instituto Bíblico Beulah Heights. Tengo otra responsabilidad. Dios quiere que enseñe y habilite a otros para que pasen del rol de ayudantes al rol de trepadores. ¿No sería una vergüenza si dejamos para siempre, en la misma posición, a los que sostienen la escalera y que nunca hicieran nada más?

Dios me ha bendecido con habilidad para el liderazgo. Si hubiera seguido abajo y hubiese sostenido la escalera de todos, ¿habría sido ese el mejor uso de mis talentos dados divinamente?

Por supuesto que no.

Aquellos que estamos en posiciones de liderazgo recordemos -o espero que lo hagamos- el lugar en donde comenzamos. Una vez fui el portero, el que hacía los desayunos y lavaba los platos en Beulah Heights. Sostuve escaleras para que otros pudieran tener éxito y ministrar.

Cada líder de negocios eficaz y cada pastor principal iniciaron sus actividades en alguna parte. Posiblemente desde antes ya poseían los dones que eventualmente los impulsaron hacia arriba de la escalera, pero la mayoría de ellos no comenzaron allí. El plan de Dios ya estaba listo, pero se inició en una posición humilde.

Esta es la manera bíblica. Leemos acerca de Eliseo, un hombre del cual la Biblia registra el doble de los milagros que realizó su mentor Elías. Pero ¿dónde comenzó Eliseo? Él sostuvo la escalera del gran profeta de Israel y continuó fielmente hasta que su turno llegó.

Jesús llamó a doce discípulos. Él planeó grandes ministerios para cada uno de ellos. Desde el principio, Él supo que un día subiría la escalera que le llevaría directo al cielo. Él no dejó la escalera sola, sino que eligió a aquellos con potencial para convertirse en expertos trepadores de escalera.

Por supuesto que nos encontramos hoy aquí porque Jesús nos salvó. Pero también nos encontramos aquí porque sus discípulos comenzaron como sus ayudantes, hasta que llegó el tiempo para que ellos subieran. Son los discípulos los que continuaron el trabajo después de que Jesús ascendió.

Por ejemplo, yo nací en la India. Parte de la razón por la cual hoy me encuentro en los Estados Unidos e involucrado en el ministerio es debido a la fidelidad de uno de los doce: el apóstol Tomás. Como parte de su ministerio de ir a todo el mundo, llevó el evangelio a mi país y fielmente eligió a otros para sostenerle su escalera hasta que llegó su tiempo de dejar esta vida. Tomás condujo a otros, los cuales transmitieron el mensaje a través de los siglos. Soy uno de los beneficiarios modernos de la fidelidad de Tomás.

Todo esto es para decir que necesitamos planear, de modo que convirtamos a los sostenedores de escalera en trepadores de ella. De otra manera, esto se convertirá en un club de autoservicio. Recluto a una persona para que me sostenga la escalera y le digo: «Ahora quédate ahí. Tú no eres digno de seguir mis pasos.» ¿No es mejor decir: «Aquí es donde te encuentras hoy, pero no es donde Dios quiere que te quedes»? Incluso puedo añadir: «Un día subirás tu propia escalera y reclutarás a los que te apoyarán al tiempo que captarán las primeras lecciones de cómo subir.»

Necesitamos planear, de modo que convirtamos a los sostenedores de escalera en trepadores de ella.

La necesidad de entrenar parece obvia, pero quiero mencionar tres cosas que necesitamos hacer para asegurarnos de que tendemos nuestras manos, y a la vez sujetamos las de otros para ayudarles a dar los primeros pasos.

PASOS PARA CONVERTIR SOSTENEDORES DE ESCALERA EN TREPADORES DE ESCALERA

El primer paso es lo que yo llamo la formación espiritual de un líder. En esta formación espiritual tratamos asuntos de seguridad, encontrar nuestro propósito y destino. A la edad de cuarenta y cuatro años, finalmente descubrí quién era yo y lo que fui llamado a hacer.

Descubrí que mi motivación primaria es ayudar a otros a tener éxito. De hecho, tengo esa declaración escrita en la página de inicio de mi sitio en la Internet (www.samchand.com) que dice: Ministerios Samuel R. Chand, Inc. es un proceso de realce y colaboración en el desarrollo de líderes que a su vez reproducen más líderes.

Mientras reflexionaba en esa declaración, me di cuenta de que me fascinaba desarrollar liderazgo y que eso alimenta mi pasión. Eso me trajo un nivel más profundo de satisfacción. Tan claramente como percibí quién soy, igual de claro percibí quién no soy y lo que no deseo hacer. Soy alguien motivado por la oportunidad de desarrollar líderes.

Mientras he lidiado con el desarrollo del liderazgo, me ha pasado que hablamos mucho sobre experiencias cerca de la muerte. Estoy convencido de que la mayoría de las personas tienen lo que yo denomino "experiencias cerca de la vida". Estas personas se acercan a estar completamente vivas, pero nunca descubren quiénes son realmente. Nunca trabajan apasionadamente en lo que son buenos para hacer. No subiremos los peldaños de la escalera que Dios quiere que subamos, hasta que descubramos quiénes somos.

Queremos ayudar a las personas a desarrollar lo que son. Queremos que puedan responder a estas preguntas:

+ ¿Qué es lo que me apasiona?

+ ¿Cuáles son mis dones y talentos?

+ ¿A qué clase de trabajo me está llamando Dios?

+ ¿Qué me frustra?

+ ¿Qué me hace llorar?

+ ¿Qué me trae alegría?

Si podemos sintonizarnos con estas cosas y estos conceptos existenciales en la vida, obtendremos los mejores resultados y pondremos a la gente en los lugares apropiados.

Mi segundo paso es la *formación de habilidades*. Fui tremendamente desafiado cuando leí el libro *Las Cuatro Obsesiones de un Ejecutivo Extraordinario* [*The Four Obsessions of an Extraordinary Executive*] escrito por Patrick Lencioni. Escrito como una parábola, Lencioni cuenta la historia acerca de dos empresas que prosperaron. Una de ellas creció y la gente era feliz y saludable. La segunda tuvo éxito tomando atajos. Aunque aparentemente exitosa, las personas en la segunda empresa nunca fueron tan felices como lo fueron los de la primera empresa. En la empresa más feliz y saludable, las personas sabían quiénes eran y lo que estaban haciendo. Entendieron la esencia de su empresa.

Ese libro me desafió tanto, que fui a mi trabajo para descubrir la esencia del Instituto Bíblico Beulah Heights. Me tomó tiempo y esfuerzo, pero hallé la respuesta. Al hacerlo, también aprendí cómo mantener a las personas conscientes de nuestros cinco valores fundamentales.

Si hoy día cualquier persona camina por nuestras instalaciones, verá carteles exhibidos con estos cinco conceptos: en cada oficina, en cada salón, en cada pasillo y aun en cada uno de los baños. Tenemos un cartel de cinco colores llamado «La esencia del Instituto Bíblico Beulah Heights.» En ese cartel mencionamos nuestra visión, nuestra misión, nuestros valores fundamentales, y nuestro lema.

No soy tan ingenuo como para pensar que solo poniendo carteles se hace el trabajo. Los utilizo como recordatorios constantes. Quiero utilizar cualquier método que pueda para promover la esencia de Beulah Heights y para inculcar nuestros valores a nuestras propias almas. Hago esto basado en un principio simple: *lo que hacemos debe brotar de quien somos.*

Por el contrario, en la mayoría de las iglesias entrenamos, pero no desarrollamos.

El entrenamiento conlleva un enfoque específico, limitado; el desarrollo requiere un enfoque amplio.

+ El entrenamiento está centrado en las asignaciones; el desarrollo está centrado en las personas.

+ El entrenamiento tiene que ver con un trabajo como el de un ujier, un diácono, un maestro de escuela dominical; el desarrollo involucra a la persona completa.

> En la mayoría de iglesias entrenamos, pero no desarrollamos.

Después de saber quiénes somos, lo que hacemos siempre será un proyecto. Por ejemplo, en el año 2003 teníamos veintisiete países representados en nuestro instituto, así que promovimos un día internacional. Hicimos del acontecimiento un gran evento. La gente lució sus trajes típicos, presentaron su música, hablaron sus propios idiomas y nos permitieron degustar su comida.

Cuando me dirigí a los presentes les dije: «Lo de este día no es un programa. Hoy no es un día de un programa internacional. Esto es quien somos.»

Quise afirmarlos, celebrar nuestras diferencias, y hacer posible que todos trabajáramos juntos. Estos son dos de nuestros cinco valores fundamentales. Las misiones globales son un valor fundamental, la diversidad es un valor fundamental. Eso es quienes somos. Por lo tanto, no es un programa, es lo que somos. A menudo en las iglesias no llevamos a las personas más allá de las labores para realmente desarrollarlas espiritualmente, y por eso las personas vienen y van, pero no echan raíces.

El libro de Rick Warren, *Una Iglesia con Propósito*, me ayudó a comprender cómo funciona esto. Él usó el concepto del béisbol.

La primera base es la salvación, donde comienza la *formación espiritual*. Aquí, el enfoque está en la disciplina espiritual y en desarrollarnos como individuos.

La segunda base sería lo que llamo la *formación de habilidades*. Aquí es donde cambiamos y comenzamos a enfocarnos en otros. Somos entrenados para hacer el ministerio a través de nuestra iglesia local.

La tercera base es la *formación estratégica*. Aquí nos enfocamos en extender el reino de Dios en la tierra y en el desarrollo del liderazgo. Esto se refiere a ministrar a la iglesia en general. Podemos ser miembros de una iglesia, pero tener un corazón para ayudar al desamparado. Nuestra iglesia no tiene un ministerio para las personas necesitadas, pero seguimos siendo miembros y nos involucramos en un ministerio paraeclesiástico en favor de los necesitados.

Eso es lo que sucede cuando no estamos limitados a ministrar exclusivamente dentro de las cuatro paredes de nuestro edificio. Estamos desarrollando nuestra visión y enfocándonos en el alcance mundial.

Para continuar con la analogía del béisbol, algunas veces podemos alcanzar la tercera base, pero no ganamos los juegos permaneciendo allí. Tenemos que llegar hasta el plato del lanzador. En ese momento es cuando desarrollamos a otros líderes. Para los trepadores de escalera, llevar a alguien al plato del lanzador es cuando convertimos a nuestros sostenedores de escalera en trepadores de escalera.

DESAPRENDER Y APRENDER

En el desarrollo de habilidades de liderazgo, he aprendido que es más difícil desaprender que aprender.

> Es más difícil desaprender que aprender.

Mi experiencia en el golf puede ayudar a explicar esto. Hace años cuando vivía en Oregon, un amigo dijo: «Juguemos golf.»

«Sí, hagámoslo.» Nunca antes había jugado golf, pero mi amigo era bastante bueno en el juego. Disfruté su compañía y me imaginé que no había demasiado que aprender para jugar golf.

Unos días antes de que jugáramos, me detuve en una venta de artículos de segunda mano y compré un viejo equipo de palos de golf y me fui al campo. Me sentía muy confiado porque tenía todo lo que necesitaba. Con mi estilo beisbolero sobre mi palo de golf, comencé a golpear la bola. Después de un período de varios meses, me convertí en un buen jugador aficionado.

Cuando me trasladé a Atlanta, unos amigos me invitaron a jugar golf. Estuve de acuerdo, pero después de algunos juegos me di cuenta de que estaba llevando al límite mi amistad. Yo era un torpe jugador de golf y ellos eran golfistas.

Un día, un amigo meneó la cabeza después de que intenté seis veces conseguir que mi bola llegara alrededor de 30 metros. «¿Cómo es que sostienes tu palo de golf?», preguntó.

Le mostré. Sostenía mi palo de golf como si fuera un bate de béisbol. Él me mostró cómo necesitaba cambiar mi forma de agarrarlo entrelazando mis dedos. «Oh, eso se ve fácil», dije.

Sí, parecía fácil, pero no pude lograrlo. Sin importar lo duro que trabajé para tratar de desaprender la vieja forma de agarrarlo, simplemente no pude dejarla. Había estado teniendo mis dedos en esa posición por muchos años. Han sido ya más de diez años desde que intenté desaprender lo aprendido sobre cómo sostener un palo de golf. Nunca he intentado jugar golf de nuevo. Simplemente no pude desaprender lo aprendido.

He aquí otra forma por medio de la cual me di cuenta del problema de desaprender. Mientras fui pastor en Michigan, prediqué un sermón sobre obedecer al llamado de Dios en nuestras vidas. Once personas pasaron al llamado al altar. Entre ellos estaban nuestro organista, el pianista, el bajista y el baterista. Dos semanas después, todos ellos dejaron la iglesia para entrar al Instituto Bíblico Beulah Heights.

Eso me dejó sin músicos. Decidí que aprendería a tocar el piano. Tengo buen oído y ya he aprendido a tocar varias canciones en Do, Fa y Sol. Años atrás había aprendido a tocar en lo que yo llamaba el estilo *honky-tonk* o *country*. Logré hacer el trabajo como músico de la iglesia, pero no era bueno, y no sabía cómo convertirme en un «verdadero» músico.

Incluso hoy día todavía toco el estilo *honky-tonk* y puedo tocar casi cualquier canción que las personas quieran cantar, desde entonces he aprendido unas cuantas técnicas, pero mi estilo todavía es un estilo *country* con muchos acordes. Si un buen profesor de música intentara mostrarme cómo hacer escalas (y lo han intentado), cómo utilizar todo el teclado, o cómo ampliar mi alcance, tendría que desaprender mi patrón de digitación. He estado tocando el estilo *country* por mucho tiempo como para desaprenderlo.

Los líderes de la iglesia pueden evitarse mucho sufrimiento si piensan cuidadosamente acerca de los que se unen a ellos después de haber sido miembros por mucho tiempo de otra congregación. Es un gran desafío para ellos desaprender la forma como se hacían las cosas en su iglesia anterior y aprender cómo se hacen en la nueva.

Por formación estratégica, hacemos referencia a los planes para desarrollar a otros sostenedores de escalera.

Me pregunto cómo sería si visitara la iglesia Alabanzas de Gozo el próximo domingo. Digamos que entré y escuché un poderoso mensaje, el Espíritu Santo me convenció de pecado y levanté mi mano cuando el pastor hizo una invitación para salvación. Caminé por el pasillo y alguien me condujo a un salón en la parte de atrás, oró conmigo y me enseñó cómo entregar mi vida al Señor.

«¿Qué sigue después?», pregunté.

«La iglesia *Alabanzas de Gozo* tiene una clase para nuevos convertidos.»

Eso es bueno. O quizás es una clase para nuevos miembros. Eso es bueno. Paso cuatro o diez semanas aprendiendo. Eso es bueno.

«¿Qué sucede después de eso?.»

«Solo échate a nadar. Hazlo lo mejor que puedas.» Realmente nadie diría esas palabras, pero ese es el mensaje implícito que probablemente recibiría.

Entonces, ¿qué sucede después?

La mayoría de los líderes de la iglesia no lo saben. Eso no es bueno.

Podría ser bueno si cambiáramos la manera en que fue hecho. Después de que alguien me llevó al salón de atrás y me ayudó a comprender los primeros pasos de fe, entonces la persona me dice: «Sam, durante las próximas semanas vamos a darnos a nosotros mismos en pro de tu desarrollo espiritual.»

Puede ser que no tenga claro lo que eso significa, pero me doy cuenta de que estoy siendo entrenado como individuo. Los maestros y consejeros me llevarán desde la primera base a la segunda (formación de habilidades), y permaneceré allí hasta que esté listo para trasladarme a la tercera base.

«Vamos a trasladarte a la formación estratégica (tercera base)», dice el pastor principal meses después de mi conversión. «Nuestro propósito no es que seas un buen miembro de la iglesia. Nuestro propósito es que un día hagas lo que yo estoy haciendo ahora. No tiene que ser necesariamente pastorear una iglesia, pero estarás desarrollando a otros líderes. Reconocemos tus talentos para el liderazgo y queremos ayudarte a desarrollarlos.» ¿Cuántas congregaciones funcionan de esa forma? No muchas.

Estoy sugiriendo que nos esforcemos por un sistema completo que transforme a los que sostienen la escalera en trepadores. Necesitamos darles poder y autorización para que suban. He aprendido que el mejor uso del poder es conferirlo. Lo damos cuando invertimos en otros.

> El mejor uso del poder es conferirlo. Lo damos cuando invertimos en otros.

Esto no es para todos. No todos son líderes. Siempre existirán personas a quienes les encanta sostener escaleras y que no tienen el deseo de trepar alturas. Está bien, si esa es su elección.

La mayoría de líderes de mi generación (la generación boomer) son *líderes accidentales*. Tropezamos y caímos en el liderazgo. No recuerdo que alguien me hubiera dicho nunca: «Sam, veo un cierto potencial en ti.»

Personas me enviaron señales, pero nadie me dijo: «Me gustaría caminar este tramo contigo. No tienes que llamarme mentor. Este es mi número telefónico. Llámame cuando quieras. De hecho, si no te molesta, ¿puedo estar pendiente de ti y ver cómo te está yendo?.»

Desearía que alguien hubiera hecho eso; al igual que muchos otros líderes accidentales. He comprobado esto muchas veces en conferencias y reuniones. A comienzos de 2003 le pregunté a un grupo de 300 pastores en Cincinnati: «¿Cuántos de ustedes han tenido a alguien que intencionalmente les haya ayudado a desarrollarse? ¿Alguien que les puso bajo sus alas?.»

Un hombre levantó su mano. *Solo uno.*

Aquí está el desafío. Solamente podemos dar lo que tenemos. No podemos dar lo que no poseemos, porque la mayoría de nosotros enseñamos de la forma en que fuimos enseñados. ¿Vamos a infligir el mismo liderazgo accidental sobre la próxima generación? ¿O vamos a tener un plan?

La nueva generación que ya está llenando nuestras iglesias quiere saber hacia dónde vamos. En el pasado, pudimos haber estado felices yendo a la iglesia el domingo en la mañana, al servicio de mitad de semana y participando en el coro. No así con esta generación. Ellos desean saber si hay más.

> La nueva generación que ya
> está llenando nuestras iglesias
> quiere saber hacia dónde vamos.

Esto también es igualmente cierto en el mundo de los negocios. Esas mismas personas se unen a la organización en el nivel inicial, pero la mayoría de ellas no desean permanecer allí. Si son águilas, quieren volar. Si son trepadores de escalera, no querrán permanecer en el suelo. Tan pronto toquen el techo, en cualquier nivel, y se den cuenta de que la escalera sobre la que están no irá más alto, se irán. Irán a corporaciones con techos más altos.

El *best-seller* de Jim Collins *Good To Great* [Empresas que sobresalen], me ayudó a entender esto. Él utilizó la idea de tener la gente adecuada a bordo del bus y de bajar a la gente incorrecta. Entonces necesitamos tener a bordo a la gente apropiada en los asientos apropiados.

Las primeras dos cosas son muy obvias: tener a la gente adecuada en el bus y deshacernos de aquellos que no pertenecen. La tercera parte nos causa angustias porque una vez que la gente se monta en el bus, no siempre sabemos qué hacer con ellos.

El concepto de Collins me hizo consciente de uno de los más terribles años de mi vida. En Beulah Heights, reconocí que una persona que había sostenido mi escalera de seis metros hizo un excelente trabajo... mientras usé la misma escalera. Cuando decidí subir una escalera de doce metros, no me la pudo sostener. La persona que realiza un excelente trabajo sosteniendo una escalera de doce metros puede no ser la misma persona que necesitemos si deseamos ir más alto.

Me causó un dolor intenso el darme cuenta de que gente buena, comprometida, personas que trabajan duro y gente de integridad, pueden no ser los que necesitamos para que nos ayuden a movernos al siguiente nivel.

¿Cómo los desligamos respetuosamente de nuestra organización, y cómo traemos o promovemos respetuosamente a alguien de dentro que estaba sosteniendo una escalera de dos metros, y lo ponemos a cargo de los que sostienen escaleras de doce metros? Eso significa sobrepasar a los que sostienen escaleras de seis metros o sacarlos de sus posiciones. Eso no es nada fácil.

Recuerdo una conversación que tuve con uno de mis mentores en el área de los negocios. Le pregunté: «¿Alguna vez has despedido a un amigo?.»

«Sí.»

«¿Me puedes ayudar a organizar un plan en el cual pueda despedir a un amigo y seguir conservándolo como mi amigo?.»

Sonrió y preguntó: «¿Es cristiano?.»

«Por supuesto que sí. Él es un cristiano entregado y comprometido.»

«Entonces no puedes hacerlo. Si él fuera inconverso o pagano, podrías despedirlo y seguiría siendo tu amigo.»

Le miré fijamente y me pregunté cómo sería eso posible. Mientras reflexionaba en su respuesta, sabía que él tenía razón. En la iglesia, ese es el reto del liderazgo y doloroso de comprender.

Digamos que soy el pastor de una iglesia con cien miembros. María es mi secretaria y es una trabajadora dedicada, y ha estado en esa posición desde el año 1980. Ella puede mecanografiar rápidamente, y en la década de los ochenta y principios de los noventa ella pasó muchas horas luchando con una máquina de escribir de tinta para sacar el boletín de la iglesia cada semana. Sin importar la tarea, todos podíamos depender de María. Muchas veces ella se quedaba hasta altas horas de la noche y también venía los sábados. Ninguna tarea fue demasiado grande o demasiado pequeña para María.

Los años pasaron y entramos a un nuevo siglo, y ahora la iglesia tiene mil miembros. En aquel entonces María era una sostenedora de escalera maravillosa, fiel y confiable. Ella hoy no lo es.

Ella nunca pudo entender la computadora. La usa, por supuesto, pero la odia. Ella no puede entender por qué no continuamos usando la máquina de escribir, ya que es más barato que sacar los boletines en la impresora láser. Las hojas de cálculo la confunden, y solo a regañadientes usa el correo electrónico para comunicarse con los miembros.

¿Qué sucede ahora? ¿Estamos hiriendo los sentimientos de María y siendo superficiales con ella? ¿La despedimos? ¿La bajamos de categoría pidiéndole que se convierta en la recepcionista y que conteste el teléfono? Ella fue definitivamente la mejor sostenedora de escalera cuando nuestra escalera alcanzó solo cuatro metros, pero no puede encargarse de una escalera que se levanta a quince metros. ¿Deberíamos seguir buscando otra escalera de cuatro metros para que podamos hacer feliz a María?

La mayoría de organizaciones que crecen, no tienen otra escalera de cuatro metros, así que personas como María han alcanzado su tope. En una corporación, no queremos transferir a un trabajador que ha llegado a su tope de un departamento a otro, porque sabemos que ha alcanzado su límite. Tales trabajadores han elegido permanecer en su nivel actual y se niegan a aprender nuevas habilidades para poder avanzar.

En una corporación, la secretaria sabría que hay una escalera de doce metros en camino. Ella podría conservar su trabajo aprendiendo las habilidades necesarias para una asignación mayor. Pero ¿qué tal si rehúsa hacerlo? ¿Qué si elige mantener su nivel de habilidad al nivel en que se encuentra actualmente? ¿O si ella aumenta sus habilidades solo cuando es obligada a aprender más?

Por el contrario, digamos que Alexandra es la persona de tecnología y ha dedicado mucho tiempo para aprender nuestro sistema de información. Ella comprende nuestro *software* y puede programarlo, puede hacer que todo funcione, y puede descifrar todos los problemas en los nuevos sistemas. Nuestra compañía ha comenzado a expandirse porque estamos vendiendo más. Tenemos más vendedores externos. Los clientes nos están haciendo compras por medio de nuestra página de Internet. Alexandra ha demostrado ser invaluable para la corporación, y seguirá avanzando.

¿Qué de las personas como María que se negaron a continuar progresando? Ellos han elegido ser obsoletos. Eso puede sonar cruel, pero es verdad.

Esto plantea un gran dilema en el liderazgo y es una de las tareas más difíciles. Como líder, tengo que fijarme en María. Aunque la admiro y valoro sus años de servicio, también admito que está deteniendo el progreso de la iglesia. Finalmente, tendré que despedirla. Alexandra, de treinta años de edad, ha estado trabajando únicamente dos años con la compañía, pero ella sustituirá a la de cincuenta y tres años de edad que ha sido empleada por mucho tiempo, pero que ha permanecido en el mismo nivel de habilidad por los últimos veinte años.

En un negocio, las personas entienden que sus habilidades no han ido a la par con las demandas. Pueden molestarse por ser despedidos, pero lo entienden. Sin embargo, en la iglesia tenemos un escenario diferente. «Yo amo al Señor. Trabajo más duro que cualquier otra persona», se lamentan. «Nadie está más comprometido con el servicio que yo.»

No importa cuánto trate de razonar con ella, probablemente María no afrontará la realidad de que ella solamente es capaz de trabajar con una escalera de cuatro metros y nada más. Ella no puede entender por qué ya no necesitamos escaleras cortas.

Necesitamos diferentes sostenedores de escaleras para los diferentes niveles en la organización. Los viejos líderes raramente son nuevos líderes, porque la gente continúa viendo la organización al nivel de cuando llegaron a ella; en cambio, los nuevos líderes la ven como está ahora.

> Los viejos líderes raramente son nuevos líderes, porque la gente continúa viendo la organización al nivel de cuando llegaron a ella; en cambio, los nuevos líderes la ven como está ahora.

Por ejemplo, un líder que se unió a la iglesia cuando era de cien miembros tendrá dificultades dirigiendo la iglesia cuando sea de mil miembros, porque todavía piensa acerca de la iglesia como «solía ser.»

Entonces ¿qué hacemos?

7

¿ESTAMOS MIRANDO LA PARTE SUPERIOR DE LA ESCALERA?

Varias veces he luchado con el asunto de cómo tratar con las personas que rehúsan crecer con la organización. Una de las cosas más útiles que hice fue consultar con otros líderes. ¿Cómo hicieron para manejar tales situaciones?

Una cita de Ken Blanchard me ayudó inmensamente. Él adquirió importancia al final de la década de los setenta cuando coescribió *El Manager al Minuto* [*The One Minute Manager*]. En una entrevista escrita por Patricia Baldwin, en *Private Clubs*, Blanchard dijo:

«…Solo somos tan buenos como la persona que está contestando el teléfono, la que está saludando a los clientes o la que se ocupa de las quejas. A nadie le interesa quién es el presidente de una compañía.» [7]

Él continúa diciendo: «Si creas una gran organización humana, después todo lo demás fluirá por sí solo.» [8]

En el capítulo anterior mencioné que el libro de Patrick Lencioni *Las Cuatro Obsesiones de un Ejecutivo Extraordinario* me impactó profundamente. Él comenzó hablando sobre la esencia de la organización. Yo tenía carteles pegados por todas las paredes llamados «La esencia del Instituto Bíblico

Beulah Heights», pero sabía que, por sí solos, no marcarían ninguna diferencia. Tuve que pasar tiempo con los sostenedores de escalera y ayudarles a ver la importancia de sus roles. De esa forma los carteles significarían algo: expresarían sus actitudes y valores, y no solo los míos.

En el primer capítulo de este libro precisé que si optamos por desarrollar líderes, toma tiempo. ¡Y lo toma!

Después de pensar mucho en esto, le pedí a mi asistente que me hiciera citas de media hora con cada persona del equipo de trabajo, los de medio tiempo y los de tiempo completo. Cuando me reuní con ellos, les expliqué que esa no era una evaluación de trabajo. Posiblemente algunos tendrían cambios en sus labores, pero nadie iba a ser despedido.

Cuando nos reuníamos, revisaba su descripción de trabajo y lo que estaban haciendo para el Instituto. Les permití que me hablaran sobre su trabajo.

«¿Cuál es tu pasión?», pregunté. «¿Dónde encuentras mayor gozo?.»

Una persona dijo: «Odio lo que estoy haciendo.»

«¿Qué es lo que te gustaría hacer?.»

Ella me lo dijo e hicimos los cambios. Ahora se encuentra realizando el trabajo que le gusta hacer. Después de un tiempo dijo: «Ahora estoy a la expectativa de venir a trabajar cada día.»

Todos ellos eran buenas personas, y para utilizar la metáfora de Jim Collins, todos estaban a bordo del bus. Solo que no teníamos a cada uno en el asiento correcto. Como presidente, fue mi culpa que no se sintieran satisfechos o que no les gustara la escalera que tenían que sostener. De esas conversaciones, realicé tres cambios moviendo personal. En ese momento, no despedí a nadie.

El principio es simple. Si la gente está contenta y le gusta lo que está haciendo, eso se reflejará en todo lo que hace. Cuando contestan el teléfono, el usuario sabrá que son felices en sus trabajos.

> El principio es simple. Si la gente está contenta y le gusta lo que está haciendo, eso se reflejará en todo lo que hace.

Yo le digo a la persona de la recepción: «Eres la directora de las primeras impresiones.» Sé que antes que la gente conozca al presidente, entre a cualquier salón de clase, o escuche a cualquiera de nuestros maravillosos instructores, oirá una voz en el teléfono. Verán a esa persona tan pronto como abran la puerta de la oficina.

También necesitamos tener buena presentación en nuestro campus. No hay basura en el suelo. Nadie verá vasos desechables en el piso o envolturas de golosinas llevadas por el viento. Queremos que los visitantes, sin importar hacia dónde dirijan su mirada, vean una organización eficiente y bien cuidada.

Otro experto es Bernie Marcus, cofundador y exgerente de la tienda *The Home Depot*. Dijo: «Tienes que saber qué es lo que mejor haces y hacerlo. El concepto de que puedes hacer cualquier cosa que quieras hacer, simplemente no es cierto. Hay cosas en las que puedes ser exitoso y cosas en las que no.

Tienes que sentarte y evaluar tus habilidades, fuertes y débiles, y luego enfocarte en las fuertes.» [9]

«Tienes que saber qué es lo que mejor haces y hacerlo. El concepto de que puedes hacer cualquier cosa que quieras hacer, simplemente no es cierto.»

El autor señala que Marcus aprendió a enfocarse después de haber fracasado anteriormente con otra compañía. Él construyó un coloso en el área de mejoras para el hogar. «Mis fortalezas eran como empresario y comerciante, pero no en lo cotidiano. Así que me centré en esas áreas tanto como en la gente, y me rodeé de *grandes operadores*.» [10]

Él estaba hablando de los sostenedores de escaleras. Continúa diciendo: «Eres tan bueno como las personas a tu alrededor. Así que rodéate de buenas personas.» [11]

Parafraseando sus palabras, significa que solamente podemos ir tan alto como la persona que sostiene la escalera nos lo permita. Nuestra altura no es controlada por nosotros mismos, sino por las personas en la parte de abajo.

El presidente y gerente de operaciones del hotel Ritz-Carlton, Simon Cooper, dijo en una entrevista: «Mi desafío es cómo continuar el crecimiento de la compañía, basado sobre nuestros principios fundamentales. Por lo tanto, estoy enfocado en el capital humano y financiero. Después de todo, no seremos exitosos si no atraemos y conservamos lo mejor del capital humano, así como también el capital financiero» [12]

Cualquier persona que haya estado en un hotel Ritz-Carlton sabe que la diferencia no son necesariamente las habitaciones. También podemos conseguir buenas habitaciones en otros hoteles. La diferencia está en su servicio. Ellos tienen un perfil detallado de los clientes, saben lo que prefieren, y les brindan comodidad.

S. Truett Cathy, fundador de Chick-fil-A, la franquicia de comida rápida de mayor crecimiento en el mundo, da su receta para el éxito en los negocios: «Requiere de mucho tiempo y esfuerzo asegurarte de que tienes las personas apropiadas trabajando en las posiciones correctas, pero creemos que es un tiempo bien invertido. La satisfacción del cliente es la recompensa.»[13]

> Requiere de mucho tiempo y esfuerzo asegurarte de que tienes las personas apropiadas trabajando en las posiciones correctas.

Otro artículo escrito en el periódico *Atlanta Journal Constitution* dice que las habilidades de las personas son lo más importante. «Al darles una opción, los empleadores de Georgia dicen que aceptarían a una persona adaptable a la 'gente' en vez de un trabajador técnicamente competente.» Ellos prefieren la actitud a la aptitud.[14] Se llegó a esta conclusión por medio de una encuesta realizada por la Cámara de Comercio de Atlanta a principios de 2003.

La primera pregunta para Leonard Roberts, presidente de Radio Shack, en una entrevista que apareció en la revista *Sky*, de Delta, fue: «¿Cuál es el desafío más grande que enfrenta su industria?.» [15]

El señor Roberts está en un campo técnico, y yo habría supuesto que él se referiría a desafíos técnicos o a mantener el rápido crecimiento en los avances electrónicos. He aquí su respuesta: «Nuestro mayor desafío es cerciorarnos de que tenemos a bordo las personas correctas, entrenadas apropiadamente y calificadas para proporcionar las respuestas que los americanos necesitan con respecto a la tecnología.» [16]

Allí estaba otra vez: la gente antes que la tecnología.

Aquí está la ultima pregunta y respuesta de esa entrevista:

«¿Qué tal si [la estrategia] falla?.»

«...Si no comprendemos a la gente, todo se esfuma. Lo perdemos todo.»

> «...Si no comprendemos a la gente, todo se esfuma. Lo perdemos todo.»

Se le preguntó a Wayne Gretzky, quien es reconocido como el jugador de hockey más grande de la historia: «¿Qué es lo más importante que ha aprendido como propietario de un restaurante?.»

«Que su socio sepa lo que está haciendo. Tengo un gran socio. Él ha estado en el negocio de los restaurantes con su familia por más de 50 años. Saben lo que están haciendo. *La mejor cosa que usted puede hacer es asegurarse de escoger a la gente apropiada, y yo he conseguido un gran socio.*» [17] (Énfasis del autor).

En una entrevista con Gerd H. Klauss, presidente y Gerente General de Volkswagen de América, el entrevistador dijo: «La cabeza de cada compañía importante de automóviles afirma que su compañía es la mejor, pero Volkswagen verdaderamente es una marca registrada mundialmente. ¿Qué es lo que hace a la compañía tan exitosa?.» [18]

Como parte de su respuesta, Klauss dijo: «Volkswagen atrae a las personas que están orgullosas de ser diferentes, quienes no siguen siempre la corriente.» [19]

Para expresarlo en mi lenguaje, Klauss se refiere a la clase de personas que queremos atraer como sostenedores de escalera.

¿CÓMO ESCOGIÓ JESÚS A LOS SOSTENEDORES DE ESCALERA?

«¿Cómo escogió Jesús a los sostenedores de escalera?.» Me he hecho esa pregunta varias veces, y pienso que Lucas 5:1–11 contiene la respuesta. En ese relato, Lucas registra el incidente donde Pedro, Santiago y Juan pescaron toda la noche y no atraparon nada. Después de que se dieron por vencidos y estaban muy ocupados lavando sus redes, Jesús subió a una de las barcas, enseñó a la gente, y luego le dijo a Pedro que saliera de nuevo a pescar.

A pesar de que ellos, que eran pescadores profesionales, no habían atrapado nada, Pedro hizo lo que Jesús le dijo. Para su asombro, atraparon tantos peces que sus redes se rompían, y tuvieron que pedir ayuda a otros pescadores.

El relato termina cuando Jesús les dice que de ahora en adelante no estarían atrapando peces. Ellos serían pescadores de hombres. Esta historia es reconocida como aquella en la que Jesús llama a tres de sus discípulos.

Aunque había leído el pasaje muchas veces, un día noté que Lucas 5:10 hace referencia a «Santiago y Juan, los hijos de Zebedeo, los cuales eran socios de Simón (Pedro).» Esto significa que eran socios antes de que Jesús los llamara. Jesús no disolvió su sociedad.

Pedro, Santiago y Juan eran socios
antes de que Jesús los llamara.
Jesús no disolvió su sociedad.

Si seguimos la vida de Jesús, vemos que Él acababa de llamar a las tres personas más importantes para sostener su escalera. Después de esto, a todo lugar que va, siempre lleva consigo a este trío *como grupo*. Si eran socios en el negocio de la pesca, dada la cultura y las normas de ese tiempo, es aceptable suponer que sus padres y quizás sus abuelos habían sido socios.

He aquí cómo Jesús operó con los tres socios. Un día fue a la casa de Jairo. La hija del hombre había muerto, y Jesús tomó al trío con Él. Estuvieron con Él en el Monte de la Transfiguración. Al final de su jornada, cuando oró en Getsemaní, Jesús llamó a todos sus discípulos y luego llevó a los tres hombres con Él un poco más adentro del jardín.

Esta es la forma en que el Señor trabajaba. Primero llamó a un grupo de doce. Pero aún de ahí, eligió a ciertas personas. En Lucas 5:27–28 dice: «Después de estas cosas salió, y vio a un publicano llamado Leví, sentado al banco de los tributos públicos, y le dijo: Sígueme. Y dejándolo todo, se levantó y le siguió.»

También quiero señalar la palabra traducida como vio en este pasaje. Es la palabra griega *theaomai*. Aunque hay una docena de palabras en griego para ver, esta palabra aparece pocas veces. Da la idea de observar atentamente, mirar fijamente, y se traduce en ocasiones como *mirad*. Los eruditos la llaman una palabra solemne y «se utiliza para una mirada visionaria y para la percepción de realidades más altas.» [20]

Aunque no es una palabra común en el Nuevo Testamento, *theaomai* tiene cuatro significados distintos. Cada uno enfatiza la acción de la persona que está mirando.

1. Observar con deseo

2. Observar por un momento

3. Pasar tiempo con

4. Mirar o estudiar detenidamente

Notemos especialmente el cuarto significado. Ese es el punto que Lucas hace al usar *theaomai*. Jesús no miró alrededor a la ligera. Él examinó o se enfocó cuidadosamente. Es como si Jesús mirara a fondo dentro del hombre y entonces, y solo entonces, dijera: «Sígueme.»

Jesús reclutó a Leví con un propósito en mente. En todos los Evangelios, Mateo es solo uno de los doce, pero Jesús tenía un propósito especial para él. Leví, también conocido como Mateo, era alguien que sabía cómo mantener registros exactos, pues ese era su negocio como recaudador de impuestos. Lo que el anterior recaudador de impuestos no entendía fue que, desde entonces, Jesús lo estaba preparando para escribir un relato exacto de acontecimientos. Sería llamado el Evangelio según Mateo, el primer libro en el Nuevo Testamento.

Jesús aún está haciendo la misma clase de *theaomai* hoy día. Él está observándonos en dos niveles: nuestro papel como parte del grupo y como individuos.

He aquí el punto: como grupo, las personas son reclutadas como sostenedores de escalera, pero continúan como individuos.

Como grupo, las personas son reclutadas como sostenedores de escalera, pero continúan como individuos.

Cuando estaba atravesando esa época difícil de tratar con asuntos de personal en el Instituto Bíblico Beulah Heights, reiteradamente las personas se hacían, unas a otras, tres preguntas (por supuesto, ninguno de ellos me preguntó a mí).

1. *¿Ve Sam lo que nosotros vemos?* Cada persona en nuestra oficina sabía cuáles eran los eslabones débiles. Podían ver la incompetencia. No pensaban en esos individuos como gente mala, sino solo como aquellos que eran incapaces de terminar el trabajo.

2. *Si Sam ve lo que nosotros vemos, ¿por qué no hace algo al respecto?*

3. *Si Sam no ve lo que nosotros vemos, ¿qué clase de líder es?*

Finalmente les pedí a algunas personas que salieran del bus, invité a otras a subir, y cambié el orden de los asientos; comenzamos a funcionar más eficientemente. Fue entonces cuando me enteré de las tres preguntas que se habían estado haciendo el uno al otro.

Después de realizar los cambios, la gente vino a mí con declaraciones que comenzaban con una palabra: *Finalmente.*

«Finalmente, alguien hizo algo.»

«Finalmente, alguien vio lo que por mucho tiempo todos sabíamos.»

«Finalmente, alguien tuvo el valor de lograrlo.»

Hasta entonces, no comprendía que estaban cuestionando mi liderazgo; y tenían razón de hacerlo, porque veían a toda la organización sufriendo por lo que ellos consideraban mi falta de acción.

Hice las cosas bien; solo que algunas las hice un poco tarde.

9

CÓMO DESARROLLAR SOSTENEDORES DE ESCALERAS

Una sala llena de risueños adolescentes, un sermón sin terminar, y los detalles finales para el desayuno de la oración de los hombres en la mañana. Como luchadores por equipos, estos tres eventos tomaron turnos para mantener la mente del pastor Jake Barrett totalmente ocupada durante cada minuto de una lluviosa tarde de viernes.

Con la llegada de la noche, la puerta de la sala multi propósito comenzó a abrirse y cerrarse puntualizando la llegada de cada grupo de jóvenes. Desde que se fue su pastor de jóvenes, Jake era el único disponible para atender esta reunión. Había empleado unas cuantas horas con una guitarra prestada esa tarde, intentando aprender algunas canciones de adoración, pero sabiamente desechó esa idea para hacer una versión a capela.

Dejando las notas de su sermón a un lado, Jake hizo dos llamadas sin éxito para confirmar la entrega de alimentos para el desayuno de mañana. Mientras esperaba al teléfono, comenzó a modificar el anuncio que había usado para contratar a su último pastor de jóvenes. En el instante en que su esposa abrió su puerta para hacerle una señal para que comenzase la reunión, una señal de teléfono resonó en el auricular. Sabiendo que en la tienda de *delicatesen* le habían vuelto a desconectar, Jake soltó el anuncio clasificado, colgó el teléfono y se dirigió hacia el grupo de jóvenes que esperaba.

Si quisiéramos descubrir la filosofía ministerial de un pastor principal, la mejor forma sería observar cómo enfoca su manera de dirigir una iglesia.

Por lo general, los pastores principales confían en una de tres estrategias para llevar a cabo la obra del ministerio:

1. Hágalo usted mismo. Aunque este método solo parece práctico en iglesias más pequeñas, también es atractivo para líderes que necesitan tener una sensación de control. El inconveniente es obvio: puede ser una fatigosa carga de trabajo.

2. Contratar ayuda. Contratar líderes puede crear un equipo ministerial, pero significa pagar salarios y dar beneficios. Puede ser una tarea costosa.

3. Desarrollar personas. Desarrollar sus propios líderes requiere una gran inversión de tiempo. También ofrece muchas ventajas.

Si nuestras iglesias quieren perdurar, es imperativo que desarrollemos personas para que se conviertan en los líderes que necesitamos. Levantar líderes es una forma más eficaz de ministrar y un uso más eficiente de nuestros recursos. Pero el desarrollo solo se produce cuando te das cuenta de que otras personas pueden llevar el ministerio a un lugar al que tú solo nunca podrías llegar.

> Si nuestras iglesias quieren perdurar, es imperativo que desarrollemos personas para que se conviertan en los líderes que necesitamos.

En este capítulo examinaremos algunas de las razones por las que no se están desarrollando líderes, examinaremos algunas características importantes del desarrollo, veremos diferentes tipos de líderes y analizaremos principios para el desarrollo.

Por qué las iglesias no desarrollan líderes

La mayoría de los líderes están ocupados haciéndolo todo ellos mismos, ocupados contratando o simplemente están ocupados. Aunque la mayoría de los líderes de hoy están desarrollando a otros, este método aún no está en el radar de un número suficiente de iglesias.

Hay varias razones para no desarrollar líderes:

- Demandas apremiantes
- Decepciones en el pasado
- Temor a la vulnerabilidad
- Repetir un patrón

Demandas apremiantes. Muchos líderes se sienten estirados en diferentes direcciones. Estamos intentando dar a conocer nuestra visión, tenemos sermones que desarrollar y predicar, estamos intentando levantar fondos para el ministerio, y estamos intentando seleccionar personas responsables para que hagan otras tareas. De manera innata, sabemos que desarrollar líderes toma tiempo, el cual siempre escasea. Si nos cuesta decir no, el tiempo es incluso un producto más valioso.

Cuando los aprietos de las responsabilidades diarias y la urgencia del momento nos impide desarrollar líderes, hemos dejado que lo bueno se convierta en el enemigo de lo mejor.

Decepciones en el pasado. La Escritura ilustra cómo la decepción podría impedirnos desarrollar otros líderes. Cuando Moisés estaba en el monte Sinaí recibiendo los Diez Mandamientos, Aarón estaba abajo supervisando la loca fiesta de fraternidad de Israel. Cuando Moisés regresó, descubrió que el líder en quien había confiado había cometido un grave error.

Cuando levantamos líderes, siempre habrá quienes nos decepcionen. A menudo, son los líderes con los que más tiempo hemos empleado los que nos causan el mayor daño. Y como nos han herido, quizás no sigamos desarrollando líderes.

Si no estamos dispuestos a encontrar a un Aarón que podría decepcionarnos, nunca encontraremos al Josué que continuará después de nosotros.

> Si no estamos dispuestos a encontrar a un Aarón que podría decepcionarnos, nunca encontraremos al Josué que continuará después de nosotros.

Temor a la vulnerabilidad. La clave para mentorear a otros es dejarles ver tu corazón. Si vamos a desarrollar líderes de alto nivel, tenemos que dejarles acercarse a nosotros lo suficiente como para que eso ocurra.

Para algunos de nosotros, exponer nuestro corazón parece algo peligroso. Por eso la gente paga consejeros y consultores; porque necesitan un lugar seguro para mostrar su corazón. Cuando estamos desarrollando un líder, no podemos tan solo esmerarnos; debemos ser capaces de revelar nuestras dudas y también nuestros temores. Tenemos que estar dispuestos a derramar nuestro corazón en otra persona. Tenemos que estar dispuestos a asumir un riesgo.

Repetir un patrón. Una vez que se arraigan ciertos patrones de conducta en las personas, resultará difícil romperlos. Estos patrones pueden variar desde hábitos inofensivos, pero molestos, a otros más serios. Por ejemplo, los niños que crecen en hogares disfuncionales tienden a seguir con los malos hábitos que aprendieron allí. Del mismo modo, los pastores que nunca fueron mentoreados continúan el patrón aprendido de no desarrollar otros líderes.

Yo me crié en la casa de un pastor en India, me gradué del instituto bíblico, fui al seminario y pasé de pastorear a ser el supervisor de distrito de iglesias en Indiana, Wisconsin, Illinois y Michigan. A pesar de esas bendiciones, no soy capaz de recordar que un mentor se acercase a mí y mostrara algún interés en mi desarrollo. Nadie se acercó a mí a decirme: «Veo algunos dones de Dios en ti. Permíteme rodearte con mi brazo y guiarte. Este es mi número de teléfono, esta es mi dirección de correo electrónico. Llámame, escríbeme, déjame ayudarte.»

Cuando me di cuenta de esta carencia y vi su efecto, me decepcioné y me enojé. Me preguntaba por qué las personas con visión no me dirigieron alrededor de los problemas que pudieran haber visto llegar contra mí. Pero esta idea se detuvo en seco cuando me di cuenta de algo importante: los líderes a mi alrededor no me desarrollaron porque nadie les había desarrollado a ellos. En vez de ser una piedra de tropiezo, esa comprensión se convirtió en la motivación que dirige mi pasión por el desarrollo del liderazgo. Es mi forma de ayudar a otros líderes a romper el patrón.

Si nadie nos mentoreó o desarrolló, no tendremos ningún modelo para el desarrollo. Por lo general, solo enseñaremos de la misma forma en que fuimos enseñados, y solo daremos lo que tenemos. Sencillamente no podemos transmitir lo que no poseemos.

> Por lo general, solo enseñaremos de
> la misma forma en que fuimos enseñados,
> y solo daremos lo que tenemos.

Cuando nos damos cuenta de esto, tenemos que buscar formas de romper ese ciclo. Podemos comenzar a buscar mentores y encontrar personas que hablen en nuestras vidas. Encontrar un mentor no es tan difícil como podría parecer. Cuando busques a un mentor, busca a alguien que tenga metas similares a las tuyas, que esté haciendo lo que a ti te gustaría hacer, o que tenga dones que a ti te gustaría tener. Si puedes, contrata también a un coach para que te aporte un desarrollo específico o especializado.

No todo el desarrollo tiene que venir de estas relaciones de mentoría formales. Hay muchos mentores informales que pueden mentorearnos durante años mediante sus CD y libros. Cuando estés escuchando y leyendo, asegúrate de hacer las preguntas correctas. Si hacemos preguntas de tipo «qué», lo único que obtenemos es información. Si hacemos preguntas de tipo «por qué», podemos descubrir los principios que proporcionan los cimientos para el entendimiento. Hacer las preguntas adecuadas es la clave.

Una relación de mentoría debería ayudarnos a desarrollar la habilidad de pensar diferente, de pensar como un líder. Uno de mis amigos una vez tuvo la oportunidad de pasar unas horas con un pastor de una iglesia muy grande. Queriendo aprovechar al máximo su tiempo, mi amigo me escribió un correo electrónico pidiéndome consejo sobre el tipo de preguntas que debía hacerle al pastor.

Yo le animé a no enfocarse en las preguntas. En cambio, le aconsejé que tuviera una conversación informal e intentara descubrir cómo piensa ese pastor. Descubriendo cómo llega a sus conclusiones, cómo toma sus decisiones, cómo implementa estrategias, mi amigo se estaría entrenando a sí mismo para pensar como su mentor.

Cuando nos damos cuenta de que no hemos sido mentoreados, no podemos permitirnos seguir en nuestra decepción. No podemos permitirnos que la siguiente generación de líderes aprenda por las malas, como nosotros aprendimos. Tenemos la responsabilidad de la siguiente generación y de hacer lo correcto por el reino. Tenemos que transmitir la bendición de la mentoría a la siguiente generación de líderes y capacitarlos para que avancen por delante de nosotros.

> Tenemos que transmitir la bendición de la mentoría a la siguiente generación de líderes y capacitarlos para que avancen por delante de nosotros.

Evaluación de desarrollo

Responder estas cuatro preguntas te ayudará a desarrollar tu propio plan de acción para el desarrollo del liderazgo.

+ ¿Dejas que otros participen en el ministerio en vez de hacerlo todo tú solo?

+ ¿Te apasiona enormemente desarrollar a la siguiente generación de líderes de la iglesia? Si no, ¿qué puedes hacer para comenzar?

+ ¿Has comenzado a buscar personas en las cuales volcar tu tiempo y energía?

+ ¿Estás mandando a personas al ministerio, permitiéndoles crecer y fallar sin temor?

La crítica diferencia: entrenar contra desarrollar

Muchos pastores cometen un error común. Piensan que están desarrollando a otro líder, o incluso que ellos mismos están siendo desarrollados, cuando en verdad solo están siendo entrenados para un trabajo.

Es vital que entendamos estas diferencias fundamentales entre entrenar y desarrollar:

+ **Entrenar se enfoca en las tareas y es menos arriesgado.** Entrenamos a personas todo el tiempo. Entrenamos a los ujieres, trabajadores con niños y los que dan la bienvenida. Después los situamos en ese papel fijo dentro de cierto entorno. Tienen restricciones a su alrededor, tienen cosas que hacer y otras que no deben hacer, y por lo general tienen también un supervisor. Si cometen errores, generalmente no son errores de alto riesgo.

♦ **Desarrollar se enfoca en las personas, no en las tareas.** El desarrollo apunta mucho más arriba que asegurarse de que alguien puede realizar un trabajo. Y como el desarrollo se enfoca en las personas en vez de enfocarse en las tareas, requiere dar de ti mismo. Si realmente estás desarrollando a una persona, ella podrá terminar tus frases. Sabrá cómo piensas. Sabrá cómo abordas la resolución de los conflictos, cómo desarrollas soluciones y cómo llevas a cabo las iniciativas. En el proceso de desarrollar a un líder, transmites parte de ti mismo.

♦ **Deberíamos desarrollar primero personas, y luego entrenar a los que hemos desarrollado.** Algunos pastores quieren entrenar a personas, ven quién es fiel y luego desarrollan solamente a esas personas. Queremos que las personas demuestren algo de sí mismos antes de estar dispuestos a darles de nuestro tiempo. Por desgracia, esto puede resultar en que la gente se sienta usada. Siempre deberíamos poner a la persona por delante de lo que puede hacer. De lo contrario, tendremos personas que hacen lo correcto y que no han desarrollado el carácter, que tienen intenciones dudosas o malas actitudes.

♦ **Cuando desarrollamos a alguien, estas personas pueden ser entrenadas para varias tareas.** Podemos remitir a los que hemos desarrollado para que puedan ser maestros de escuela dominical, ujieres, y ocupar otras tantas posiciones. Pero esto solo es posible después de haber sido desarrollados.

♦ **Al entrenar, damos trabajos a las personas.** Al desarrollar, damos responsabilidades a las personas. Entrenar a alguien para que enseñe a los niños es un trabajo, pero darle el reto de nutrir, criar y guiar a los niños es desarrollo.

> Al entrenar, damos trabajos a las personas.
> Al desarrollar, damos responsabilidades
> a las personas.

A menudo es necesaria una gran decepción para llevarnos a un nuevo entendimiento. Aprendí la importante distinción entre entrenar y desarrollar de esta forma.

Después de escuchar que una iglesia que pastoreé durante nueve años había tenido cinco pastores y dos divisiones desde que me recolocaron en 1989, comencé a analizar cómo podían haber contribuido a ello mis acciones. Al mirar atrás, llegué a la conclusión de que hice un gran trabajo levantando seguidores. Sin embargo, hice un trabajo pésimo (si es que lo hice) desarrollando líderes.

Llegué a la conclusión de que fue porque di un gran entrenamiento, pero no hice nada de desarrollo. Si hubiera invertido mi tiempo en desarrollar a otros, si hubiera derramado mi corazón en ellos para que pudieran terminar mis frases, llevar a cabo la visión y mentorear a otra generación de líderes, quizás esas dificultades se podrían haber evitado.

Aunque nunca lo sabré a ciencia cierta, me lo pregunto.

Desarrollo de los cuatro tipos de líderes

Cuando se entrena, se usa la talla única. Podemos entrenar a todos nuestros ujieres, los que dan la bienvenida y nuestros maestros de escuela dominical para realizar las mismas tareas del mismo modo.

Cuando se desarrolla, sin embargo, se requiere un método más a la medida.

Cada vez más iglesias están empezando a imitar el modelo de recursos humanos del mundo empresarial. Consideran los tipos de personalidad y los inventarios de estilos de empleados para encontrar la forma más eficaz para desarrollar a personas. Willow Creek es tan solo un ejemplo de esto; identifican los talentos de una persona y luego proporcionan el entrenamiento y desarrollo que le va bien a cada uno.

El modelo empresarial nos ayuda a evitar un problema común en el desarrollo de liderazgo: la tendencia a desarrollar personas más allá de donde necesitan ser desarrolladas. Las iglesias a menudo toman a alguien con una habilidad concreta e intentan conseguir que también sea bueno en otras habilidades que no son parte de sus habilidades. Les decimos: «Tú eres un líder. Está bien que seas bueno en X; ahora, aquí están Y y Z.» Ese tipo de pensamiento puede hacer que nos metamos en problemas. El desarrollo que proporcionamos tiene que ser apropiado.

> El modelo empresarial nos ayuda a evitar un problema común en el desarrollo de liderazgo: la tendencia a desarrollar personas más allá de donde necesitan ser desarrolladas.

Identificar los cuatro tipos de liderazgo

Hay muchos métodos útiles de clasificar líderes que pueden ayudarnos a determinar la mejor forma de desarrollarlos. Examinemos estas cuatro categorías (PEAE) de tipos de liderazgo:

+ Posicional

+ Emprendedor

+ Administrativo

+ Espiritual

Tipo de líder	Necesidad de desarrollo
Líder posicional	Dar un trabajo
Líder emprendedor	Dar entendimiento
Líder administrativo	Dar confianza
Líder espiritual	Dar oportunidad

Los líderes posicionales tienen habilidades muy específicas. Puede que sean buenos organizando, o en la contabilidad. Puede que tengamos que invertir algo de tiempo ayudándoles a descubrir esta fortaleza para que puedan aplicar este talento. A veces, un talento será rápidamente obvio para ti o para ellos. Y a veces, un líder puede ver un talento específico, pero quizá no piensa que haya una forma de aplicarlo dentro de la iglesia. Una vez que se descubre el talento de un líder posicional, puedes enfocarte en proporcionar el entrenamiento que sea necesario para aplicar su don.

Los líderes emprendedores tienen un espíritu pionero combinado con un astuto sentido emprendedor. El líder emprendedor correcto puede ponerse al lado de un pastor principal y encontrar formas creativas de hacer uso de los bienes económicos de la iglesia. En el proceso, van a ayudar a descubrir nuevas oportunidades y extender el ministerio. El líder emprendedor correcto puede ser una bendición para el pastor que está listo para admitir su necesidad en el área de los negocios. Si vamos a traer a un líder emprendedor, tenemos que estar dispuestos a confiar en él. No es necesario entender del todo cada cosa que esté haciendo, pero necesitan tener confianza. Y vamos a tener que confiar en él o ella a un nivel más alto que el que tenemos en los otros tres tipos de líderes.

Los líderes administrativos tienen la capacidad de conectar A y B. Su enfoque en la gestión significa que se necesita menos entrenamiento para ellos y que simplemente ellos entiendan más tu organización. Deberías darles un tour detrás del telón, por así decirlo, de la iglesia que Dios quiere que tú edifiques y gestiones. Enséñales cómo se relacionan las cosas, qué es bueno y qué necesita mejorar. No es necesario delimitarles tareas muy detalladas; estos líderes necesitan confianza para poder hacer las mejoras que están equipados para ver e implementar.

Algunos pastores de algún modo no están dispuestos a entregar estos esfuerzos. En seguida nos dirán: «Yo no soy bueno con los negocios.» Cuando recomendamos que tengan a alguien a su alrededor con un buen sentido de los negocios, dudan. «He oído que si uno no controla el dinero, no controla el ministerio», dirán. Siempre les recordamos que las personas que no son buenas en los negocios y que controlan el dinero es probable que puedan llegar al punto de no tener dinero qué controlar. Después de eso, algunos de ellos finalmente ceden.

Las personas que no son buenas en los negocios y que controlan el dinero es probable que puedan llegar al punto de no tener dinero qué controlar.

Los líderes espirituales están hechos para la espiritualidad. Son los líderes mencionados en Hechos 6, aquellos que saben que deberían dedicarse a la Palabra y la oración. A estos líderes les proveemos de un entorno en el que puedan ejercitar este don. No necesariamente significa predicar desde el púlpito; podría involucrar dirigir la oración congregacional, adoración o estudio bíblico.

Desarrollo de los cuatro tipos de liderazgo

¿Has estado alguna vez en un automóvil diseñado para funcionar con combustible especial y que estaba funcionando con gasolina normal? El poco dinero que nos ahorramos no compensa los resultados producidos. Los automóviles que necesitan combustible de alto octanaje se quejan audiblemente y andan peor cuando no tienen el combustible indicado. El motor suena, a veces echa humo, y no es bonito.

Del mismo modo, cada uno de los cuatro estilos de liderazgo está diseñado con necesidades particulares. Como cada uno tiene un don diferente, no podemos darles el mismo camino de desarrollo y esperar que funcionen bien. No podemos esperar que un emprendedor prospere dándole exactamente el mismo desarrollo que le damos a un líder administrativo. Sus necesidades son distintas.

Como ilustra el siguiente cuadro, cada tipo de liderazgo tiene un estilo de funcionamiento distinto, consideraciones ambientales distintas y sus propias necesidades de desarrollo.

Tipo de líder	Estilo	Necesidad ambiental	Necesidad de desarrollo
Posicional	Hacer	Responsabil-idad	Entrenamiento relacionado con el trabajo
Emprende-dor	Crear opor-tunidades	Confianza	Trasfondo en muchas áreas
Adminis-trativo	Gestionar	Entendimien-to	Conocer el siste-ma organizacional
Espiritual	Inspirado divinamente	Oportunidad	Tiempo tranquilo

Entender cada estilo y adherirse a estos cuatro principios de desarrollo nos ayudará a formar líderes eficaces:

1. Conocerse a uno mismo

2. Formar un equipo equilibrado

3. Honrar a cada miembro

4. Unirse bajo una sola visión

1. Conocerse a uno mismo. Es importante que el pastor principal distinga su propio estilo de desarrollo antes de desarrollar a otros líderes. Entender nuestro propio estilo nos guarda de los efectos negativos de "la ley de la afinidad", la cual podemos describir sencillamente como "los iguales se atraen".

La naturaleza humana tiene una tendencia miope a pensar que todos los demás son como nosotros, o que *deberían* ser como nosotros. Los emprendedores prefieren desarrollar a todos como si fueran emprendedores, aunque aquellos a los que estén desarrollando sean líderes espirituales. Cuando un líder espiritual está a cargo del desarrollo, los líderes emprendedores del equipo podrían ser desarrollados según el estilo espiritual. Ciertamente, sería deseable algún desarrollo cruzado entre estilos. Pero si enfatizamos en exceso nuestro estilo o somos insensibles a los otros, frustraremos a las personas que estamos intentando desarrollar.

> Si enfatizamos en exceso nuestro estilo o somos insensibles a los otros, frustraremos a las personas que estamos intentando desarrollar.

2. Formar un equipo balanceado. Los iguales se atraen. Un líder emprendedor tiende a favorecer a otros tipos emprendedores. Oirás que el líder emprendedor dice: "¡Los administradores me vuelven loco! Siempre están haciendo preguntas; quieren entender por qué. Olvídalo, sigamos adelante.»

Una vez que entendemos nuestras propias tendencias, dones y necesidades, es importante que formemos un equipo equilibrado. Así como las iglesias necesitan los dones ministeriales descritos en Efesios, nosotros necesitamos encontrar un equilibrio complementario entre los estilos de liderazgo. Necesitamos tipos posicionales que hagan las tareas, administradores que gestionen nuestros recursos, emprendedores que creen nuevas oportunidades, y líderes espirituales que disciernan un curso piadoso.

Ciertamente, moderar una reunión de todo el equipo puede ser un reto, pero podemos minimizar los riegos asegurándonos de que todos los que están en la mesa sepan por qué está cada uno ahí. Tenemos que ayudar a todos en el equipo a encontrar el equilibrio.

Una y otra vez, el pastor principal tiene que decir: «La razón por la que Susan está aquí es porque ella es una líder posicional, que lleva a cabo las tareas. Le damos un trabajo y no tenemos que preocuparnos más de él. Saco de mi lista ese trabajo. Por eso Susan está aquí. Jake está aquí porque ve oportunidades cuando llegamos a un camino sin salida. Él es emprendedor. Él sabe cómo hacer uso de las fortalezas de una forma que ninguno de nosotros hubiéramos imaginado y nos lleva a lugares que nunca hubiéramos considerado.»

Al asegurarnos de que todo el equipo entienda los dones de los demás, también minimizamos sus frustraciones entre ellos. Esto reduce la tensión que se produce cuando el tipo emprendedor quiere avanzar y la persona espiritual quiere orar más antes de tomar una decisión. Tener ese equilibrio promueve el entendimiento.

Formar un equipo equilibrado también significa poner a las personas idóneas en las posiciones idóneas. No queremos reclutar a alguien con un estilo emprendedor y ponerlo en un hueco posicional. Tampoco esperaríamos que el líder posicional cree buenas oportunidades financieras. Antes, en este libro me oíste decir: "la colocación correcta de las personas evita problemas".

3. *Honrar a cada miembro.* La naturaleza humana nos hace preguntarnos cuál de los cuatro estilos es más importante o

necesario; también nos hace pensar que el tipo espiritual es más honorable que el tipo administrativo. Evaluar los estilos de liderazgo es parecido a intentar decidir si el ala derecha o izquierda de un avión es más importante. Necesitamos todas las partes para mantenernos equilibrados, mantenernos arriba y mantenernos volando.

> Evaluar los estilos de liderazgo es parecido a intentar decidir si el ala derecha o izquierda de un avión es más importante. Necesitamos todas las partes para mantenernos equilibrados.

En términos prácticos, tenemos que asegurarnos de que cada estilo de liderazgo sea capaz de operar según sus dones y que todos aprecien la diversidad de estilos. Será bueno asegurarnos de que no todas las ideas emprendedoras se desestimen, por ejemplo. No queremos que nadie se siente infravalorado y comience a desconectarse.

Como nos dicen las Escrituras, cada parte del cuerpo humano tiene una función necesaria. No podemos tener un cuerpo que todo él sea ojo. Tampoco podemos tener un equipo en el que todos sean posicionales, emprendedores, administrativos o espirituales. Dios nos ha unido para que podamos operar juntos cooperativamente.

4. *Unirse bajo una sola visión.* Aunque podemos apreciar los distintos estilos de liderazgo, una iglesia solamente puede avanzar bajo una sola visión. Puede haber diversidad de funciones, pero no diversidad de visiones. Los líderes posicionales

funcionarán de forma distinta a los líderes emprendedores. Los líderes emprendedores funcionarán de forma distinta a los líderes espirituales. Y los líderes espirituales funcionarán de forma distinta a los líderes administrativos. Pero todos ellos deben funcionar en el mismo cuadro como los guisantes en una vaina. Puede haber cierta cantidad de desacuerdo, tensión y diferencias en el equipo. Pero el líder principal tiene que asegurarse de que todos operen y estén unidos bajo una sola visión.

Ingredientes clave del desarrollo del liderazgo

Todo viaje necesita un destino. El viaje del desarrollo del liderazgo no es distinto. ¿Cómo sabremos cuando hemos llegado? Como el desarrollo del liderazgo es un proceso continuo, quizás sea más apropiado definir el resultado final deseado.

Liderazgo es la capacidad y la voluntad de reunir a hombres y mujeres para un propósito común. Esta definición nos da un cuadro más claro del tipo de líderes que queremos producir.

> Liderazgo es la capacidad y la voluntad de reunir a hombres y mujeres para un propósito común.

Además de tener un cuadro del resultado final, debemos asegurarnos de que sabemos qué se necesita durante este viaje. El desarrollo del liderazgo no se puede dar hasta que no tengamos todos los ingredientes necesarios. Si omitimos cualquiera de las siguientes necesidades del desarrollo del liderazgo, el resultado final se resentirá:

1. Visión
2. Oración
3. Un plan
4. Oportunidad
5. Reconocimiento
6. Tiempo
7. Gratitud
8. Auto desarrollo
9. Libertad

1. Visión. Visión es el primer elemento de la lista por una razón: es el aire que respiran los líderes. Visión es la atmósfera que asegura la supervivencia de un líder. Debemos proveer una visión, una visión que sostiene y necesita líderes.

2. Oración. Jesús oró por sus discípulos; ciertamente nosotros no podemos ser menos. Al final, es Dios quien obra a través de nosotros para desarrollar líderes. Debemos orar por nosotros mismos y por aquellos a los que desarrollamos. Debemos orar regularmente y debemos orar específicamente.

3. Un plan. Aunque no podemos conocer todos los giros y devenires del camino, debemos tener una dirección general, un plan para desarrollar líderes. Tenemos que invertir tiempo y energía en pensar el plan y entenderlo profundamente.

4. Oportunidad. Aquellos a los que desarrollamos no pueden sentarse sin hacer nada. Debemos darles oportunidades genuinas de usar sus dones. Debemos delegarles responsabilidades, dejarles aprender en la práctica, confiar en ellos y estar disponibles para guiarles continuamente.

5. *Reconocimiento.* En nuestro celo por desarrollar buenos líderes, puede que se nos olvide equilibrar la crítica con el reconocimiento. Demasiadas veces dejamos que nuestras expectativas y altos estándares se interpongan en el camino de los comentarios positivos. No hay nada que ayude tanto a prosperar a un líder en desarrollo, como la alabanza y el reconocimiento sinceros. Alábalos regularmente y alábalos genuinamente. Diles cómo te sientes con ellos. Asegúrate de reconocerlos en privado, pero asegúrate también de reconocerlos en público.

6. *Tiempo.* No hay atajos para el desarrollo del liderazgo. Debemos encontrar tiempo en nuestra apretada agenda y hacer del mentoreo una prioridad.

7. *Gratitud.* Cada líder que Dios nos da para desarrollar es un regalo. Deberíamos estar agradecidos por la oportunidad de desarrollar a otros y por la confianza que Dios nos ha dado.

8. *Auto desarrollo.* Para desarrollar a otros líderes, primero nosotros debemos estar creciendo. Deberíamos tener nuestro propio plan de desarrollo personal y nuestros propios mentores. Para que podamos enseñar, debemos estar dispuestos a ser enseñados.

> Para que podamos enseñar, debemos estar dispuestos a ser enseñados.

9. *Libertad.* Todos los padres sabemos que algún día nuestros hijos se irán de casa. También hay un tiempo adecuado para soltar a los líderes que hemos desarrollado. Eso no significa que la relación se acabe; solo significa que la relación cambia. Debemos anticipar el día en que podamos soltar líderes saludables para que ministren libremente en el Reino.

Para llegar a nuestro destino, debemos seguir en la autopista. No podemos darnos el lujo de tomar carreteras secundarias innecesarias; y deberíamos alejarnos de las avenidas sin salida. Durante el viaje del desarrollo del liderazgo, también debemos evitar estos seis asesinos comunes del liderazgo:

1. Exceso de control

2. Liderazgo temeroso

3. Falta de recursos

4. Hacer que el error sea fatal

5. Crear un techo de cristal

6. Permitir evasivas

1. Exceso de control. La actitud de «a mi manera o no se hace» no tiene lugar en el desarrollo de buenos líderes. Nunca deberíamos insistir en que alguien solo haga las cosas a nuestra manera.

2. Liderazgo temeroso. Es improductivo cuando aquellos a los que intentamos desarrollar tienen miedo de nuestras reacciones o temen contarnos algo. Si queremos desarrollar buenos líderes, debemos darles un entorno seguro.

3. Falta de recursos. Si queremos que los líderes que desarrollamos tengan éxito, debemos estar seguros de que dispongan de todos los recursos que necesitan.

4. Hacer que el error sea fatal. Alguien dijo una vez que solo cometemos errores cuando no hemos aprendido nada de nuestros errores. Tenemos que asegurarnos de dar a los líderes en desarrollo la oportunidad de fallar y la oportunidad de aprender y seguir adelante.

5. Crear un techo de cristal. Tenemos que dar a los líderes en desarrollo una carrera profesional. No podemos limitar su potencial.

6. Permitir evasivas. Una vez que hemos dado a nuestros líderes desarrollo de la responsabilidad, no podemos permitir que otros, por rutina, los ignoren o pasen por encima de ellos. Debemos protegerlos y asegurarnos de que reciban el respeto que merecen.

Un modelo de desarrollo del liderazgo

Las iglesias desarrollan líderes de varias formas. Mi amigo, el Dr. Gerald Brooks, pastor fundador de la iglesia Grace Outreach Center, en Dallas, tiene un modelo concienzudo. Allí, el proceso de desarrollo del liderazgo comienza en cuanto alguien entrega el liderazgo de su vida a Jesucristo.

Grace tiene un pastor a tiempo completo que tiene la tarea de ser el cuidador inicial para todos los creyentes nuevos. Antes de decidir este enfoque, el Dr. Brooks miró a otras muchas iglesias independientes que tenían un pastor a tiempo completo, en vez de un laico, que tenía esta responsabilidad.

Cuando el pastor comienza a cuidar de alguien nuevo en la fe, recomienda el programa indicado para esa persona. En este sentido, un creyente nuevo comienza a entender lo más básico. Aprenderá acerca de ejercitar la fe en Dios y la importancia de la comunión con otros creyentes.

Al mismo tiempo que están aprendiendo lo básico, comenzarán a oír que cada nueva creación tiene un don, un talento o una habilidad que puede aportar vida a otros. Ese don puede ser natural en su orientación o puede ser espiritual. El pastor cuidador en el inicio les ayuda a entender que los dones naturales que se usan espiritualmente pueden tener un impacto espiritual, así como los dones espirituales pueden tener un impacto natural.

Aunque están quizás en su primera clase, también están experimentando su primera probada del desarrollo del liderazgo. Es comprensible así que alguien que tenga veinte años de edad de algún modo reciba un desarrollo distinto al de una persona de cincuenta años.

> *"Todo líder es capaz de formar su propio equipo soñado del reino… Mediante el poder del Espíritu santo, la capacidad de edificar un equipo así es un componente estándar en cada paquete de dones del líder."*
> **—Courageous Leadership, de Bill Hybels**

Además de ayudar a los nuevos creyentes a desarrollar los dones de liderazgo, Grace se enfoca en hacer crecer a su equipo de liderazgo. La cultura de liderazgo de la iglesia está construida sobre seis conceptos, llamados las seis P:

+ Pastorear

+ Practicar la oración

+ Posicionamiento

+ Preparación

+ Promoción

+ Provisión

Pastorear está en la vanguardia del desarrollo del liderazgo de Grace. Cada uno de los que están directamente bajo el Dr. Brooks es responsable de encontrar y nutrir a nuevos líderes, así como de documentar este trabajo para el Equipo Ejecutivo de Liderazgo cada seis meses.

Buscar líderes no significa buscar selectivamente graduados de seminario y licenciados dentro de la congregación. Se recuerda constantemente a los pastores que pocas personas con las que trabajan tendrán aspecto de líderes cuando los encuentren por primera vez. El Dr. Brooks aclara este punto con un ejemplo de la vida del rey David. La Escritura dice que la gente que Dios le envió a David estaba estresada, deprimida y era pobre. Muchas de estas mismas personas se convirtieron en sus hombres fuertes de valor. Enfatizar la habilidad de pastorear de esta forma desarrolla un tipo de líder concreto, uno que ha sido testigo de primera mano de la importancia del cuidado pastoral.

> Buscar líderes no significa buscar selectivamente graduados de seminario y licenciados dentro de la congregación.

Practicar la oración aporta un fundamento firme para todo el desarrollo del liderazgo. La iglesia se toma en serio el mandato de Jesús en Mateo 9:37-38: «A la verdad la mies es mucha, mas los obreros pocos.

Rogad, pues….» Para Grace, orar por obreros es sinónimo de orar por líderes. Esas oraciones conllevan dos cosas:

- Orar para que Dios dé sabiduría, fortaleza y habilidades mejoradas a los líderes que actualmente tienen.

- La capacidad de reconocer a nuevos líderes cuando Dios los envíe.

El *posicionamiento* de un líder se considera críticamente importante. La iglesia reconoce que la forma más rápida de perder un líder es situarlo en una posición equivocada, no importa lo grande que sea su potencial de liderazgo o lo grande que sea su corazón. El posicionamiento erróneo lleva a problemas.

Grace emplea mucho tiempo escuchando mientras sus nuevos líderes hablan. Animan a los líderes a hablar de aquello con lo que sueñan, con lo que no pueden vivir si no tienen, así como aquello por lo que claman. Estas conversaciones proporcionan la idea necesaria para decidir la posición apropiada. Cuando se termina una conversación, por lo general saben si los líderes prosperarán en el departamento de niños, en el departamento de música, con grupos celulares o en el cuidado pastoral.

La *preparación* de un líder comienza poco después de decidir el posicionamiento, donde cada líder experimenta un programa de preparación único diseñado por uno de los pastores de la iglesia. Por ejemplo, el programa para los que trabajan con jóvenes es algo más que simplemente identificar las competencias y cualidades clave necesarias en un ministerio. También especifica diferentes caminos de desarrollo para un adolescente de dieciséis años y para una mamá soltera de treinta años. Otros pastores a cargo de varios programas tienen sus propias listas de competencias clave y planes de desarrollo para los líderes de ese ministerio. La fortaleza de este programa de preparación es su capacidad para aportar un camino de desarrollo hecho la medida para cada individuo y cada ministerio, uno que reconoce las cualidades únicas de cada líder.

La *promoción* de líderes fieles y capaces es también parte del programa de desarrollo. Aunque la iglesia aprecia a los líderes que están orientados a la tarea, también busca a los que muestran talentos que van más allá de su descripción de trabajo. Con estos líderes, comienzan a investigar si están listos o no para asumir una posición de liderazgo organizacional. A menudo esto comienza añadiendo la supervisión de un área específica de su ministerio. Si el líder tiene éxito en ello, podría conducir a oportunidades más estratégicas que conlleven la supervisión de todo un ministerio y la supervisión de otros líderes.

> La promoción de líderes fieles y capaces es también parte del programa de desarrollo.

Proveer las herramientas, el entrenamiento y una inversión en líderes es un componente importante del programa de desarrollo. Grace compra el currículo que sea necesario para entrenar a sus líderes, los envía a conferencias, los agenda para visitar a oradores y los expone a los ministerios de otros líderes estelares. La iglesia entiende que tener líderes que estén dispuestos a dar de su tiempo y talento, requiere una inversión de recursos.

Comenzando con la identificación pastoral, la oración, el posicionamiento y la preparación, los líderes de Grace están listos para un ministerio exitoso. A medida que crecen, reciben oportunidades continuamente para ascender y reciben las herramientas necesarias para edificar un ministerio eficaz en el reino de Dios.

> *"Cuando atraes a un seguidor, añades a la iglesia. Cuando desarrollas a un líder, multiplicas la iglesia."*
>
> —John Maxwell

10

¿A QUIÉN LE ESTÁS SOSTENIENDO LA ESCALERA?

Al leer lo que he escrito hasta aquí, algunos pueden suponer que si somos líderes, lo único que necesitamos hacer es concentrarnos y desarrollar a otros sostenedores de escaleras. Esa es solo la mitad del concepto.

He aquí la otra mitad: cada verdadero discípulo de Jesucristo sostiene la escalera de alguien más. Ese es el plan de Dios. Nos necesitamos unos a otros, y cuando sostenemos la escalera de otros cumplimos el plan de Dios.

Aquellos que somos líderes tendemos a olvidarnos de que somos trepadores de escalera y también sostenedores de escalera. Es más, siempre seremos sostenedores de escalera, incluso si somos trepadores de alto nivel.

Los líderes eficaces comprenden que le están sosteniendo la escalera a alguien más, ya sea la escalera de un socio en los negocios, la del pastor de otra iglesia, o la de un líder de la denominación. Dios nos ha llamado a todos a sostener las escaleras a otros.

> Dios nos ha llamado a todos a
> sostener las escaleras a otros.

Los líderes eficaces reconocen dos hechos:

1. En el liderazgo siempre necesitaremos sostenedores de escaleras.

2. En el liderazgo también le sostendremos la escalera a alguien más.

Estamos destinados a apoyar, asistir y ayudar a otros en su ascenso.

Aunque somos trepadores de escalera, también somos sostenedores de escalera.

Otra manera de comprender esto es preguntándonos: ¿Qué clase de sostenedor de escalera me gustaría ser? Por ejemplo, al comienzo de este libro escribí acerca de la necesidad de sostenedores de escalera con cinco características. Deben ser fuertes, atentos, fieles, firmes y leales. ¿No es obvio que necesitamos ser la clase de persona que queremos que otros lleguen a ser? Si queremos desarrollar sostenedores de escalera superiores, nosotros mismos necesitamos ser sostenedores de escalera superiores.

Si eres un líder, aquí está mi desafío: ¿La escalera de quién puedes sostener? ¿De qué líder de negocios puedes ser el mentor? En vez de mirar a reclutas potenciales y preguntar: «¿Cómo pueden servirme?», pregunta: «¿Cómo puedo servirles?.»

Dios siempre ha buscado que el servicio sea una calle por donde viajemos en ambas direcciones. Es la ley de la reciprocidad y nos enseña que lo que damos regresará de nuevo a nosotros. Eso es absolutamente cierto; sin embargo, el problema es que podemos dar solamente lo que tenemos. Podemos entregar solamente lo que poseemos. Si no somos buenos sostenedores de escalera, ¿cómo podemos esperar tener buenos sostenedores de escalera ayudándonos?

Eso me hace pensar en la ley de diezmar en el Antiguo Testamento. Dios requirió a todos los judíos fieles dar el diez por ciento de sus ingresos para apoyar a los sacerdotes (sostener sus escaleras). Ese no es el fin de la ley. Luego los sacerdotes daban el diez por ciento para apoyar al sumo sacerdote. Inclusive los sacerdotes tenían escaleras que sostener. Esta es la forma en que Dios siempre trabaja.

Si cada uno de nosotros puede reconocer este principio, eso quiere decir que aunque somos líderes, también somos sostenedores de escalera. He aquí algunas otras preguntas para reflexionar:

+ ¿Poseo esas cinco cualidades esenciales de los buenos sostenedores de escalera?

+ Intencionalmente ¿sostengo la escalera de otro?

+ ¿Soy un sostenedor de escalera confiable?

+ ¿Cuándo fue la última vez que pasé por el lado de un líder visionario y dije: «¿Realmente me gusta la visión y hacia dónde se dirige, deseo trabajar junto a él y asistirle sosteniéndole la escalera?.»

+ ¿Cuándo fue la última vez que me pregunté: «¿A qué líder puedo ayudar?» (muy a menudo solamente estamos buscando personas que nos ayuden).

+ ¿Qué damos a entender de nosotros mismos si siempre buscamos a alguien para que nos sostenga la escalera, pero no estamos dispuestos a sostener la escalera de otra persona?

> ¿Qué damos a entender de nosotros mismos si siempre buscamos a alguien para que nos sostenga la escalera, pero no estamos dispuestos a sostener la escalera de otra persona?

Hay un viejo refrán que dice que la mayoría de los predicadores viajarán al otro lado del mundo para predicar un sermón, pero no cruzarían la calle para escuchar uno. ¿Es esto una realidad en mí? He aquí otras preguntas que nos debemos hacer:

+ ¿Cuándo fue la última vez que asistí a una conferencia de liderazgo donde yo no era uno de los oradores?

+ ¿Cuándo fui a una conferencia solamente para oír a alguien más?

+ ¿Cuándo fue la última vez que leí un libro y pensé: «Realmente me gusta esto», y después me identifiqué con el autor?

+ ¿Cuándo fue la última vez que vi la propaganda de alguien más en una revista y dije: «Quiero servir a esa persona?.»

Es el principio, que también está en la Biblia, que dice "cosechamos lo que sembramos". Si sembramos sosteniendo escaleras, cosechamos a los que sostendrán las nuestras. Recibimos dando. Esto es tan cierto con el asunto de sostener escaleras como en todo lo demás.

En el liderazgo, para muchos de nosotros, no es fácil ser sostenedores de escalera, especialmente para aquellos, como yo, que somos líderes accidentales.

Todavía recuerdo la pregunta que me hizo mi amigo Tom Fortson. Tom, el vicepresidente ejecutivo de Cumplidores de Promesas, un día visitó Beulah Heights e hicimos un recorrido por el Instituto. Caminando hacia nuestra capilla, se detuvo y me preguntó: «¿Puedes decirme cuando te convertiste en líder?.»

«No, realmente no puedo», dije. Inmediatamente mi mente me llevó a algo que John Maxwell una vez me dijo acerca de él. Si Tom Fortson le hubiera preguntado a John cuándo se convirtió en un líder, John habría sabido cómo responder. Para él, ese momento definitivo tuvo lugar durante sus días de la escuela primaria. La clase planeó un simulacro de una sala de tribunal. Los estudiantes eligieron al jurado, al demandado, al abogado de la defensa y al acusador. La clase eligió a John de juez. Debido a la confianza de ellos en su capacidad, ese día John supo que iba a convertirse en un líder.

Le conté esa historia a Tom Fortson y añadí: «Yo no he tenido esa clase de epifanía en mi vida. He sido uno de esos a los cuales el liderazgo se le ha revelado lentamente.»

La pregunta de Tom ha permanecido conmigo y he pensado en ella muchas veces. Cuando comparto en iglesias, descubro que la mayor parte de los pastores principales también son líderes accidentales. De igual forma sucede cuando pregunto por el liderazgo en el ámbito de los negocios.

Tengo cincuenta años de edad al momento de escribir este libro. Durante mi tiempo en el instituto bíblico, seminario, o experiencia denominacional, no recuerdo un solo momento en que alguien haya resaltado mi capacidad de liderazgo. Ni una sola vez alguien me ha dicho: «Veo potencial en ti. Buenas cosas van a suceder en tu vida. ¿Podría caminar contigo? ¿Me permites sostenerte tu escalera?.»

Magníficos individuos me han dado excelentes consejos; otros me han abierto puertas, pero nadie ha caminado conmigo como sostenedor de mi escalera. El comprender que nadie, intencional y abiertamente, ha sido mi mentor, ha hecho que yo sea más intencional en cuanto a ser el mentor de otros. Esa es mi forma de sostener escaleras.

Para algunas personas, esa capacidad fluye libremente y simplemente lo hacen. Porque la capacidad viene naturalmente, no muy a menudo piensan acerca de eso. Otros como yo no lo encuentran fácil porque no tenemos un modelo de conducta a seguir. A causa de que nunca fui a propósito aconsejado por un mentor, no sé las pistas sobre las cuales correr. Soy un líder accidental, pero no deseo ser un mentor accidental.

> Soy un líder accidental, pero no deseo ser un mentor accidental.

He aquí algunas preguntas importantes para finalizar:

- ◆ ¿A quién le estás sosteniendo la escalera en este momento?
- ◆ ¿Quién está subiendo y confiando en que tú estarás en la parte de abajo, agarrando su escalera?

- ¿Quién está subiendo a grandes alturas porque tú hiciste un alto en el camino y le dijiste: «Permítame, lo sostengo»?

- ¿Quién mirará atrás un día y dirá: «Subí quince metros porque tú sostuviste mi escalera»?

Tenemos oportunidades de ser el sostenedor de escalera de alguien más. A causa de que nadie lo ha hecho con nosotros, comprometernos intencionalmente a sostener escaleras puede resultar difícil, pero no imposible. Eso no nos excusa. Únicamente significa que para nosotros, los líderes accidentales, nos puede tomar un poco más de esfuerzo el llegar a ser servidores intencionales. Pero podemos lograrlo. Podemos comprometernos a aprender cómo sostener las escaleras, de modo que otros puedan subir alto y que algunos de ellos puedan incluso sobrepasarnos.

Nadie ha subido el monte Everest sin un grupo. Personas suben Stone Mountain de una milla de altura en las afueras de Atlanta porque es un trayecto relativamente fácil y no necesitan un grupo. No importa cuán alto vayamos, deberíamos estar sosteniendo la escalera de alguien más; ese es el plan de Dios.

Como líderes, cuando comenzamos a subir, la decisión más importante es la de elegir a los sostenedores de escalera apropiados; como sostenedores de escalera, la decisión más importante es el seleccionar qué escaleras sostenemos.

He aquí una forma en que me gusta pensar acerca de esto: cuando logramos grandes cosas en nuestra propia escalera, recordamos lo que hemos hecho. Cuando sostenemos intencionalmente las escaleras de otros y logran grandes cosas, ellos nos recuerdan. Sus logros se convierten en nuestro legado.

Cuando sostenemos intencionalmente las escaleras de otros y logran grandes cosas, ellos nos recuerdan. Sus logros se convierten en nuestro legado.

APÉNDICE:
ENSEÑAR ESTE MATERIAL

Posiblemente encuentres una oportunidad de enseñar este material. Espero que así sea. Para facilitarlo, en las páginas siguientes he puesto un resumen del material expuesto en este libro. Puedes hacer copias del resumen que trae los espacios en blanco como una ayuda en la enseñanza. Después de esto, está un resumen completo. Este libro le pone «carne» a ese esqueleto.

ENSEÑAR ESTE MATERIAL

¿QUIÉN SOSTIENE TU ESCALERA?

LA DECISIÓN MÁS IMPORTANTE QUE TOMARÁS EN EL LIDERAZGO ES S_____ TUS SOSTENEDORES DE ESCALERA.

1. ¿Alguien te está sosteniendo tu E_____?

2 ¿Qué Clase de P_____ está sosteniendo tu escalera?

    A. ¿Les tienes que R_____ las cosas constantemente?

    B. ¿Son D_____ o intencionales?

C. ¿Tienen sus ojos fijos en T_____ o están mirando alrededor?

D. ¿Están bien aferrados a tu «escalera» o a tu V_____?

3. Cualidades de un sostenedor de escalera efectivo

A. F_____

B. A_____

C. F_____

D. F_____

E. L_____

4. Los sostenedores de escalera deben ser E_____.

A. Muy pocos ministros tienen sostenedores de escalera C_____ y E_____.

B. Tu escudero / A_____ puede no ser necesariamente tu sostenedor de escalera.

C. La gente necesita instrucción C_____.

5. P_____ y perspectiva de la escalera

A. La mayor tragedia es subir a la cima de la escalera solo para descubrir que tu escalera está apoyándose sobre el edificio E_____

B. Evaluación

(1) A_____ quieres ir.

(2) P_____ estás sobre la escalera.

(3) Q_____ herramientas necesitas allá arriba; no puedes mantenerte subiendo y bajando.

6. Dos categorías básicas de sostenedores de escalera

    A. L_____

    B. A_____

LÍDERES	ADMINISTRADORES
Conceptualizan los resultados al trabajar desde el F_____ hacia el P_____.	Conceptualizan los planes trabajando desde el P_____ hacia el P_____.
Abarcan una perspectiva M_____ - El cuadro completo	Abarcan una perspectiva M_____ - Parcial
Están a favor del modo de pensar I_____	Están a favor del modo de pensar R_____
Poseen dotes R_____	P_____ el estatus quo
Enfatizan el Q____ y el P_____	Enfatizan el C_____ y el C_____
I_____ y motivan	C_____ y dirigen
Se E_____ por los cambios	El cambio les A_____
Se mueven R_____	Se mueven L_____
Identifican las O_____	Identifican los O_____
Toman R_____	Evitan los R_____

	Buscan	Limitan sus accio-
R_____		nes a los recursos
		D_____
	Se centran en las	Se centran en los
	P_____	S_____
	Se centran en las	Se centran en los
	I_____	P_____
D_____ la aproba-		N_____ la apro-
ción de la gente		bación de la gente

RESUMEN:

Los administradores obtienen lo mejor proveniente de E_____ M_____. Los líderes lo obtienen de O_____.

7. Convirtiendo S_____ de escalera en T_____

    A. Formación E_____

      (1) Asuntos de seguridad

      (2) Encontrando propósito y destino

    B. Formación de H_____

      (1) Ayudar a otros sostenedores de escalera

      (2) Delegar

      (3) Comunicación

    C. Formación E_____

      (1) Plan para desarrollar a otros sostenedores de escalera

(2) Ser mentoreado. Verlo (S_____); Ejercerlo

(C_____) y ayudar a otros a verlo
(M_____)

(3) Autorizar a Otros

8. ¿A quién le estás S_____ la escalera?

A. En el liderazgo siempre necesitarás sostenedores de
E_____

B. En el liderazgo siempre sostendrás la E_____
de alguien más

CONCLUSIÓN:

LA DECISIÓN MÁS IMPORTANTE QUE TOMARÁS
EN EL LIDERAZGO ES SELECCIONAR A TUS
SOSTENEDORES DE ESCALERA.

ENSEÑAR ESTE MATERIAL

¿QUIÉN SOSTIENE TU ESCALERA?

LA DECISIÓN MÁS IMPORTANTE QUE TOMARÁS EN EL LIDERAZGO ES SELECCIONAR A TUS SOSTENEDORES DE ESCALERA.

1. ¿Alguien te está sosteniendo tu **ESCALERA**?

2 ¿Qué clase de **PERSONA** está sosteniendo tu escalera?

    A. ¿Les tienes que **RECORDAR** las cosas constantemente?

    B. ¿Son **DESCUIDADOS** o intencionales?

    C. ¿Tienen sus ojos fijos en **TI** o están mirando alrededor?

    D. ¿Están bien aferrados a tu «escalera» o a tu **VISIÓN**?

3. Cualidades de un sostenedor de escalera efectivo

    A. **FUERTE**

    B. **ATENTO**

    C. **FIEL**

    D. **FIRME**

    E. **LEAL**

4. Los sostenedores de escalera deben ser **ENTRENADOS**.

    A. Muy pocos ministros tienen sostenedores de escalera **CALIFICADOS** y **ENTRENADOS**.

    B. Tu escudero / **ASISTENTE** puede no ser necesariamente tu sostenedor de escalera.

    C. La gente necesita instrucción **CLARA**.

5. **POSICIÓN** y perspectiva de la escalera

A. La mayor tragedia es subir a la cima de la escalera solo para descubrir que tu escalera está apoyándose sobre el edificio **EQUIVOCADO**.

B. Evaluación

(1) **ADÓNDE** quieres ir.

(2) **POR QUÉ** estás sobre la escalera.

(3) **QUÉ** herramientas necesitas allá arriba; no puedes mantenerte subiendo y bajando.

6. Dos categorías básicas de sostenedores de escalera

A. **LÍDERES**

B. **ADMINISTRADORES**

LÍDERES	ADMINISTRADORES
Conceptualizan los resultados al trabajar desde el **FUTURO** hacia el **PRESENTE.**	Conceptualizan los planes trabajando desde el **PASADO** hacia el **PRESENTE.**
Abarcan una perspectiva **MACRO**- El cuadro completo	Abarcan una perspectiva **MICRO**- Parcial
Están a favor del modo de pensar **INNOVADOR** Poseen dotes **REVOLUCIONARIOS**	Están a favor del modo de pensar **RUTINARIO** **PROTEGEN** el status quo
Enfatizan el **QUÉ** y el **POR QUÉ** INSPIRAN y motivan	Enfatizan el **CÓMO** y el **CUÁNDO** **CONTROLAN** y dirigen

Se **EMOCIONAN** por los cambios	El cambio les **AMENAZA**
Se mueven **RÁPIDA-MENTE**	Se mueven **LENTAMEN-TE**
Identifican las **OPOR-TUNIDADES**	Identifican los **OBSTÁCU-LOS**
Toman **RIESGOS**	Evitan los **RIESGOS**
Buscan **RECURSOS**	Limitan sus acciones a los recursos **DISPONIBLES**
Se centran en las **PER-SONAS**	Se centran en los **SISTE-MAS**
Se centran en las **IDEAS**	Se centran en los **PLANES**
DESEAN la aprobación de la gente	**NECESITAN** la aproba-ción de la gente

RESUMEN:

Los administradores obtienen lo mejor proveniente de **ELLOS MISMOS**. Los líderes lo obtienen de **OTROS**.

7. Convirtiendo **SOSTENEDORES** de escalera en **TREPADORES**

A. Formación **ESPIRITUAL**

(1) Asuntos de seguridad

(2) Encontrando propósito y destino

B. Formación de **HABILIDADES**

(1) Ayudar a otros sostenedores de escalera

(2) Delegar

(3) Comunicación

C. Formación **ESTRATÉGICA**

(1) Plan para desarrollar a otros sostenedores de escalera

(2) Ser mentoreado. Verlo (**SABER**); Ejercerlo (**CRECER**) y ayudar a otros a verlo (**MOSTRAR**)

(3) Autorizar a otros

8. ¿A quién le estás **SOSTENIENDO** la escalera?

A. En el liderazgo siempre necesitarás sostenedores de **ESCALERA**

B. En el liderazgo siempre sostendrás la **ESCALERA** de alguien más

CONCLUSIÓN:

LA DECISIÓN MÁS IMPORTANTE QUE TOMARÁS EN EL LIDERAZGO ES SELECCIONAR A TUS SOSTENEDORES DE ESCALERA.

NOTAS

CAPÍTULO TRES

1. 19 de marzo de 2001, p. 2A.

CAPÍTULO CUATRO

2. Futuring: Leading Your Church into Tomorrow por Samuel R. Chand y Cecil Murphey (Grand Rapids, MI: Baker Books, 2002).

3. Ibid.

CAPÍTULO CINCO

4. p. 8.

5. Ibid.

6. p. A12.

CAPÍTULO SIETE

7. Marzo-Abril 2002, p. 34.

8. Ibid.

9. Una entrevista hecha por Andrew Dietz en catalystmagazine.com, 1. p. 18.

10. Ibid.

11. op. cit. p. 20.

12. Leader, vol 35, no 1, p. 126.

13. Atlanta Journal-Constitution, 7 de abril de 2002, p. C1.

14. 5 de enero de 2003, p. C1.

15. «Radio Shack's Leonard Roberts» por Lisa E. Davis, septiembre de 2000, p. 44.

16. Ibid.

17. «Beyond Greatness» por Mark Seal, Celebrated Living, Winter 2002, p. 32.

18. Leader, Vol. 26, no 1, p. 41.

19. Ibid.

CAPÍTULO OCHO

20. Geoffrey W. Bromiley, Theological Dictionary of the New Testament, Abridged, Eerdmans, 1985, p. 707

PARTE III

TU SIGUIENTE MOVIMIENTO AUDAZ

El Señor guardará tu salida y tu entrada desde ahora y para siempre. Salmos 121:8

Algunas personas se esforzarán mucho más para evitar lo que temen de lo que lo harán para obtener lo que quieren.

Aunque nadie puede volver atrás y comenzar totalmente desde cero, cualquiera puede comenzar desde ahora y terminar de modo totalmente nuevo.

1

¿QUIÉN MOVIÓ *MI* ESCALERA?

Yo soy un visionario; probablemente tú también lo seas.

Por eso estás leyendo este libro.

Somos visionarios porque tenemos un sueño. Estamos dispuestos a desecharlo todo para cumplir ese deseo. Es nuestra fuerza impulsora. Oramos fervientemente, pensamos constantemente, soñamos despiertos frecuentemente, e imaginamos regularmente lo que será la vida más adelante. Puede que no sepamos dónde terminaremos, pero sabemos la dirección por la que vamos.

> Si la escalera es la visión,
> nosotros somos los trepadores.

En mi libro ¿Quién sostiene tu escalera?, utilicé el símbolo de una escalera para explicar la visión. Si la escalera es la visión, nosotros somos los trepadores; somos quienes tenemos un entusiasmo abrasador. Quienes sostienen la escalera son las personas que apoyan y ayudan a implementar nuestra visión. Nunca querremos olvidar que nuestro éxito como visionarios depende en gran medida de la calidad de quienes sostienen nuestra escalera. También necesitamos distintos sostenedores a medida que nuestra escalera (visión) se extiende más arriba.

Cuando utilicé ese símbolo, me referí a lo que creemos que somos llamados a hacer, y a un modo de mirar adelante y ver dónde vamos. Subir la escalera es nuestra búsqueda progresiva incesante de ese sueño que aún no se ha cumplido.

> Subir la escalera es la búsqueda progresiva incesante de nuestro sueño.

En este libro quiero utilizar los mismos símbolos, pero ahora veremos la escalera de modo distinto. Teníamos la visión; sabíamos dónde queríamos ir y subimos fielmente, y al final alcanzamos la mayoría o todas nuestras metas.

Tras haber llegado a lo más alto de la escalera, llegamos al momento de la transición. Después de todo, nada es permanente en la vida. Por ejemplo, un día me di cuenta de que había subido la escalera del éxito como presidente de un próspero instituto bíblico. Durante catorce años había soñado y trabajado duro mientras ascendía por esa escalera de oro. Amaba a las personas, el trabajo, los retos, y la emoción de subir cada peldaño. Un día, sin embargo, algo cambió. (Escribo "un día", pero había estado sucediendo algo por meses hasta el día en que yo fui consciente de ello).

> "¿Quién movió mi escalera? No es aquí donde quiero quedarme".

"¿Quién movió mi escalera? No es aquí donde quiero quedarme", dije yo. Como después sabría, muchos líderes están o han estado exactamente donde estaba yo aquel día. ¿Quién movió nuestras escaleras? ¿Quién cambió las cosas? ¿Quién se llevó la emoción? ¿Y el gozo? ¿Y el desafío?

Lo cierto es que donde yo estaba en mi escalera era exactamente adonde había querido ir; al menos lo era cuando comencé a subir por esa escalera en particular. Lo que tuve que enfrentar, igualmente que muchos de nosotros, es que puede parecer como si alguien hubiera movido nuestra escalera. La emoción, el gozo y el desafío se disipan. Miramos por encima de nuestro hombro y nos damos cuenta de donde estábamos cuando sentimos por primera vez esas vertiginosas emociones, y ascendíamos rápidamente esos peldaños. Aquellos eran los días en que nos levantábamos de la cama de un brinco cada mañana. Incluso en la noche cuando llevábamos a la cama nuestro cuerpo cansado, teníamos la sensación de haber logrado algo. Sabíamos que nos estábamos moviendo en la dirección correcta; habíamos subido un poco más alto en la escalera.

Cuando ese nivel de entusiasmo comienza a disminuir, aquí está la realidad que tenemos que enfrentar: nadie ha movido nuestra escalera. Está exactamente en el mismo lugar donde ha estado siempre. *Nosotros* hemos cambiado. Subimos la escalera, y puede que fuera la correcta, pero ya no es la preferida o la que nos satisface. Al menos, esa fue mi experiencia.

> Cuando el entusiasmo disminuye, nadie movió la escalera; nosotros hemos cambiado.

Algunos quizá han subido muy arriba por las escaleras y cuando se acercaron a lo más alto dijeron: "Ah, realmente no es aquí donde quería llegar". Eso me hace pensar en algo que dijo el difunto Joseph Campbell cuando hablaba de seguir nuestra dicha: nuestra pasión. Dijo que la mayoría de nosotros seguimos el camino conveniente, lo que él denomina la escalera delante de nosotros. Cuando llegamos a lo más alto, nos damos cuenta de que hemos tenido nuestra escalera apoyada en la pared equivocada. El sendero zurdo es más arriesgado, pero ese es el sendero de la dicha.

En mi caso, no había sido la pared equivocada. Sin embargo, habría sido la pared equivocada si hubiera permanecido allí. Mi escalera se había movido. Es decir, mi visión había cambiado.

Antes de seguir avanzando, quiero hablarte un poco sobre subir mi escalera.

———

El año 1989 lo cambió todo para mí; aquel año me convertí en el presidente del Instituto Bíblico Beulah Heights en Atlanta, Georgia. Esa posición era la más emocionante que había ocupado nunca. Era como subir por una escalera de ensueño. No llegaba a ser como caminar sobre calles de oro en la Nueva Jerusalén, pero se acercaba bastante.

Cuando comencé a subir los primeros peldaños, pausaba con frecuencia para dar gracias a Dios por ponerme en esa situación, por darme la oportunidad de soñar en grande, y por tener el respaldo para poner en práctica esos sueños. La escuela comenzó a crecer y yo veía un potencial aún mayor para nosotros. Descubría frecuentemente nuevas oportunidades y comencé a hacer cosas que otras escuelas ni siquiera habían pensado. No solo formábamos a líderes cristianos, sino que también encontramos maneras de influenciar en nuestra comunidad.

Iba subiendo peldaño a peldaño y me encantaba cada paso. Mientras más alto ascendía, más maravillosa parecía mi vida. "Podría seguir así el resto de mi vida", decía con una sonrisa. Cada mañana despertaba deseoso de abordar los retos. Dondequiera que miraba, veía progreso.

Un día, sin embargo, inspeccioné el mundo desde mi escalera. La pasión había disminuido. No aborrecía mi escalera ni lo que estaba haciendo. "He hecho esto antes", dije. Sentía que todo era, bueno, un poco predecible, incluso un poco aburrido.

> Inspeccioné el mundo desde mi escalera. Sentí que todo era un poco predecible y aburrido.

"*¿Qué me pasa?*". Esa es la pregunta que nos hacemos la mayoría de nosotros cuando la emoción de nuestro trabajo se apaga. Sin duda, había algo equivocado en mí. Si algo se había vuelto defectuoso, yo tenía que descubrir qué parte funcionaba mal, arreglarla, y seguir adelante. Mientras pensaba en esa pregunta, me di cuenta de que había estado prácticamente en el mismo lugar durante varios meses. Las actividades no se habían detenido; yo había preparado las cosas de modo que nadie notara que yo estaba quieto. Pero yo sí lo notaba.

Más importante aún, durante meses no dejé de examinarme y darme golpes por haber perdido mi entusiasmo innovador. En algún lugar en el proceso, sin embargo, admití lentamente que yo no era el problema: el problema era la escalera.

¿Qué le había sucedido a la escalera bella y maravillosa que yo había estado subiendo? ¿Dónde estaba la emoción que había sentido mientras subía lentamente? ¿Dónde estaban el contentamiento y el gozo interiores? ¿Por qué no había ninguna emoción constante cuando miraba el peldaño siguiente?

¿Era tiempo de bajar de mi escalera y encontrar otra nueva?

¿Qué ha sucedido? ¿Quién había movido mi escalera de oro? ¿Era el tiempo de encontrar una escalera nueva? ¿Era el tiempo de aferrarme, apretar los dientes y seguir haciendo lo que había estado haciendo por más de una década? ¿O era el tiempo de bajar de mi escalera y encontrar otra nueva?

Era un tiempo de transición, pero me tomó semanas aceptar ese hecho.

Ese es el contexto en el cual escribo.

Este es un libro que habla de transiciones, de movernos de una posición a otra. Algunas personas tienen que moverse. Son despedidas de su empleo, o les dicen: "Encuentre un empleo distinto". Se ven obligados a hacer cambios. Pero ¿cómo nos conducimos haciendo transiciones cuando...

+ todo va bien?

+ somos exitosos?

+ hemos logrado más de lo que nunca soñamos?

+ nuestros amigos y críticos siguen aplaudiendo nuestros logros?

Yo había subido más alto en la escalera de lo que nadie había esperado. Después de llegar al último peldaño, entendí algo: había llegado tan lejos como podía llegar en esta escalera. Tenía que pensar sobre dónde estaba y adónde quería ir a continuación. Si era el momento de cambiar de escalera, ¿cuál subiría? ¿Era momento de relajación, descanso, de inspeccionar lo que había hecho y disfrutarlo?

> Entendí que había llegado tan lejos como podía llegar en esta escalera.

La mayoría de los líderes se enfrentan a esa situación en algún momento en sus carreras, y algunos más de una vez. No es un lugar cómodo donde estar.

———

Comencé mi búsqueda de recursos para ayudarme en mi toma de decisión transicional. A continuación tenemos algunos de los asuntos con los que lidié:

+ ¿Qué está sucediendo?

+ ¿Por qué estaba emocionado y asustado al mismo tiempo?

+ ¿Cuáles son las preguntas fundamentales que necesito hacer?

+ ¿Cuáles son los ingredientes esenciales?

+ ¿Qué de un sucesor?

Para mi sorpresa y consternación, encontré poca información a mi disposición. Esa es la razón principal por la que he escrito este libro. Quiero ayudar a otros mientras hacen su siguiente movimiento audaz.

2

DESCONTENTO PIADOSO:
OBTENER CONSEJO

"**N**unca jamás hagan transiciones de alto nivel", insto a los líderes, "hasta que se hayan enfrentado cara a cara con ustedes mismos." Otro modo de decirlo es que antes de que los líderes dejen una posición, necesitan hacer y responder sinceramente esta pregunta: ¿cuál es la salud interna de mi organización o iglesia?

> Vete siempre en un buen momento.
> No te vayas cuando las cosas estén mal.

Con eso me refiero a la ubicación presente, el tamaño presente, los niveles relacionales y la competencia profesional de nuestra organización. ¿Estamos sanos por dentro? Años atrás, alguien me dijo: "Vete siempre en un buen momento". Ese fue un consejo excelente. Ya sea en el papel del pastor o del director general de una organización, si hay opción, no te vayas cuando las cosas estén mal. Demasiadas veces, esas personas huyen de los problemas. En lugar de quedarse y solucionarlos, y llevar a la organización de nuevo a una situación ganadora, cambian de escalera.

"Si salen corriendo una vez", he oído decir, "saldrán corriendo cada vez que lleguen dificultades." Desde luego, hay situaciones en las que los líderes sienten que deben irse, como la presión de la junta directiva para que dimitan. A veces está en acción el Principio Pedro (*The Peter Principle*): me he elevado hasta el mayor nivel de mi incompetencia. Cuando sé que no puedo hacer un trabajo adecuado en mi posición presente, irme puede que sea una de las cosas más sabias que puedo hacer por la organización.

En mi propio caso, yo era el presidente del Instituto Bíblico Beulah Heights y había estado allí por catorce años. Aunque decidí irme, no fue una decisión fácil para mí. En este libro quiero llevar a los lectores a recorrer los diversos pasos que seguí. Aunque mi situación es única, creo que los principios y experiencias se aplican a cualquiera que decida dejar una posición exitosa, ya sea director general, pastor, gerente, o un anciano de una iglesia.

En mi caso, comenzó con lo que yo denomino descontento piadoso. Había trabajado duro para ayudar a avanzar al instituto, y había sucedido. Había enfrentado cada meta y cada reto que me confrontaban. En lugar de sentirme alegre y emocionado, llegó el aburrimiento. La mayoría de los líderes persiguen los retos, ya sea hacer crecer una iglesia o desarrollar una organización, añadiendo equipo de personal, mejorando la productividad, o aumentando las finanzas. Cuando hemos hecho eso, comenzamos a sentirnos como Alejandro Magno. Una leyenda dice que cuando él había conquistado el mundo conocido entonces, se sentó y lloró. Ya no tenía más mundos que conquistar.

Mi mundo no era tan vasto ni mis logros eran tan grandiosos, pero yo había hecho más de lo que me había propuesto hacer. El aburrimiento había comenzado a colarse en mi vida. Miraba el calendario que había sobre mi escritorio y daba un suspiro. "He hecho todo esto antes." Como dijo de sí mismo uno de mis amigos en una situación parecida: "Ya no tenía más montañas que escalar." La emoción de la aventura se había ido. Yo seguía haciendo más de lo que ya había hecho antes.

> La emoción de la aventura se había ido.
> Yo seguía haciendo más de lo que
> ya había hecho antes.

Una mañana me desperté, y pensé en las actividades que ya tenía programadas para ese día: una reunión en el desayuno a las 7:30; tres citas en la mañana; almuerzo con un donante potencial para la escuela; un reporte que escribir para la reunión de la junta a la semana siguiente; y esa noche hablaría en una iglesia grande que había decidido albergar clases de extensión. Me senté sobre mi cama y tuve ganas de llamar y decir que estaba enfermo. Había trabajado duro para que tales eventos se produjeran, y ahora que eran realidades yo tenía que luchar contra el aburrimiento. No todo el mundo escucha ese aburrimiento interior.

A algunos, el descontento les obliga a aumentar su actividad y batallan para volver a capturar la emoción del éxito. Durante un breve periodo, yo intenté hacer precisamente eso. Pensé que la respuesta era hacer más cosas. Tras algunas semanas, me di cuenta de que "más" no significaba mayor disfrute o emoción. "Más" simplemente significaba que yo estaba más ocupado. ¿Cómo recuperé ese entusiasmo? Durante semanas medité en mi dilema. No hablé con nadie al respecto, porque no sabía cómo hablar sobre ello.

Ese fue el comienzo de una insatisfacción piadosa, aunque no sabía catalogarlo de ese modo.

Hubo cosas que hice, y que hice bien, pero algo en mi interior susurraba: "No quiero seguir haciendo las mismas cosas una y otra vez". Al escuchar mis quejas interiores, admití que no quería seguir trabajando en administración. Estaba cansado de recaudar fondos. Abordar problemas del equipo de personal comenzaba a cansarme. Ya no quería continuar con el manejo de conflictos; no quería programar más reuniones, desayunos, ni aceptar más oportunidades para predicar. Sentía escalofríos al pensar en tener que realizar otra entrevista de trabajo. No quería manejar los aspectos financieros de nuestra escuela, aunque estábamos en una situación saludable. Ese era el tipo de cosas que yo tenía que enfrentar y que ya no quería seguir realizando.

> ¿Y si mi insatisfacción viene de Dios? ¿Y si este es el primer paso hacia desvincularme de lo viejo para prepararme para lo nuevo?

Aburrimiento interior. Eso era lo que me afligía, e incluso cuando lo admití ante mí mismo, lo seguía ocultando de los demás. "Puedo ocuparme de todas las demandas del trabajo mientras duermo", decía yo en voz alta. Podía hacer todas esas cosas, y las había hecho durante catorce años, pero sencillamente ya no quería seguir haciéndolas. Mientras me enfocaba en lo que iba mal en mí, no llegaba a ninguna parte. Cuando me abrí a mí mismo a la posibilidad de Dios, supe que me movía en la dirección correcta.

¿Y si mi insatisfacción viene de Dios? ¿Y si este es el primer paso hacia desvincularme de lo viejo para prepararme para lo nuevo? Fue entonces cuando entendí el concepto de la insatisfacción piadosa. Significaba que yo estaba bien y que, sin importar cuánto esfuerzo realizara, cada vez estaría más desencantado.

Tenía que cambiar de escalera, pero no sabía qué escalera agarrar. Había muchas, y podría haber comenzado a subir por cualquiera de ellas.

Antes de poder moverme hacia una escalera nueva, tenía que estar seguro de que no quería quedarme en mi posición presente. Casi cada día discutía conmigo mismo. Al principio, estaba demasiado asustado para pensar seriamente en irme. Había trabajado duro, me había ganado el respeto de mis iguales y, por primera vez en mi vida había aportado estabilidad financiera a mi vida. Podía quedarme en mi posición presente hasta mi jubilación.

> "Da mucho miedo dar el salto entre donde estoy y donde podría estar...
> Por todo lo que puedo llegar a ser,
> ¡cerraré mis ojos y saltaré!"[1]

¿O sí podía?

Un día me encontré cara a cara con mi necesidad de cambiar. Puede que no parezca mucho, pero tenía un par de horas entre reuniones en Omaha, Nebraska. Mi asistente Erick Moon y yo caminábamos por el Viejo Mercado mientras yo me movía casualmente de caseta en caseta, fascinado con el lugar, pero sin querer comprar nada. Entonces divisé una original tarjeta de felicitación.

Miré fijamente las palabras y las leí tres veces como mínimo. Aparte del diseño tan bonito, que fue lo primero que captó mi atención, las palabras llegaron hasta mí exactamente como lo que yo necesitaba leer.

"Da mucho miedo dar el salto entre donde estoy y donde podría estar...

Por todo lo que puedo llegar a ser, ¡cerraré mis ojos y saltaré!"[1]

Entendí muy bien esas palabras. Fue como si la escritora me tuviera a mí en mente cuando escribió esas palabras. Yo estaba ya en transición y muy confuso. Estaba atrapado "entre donde estoy y donde podría estar".

Cada decisión conllevaba riesgo: era arriesgado dejar mi posición presente, y era arriesgado quedarme. Si dimitía, ¿debería irme enseguida, o esperar otro año más? ¿Cuánto tiempo planificaría antes de pasar a la acción?

> Es asombrosa la diferencia entre construir una organización y dirigirla.

¿Iba yo a saltar? No lo sabía. O quizá lo sabía, pero no me había dicho sí a mí mismo. En mi caso, el instituto había crecido, teníamos una junta directiva fuerte, y la economía iba bien. Si me quedaba, podríamos haber seguido creciendo y

---

1. Mary Ann Radmadmacher. Usado con permiso: www.maryanneradmacher.com.

haber producido más de lo mismo: más alumnos, más dinero, más edificios y más programas. Yo me había desarrollado al construir Beulah Heights.

Alguien había movido mi escalera: ahora estaba apoyada sobre la pared equivocada. Una de las cosas que me asombró fue la diferencia entre construir una organización y dirigirla. Yo había comenzado como lo primero y me estaba convirtiendo en lo segundo.

En aquellos primeros días de insatisfacción piadosa, me había escuchado a mí mismo decir en voz alta: "Soy un constructor". Sabía que las palabras eran ciertas. Dirigir programas o instituciones me aburre. "Está todo construido. No me importan las cifras, las estadísticas, las gráficas y los esquemas." Un aspecto de mi trabajo me seguía intrigando. Esa sola parte de mi trabajo, y era bastante pequeña, iluminaba mis peores días. Yo funcionaba como consultor de liderazgo. "Quiero ayudar a líderes a alcanzar su máximo potencial", decía yo. Quiero servir a líderes como su *liberador de sueños*. Mi visión es ayudar a otros a tener éxito.

> Quiero servir a líderes como su *liberador de sueños*. Mi visión es ayudar a otros a tener éxito.

En aquellos días entendí que yo estaba edificando a casi cada pastor que conocía o director general al que asesoraba, alentándolos y ayudándolos a tener éxito. Liberar sueños era continuo y siempre nuevo.

Cuando me reunía con mi nuevo cliente en Charlotte, por ejemplo, la experiencia era nueva. Cada consulta iluminaba mi día.

"¿Qué significa eso?", me pregunté a mí mismo.

3

AFERRARSE A ESCALERAS

Aunque yo había sido el presidente de un instituto durante catorce años, había desarrollado un área suplementaria de experiencia. No era algo que yo planeé; sencillamente ocurrió. Cuando interactuaba con diversos líderes en contextos diferentes, fui consciente de que los estaba ayudando. Me tomó años entender que yo ayudaba a líderes de organizaciones a tener éxito.

Aunque yo no era consciente de ello, mientras más consultoría realizaba, más entusiasta me volvía. Esta área suplementaria me obligaba a leer más libros, panfletos, artículos en la Internet, y a escuchar más cintas y conferencias de las que había escuchado jamás. A excepción de mis tiempos de estudiante universitario, no podía recordar cuándo había sentido un celo que me impulsaba a saber más y a entender mejor.

Lentamente, muy lentamente, entendí lo que quería: "Quiero ser un liberador de sueños", dije. Pero ¿tenía yo razón al querer hacer eso?

Tengo la capacidad de engañarme a mí mismo. ¿Y si estaba equivocado? ¿Y si eso era un error o una insatisfacción temporal? ¿Y si era una situación de agotamiento y no era verdaderamente insatisfacción piadosa? ¿Y si esa no era la escalera que Dios quería que yo subiera? Me tomó varias semanas de lucha interior el poder llegar a tener bastante confianza en que me estaba moviendo en la dirección correcta.

Cuando tuve una sensación de hacia dónde pensaba que quería ir, mi primer paso fue buscar consejo. Este es un principio que defiendo con fuerza: Antes de emprender ninguna acción o cambiar de una escalera a otra, necesitamos buscar el consejo de otros. Aunque yo había vacilado, sabía que era el momento de salir de mi propio marco de referencia. Necesitaba hablar con otros líderes que no solo entendían las transiciones, sino que también las habían hecho.

Pensé en las palabras del apóstol Pablo. Él pasó tiempo a solas después de su conversión y predicó el evangelio. Aparentemente, él entendió antes que la mayoría de los otros discípulos, que Dios amaba a los gentiles (los no judíos) tanto como a los judíos. Predicó indiscriminadamente a cualquiera que quisiera escuchar. Finalmente, para estar seguro de que estaba haciendo lo correcto, llevó con él a algunos compañeros y visitó a los líderes de la Iglesia. Él escribe: "... *y para no correr o haber corrido en vano, expuse en privado a los que tenían cierta reputación el evangelio que predico entre los gentiles*" (Gálatas 2:2).

A muchos de nosotros no se nos da bien abrirnos a otras personas.

Ese era el punto: "*para no correr o haber corrido en vano*". En mi caso, no le estaba pidiendo a nadie que me dijera que estaba corriendo en la dirección equivocada. Quería ayuda y dirección para así poder correr más eficazmente. Si esa era verdaderamente la voluntad de Dios para mí, el consejo de los sabios me guiaría por el camino correcto.

A muchos de nosotros no se nos da bien abrirnos a otras personas. Sentimos que podemos manejar las cosas solos, o quizá nos da demasiada vergüenza admitir que no sabemos cómo manejar nuestra propia vida.

Aquí tenemos dos ejemplos de cómo las personas llevan a cabo este paso.

No sé cómo decirle a mi amigo Marvin que necesito hablar. De hecho, espero hasta que estamos charlando mientras tomamos una taza de café y entonces digo casualmente: "Mira, Marvin, estoy pensando en irme, y así es como veo la situación".

Yo hablo; él escucha. Transmito información, pero no le estoy pidiendo sus comentarios.

Como contraste, llamo a mi amigo Ralph y dijo: "Necesito hablar sobre algo, y me gustaría saber tu punto de vista". Cuando me siento en su oficina, digo: "Estoy pensando en dejar mi posición presente para ocupar otra nueva. ¿Qué piensas tú? Ayúdame a pensar en los problemas, y hazme cualquier pregunta que quieras".

> Cuando no pido consejo, estoy transmitiendo información; cuando pido comentarios, estoy pidiendo consejo.

Ralph escucha mis sueños. Él habla; yo escucho atentamente el consejo que recibo. Como se lo he dicho, Ralph sabe cómo responder, y es capaz de ver mi situación de modo mucho más objetivo de lo que puedo verla yo.

Cuando no pido consejo, estoy transmitiendo información; cuando pido comentarios, estoy pidiendo consejo. No invito a Marvin a hacerme preguntas difíciles o a empujarme a pensar de modo diferente. De hecho, mi conversación se comunica probablemente como si yo estuviera diciendo: "Esto es lo que voy a hacer. Te estoy diciendo lo que ya he decidido hacer".

Muchos de nosotros, debido a nuestras propias inseguridades interiores, somos ambivalentes en cuanto a abrirnos con otra persona. Incluso si queremos abrirnos, no nos resulta fácil. Cuando hablamos con quienes más pueden ayudarnos, es como si esperáramos que ellos nos leyeran la mente porque no podemos expresar las palabras: "Ayúdame. Ayúdame a pensar bien en esto".

> A menos que nos beneficiemos de la sabiduría de otros, somos propensos a tomar decisiones poco sabias.

Las personas han puesto excusas para no abrirse, pero estoy convencido de que Dios quiso que compartamos nuestras cargas con otros, y la Biblia lo afirma. Cuando Dios habló a Pedro sobre abrir las puertas de la iglesia a los gentiles, él consultó con otros líderes (ver Hechos 11). El rey Saúl y David buscaron guía de parte de Samuel. También pensé en otro versículo importante: *"Donde no hay dirección sabia, caerá el pueblo; Mas en la multitud de consejeros hay seguridad"* (Proverbios 11:14).

El punto es que a menos que nos abramos y nos beneficiemos de la sabiduría de otros, somos propensos a tomar decisiones poco sabias. Yo no quería cometer el error de no escuchar a quienes tienen una perspectiva diferente.

Cuando tomé la decisión de buscar consejo, mis primeras preguntas fueron: ¿A quién pregunto? ¿Quiénes serán los más útiles? Hablar con las personas inadecuadas podría frustrarme o desalentarme. Necesitaba centrarme en quienes tuvieran la experiencia para ofrecer perspectiva.

Para prepararme para compartir mi situación, me senté en mi escritorio e hice un perfil de las personas con las que quería hablar sobre dejar Beulah Heights. Como quería respuestas totalmente objetivas, decidí eliminar a cualquiera que estuviera involucrado o afectado por mi decisión.

Quiero dejar claro que mi esposa Brenda sería la persona más adversamente afectada si las cosas salían mal. Pero creíamos en el concepto bíblico de que el esposo y la esposa son uno (ver Génesis 2:24; Mateo 19:6). Ella operó no solo como parte de mí, sino también como mi caja de resonancia durante todo el proceso. Hablé con ella sobre algunos de los asuntos internos de los que no podía hablar con otras personas.

Esta no es mi lista completa, pero están los factores importantes:

+ Tenían que ser cristianos. Quería líderes que tuvieran los mismos valores fundamentales que yo.

+ Tenían que estar en el lado elevado del liderazgo: personas exitosas.

+ Tenían que ser líderes que hubieran dejado una organización y hubieran pasado a otra o hubieran comenzado una nueva.

+ No serían pastores que hubieran pasado de una iglesia a otra. (Pasar de una iglesia a otra es una transición, pero sigue estando dentro de la misma situación esencial).

+ Tenían que ser personas que participaran en campos totalmente distintos al mío. Aunque era una transición importante, yo iba a moverme a otro campo. Necesitaba una perspectiva fuera del molde.

No vamos por ahí y pedimos consejo a cualquiera que quiera escucharnos. Necesitamos ser selectivos con respecto a con quién hablamos. Yo había decidido hablar solamente con quienes pudieran darme consejo *profesional*.

> Necesitamos ser selectivos con respecto a con quién hablamos.

Después de decidir sobre el tipo de personas a las que quería consultar, hice mi lista, añadiendo y eliminando nombres hasta que supe que tenía a las personas con quienes podía hablar con libertad. Terminé con catorce nombres. Uno a uno, llamé y concerté citas para pasar tiempo con ellos cuando pudieran aconsejarme atentamente.

Yo iba a subir por una escalera que nunca antes había subido. No sabía si estaba apoyada seguramente o la altura que alcanzaría. ¿Estaba asustado? Sí, lo estaba. Pero también me asustaba no correr el riesgo. Como quería estar seguro de que estaba corriendo el riesgo *correcto*, pedí dirección a otras personas que corren riesgos.

No les pedía a ninguno de ellos que ofrecieran el consejo tradicional que recibimos de los cautos o tímidos:

"Creo que debieras orar más sobre esto".

"¿No crees que ahora tienes algo bueno?".

"¿Por qué irte ahora? Disfruta del fruto de tu labor".

"Muchas personas tienen ideas estupendas, pero no funcionan".

Aunque tenía más de catorce nombres en mi lista original, no hablé con todos ellos. Cuando había recorrido la primera mitad de mi lista, también me di cuenta de que había recibido la guía que necesitaba.

> Estaba asustado, pero más me asustaba no correr el riesgo.

La razón por la cual no hablé con todos los que estaban en mi lista original fue que, aunque ellos tenían un buen corazón, algunos eran los estabilizadores. Eran buenas personas y me caían bien, pero yo no estaba buscando estabilidad; quería efectividad. Demasiadas veces, la estabilidad puede obstaculizar el camino. La consistencia puede frustrar el progreso. Yo podía ir a cualquier lugar y ser consistente.

MIS CONSEJEROS

+ Mi esposa **Brenda** fue mi caja de resonancia en toda la situación. Hablé con ella sobre algunos de los asuntos internos de los que no podía hablar con otras personas. Si mis decisiones eran malas, ella sería la persona más adversamente afectada.

♦ El **Dr. Garnet Pike**, decano de la Universidad Southwestern Christian en Bethany, Oklahoma, es un líder estupendo. Él está al frente de su departamento de liderazgo. Él mismo ha experimentado algunas transiciones importantes y pudo darme consejos maravillosos.

> Yo no buscaba estabilidad; quería efectividad.

♦ El **Dr. Crawford Loritts** es Director asociado de Cruzada Estudiantil y un prolífico autor. Tiene un programa de radio diario en la red Moody, y se ha convertido en un gran amigo. Él me ayudó a pensar en los problemas pragmáticos y también en algunos asuntos de integridad.

♦ **Calvin Edwards** es uno de los pensadores más estratégicos que conozco. Es el fundador y director general de Calvin Edwards & Company. Su organización asesora a filántropos sobre cómo donar dinero sabiamente. Ha estado involucrado en muchas organizaciones cristianas diferentes. Como él mismo ha hecho transiciones importantes, pudo ayudarme a pensar en algunos de los problemas de control e independencia.

♦ Mi amigo **Don Chapman** es el presidente de la Fundación Atlanta Metropolitan. Está también en las juntas directivas de AirTran Airlines y Longhorn Steakhouse. No deja de decir: "Cuando te vayas, vete".

+ **William "Billy" Mitchell** es el presidente de Carter & Associates, una de las más importantes firmas de desarrollo comercial en el centro de Atlanta. Él es un gran amigo y un pensador estratégico. Cuando acudí a él, Billy acababa de pasar por una transición de ser director general a convertirse en el presidente de la empresa. Pudo enseñarme algunas de las cosas que hizo bien y cosas que deseaba haber hecho de otro modo.

+ El **Pastor Roger Brumlow** es superintendente de distrito de las Asambleas de Dios para el estado de Georgia. Había pasado de un entorno de iglesia a una posición eclesiástica y denominacional. Esa es una transición importante, y pudo ayudarme a pensar en algunos de los problemas.

+ El **Dr. John Maxwell** dejó una iglesia grande en San Diego y se mudó a Atlanta para comenzar su propia empresa (INJOY), y ha sido exitoso. John había corrido un gran riesgo; y en algunos aspectos, mi riesgo sería igualmente grande. Como él, yo me estaba alejando de la seguridad y la certeza.

+ El **Dr. John Hull** es presidente de EQUIP, el ministerio sin fines de lucro de John Maxwell. Antes de unirse a EQUIP, era pastor en Toronto. John me ayudó a relacionar mi movimiento con las transiciones que él experimentó.

+ El **Dr. Jim Flanagan**, presidente del Seminario Luther Rice, solía ser el decano y se ha convertido en el presidente más exitoso que ha tenido jamás el seminario. Sin embargo, existe una gran diferencia. Aunque es la misma institución, la transición es enorme al pasar de decano a presidente. Ha pasado del ámbito académico al papel de presidente, y una gran parte de esa tarea es recaudar fondos. Como yo pensaba que la junta directiva quizá querría que yo fuera rector, sabía que sus experiencias podrían resultarme útiles.

+ El **apóstol Lafayette Scales**, Columbus, Ohio, Rhema Christian Center, es un gran líder. Ha dirigido iglesias, al igual que otras organizaciones sin fines de lucro, y ocupa un asiento en muchas juntas directivas diferentes. Él me hizo preguntas difíciles que yo necesitaba responder. No creo que las habría respondido si otra persona no me hubiera dado un empujón.

+ **Kevin Miller**, que es un gran emprendedor y filántropo, ha vivido la mayor parte de su vida profesional en transición porque comienza empresas y después las vende. También compra empresas con problemas, las levanta, y ayuda a que sean rentables. Dios le ha bendecido para que entienda las transiciones desde fuera de la perspectiva del mundo de la iglesia, pero siempre con un toque humano.

+ El **Dr. Bob Lupton** es el presidente de Family Counseling Services/Urban Ministries en Atlanta. No solo ha pasado él mismo por transiciones, sino que también ha ayudado a muchas otras personas a experimentar transiciones; por lo tanto, pudo ayudarme a pensar en los asuntos benéficos, el personal, y trabajar con la junta.

Estas son las trece personas que me ayudaron a tomar mi decisión.

Una cosa que destaca para mí en retrospectiva es que ninguno de los individuos con quienes hablé me advirtieron en contra de irme. Quizá porque todos son emprendedores de corazón, conocen la emoción de correr riesgos. Todos ellos han pasado de la seguridad a aceptar retos.

Ellos sentían que me estaba moviendo en la dirección correcta y en el momento adecuado. Al consultar con las personas de mi lista, ninguno de ellos me desafió a quedarme y hacer más grande Beulah Heights. Para entonces, yo estaba tan avanzado en el proceso que no estaba seguro de dónde iba a terminar, pero tenía que irme de mi cómoda escalera. Estaba convencido de que no podía seguir siendo el presidente de un instituto bíblico por mucho más tiempo.

——

"Adelante. Y cuando te alejes, te alejes.
No mires atrás. No le des más vueltas".
–John Maxwell

El mejor consejo de cada uno de ellos fue: "Adelante" Don Chapman dijo una cosa que sigo recordando claramente: "Y cuando te alejes, te alejes. No mires atrás". "No le des más vueltas". dijo John Maxwell. "Has estado batallando con esto, de modo que haz lo que tengas que hacer. No puedes llegar a segunda base si sigues con un pie en la primera".

Había escuchado dentro de mi cabeza todo tipo de argumentos a favor y en contra. Muchas noches estuve tumbado en la oscuridad pensando en el peor escenario y en el mejor. Intentaba ver todos los ángulos posibles. Cuando me abrí con personas como John Maxwell y Don Chapman, ninguno de ellos me hizo una pregunta con la que yo no hubiera batallado ya.

Solamente saber que había batallado con todos los asuntos me confirmó que había hecho lo correcto. Acudí a ellos porque necesitaba a personas de fuera para obtener perspectiva. La mayor necesidad de un líder de categoría es la perspectiva. Los consultores buenos y útiles nos ofrecen perspectiva; nos ayudan a ver las cosas bajo una luz diferente. Hacen las mismas preguntas en las que nosotros ya hemos pensado, o deberíamos haber pensado.

> La mayor necesidad de un líder de categoría es la perspectiva.

Una cosa era responderme a mí mismo, pero cuando alguien en quien confío hace una pregunta, se me queda mirando y espera, probablemente responderé de manera distinta. Puedo engañarme a mí mismo o convencerme de algo que quiero creer, pero cuando otra persona me pregunta, soy más propenso a llegar al nivel de honestidad profunda.

———

Mientras meditaba en la pregunta de irme, una pregunta central no me dejaba tranquilo: ¿Es este el momento adecuado para cambiar de escalera? Ese es un asunto importante y el área donde muchos líderes lo estropean.

+ Se van demasiado pronto.

♦ Se van antes de haber dejado todo en su lugar.

♦ Se van demasiado tarde.

¿Acaso no conocemos organizaciones e iglesias donde el líder se ha aferrado al poder y se ha negado a soltarlo? La organización podría haber avanzado mejor y quizá haberse movido por direcciones nuevas y más desafiantes, pero la persona a cargo no podía dar un paso atrás.

Tres años antes de mi renuncia, me di cuenta de mi necesidad de hacer una transición, pero no pude hacerlo entonces. No me había preparado para el relevo. Sucedían cuatro cosas que hacían imposible que yo diera un paso atrás en aquel tiempo.

1. El instituto estaba en el periodo de renovación de la acreditación.

2. Pasábamos por la renovación de la aprobación de la ayuda financiera federal.

3. La junta no estaba del todo de acuerdo. Era una buena junta, pero la química no llegaba a ser la adecuada. Yo sabía que sería necesario un año o dos más de trabajo juntos y de construir confianza antes de que tuviéramos el tipo de sinergia que necesitábamos.

4. El Dr. Benson Karanja no estaba listo.

Yo sabía todo el tiempo que el Dr. Benson Karanja debería ser mi sucesor, pero él necesitaba aún otro año y medio o dos años para encajar en esa posición. Parte de que él encajara era que le presentara las cosas que yo hacía, y que él participara en las transacciones que yo realizaba. Las personas necesitaban conocerlo y confiar en él. Lo envié en mi lugar a reuniones, y le hice rendir más cuentas. Nunca le dije lo que tenía planeado para él. Si él se quejaba (nunca lo hizo), yo hubiera sabido que estaba equivocado, y que él no era el hombre para esa posición.

Tenía que estar seguro de que el momento fuera el adecuado para que tuviera lugar la transición.

Después llegó el momento de la decisión.

El domingo de Pascua del año 2003, mi esposa y yo habíamos ido a Columbus, Georgia, donde yo prediqué en la iglesia Solid Rock. Conducíamos de regreso al sur de Atlanta donde vivimos. Hablamos sobre la situación de mi renuncia, y aquellos minutos juntos se convirtieron en una poderosa experiencia que está grabada para siempre en mi mente.

Lo que hizo que la conversación fuera sorprendente fue que Brenda y yo habíamos hablado; de hecho, yo pensaba que habíamos hablado del tema de arriba abajo y que no había nada más que decir. Juntos, habíamos considerado la transición desde todos los ángulos posibles. "¿Y si esto no sucede?". "¿Y si sucede?". Pensamos en los gastos e hicimos presupuestos. Hicimos lo que llamamos un presupuesto de hechos y también un presupuesto de fe. Yo había aprendido hacía tiempo que los números de Dios siempre eran más grandes que los míos, de modo que quería pensar en dos niveles distintos.

Crawford Lorrits, uno de mis catorce mentores, me enseñó sobre un plan de negocio de seis puntos.

1. Direccional
2. Objetivos
3. Hacer efectivo
4. Seguimiento

5. Evaluación general

6. Refinamientos

Para mí, es una buena manera de enfocar mi pensamiento y encontrar maneras concretas de comenzar a dar cuerpo a mis pensamientos, y comencé a escribir más.

Por ejemplo, *hacer efectivo* se refiere al negocio completo, el cuadro general: ¿Qué me veo haciendo al final del día? ¿Cómo voy a hacer ajustes? ¿Cuál es realmente mi objetivo?

Supuse que había una manera buena de hacer un plan de negocio. Escribí partes de ese plan, pero no todo. Por ejemplo, no escribí nada bajo el punto Refinamientos, pues aún no he llegado ahí. En Hacer efectivo, me senté con mi planificador financiero, Bill Youngblood, y recorrimos todo el tema. Ya habíamos convocado una reunión con él, nuestro contador, Brenda y yo, y lo planeamos todo.

Ese domingo en la tarde mientras conducíamos por la I-185, Brenda estuvo callada unos segundos, y después dijo: "Vamos adelante".

Solamente esas palabras.

Fueron suficientes.

Sonaron como campanas gigantescas dentro de mi corazón. Supe que ella tenía razón, y tomamos la decisión allí mismo: juntos.

Nadie veía que yo no me movía, *pero yo lo sabía.*

En el verano de 2004 fui de pesca a Missoula, Montana, con un grupo de seis hombres. Nos sentamos dentro de una barca con plataforma de metal y recorrimos el río Bitter Root durante ocho horas. No nos preocupaba la dirección. Después de todo, cuando te dejas llevar, solo hay una dirección: hacia donde empuja la corriente. Estaba bien; planeamos dejarnos llevar.

Probablemente, esa fue una de las pocas veces que he disfrutado de dejarme llevar. Soy una persona orientada a la acción y me gusta ver que suceden cosas. Un día cuando aún estaba en Beulah Heights, admití ante mí mismo que me estaba dejando llevar. Sucedían cosas, pero yo no estaba haciendo que sucedieran. Sucedían porque yo había puesto cosas en acción en los meses y años previos.

La primera conciencia que tuve de dejarme llevar tuvo lugar cinco años antes de irme. Al menos durante dos años, viví en negación.

Para explicarme, me es útil utilizar la imagen de la escalera: había subido alto. Un día desperté al hecho de que había dejado de subir. Me estaba manteniendo, contemplando la escena, sin estar interesado ya en seguir subiendo. Quizá ya estaba lo bastante alto para que otros no pudieran ver que no me movía; o tal vez había preparado tanta acción por debajo de mí, que nadie tenía tiempo para pensar en mi movimiento y en mí. Nadie veía que yo no me movía, *pero yo lo sabía*. Para mí, no es suficiente con mirar fijamente a la distancia que había cubierto o a los peldaños que había subido y sonreír ante el nivel de éxito que disfrutaba.

Somos visionarios y vamos hacia alguna parte.
A veces confundimos movimientos con acción.
Vemos actividad y la llamamos progreso.

Ese era un lugar nuevo para mí, que nunca antes había visto. También fue la primera vez que no sentí el desafío, el empuje, para dar el siguiente paso hacia arriba en la escalera.

Si hubiera enfrentado ese punto muerto como pastor, mi pensamiento habría sido parecido a lo siguiente: "Pronto será domingo otra vez y tendremos un bonito servicio en la iglesia. El domingo después de ese volveremos a hacer lo mismo". Este era el paso que está más allá de la insatisfacción piadosa.

Personas en el instituto seguían hablando de crecimiento, y nuestro cuerpo estudiantil seguía aumentando. Todo seguía adelante muy bien. Eso era parte de la insatisfacción. ¿Por qué no iba a seguir avanzando el instituto? Yo había puesto en movimiento varios programas que seguían produciendo resultados. El impulso nos llevaría adelante otro año o dos, pero yo no iba a subir al siguiente peldaño y, sin duda, había más peldaños que subir.

Ya estábamos haciendo cosas que ninguna otra escuela hacía. Por ejemplo, teníamos un programa de licenciatura en portugués porque teníamos una gran población brasileña en Atlanta y habíamos contratado a exmisioneros con buena formación para que les enseñaran. Habíamos comenzado a tener clases temprano en la mañana para que los alumnos pudieran asistir antes de irse a trabajar. Teníamos clases de extensión por toda la zona metropolitana de Atlanta.

Estoy seguro de que había otras cosas que podíamos haber hecho, pero yo no hacía cosas nuevas. Estaba de pie en el mismo peldaño. Me resultó difícil decirme a mí mismo: "Sam, no estás yendo a ninguna parte. Estás exactamente donde estabas hace tres meses o hace cinco meses". Admitir ante mí mismo que la vida no iba a ninguna parte fue difícil, especialmente cuando las personas me seguían elogiando por las cosas buenas que veían que sucedían.

Si no estoy liderando, me estoy dejando llevar.

Nuestro presupuesto había aumentado, las matrículas subieron mucho, y el apoyo financiero era elevado. No importaba en cuál dirección mirara, el instituto estaba progresando. "El instituto no es el problema", me dije a mí mismo. "Sam Chand es el problema". A los líderes nos resulta difícil admitir tales cosas. No nos vemos a nosotros mismos dejándonos llevar por la corriente o detenidos. Nos decimos que estamos cansados, agotados, o que necesitamos alejarnos para volver a cargarnos, ¡pero no nos quedamos quietos! Nosotros no. Somos visionarios y vamos hacia alguna parte. A veces, sin embargo, confundimos movimiento con acción. Vemos actividad y la llamamos progreso. A veces nuestra visión es autoengañosa.

Un día admití finalmente un hecho importante: *Si no estoy liderando, me estoy dejando llevar.*

¿Cuántos líderes dirían *eso*? Yo lo hice, pero solamente tras un difícil periodo de autoexamen. Me hice a mí mismo preguntas sobre estar satisfecho y realizado. ¿Sigo encontrando gozo en este trabajo? ¿Estoy creciendo como persona? ¿Y como profesional? ¿Y como líder? ¿Me encanta ir al trabajo cada mañana?

> ## Al final, pregunté: ¿cómo podría liderar a otros adonde yo no he ido?

Uno de mis amigos, que acababa de comenzar su año número veintiuno en su posición presente, dijo: "Casi todas las mañanas me despierto y doy gracias a Dios porque me pagan por hacer un trabajo que amo. Hablo con muchas personas que aborrecen lo que hacen. Cuando oigo eso, soy más consciente aún de cuán bendecido soy".

Yo conocía esa sensación, y me había sentido así durante años después de ser presidente de Beulah Heights, pero ya no sentía esa emoción.

Había dejado de ascender.

Al mismo tiempo, recibía cada vez más invitaciones para aconsejar a pastores de congregaciones grandes. Tenía que mantenerme en forma para eso, pues eran líderes sobresalientes y personas de visión, de modo que leía, pensaba, y buscaba respuestas. Estaba creciendo en esa área, pero no estaba creciendo en el trabajo por el que recibía un salario.

De nuevo, acudí a mi coautor, que había sido pastor durante catorce años antes de llegar a ser escritor a tiempo completo. Él había comenzado a escribir como un negocio suplementario creativo. "Un día tuve una crisis de identidad", dijo. "Tenía que decidir si era un predicador que escribía o un escritor que predicaba". Batalló con esa pregunta durante varios meses. Dijo que, por lo que podía saber, nadie en su congregación sospechaba con respecto a ese dilema. La membresía seguía creciendo y las ofrendas no habían disminuido, pero él lo sabía. Finalmente, cambió de escalera.

La pre-contemplación sucede cuando sabemos que debería suceder algo, pero no sabemos qué.

Cuando se convirtió por primera vez en el pastor de la iglesia, le dijo a la junta directiva que un día podría querer dedicarse a escribir a tiempo completo. "Si la escritura se vuelve alguna vez más importante que ser pastor", dijo, "lo sabré seis meses antes que ustedes. Dimitiré antes de que ustedes sean conscientes de lo que está sucediendo".

Eso fue exactamente lo que sucedió: cada miembro de la junta expresó sorpresa; nadie había sospechado nada.

Al igual que mi coautor, yo necesitaba hacer un cambio, pero no lo admití ante mí mismo durante casi dos años. La tensión se fue acumulando lentamente. Al final, pregunté: ¿puedo continuar instando a otros a seguir subiendo si yo mismo me he detenido en el peldaño número quince? ¿Cómo podría liderar a otros donde yo no he ido? Mis primeras indicaciones llegaron con esa insatisfacción interior, pero era más profundo. Era interno y no se mostraba nada externamente.

Al mirar atrás, entiendo que pasé por cinco etapas en mi transición.

Cinco etapas de loa transición:
Etapa 1   Pre-contemplación

Etapa 2   Contemplación
Etapa 3   Oscuridad
Etapa 4   Perspectiva
Etapa 5   Acción

La contemplación es la etapa de la consciencia.

La única manera en que puedo explicarlo es llamar al primer paso *pre-contemplación*. La pre-contemplación sucede cuando sabemos que debería suceder algo, pero no sabemos qué. Algo no es correcto, pero no podemos descubrir qué es. Eso significa que nos miramos a nosotros mismos y nos preguntamos por qué hemos fallado o por qué no estamos tan comprometidos con Dios o con nuestra tarea como solíamos estarlo.

La segunda etapa es la *contemplación*. Es la etapa de la consciencia. Sabemos estos hechos:

+ No soy perezoso.

+ No he perdido mi posición ante Dios.

+ No estoy huyendo.

No emprendemos la acción, pero somos conscientes de que algo tendrá que cambiar.

La etapa tres es la de *oscuridad*. Este es el lugar más difícil. No puedo ver para subir el siguiente peldaño; no sé cómo volver atrás en medio de la oscuridad. Yo sabía que no quería estar donde había estado, pero sinceramente no sabía adónde quería ir. Finalmente nos preguntamos: "¿Qué hago ahora?".

Incluso quienes tienen un indicio de adónde quieren ir a continuación, parecen tener que atravesar la oscuridad. Captan un destello de lo que puede ser, pero no ven cómo puede producirse.

> **En la oscuridad, yo sabía que no quería estar donde había estado, pero sinceramente no sabía adónde quería ir.**

"No puedo ir hacia atrás y no sé dónde es el camino hacia adelante", dije yo. "No es estar en neutro; es dejarte llevar". Esta es una etapa de confusión interior. Yo era cada vez más consciente de la necesidad de cambio, pero no sabía qué hacer o cómo dar el paso siguiente.

Lo llamé un "funk". La palabra viene del nombre de Casmir Funk, un bioquímico polaco que utilizó su nombre para referirse a deficiencias dietéticas. Ha llegado a referirse a alguien en un estado pesimista, alguien que es incapaz de participar activamente.

Yo no quería saber adónde ir porque no sabía qué hacer. No sabía cómo avanzar y no estaba preparado para dar un paso atrás. Es un lugar terrible; y *terrible* es la mejor palabra que se me ocurre. Cuando sabemos dónde queremos ir, podemos enfrentar el reto. Podemos pasar a la acción.

Particularmente como cristianos, nos quejamos y agonizamos mientras clamamos a Dios: "¿Cuál es tu voluntad?". Verdaderamente queremos conocerla, y seguimos diciendo: "Muéstrame qué hacer y lo haré". También buscamos explicaciones o certezas.

Yo no estaba listo para cumplir el mensaje de la tarjeta de felicitación: ¡cerraré los ojos y saltaré! No sabía cómo saltar. Sabía que llegaría el salto: cuando volviera a tener sentido de la dirección.

> Me sentía diferente, y era como si las reglas del juego hubieran cambiado y nadie me las hubiera explicado.

No sabía quién era yo entonces. Sabía quién había sido, y siempre creí que sabía a dónde iba. Me sentía diferente, y era como si las reglas del juego hubieran cambiado y nadie me las hubiera explicado. Quería moverme (recuerda que soy una persona orientada a la acción), pero sin ningún sentido de la dirección, ¿qué podía hacer? ¿Bajo un escalón? ¿Subo un escalón o dos? En muchos aspectos, esta no es la etapa más crucial, pero es la más difícil porque no tenemos sentido alguno de la dirección. Lo único que sabemos es que no queremos estar donde estamos ahora.

La etapa cuatro es *perspectiva*. Esto puede suceder en un instante o puede ser como los primeros rayos de luz en la mañana, que alejan lentamente la oscuridad. A veces es saber qué hacer sin saber cómo lo sabemos. Es como si el Espíritu Santo susurrara: "Este es el camino, camina en él". Eso también indica que es un camino en el que no hemos estado antes.

> Perspectiva es saber qué hacer sin saber cómo lo sabemos.

Incluso con la perspectiva, pueden surgir dudas. En cuanto obtenemos la perspectiva, discutimos con nosotros mismos: "¿Puede ser correcto esto?". ¿Y si...?".

No queremos quedarnos en la misma escalera, pero no sabemos qué escalera subir. Los pastores son buenos candidatos para ese trauma. Saben que ya no están siendo eficaces, pero irse a otra iglesia es una tortura para ellos. O quizá son eficaces, pero han perdido el corazón para lo que están haciendo donde están. O alcanzan el éxito y se sienten vacíos porque la emoción del crecimiento ha desaparecido. No saben qué hacer a continuación porque han sido entrenados para hacer eso. Si preguntan a amigos de confianza, por lo general reciben la respuesta de que otra iglesia sea probablemente la respuesta. Quizá sea solo eso: un nuevo reto o una nueva escalera que subir. Pero puede que en otra iglesia tengan exactamente la misma sensación de que es la misma escalera que ya han estado subiendo. Mientras más alto subamos en la escalera, más confusa nos resulta.

O para usar la imagen de escalar una montaña, creemos que llegaremos a la cumbre, y lo hacemos, pero entonces vemos otras montañas y nos resultan atractivas. Son montañas más altas y nos damos cuenta de que es ahí adonde queremos ir. Mientras yo miraba las diversas montañas, pensaba: no son malas montañas, son montañas estupendas, pero no eran *mis* montañas.

Esto es difícil también para personas que pueden hacer muchas cosas. Yo tenía muchas ofertas de trabajo, y nunca llegué a perseguir ninguna de ellas. Una de las ofertas de trabajo era ser administrador de una iglesia muy grande. Me ofrecían comenzar con un salario anual de seis cifras, más dinero del que yo había ganado nunca en mi vida. Ni siquiera me sonaba bien.

Mientras seguía escuchando a Dios, no sabía a qué escalera debía cambiar, y solamente sabía dos cosas.

En primer lugar, iba a dejar esta escalera.

> Mientras seguía escuchando a Dios, no sabía a qué escalera debía cambiar.

En segundo lugar, durante varios meses cuando examinaba una escalera nueva, no era la adecuada para mí. En mi caso, fue un proceso de eliminación. Eso es exactamente lo que sucedió en mi vida. No, eso no es para mí, pensaba. No, eso no será a largo plazo. También surgían preguntas, como: "¿Haré esto durante el resto de mi vida?". "Si este fuera el último empleo que tuviera, ¿lo disfrutaría?".

Para usar una imagen diferente, veía puentes por delante. Levantaba mi pie para pisar uno de ellos y ver el otro lado, y meneaba negativamente la cabeza. "No, ese tampoco es". Seguí avanzando, examinando cada puente. Algunos me cruzaban al otro lado, pero no era el lugar donde quería estar.

No estaba seguro de saber dónde estaba el otro lado. No podía validarlo en términos de respuestas concretas, pero de algún modo sabía: esto es lo correcto.

En mi momento de perspectiva, entendí que quería ser un asesor para pastores y líderes en grandes organizaciones. Esa era una decisión arriesgada. Una de mis primeras preocupaciones fue que estaría renunciando a un salario regular. Por muchos años había podido contar con un salario al principio de cada mes.

La mayoría de las personas no hablan sobre transiciones; es como si estuvieran empleados en una organización hoy, y lo siguiente que sabemos es que son parte de otra. Estaban en una iglesia el domingo, y al domingo siguiente están en otra distinta. No funciona de ese modo; hay muchas cosas que suceden.

> La quinta etapa es el lugar de la acción. Es aquí donde agarramos el revólver y apretamos el gatillo.

Es aquí donde yo distingo entre cambio y transición. El cambio tiene lugar cuando movemos a una persona del departamento A al departamento B. Eso involucra el lado duro del liderazgo. El lado blando del liderazgo lo constituyen todos los asuntos transicionales. Transiciones puede que no sea la palabra que a todo el mundo le gusta utilizar. Podríamos referirnos fácilmente también a luchas interiores, agitación interior o confusión interior.

La perspectiva persiste y nos conduce hacia la quinta etapa. Es el lugar de la acción. Es aquí donde agarramos el revólver y apretamos el gatillo. Yo bajo por mi escalera, mis pies llegan al piso, y le doy la espalda a la escalera vieja. Tengo que hacer eso para estar preparado para subir por una escalera nueva.

4

DEJAR ESCALERAS VIEJAS

Hacer el compromiso de cambiar de escalera es solamente el comienzo: un gran comienzo. Esto prepara los procedimientos para los pasos siguientes que necesitamos dar.

Cuando Brenda y yo habíamos tomado la decisión de que yo dejara mi posición, tuvimos que responder las siguientes preguntas: cuando hemos decidido cambiar de escalera, ¿a quiénes se lo decimos y en qué orden lo decimos? Para nosotros, nuestros hijos estaban en primer lugar. Aunque tomamos nuestra decisión en el mes de abril, no se lo dijimos hasta el Día de las Madres, casi un mes después.

> Cuando hemos decidido cambiar de escalera, ¿a quiénes se lo decimos y en qué orden lo decimos?

Después de nuestros hijos, me reuní con el Dr. Oliver Haney, presidente de la junta directiva del Instituto Bíblico Beulah Heights. El Dr. Haney me apoyó, pero sí me instó a reconsiderarlo, si no la decisión, al menos el momento de llevarla a cabo. La persona siguiente en mi lista era el hombre que yo había estado desarrollando para que me sustituyera, el Dr. Benson Karanja, el vicepresidente ejecutivo. Hablé con el Dr. Karanja en mayo y le hablé sobre mi salida, pero él no sabía que lo tenía a él en mente como el nuevo presidente.

El número tres en mi lista, el Dr. James Keiller, fue la persona más difícil a quien decírselo. Al hablar con otros que habían cambiado de escalera, todos ellos parecían tener una o dos personas a quienes les debían mucho. También sabían que su decisión heriría profundamente o defraudaría a esos individuos especiales.

El Dr. Keiller era el decano del instituto cuando yo llegué desde India como estudiante en 1973. Él había sido un gran maestro, mentor, confidente y amigo. El Dr. Keiller me había alentado mucho para llegar a ser presidente.

A sugerencia del Dr. Tom Grinder, el Dr. Keiller ayudó a que mi posición fuera posible. El Dr. Grinder, entonces supervisor general de nuestra denominación, fue el principal catalizador, y era el presidente de la junta directiva del Instituto Bíblico Beulah Heights. Él también era mi expastor y un buen amigo. El Dr. Grinder había reconocido dones en mí, y me alentó. El Dr. Keiller siguió siendo decano y vicepresidente. Él aplaudió todo lo que yo hice, y trabajamos juntos de modo tan armonioso que él esperaba que yo me quedara allí hasta mi jubilación (yo había supuesto lo mismo).

Sabía que hablarle al Dr. Keiller sobre mi decisión le haría daño, y tenía miedo a que él sintiera que yo lo había decepcionado. No fue fácil para mí decirlo, ni para él escucharlo. Fue un tiempo entre lágrimas, para los dos.

Mi paso siguiente fue acudir a los miembros de la junta directiva, y quería hacer eso individualmente. Decidí viajar cruzando el país para hablar de mi decisión cara a cara con todos los miembros de la junta. Por una parte, necesitaba personalizar el proceso (lo que yo denomino el lado blando del liderazgo). Por otra parte, los asuntos se ven de forma diferente de modo individual que en un ambiente de grupo (el lado duro del liderazgo). Yo quería mantener la salud de la organización invitando a un diálogo abierto.

"He decidido dimitir como presidente", dije, "y quiero que ustedes lo escuchen de mi boca personalmente." Le pedí a la junta que hiciera efectiva mi dimisión formal en su reunión del día 14 de octubre de 2003. En mi mente, irme ya era una realidad. Ellos debieron haber percibido esa determinación, porque ninguno de ellos me desafió a quedarme. Individualmente, me dieron su bendición y dijeron que aceptarían mi renuncia: a regañadientes.

La junta estuvo de acuerdo. No se plantearon todos los detalles, aunque yo pedí a cada persona que no dijera nada hasta que yo hiciera un anuncio público. El día después de la reunión de la junta, el 15 de octubre, yo convoqué una reunión de todo el equipo de personal.

> Tenemos que dejar una puerta abierta.
> Nunca se sabe si necesitaremos algo de
> ellos en el futuro.

Esta es una precaución importante para aquellos de nosotros que decidimos cambiar de escalera: no nos vamos de mala manera. No queremos hacer enemigos o herir sentimientos cuando nos vamos.

Este es otro pequeño consejo: tenemos que dejar una puerta abierta de modo que podamos regresar. No tenemos planes de regresar, pero nunca se sabe si necesitaremos algo de ellos en el futuro.

Yo no esperaba regresar, pero no tengo modo alguno de conocer el futuro. ¿Y si yo estaba equivocado? ¿Y si, dos años después, quería tener algún tipo de asociación con ellos? ¿Y si quería utilizar sus instalaciones para reuniones? O quizá necesitaría recomendaciones de ellos.

Demasiadas personas renuncian y se llevan malos sentimientos hacia otros. Utilizan esos últimos días como oportunidades de desahogar su enojo o insatisfacción. Te ofrezco un consejo: *no lo hagas.*

Si hay algún asunto que resolver, necesitamos resolverlo primero o retenerlo hasta que nos hayamos ido. Eso también significa que la carta de renuncia tiene que estar pensada con mucho cuidado y sin querer desahogarnos. Esto es igualmente cierto con respecto a cualquier oportunidad pública de hablar. Tenemos que irnos con una sonrisa en nuestro rostro.

> Necesitamos recordarnos a nosotros mismos: estoy dando el paso siguiente en mi vida y mi carrera.

No queremos reaccionar a lo que está mal donde estamos, y en vez de eso necesitamos centrarnos en lo correcto. Yo soy una persona optimista, y sin embargo me encontré detectando más fallos en los tres o cuatro últimos meses de los que había detectado en mis catorce años combinados. Tuve que preguntarme a mí mismo por qué sucedía eso.

Yo me estaba desvinculando. Quizá necesitamos ver algunas de esas cosas para que nos ayuden a convencernos a nosotros mismos de que hemos tomando la decisión correcta. O tal vez ha habido pequeñas cosas que hemos tolerado. Ahora que nos estamos desvinculando, somos conscientes de esas cosas. Necesitamos recordarnos a nosotros mismos: no estoy renunciando porque algo esté mal. Estoy dando el paso siguiente en mi vida y mi carrera.

Necesitamos mantener nuestra perspectiva de modo que incluso si podemos ver cosas que puede que necesiten un cambio, no son esas nuestras razones para irnos.

———

Redacté una carta de renuncia que fue dirigida primero a la junta directiva y después a nuestra congregación general. Este es el primer párrafo:

Los últimos catorce años han sido los mejores para mí en todos los aspectos. No me arrepiento de nada. Comencé a servir en BHBC como presidente el 1 de julio de 1989. Quién habría pensado en 1973, cuando el "alumno" Samuel Chand servía en BHBC como conserje, cocinero y lavaplatos, ¡que regresaría como presidente del mismo instituto! Algunos dicen: "Solamente en América…". Yo digo: "¡Solamente con Dios!".

Seguí con un detalle de logros que la escuela había alcanzado en esos catorce años. Por ejemplo, teníamos 20.000 libros en nuestra biblioteca y esa cifra había llegado a los 43.000. No teníamos ninguna ayuda financiera federal, y ahora BHBC podría recibir beneficios plenos. Nuestro presupuesto anual había aumentado desde 200.000 hasta 3.4000.000 dólares.

Con demasiada frecuencia, directores generales y pastores se van y deciden que, mientras se van, tendrán la última palabra con todo el mundo. En lugar de encarar a los individuos con quienes tuvieron dificultades, toman el camino pasivo/agresivo y desahogan sus quejas delante de todos.

> Cuando nos vamos, nos vamos.
> Hacemos que sea algo limpio, claro y rápido.

En mi caso, no había nada que desahogar, porque me habían tratado bien, quería a las personas con quienes trabajaba, y sentía una cantidad inmensa de gratitud hacia Dios por los años que había sido el presidente. Un pastor realmente dijo en su último sermón: "Como congregación, podríamos haber avanzado mucho más en el camino si el pueblo de Dios hubiera decidido seguirlo a Él". Era el mismo hombre que no podía entender por qué los miembros de la iglesia no lo amaban.

Cuando nos vamos, nos vamos. Hacemos que sea algo limpio, claro y rápido.

No hay nada más que podamos hacer. Si nos desahogamos, tan solo estamos permitiendo que salga nuestra agresión. ¿No es esa una manera cobarde de salir de una situación?

Cuando nos vamos, querremos tener una sonrisa genuina en nuestro rostro, calidez en nuestro corazón, y no escuchar ningún ruido de enojo a nuestras espaldas.

En mi caso, no quería que nadie pensara que yo estaba saltando de un barco o que tenía alguna información de que íbamos en declive. En más de una ocasión dejé claro que no había nada incorrecto, no me iba a un instituto rival, y no tenía ninguna insatisfacción. No estaba intentando decir que la vida fuera perfecta, pero mi relación con todo el mundo, por lo que a mí respectaba, había sido excelente.

Dos cosas que no decimos: en primer lugar: "Yo los he llevado tan lejos como he podido". Eso no habría sido cierto en cuanto a mí. Si me hubiera quedado, podría haber ayudado a Beulah Heights a seguir creciendo, pero no lo habría hecho con el entusiasmo que sentía en 1989 o incluso en 2002.

> Cuando nos vamos, queremos tener una sonrisa genuina en nuestro rostro, calidez en nuestro corazón, y no escuchar ruido de enojo a nuestras espaldas.

Lo segundo que no decimos es: "Dios ha terminado su obra conmigo aquí". Tampoco eso era cierto, pues yo no creía que Dios hubiera terminado; lo que sí creía era que Sam Chand había terminado. Tenía la sensación de que mientras me quedara, Dios siempre tendría algo para que yo hiciera, pero Beulah Heights no era donde yo podría ser más eficaz en el reino de Dios.

Yo había crecido durante mis años dirigiendo el instituto. Había llegado como alumno en el otoño de 1973. Doce años después de graduarme, regresé como presidente. Fueron años maravillosos, y sin embargo. enfrentamos muchos problemas.

En los primeros tiempos nos preguntábamos si debíamos cerrar el instituto.

- La matricula era baja.
- Las finanzas también eran bajas.
- El pequeño equipo estaba abrumado.
- Los edificios necesitaban reparaciones.
- Los ánimos necesitaban un empuje.

Yo reconocía esas necesidades pero decidí considerarlas retos y experiencias de aprendizaje. La junta directiva me respaldó totalmente.

Mis años como director de la escuela también me permitieron tener el tipo de plataforma pública que tengo hoy. Si hubiera seguido siendo el pastor de una congregación, habría tenido un ministerio, pero no sería tan amplio como el que Dios me dio mediante mi relación con Beulah Heights. Fueron unos años maravillosos y emocionantes, pero había llegado el momento de llevarlos a su conclusión.

Tenía que irme porque Dios tenía puertas nuevas esperando a que yo las abriera y las atravesara.

———

Hay algo más que quiero señalar con respecto a dimitir en cualquier organización.

Nuestra estrategia de salida es más importante que nuestra entrada. Es decir, el modo en que nos vamos es más importante que cómo llegamos. Cuando directores generales o pastores hablan conmigo de irse, les pregunto: "¿Por qué serán recordados?".

> ## Nuestra estrategia de salida es más importante que nuestra entrada.

Les hablo sobre mi renuncia en Beulah Heights. Cuando me convertí en presidente en 1989 teníamos solo 87 alumnos. Cuando me fui el 31 de diciembre de 2003, teníamos 690. El punto, sin embargo, es que ninguno de los alumnos de 1989 seguía estando allí. Ninguno de esos estudiantes que me dieron la bienvenida estuvo allí cuando me fui. Por lo tanto, me pregunté: "¿Cómo sería recordado? ¿Cómo quería ser recordado?".

La respuesta parecía obvia: Quiero ser recordado por cómo me fui en lugar de por cómo llegué. Todos podemos relatar historias de líderes que llegaron para cambiar cosas y todo el mundo se reunió en torno a ellos. Utilizaron términos como "el más grande", "el mayor", o "el más espiritual", pero no perduraron. Como dice la vieja frase: "Llegaron rugiendo y se fueron gimoteando".

> ## Quiero ser recordado por cómo me fui, en lugar de por cómo llegué.

Creo que las personas emplean demasiado tiempo pensando en cómo van a entrar en un lugar. Eso es importante, desde luego, pero cómo nos vamos nos seguirá. Las personas recuerdan nuestra partida, y se lo cuentan a otros. Muchos pastores dejaron buenas iglesias, y directores generales dejaron buenas organizaciones, pero se fueron de tal manera que su recepción en el siguiente lugar quedó manchada. Las noticias llegan a todas partes.

Nunca debemos olvidar que vivimos en un mundo muy pequeño. Personas hablan con otras personas. Las noticias tienen su manera de viajar. Dondequiera que lleguemos a continuación, habrá información sobre cómo nos fuimos del lugar anterior. Esto es especialmente cierto si el nuevo jefe comienza una evaluación de antecedentes.

Esta es una historia real que cuenta mi coautor. Su amigo, a quien llamaré Michael, era el pastor de una iglesia que batallaba en la zona metropolitana de Atlanta. Después de ocho años, Michael dimitió para convertirse en pastor de otra iglesia. Tituló su último sermón "Lo que hicimos mal". Ese título debería haber alertado a todos. Durante los cuarenta minutos siguientes recorrió una larga lista de agravios, principalmente el modo en que la congregación le había fallado. Ni una sola vez admitió que él había fallado.

Una semana después de que Michael llegara a su nueva iglesia, el anciano principal le enseñó una copia de una carta que un miembro de su iglesia anterior había escrito a la junta. Estaba firmada aproximadamente por cien personas. Enumeraban catorce maneras en que Michael les había fallado e instaban a la nueva junta a "observarlo de cerca o librarse de él antes de que pudiera hacer un grave daño".

Michael convenció a la junta de que las personas que escribieron esa carta estaban enojadas, eran poco espirituales, no querían seguir a Dios, y habían obstaculizado cada programa que él intentó poner en práctica.

Diecinueve meses después, la iglesia pidió la renuncia de Michael. Demasiado tarde, la junta de la iglesia se dio cuenta de que deberían haber seguido su trayectoria y haber comprobado la lista de agravios.

Cuando cualquier líder se va con palabras duras, amargura, relaciones fracturadas, o de una manera pasiva/agresiva, no hay nada que celebrar. Si hay alguna celebración por su marcha cuando dice adiós, o es superficial o con un sentido de: "Al menos se va".

La siguiente es otra historia real. Un hombre de negocios me dijo que se iba a ir en tres meses, pero que no lo había dado a conocer. Me habló de todas las amonestaciones que iba a dar. "Quiero que ellos vuelvan a pensar en todo y que se lo pongan más fácil a la persona que me siga." Preguntó mi opinión acerca de las cosas que iba a decir.

Aunque yo sabía que quería que lo apoyara, dije: "Me parece estúpido".

Una expresión de asombro apareció en su cara.

"Te vas. No puedes hacer nada, entonces ¿por qué quieres herir a las personas? La única persona a la que haces daño eres tú mismo. Tan solo piensa en la reacción de aquellos que habrán escuchado de tu insatisfacción. Dirán, o al menos pensarán: "Si se sentía así con respecto a nosotros, ¿por qué se quedó tanto tiempo?".

En esta ocasión, el hombre escuchó. También le insté a hacer las paces con todos en la organización con quienes hubiera tenido cualquier problema.

Cuando mi coautor se retiró de su iglesia para ser escritor a tiempo completo, había uno de los ancianos en la congregación con quien nunca había podido resolver sus diferencias. El hombre siempre sonreía y decía: "Todo va bien", pero se filtraron rumores sobre que las cosas no estaban tan bien. Ese mismo anciano no asistió a los servicios las dos últimas semanas. Cuando Cec Murphey lo llamó por teléfono, recibió un mensaje de voz y el hombre nunca le devolvió la llamada. El día después de irse, Cec le escribió una carta con estas palabras: "Lamento que no tuviéramos una buena relación de trabajo. No sé en qué le fallé o dónde me equivoqué, pero lo siento. Por favor, perdóneme por cualquier cosa que haya hecho mal".

Cec no querían dar a entender culpa o acusar al anciano de nada. El anciano nunca respondió, y Cec no había esperado una respuesta. Diez años después, Cec ayudó al ministro actual de esa iglesia en un funeral. Después, uno de los miembros más viejos se refirió al anciano problemático, que desde entonces se había mudado de la ciudad. "Él me enseñó la carta que usted escribió. Usted hizo lo correcto."

Así es como tenemos que irnos de cualquier posición: hacer todo lo que podamos para hacer las paces y enmendar las malas relaciones, en cuanto dependa de nosotros. Por lo tanto, el modo en que nos vamos es más importante que cómo llegamos.

Todo esto para decir que necesitamos pensar bien nuestra estrategia de salida.

Como he mencionado anteriormente, nadie en Beulah Heights se dio cuenta de ello, pero yo había estado trabajando en la estrategia de salida durante tres años. Lo abordé metódicamente. Quería que la escuela tuviera éxito después de mi partida, de modo que establecí secretamente un plan de sucesión. Quería irme con credibilidad. También quería asegurarme de que el instituto tuviera una buena salud financiera. Cuando me fuera, supuse que algunos de nuestros patrocinadores quizá podrían querer dejar de hacer donaciones a la escuela. Comencé a preparar al Dr. Karanja, pero no le dije ni una sola palabra. Quería que él encajara de modo natural en la tarea y eliminar cualquier presión acerca de si él fallaría o tendría éxito. Aprendí a desvincularme lentamente. Parte de eso llegó mediante la delegación. Trabajé duro para empoderar a otros, y dediqué mucha energía a desarrollar liderazgo en otras personas del equipo.

Mi tarea más difícil al irme, sin embargo, y supongo que esto es cierto de todos los líderes, fue ceder el control. Cuando los líderes dicen: "Me voy", el poder y el control están fuera de sus manos. No pueden determinar el futuro ni las decisiones que tomarán otras personas. Yo hice las cosas lo mejor que pude.

Aprendí algo de mi coautor sobre las partidas. Cuando él dejó el pastorado, en el último sermón (y otra vez después en la recepción de la iglesia), dijo: "He intentado servirles fielmente mientras he estado aquí. Les he amado y solamente he querido lo mejor para ustedes. Ahora me voy, y quiero que transfieran su lealtad y amor a la persona que me sustituya".

No señaló que él había sustituido a un pastor que había estado allí durante diecisiete años. El pastor anterior visitaba ocasionalmente a miembros de la iglesia, y se pusieron de acuerdo en dirigir funerales. Consintió en oficiar bodas e indicaba a la pareja que llamara a la oficina de la iglesia para asegurarse de que el espacio estuviera disponible. Ni una sola vez contactó con el pastor actual.

Aunque el hombre había decidido dimitir y se había convertido en pastor de una iglesia que estaba a casi una hora de distancia en auto, tampoco quería renunciar al control y se negaba a dejar su autoridad (aquellos a quienes aconsejaba quedaron cada vez más en un segundo plano en el liderazgo y planteaban poca amenaza).

Cec Murphey no quería que su sucesor pasara por experiencias parecidas. "Por favor, no me llamen ni me escriban. No es por falta de amor por mi parte, y creo que ustedes saben eso. Quiero que me recuerden como alguien que solía estar disponible para ustedes."

Solamente un miembro le llamó, y él le dijo a esa señora que llamase al pastor temporal. "Pero él no me conoce como usted", respondió ella.

"Entonces dele la oportunidad de que le conozca."

———

Alguien fue delante de mí; alguien vendrá después de mí. Puedo servir con mi máximo compromiso donde estoy en este momento; también puedo mirar adelante y preparar los peldaños para que mi sucesor los suba.

> Los líderes sabios y seguros hacen planes para su sucesión el día en que comienzan en el trabajo.

No todo el mundo puede enfocarse en el futuro. Algunos son demasiado inseguros y ni siquiera saben con seguridad que pueden permanecer en la escalera, pero los líderes sabios y seguros hacen planes para su sucesión el día en que comienzan en el trabajo. Con frecuencia decimos que un bebé comienza a morir el día en que nace. Podemos hacer un gran servicio a nuestra organización si comenzamos temprano el proceso. No siempre podemos escoger a nuestros sucesores, pero podemos prepararnos para ellos. Yo no podía escoger a mi sucesor, pero sí pude (y lo hice) crear un ambiente y un clima saludables en los cuales podrían tener lugar conversaciones sanas. Independientemente de cuál sea nuestro papel de liderazgo, podemos comenzar a moldear el perfil de la siguiente persona que seguirá.

Así es como funcionó para mí. Aunque me preparé durante tres años, mi junta directiva me pidió que me quedara como rector durante los siguientes dos años, realmente lo mismo que un embajador en general. No tengo oficina, equipo de personal, y absolutamente ninguna autoridad.

> No siempre podemos escoger a nuestros sucesores, pero podemos prepararnos para ellos.

La junta entendía que era importante que mi nombre estuviera relacionado con el instituto mientras mi sucesor pasaba a su posición. *En un ambiente saludable, nadie se siente amenazado.* Ellos entendían que la conectividad era parte de la vida de la organización y veían valor en ello. Yo creé un lugar seguro donde ellos pudieran ver los beneficios de que mi nombre siguiera siendo parte de la escuela. Me pidieron que permitiera que mi nombre siquiera vinculado debido a asuntos de acreditación, finanzas y donantes. "Hasta que el Dr. Karanja ocupe su lugar, ¿puede seguir siendo parte del plan de desvinculación gradual?".

Desde luego que podía, y no había esperado ese tipo de generosidad.

Miré adelante para preguntar qué problemas podría causar mi partida al Dr. Karanja. Una de las cosas tenía que ver con varias personas del equipo a las que habría que dejar libres. Habían estado conmigo por mucho tiempo, y yo sabía manejarlas. Quería asegurarme de que mi sucesor no tuviera que ocuparse de mis negocios inconclusos. Ellos no eran los mejores, y mientras más tiempo se quedaban y más complejos se volvían nuestros sistemas, menos eficazmente realizaban su trabajo. Quería asegurarme de que mi sucesor no tuviera que tratar con peso muerto. Dejé ir a algunas personas, y eso no fue fácil, pero era lo correcto que había que hacer.

¿Qué problemas necesito abordar mientras pueda hacer algo al respecto? John Maxwell me dio el siguiente consejo: "En los últimos meses, hazte la pregunta: ¿qué puedo hacer ahora que ayudará a la persona siguiente?".

Dijo que él limpió la casa. Había personas que tenían que irse. Él no quería que su sucesor tuviera sus mismos problemas porque fue él quien contrató a esas personas. Yo hice eso por el Dr. Karanja en gran parte. Llamé a algunas personas del equipo de confianza y les pregunté: "¿A quién querrían ver irse? ¿Quién no está arrimando el hombro o no está encajando?". Ellos me dieron nombres, y todos ellos nombraron a las mismas personas. Yo dejé ir a quienes no estaban llevando su parte del peso. No fue fácil, pero creo que hice lo correcto.

———

También tuve que ocuparme de la comunicación con personas bien intencionadas que cuestionaban mi decisión en términos espirituales. Comencé a recibir notas de uno de mis principales donantes. Esta era una de ellas:

"Está la voluntad de Dios perfecta y está la voluntad permisiva", me escribió. "No creo que lo que usted está planeando sea la voluntad de Dios perfecta. Hermano Sam, el mejor lugar donde estar es en la perfecta voluntad de Dios."

¿Cómo respondí a tal afirmación? Lo consideré como su interés y compasión por mí. Si yo intentaba dar una respuesta, supuse que él respondería rápidamente con una razón sobre por qué yo estaba equivocado.

Decidí no responder. No tendría ningún sentido mantener esa conversación. Él no me haría cambiar de opinión, y sabía que yo no podía cambiar la de él. No había ninguna dirección donde yo pudiera ir en esa ocasión, de modo que lo dejé estar.

5

PROPÓSITOS EN LA VIDA

¿**Q**uién soy yo? Todo el mundo se hace esa pregunta (o debería hacérsela) en algún momento en la vida, y es un asunto importante que abordar. Una segunda pregunta, que no se hace con tanta frecuencia, es la siguiente: ¿cuál es el propósito de mi vida?

Hace ocho años atrás me hice por primera vez esa pregunta y permanecí en ella hasta tener una respuesta. Podría haberla formulado de muchas maneras:

- ¿Cuál es el propósito de mi vida?

- ¿Para qué cosas tengo talentos?

- ¿Cuáles son mis mayores habilidades y cómo las utilizo?

- ¿Qué produce los mejores resultados?

- ¿Dónde encuentro la mayor satisfacción?

En cambio, me centré en la pregunta sobre el propósito de la vida: ¿Qué hago mejor? ¿Cuándo y cómo soy más eficaz en mi vida? No tuve ningún momento mágico o un golpe de iluminación repentina, sino que gradualmente llegué a entender que *soy un liberador de sueños*. Me encanta ayudar a otros a que tengan éxito. Otras personas tienen sueños, pero parece que no saben cómo lograr que esos sueños se conviertan en realidad. Dios me ha dado la habilidad de ayudarlos a liberar esos sueños.

Eso me impulsó a preguntar: "Bien, ¿cómo sé que estoy siendo eficaz en liberar los sueños de otras personas?". Miré lo que ya había conseguido en Beulah Heights. Mis ideas habían funcionado y habíamos desarrollado una escuela estupenda, no perfecta pero buena. Habíamos recorrido un largo camino en los años en que yo estuve allí.

Me pregunté: ¿Qué está haciendo Dios en mi vida? ¿Cuáles son mis dones? ¿Qué está siendo más afirmado por mí? ¿Dónde encuentro la mayor satisfacción?

> Me pregunté: ¿Qué está haciendo Dios en mi vida? ¿Cuáles son mis dones? ¿Qué está siendo más afirmado por mí? ¿Dónde encuentro la mayor satisfacción?

La pregunta no se detiene ahí; es algo en lo que debemos profundizar continuamente. Cuando respondía una de las preguntas, surgía otra y después otra.

Los líderes sabios exploran el lado blando de sí mismos, y todos tenemos un lado blando al igual que un lado duro. El lado duro se refiere a lograr hacer cosas y tomar decisiones objetivas. Yo también necesitaba ir más allá de lo objetivo y mirar mi lado subjetivo. Por mucho tiempo se me había dado muy bien en el lado duro. Yo pensaba de esa parte como las decisiones difíciles que tomamos cuando nos apoyamos en criterios externos, examinamos los hechos, analizamos situaciones, y tomamos decisiones a nivel impersonal. Los buenos líderes hacen eso bastante bien.

Algunas veces, esos buenos líderes podrían llegar a ser *grandes* líderes si abrieran su lado blando. Mi coautor se refiere a dos tipos de escritores, y eso es igualmente cierto de los líderes en cualquier área. Son fríos y objetivos, o cálidos y subjetivos. La mayoría de los escritores, dice él, pueden hacer ambas cosas, pero tienen cierta preferencia.

> ## Los líderes sabios exploran el lado blando de sí mismos. Todos tenemos un lado blando y un lado duro.

Yo había trabajado mucho para edificar mi lado duro, y me había dado cuenta de que también necesitaba trabajar con la misma diligencia para explorar y desarrollar el lado cálido y subjetivo.

¿Qué hace que dé un golpe en la mesa con pasión? ¿Qué me hace llorar? ¿Qué me produce gozo? ¿Qué tipo de interacciones me permiten alejarme diciendo para mí: ¡Sí! Sí. Tengo una sensación de realización?

El lado blando es la parte que afirma a alguien, que da unos golpecitos en la espalda a un trabajador y dice: "Esa fue una respuesta estupenda".

Es tan sencillo como cuando le dije al Dr. Karanja después de una reunión de negocios (lo cual hice más de una vez): "Gracias por llevarnos de nuevo al asunto. Seguíamos intentando desviarnos, pero usted no lo permitió. Eso fue bueno, y aprecio que lo haga".

A medida que se fundieron lejanamente los dos lados de mi persona, vi la distinción del siguiente modo: el lado duro del liderazgo sabe lo que es necesario hacer, cómo y cuándo. Esta parte gira en torno a principios. El lado blando proviene de valores y respuestas interpersonales. ¿A quién implicará esta decisión? ¿Quién se verá afectado? ¿Cuál va a ser el problema transicional?

> El lado duro del liderazgo gira en torno a principios. El lado blando proviene de valores y respuestas interpersonales.

Por ejemplo, veamos cómo funciona eso en el cambio y la transición. El cambio es el hecho difícil. Yo muevo una lámpara desde un lado de la habitación a otro. Eso es cambio. La transición, sin embargo, pregunta: "¿Es el cable eléctrico lo bastante largo?". En la iglesia, yo puedo cambiar al líder de alabanza o en una corporación puedo cambiar al gerente de producción, pero ¿a quiénes afectarán mis acciones? Ese es el lado blando. El momento oportuno es el lado blando. Toma en cuenta el cuadro general de todo lo que está involucrado.

Es principio contrastado con personas. Solamente una fracción del liderazgo bueno y fuerte está en el lado duro. (Sin embargo, es ahí donde se enfocan la mayoría de los libros sobre liderazgo). Lo que arruina programas y hace daño a personas viene del lado blando del liderazgo. Algunas personas se sienten más cómodas manejando sistemas, cifras y hechos. Son quienes emplean enormes esfuerzos en gráficas y reglas en la organización. Esas cosas no están mal, *pero es la actitud que está detrás de la acción*. Esas personas tienden a mover a una persona de una posición a otra como manera de resolver el problema. Lo único que han hecho es mover el problema y pasarlo del tercer piso al sexto.

Es como decir: "Vas a tener un cáncer en el hombro. ¿Lo quieres en el derecho o en el izquierdo?". Pensemos en el hombre en el coro de varones que causa problemas. "¿Por qué no lo sacamos del coro y lo hacemos participar en el ministerio de hombres?". Eso resuelve el problema para el coro, pero ¿qué le hace al ministerio de hombres?

> Lo blando es bueno, pero solamente lo blando es malo. Y lo mismo es cierto para el lado duro. Necesitamos ambos.

Yo veo el lado blando operando en muchos aspectos. Uno de ellos es la conversación casual. Es la parte intuitiva de nosotros en funcionamiento. El liderazgo blando también puede arruinarnos. Es muy fácil adherirse a duros hechos, y cualquiera puede saber cuál es el lado duro, aunque esa persona no siempre pueda operar desde el lado duro. Si nos entregamos demasiado a nuestro lado blando, nos convertimos en el objetivo tierno que tratar, el que no hará nada para herir sentimientos y permitirá que las personas lo manipulen. Lo blando es bueno, pero solamente lo blando es malo. Y lo mismo es cierto para el lado duro. Necesitamos ambos. Al mirarme a mí mismo y el lugar donde estaba, apliqué a mi trabajo una base de porcentaje y así entendí que empleaba el 80 por ciento de mi tiempo y energía involucrado en las cosas necesarias para hacer que el instituto avanzara con facilidad. El 20 por ciento restante lo empleaba liberando sueños. Es decir, que estaba trabajando el 20 por ciento del tiempo en asuntos del lado blando.

Solo al mirar atrás fui capaz de entenderlo, pero fue entonces cuando fueron sembradas las primeras semillas de insatisfacción piadosa. Quería ser capaz de emplear el 95 por ciento de mi tiempo liberando sueños y el 5 por ciento haciendo otras cosas. ¿Cómo podía hacer que eso fuera posible?

6

LA PASIÓN REGRESA

Cuando descubrimos la dirección correcta, la pasión regresa. Hasta entonces es como si hubiéramos estado viviendo en una zona muerta. Estamos aburridos o inquietos, y nada nos llena de profunda satisfacción y gozo.

> Cuando supe adónde quería ir,
> volví a cobrar vida.

Cuando supe adónde quería ir, volví a cobrar vida. En los meses después de mi dimisión de Beulah Heights, personas me miraban y decían cosas como: "Se ve muy renovado". "¿Está tomando un descanso?". "¿Está tomando unas vacaciones?".

Yo sonreía y les daba las gracias. Estaba renovado interiormente, porque estaba en la escalera correcta. Físicamente, mi nueva vida se volvió más demandante. Ayer estaba en Chicago y mañana estaré en St. Louis. Regularmente doy conferencias en cien a ciento cincuenta lugares cada año.

Incluso en los momentos en que estoy cansado físicamente, hay fuego en mis ojos. Amo mi vida; amo lo que hago. La pasión ha regresado, y a eso es a lo que han respondido ellos. La nueva pasión está ahí porque sé adónde quiero ir y subo por la nueva escalera. Por cansado que esté, no tengo problema para levantarme en la mañana. Me mantengo emocionado porque cada día es un nuevo reto. Quiero seguir moviéndome cada día porque tengo que descubrir cuán emocionante será.

———

La pasión ha regresado, la nueva pasión está ahí porque sé adónde quiero ir.

Una de las razones de que haya regresado la pasión es que pude hacer más como liberador de sueños. Con eso me refiero a cosas más satisfactorias interiormente. Los observadores dirían que hice más en Beulah Heights. Solamente tenían que señalar lo que había sucedido en el campus. Ni un solo centímetro de todos los terrenos es igual a lo que era en 1989. Todo ha cambiado.

Ese no es el tipo de actividad al que me refiero. Actualmente, mis logros se muestran en las vidas, actitudes y actividades de líderes. Algunas veces digo que ayudo a otros a aprovechar sus propias experiencias. Yo había llegado al lugar donde tenía experiencias y perspectivas de la vida suficientes para poder ayudar a otros a subir por sus escaleras. He cometido errores en la vida que otros no tienen por qué cometer. También he aprendido de esos errores.

Un día tuve una conversación con un pastor en el medio oeste. Él tiene veintiocho años, y una congregación de unas 7.000 personas. Es brillante, carismático, y un hombre de una gran visión. Se ha convertido en uno de mis clientes.

"Usted va a lugares. En unos pocos años será usted una voz principal en este país", le dije. "Puedo ver una sola cosa que le detendrá: orgullo. Si permite que se introduzca el orgullo, esa debilidad puede mostrarse mediante arrogancia, un espíritu altivo, o que usted comience a menospreciar a otros. Puede suceder fácilmente, y lo he visto muchas veces. El éxito ha llegado a su camino temprano en la vida. Va a enfrentar problemas y situaciones que yo no enfrenté hasta que tuve cincuenta años. El alcalde le llamará pidiendo consejo y participará en ceremonias de inauguración de lugares. Recibirá más invitaciones para dar conferencias, y personas importantes de países extranjeros le invitarán a hablar. Ese es también el punto de peligro."

> **Cuando el éxito me sonrió, comencé a creer lo que otros decían.**

Dije todo eso porque yo había fallado en esa área. Hubo un periodo, y me alegra que fuera un periodo breve, en el que yo cometí esos errores. Cuando el éxito me sonrió, comencé a creer lo que otros decían. Cuando las personas me presentaban, yo escuchaba todos los elogios maravillosos.

Quizá suene extraño, peroaquellas cosas maravillosas y emocionantes que otros dicen son ciertas mientras no las creamos. Cuando comenzamos a creerlas, las perdemos.

Dije todas esas cosas y compartí mis experiencias con aquel joven pastor. Pude decirlas con amabilidad y desde el lado blando de mí mismo, porque yo había estado ahí. Debido a mi propio mal juicio en el pasado, pude transmitir sabiduría que aprendí.

Quiero ayudar a otros a llegar a ser lo mejor que puedan ser. Quiero ayudarlos a liberar sus sueños. Para mí, éxito es hacer exitosos a otros.

———

Con el regreso de la pasión, también me enfoqué con mayor claridad. Es decir, dirigí mis energías hacia hacer más de las cosas mejores. Como presidente, había estado involucrado en casi todos los aspectos del instituto.

+ Participaba en nuestra acreditación.

+ Recaudaba fondos.

+ Ayudaba a crear el programa de estudios.

+ Cuando surgían problemas de ayuda financiera, era yo quien se involucraba.

La lista parecía no tener fin. Ahora era el momento de concentrarme en las áreas en las que quería trabajar. Delegué responsabilidades y dimití de organizaciones, o pedí a otros en el equipo, especialmente al Dr. Karanja, que me sustituyeran. Eso me permitió hacer más en una sola área. Me concentré en lo que más quería hacer: liderazgo.

Eso es lo único que hago ahora.

Cuando los pastores pasan de una iglesia a otra, no estarán haciendo menos en la nueva situación. Debido a su experiencia, entrarán en una iglesia nueva estando más enfocados. Si yo hubiera pasado de una iglesia a otra, habría dicho a la junta directiva: "En mi anterior congregación hice todas las dieciocho cosas que los pastores pueden hacer, pero aquí voy a centrarme en el desarrollo del liderazgo y haré una fuerte predicación expositiva. Hice todo tipo de consejería en la otra iglesia, pero ya no voy a seguir dando consejería". Explicaría que aunque la consejería era algo que yo podía hacer, no tenía pasión alguna por ello. Al menos no al mismo nivel que el desarrollo del liderazgo.

> No quiero trabajar menos; quiero emplear mis energías en un enfoque más estrecho.

Cuando me preparaba para bajar de mi vieja escalera, dije: "No quiero trabajar menos; quiero emplear mis energías en un enfoque más estrecho".

Aquí tenemos otro modo en que funciona la pasión. Alguien dijo que los ministros debieran aceptar un llamado a una iglesia con la idea de que se quedarán allí el resto de sus vidas. Eso no significa que lo harán, pero sí que ser pastor es lo suficientemente emocionante para poder imaginar quedarse allí hasta la jubilación.

Esta es una pregunta que los líderes necesitan hacer cuando pasan de una posición a otra: ¿tengo la pasión suficiente en este momento para poder imaginar quedarme en este trabajo durante el resto de mi vida profesional? ¿O esto es solamente temporal? Si es solo temporal, ¿cuáles son mis motivos para decir sí al trabajo?

En mi caso, no considero que lo que hago es trabajo. Lo es, sin duda, y recibo un salario por ello. Pero pienso en lo que hago en términos de realización y satisfacción por haber ayudado a otras personas.

Cuando nos apasiona nuestro trabajo, puede que no estemos en el lugar correcto, pero eso es una buena indicación de que estamos avanzando en la dirección correcta.

7

LO QUE YO QUIERO

Enfrenté preguntas importantes al hacer la transición. ¿Qué estoy buscando? ¿Qué necesito para encontrar satisfacción? Tras meses de autoexamen, me quedé con cuatro cosas; independencia, control, libertad y estructura.

> ¿Qué necesito para encontrar satisfacción?
> Cuatro cosas: independencia, control,
> libertad y estructura.

1. *Independencia.* Yo nunca antes había sido independiente y esa sería una experiencia nueva para mí. Nadie sabría, ni le importaría, si yo comenzaba a trabajar a las 6:00 de la mañana o a mediodía.

Tuve que preguntarme: ¿puedo trabajar independientemente? Toda mi vida he operado en situaciones estructuradas. Incluso cuando era pastor, había cierta estructura. Tenía horas a mi discreción, pero tenía sermones que predicar y lecciones que enseñar, reuniones de la junta que dirigir, visitación, bautismos, bodas y funerales.

Me hice una pregunta: ¿me gusto a mí mismo lo suficiente para estar solo todo el tiempo? ¿Puedo pasar tiempo solamente conmigo? Nunca había hecho eso. Cuando iba a la oficina, había personas entrando y saliendo durante todo el día. Algunos días recibía cuarenta llamadas telefónicas. ¿Cómo reaccionaría cuando recibiera solamente dos en una semana? Ya no habría nadie que pasaría por mi oficina y me preguntaría si quería café o si quería salir a almorzar.

Tengo una oficina hermosa en mi casa. Es más bonita que la que tenía en la escuela, pero nadie viene a verme. Nunca he tenido ni un solo cliente aquí, y no lo tendré.

¿Podría vivir con esa cantidad de independencia?

Puedo y lo he hecho, pero fue un ajuste; y yo sabía que así sería. Ahora puedo decir verdaderamente que me encanta la tranquilidad de mi oficina.

2. *Control.* ¿Necesito control exterior, o tengo suficiente fortaleza interior para recorrer el viaje con autocontrol? ¿Tengo la autodisciplina, responsabilidad e integridad? ¿Necesito energía de fuera o una figura de autoridad que me diga qué hacer, o tengo lo necesario? ¿Puedo levantarme en la mañana si no tengo que cumplir horas de oficina? ¿Escribiré esa carta? ¿Responderé a ese correo electrónico?

Ese punto no me inquietaba porque yo siempre he sido quien comienza las cosas.

> Si no tengo cuidado, la necesidad de ingresos destruirá mi libertad.

3. *Libertad.* Para mí, esto es distinto a la independencia. Yo tenía libertad en Beulah Heights. Podía entrar y salir y la junta directiva al completo lo entendía, pero yo producía

resultados. A ellos no les importaba cuánto tiempo mientras produjera resultados.

Yo quería disfrutar de mi libertad: mi capacidad para escoger a las personas con las que trabajar. y no aceptar a aquellos con quienes no quería trabajar.

Esta es una dimensión añadida al asunto de la libertad: ¿puedo manejarlo cuando mis ingresos dependen de la cantidad de libertad que yo demande? Libertad frente a ingresos. Si no tengo cuidado, la necesidad de ingresos destruirá mi libertad porque iré apresuradamente de un proyecto a otro, por temor a quedar en bancarrota si no consigo el trabajo siguiente.

4. *Estructura*. Necesitaba algún tipo de estructura, pero ¿qué tipo? Utilizo esa palabra para explicar cómo me organizaría a mí mismo. Cuando haya decidido que todo estaba correcto en el tema del control, ¿qué tipo de estructura necesitaba para empezar mi negocio?

Inmediatamente me preparé como corporaciones sin fines de lucro y con fines de lucro con miembros de una junta directiva. ¿Sería suficiente eso? ¿Qué tan frecuentemente tendría que reunirme con ellos? ¿Qué tipo de reportes debería preparar?

Durante ese tiempo, un versículo en la Biblia me dio una inmensa paz, porque había buscado la voluntad de Dios y creía que estaba haciendo lo correcto. *"Jehová guardará tu salida y tu entrada desde ahora y para siempre"* (Salmos 121:8).

¿Cuáles son mis valores fundamentales?

A medida que lidiaba con esos cuatro puntos, también me pregunté: ¿cuáles son mis valores fundamentales? ¿Quién es la esencia de Samuel Chand? Si alguien profundizaba lo suficiente, ¿qué valores vería que guiaban verdaderamente mi vida?

Algunas cosas son importantes para nosotros en lo más profundo, nuestro ser interior, y otras importan porque son importantes para nuestra cultura, nuestra empresa, nuestra comunidad o nuestra familia. No siempre es fácil distinguir entre valores fundamentales y asuntos importantes. Es fácil convencernos a nosotros mismos de que lo valioso que es importante para nuestras empresas o nuestras iglesias es lo que amamos y, por lo tanto, debe tener igual importancia para nosotros. Cuando las relaciones tienden a ir mal, con frecuencia se debe a una confusión entre valores fundamentales y asuntos importantes.

> Cuando las relaciones tienden a ir mal, con frecuencia se debe a una confusión entre valores fundamentales y asuntos importantes.

Ya he mencionado algo de esto, pero veía cada vez más que mi valor era tan sencillo como las palabras de Jesús. Él dijo que el primer mandamiento era amar a Dios totalmente y el segundo "es similar", es decir, tiene igual importancia. *"Amarás a tu prójimo como a ti mismo"* (Mateo 22:39).

Yo lo consideré de esta manera: Si hago con celo lo que puedo hacer para capacitar a otros para que se vean bien, que sean lo mejor, ¿no es eso una manera de cumplir las palabras de Jesús? Si ayudo a un pastor, ayudo a toda la iglesia; si ayudo a un director general, ayudaré a toda la organización.

También entendí cuán cierto era esto con una pequeña ilustración. Supongamos que Dios me dijera: "Toma una decisión. Si entras por esta primera puerta, encontrarás a veinte pastores allí dentro esperando tu ayuda. Si tomas la segunda puerta, te verás con veinte mil cristianos. Decide qué grupo quieres y yo estaré contigo".

Esa decisión no necesitó mucha reflexión. Yo respondí: "Iré tras los veinte". Eso me hizo entender mi valor fundamental.

> Si ayudo a un pastor, ayudo a toda la iglesia;
> si ayudo a un director general,
> ayudaré a toda la organización.

Había otros valores y, desde luego, ese es solamente uno. Pero conocer, reconocer esos valores fundamentales, significa que tenemos que estar en contacto con nosotros mismos, con nuestro ser interior. Para algunas personas es extremadamente difícil sondear a mayor profundidad.

El otro problema que vi en el asunto de los valores fundamentales es que algunos intentan afirmar demasiados. Supongo, basándome en mi experiencia al trabajar con líderes y examinar mi propio corazón, que, como máximo, la mayoría de nosotros tenemos de tres a cinco valores fundamentales. Si lo meditamos verdaderamente, probablemente los recortaremos hasta dejarlos en tres.

¿Cómo descubrimos esos valores fundamentales?

- Hacemos mucho autoexamen, incluyendo comprobar nuestros propios motivos.

- Nos preguntamos: "¿Qué es lo que más valoro?".

- Profundizamos firmemente: "¿Qué es lo que me importa? ¿Con qué sueño? Cuando sueño despierto, ¿cuáles son los valores?".

Todos nosotros tenemos fuertes necesidades de aceptación, amor y afirmación. Son más fuertes en algunas personas que en otras, y sin ninguna duda son parte de los asuntos principales con los que batallamos.

8

¿QUÉ ESTOY DEJANDO ATRÁS?

Si cambio de escaleras, ¿qué estoy dejando atrás?

Al principio, solamente pensamos en irnos, en encontrar una nueva perspectiva, o en recuperar nuestro entusiasmo. En algún lugar en nuestros escalones al bajar esa escalera, tenemos que mirarnos a nosotros mismos y nuestro trabajo. Incluso en esas ocasiones en las que hay una mala experiencia, podemos seguir encontrando cosas que lamentamos dejar.

> Si cambio de escaleras,
> ¿qué estoy dejando atrás?

Cuando comencé a pensar sobre lo que yo estaba dejando, una de las primeras cosas en las que pensé fue mi legado. A lo largo de los años había visitado iglesias y empresas donde tienen una galería de fotografías de sus líderes anteriores. En raras ocasiones muestran otra cosa salvo una fotografía de la persona y los años que trabajó.

Conozco una iglesia que hace eso de modo distinto. Ha existido desde 1853. Aunque está en una ciudad bastante pequeña y la iglesia nunca ha tenido una membresía mayor de 350, hicieron una cosa significativa para honrar el legado de sus líderes. Debajo de cada fotografía, en tres o cuatro párrafos, enumeran los logros de ese pastor. El primer pastor había fundado la iglesia porque creía en libertar a los esclavos. Los miembros se comprometieron a apoyar activamente la emancipación. La tercera fotografía desde el final muestra a un ministro pelirrojo que se ofreció voluntario como capellán en 1942, solamente semanas después de que comenzara la Segunda Guerra Mundial. Murió en la invasión de Normandía en 1944.

Ese es el modo en que las organizaciones tienen que funcionar. En lugar de negar o enterrar la evidencia de aquellos que lideraron, los que siguen necesitan apreciar su legado.

Yo comencé a pensar sobre mi legado. Me pregunté: ¿Qué estoy dejando atrás? No sé si alguien recordará mi nombre dentro de treinta años. No es ese mi punto. Quiero dejar un legado que dé forma al futuro de la escuela. Si recibo mérito a largo plazo no es importante. Es importante que deje tras de mí una sensación de logro.

Algunos días hago una pausa y pienso: he sido más bendecido de lo que cualquier ser humano puede imaginar. Había llegado a los Estados Unidos como extranjero cuyo inglés algunas veces era difícil de entender, que no comprendía muchas costumbres o expresiones estadounidenses, y Dios me ha dado un gran favor. Aunque sabía que era el momento de irme y mi entusiasmo había disminuido, mi gratitud no lo había hecho.

"El tipo de legado que quiero dejar es una marca en corazones humanos".

Un día dije para mí en voz alta: "El tipo de legado que quiero dejar es una marca en corazones humanos".

Entendí que quería saber que habría personas que dirían cosas como:

+ "Sin la influencia de Sam Chand, yo no lo habría logrado."

+ "Sam creyó en mí; y aprendí a creer en mí mismo."

+ "Yo quería trabajar para Dios, pero no tenía ni idea de qué es eso. Sam me ayudó a ver mi potencial. Dios lo utilizó para llevarme hasta donde estoy ahora."

A causa de este deseo de un legado humano, el impulso se volvió incluso más fuerte para moverme desde detrás del escritorio hacia sentarme enfrente de personas.

———

También me preguntaba: ¿Puedo vivir sin mi identidad profesional actual? ¿Quedará limitada mi influencia? ¿Continuará o disminuirá?

Mientras era presidente, podía levantar el teléfono y estaba a dos llamadas de distancia de cualquier líder. Ahora no sabía si eso continuaría. Mi identidad había sido la de presidente del Instituto Bíblico Beulah Heights. Antes de llegar a ser presidente, solía decir que el instituto era uno de los secretos mejor guardados de la nación; pero ahora, al menos en ciertos círculos, Beulah Heights está reconocido como un instituto avanzado y ha demostrado ser muy valioso para la comunidad.

En mi ceremonia de renuncia, el obispo Eddie Long dijo: "Todos necesitamos reconocer que el Dr. Chand *es* Beulah

Heights. Nadie habla sobre Beulah Heights sin referirse al Dr. Chand".

Naturalmente, a mí me encantaba oír esas palabras, pero eso sería el pasado. Ya no sería presidente, y surgieron nuevas preguntas en mi mente:

+ ¿A qué estoy renunciando junto con esa posición?
+ ¿Me devolverán las llamadas lss personas?
+ ¿Seguirán reconociéndome?
+ Ahora que no puedo hacer nada por ellos como antes, ¿seguiré siendo importante en sus vidas?

Esta es otra pregunta: ¿He sido importante para las personas debido a quién soy o por lo que hago? La mayoría de nosotros tenemos miedo a preguntarnos eso porque la verdad dice: "Se debe a lo que hago".

Yo tenía sentimientos de temor de alejarme de todo aquello por lo que había trabajado y que había edificado. En el Instituto Bíblico Beulah Heights no hay ni un solo centímetro de toda esa propiedad que sea igual. No era fácil dejar todo eso, porque el ladrillo y el cemento tienen su manera de definirnos. Esta es mi casa. Me sitúa, y tengo un lugar donde llevar a las personas que es físico y tangible. Y después ya no está. Ahora ¿qué?

Me hice la pregunta: supongamos que yo fuera solamente un cristiano que asiste a una iglesia, me siento en el último banco cada domingo durante cuatro meses. Entonces falto tres domingos seguidos. ¿Quién me llamaría? ¿Habría alguien que me enviara un correo electrónico o me escribiera? ¿Le importaría a alguien si yo no estaba allí?

La respuesta es que nadie llamaría y a nadie le importaría. Sin embargo, si faltara un solo domingo como pastor, desde luego que todo el mundo querría saber qué está sucediendo. Pensé: Es fácil ver mi valía porque estoy empleado por la iglesia. Si eso es todo, cuando ya no esté ahí, ¿significa que no soy nada?

Así es hasta que haya entendido que mi verdadero valor es interior y no solamente es lo que hago por los demás.

> **Mi verdadero valor es interior y no solamente es lo que hago por los demás.**

Cuando las personas hablan sobre cuán importante soy yo, con frecuencia sonrío y digo: "Déjame decirte cuál será la conversación quince minutos después de mi funeral. Las preguntas irán esta línea: ¿dónde está la ensalada de papa? ¿Qué sucedió con los frijoles?".

Puede que lo dijera a la ligera, pero yo no me lo tomaba a la ligera. Cuando dejamos una posición de liderazgo, ya sea como anciano principal, director general, vicepresidente o pastor, dejamos algo atrás. Preguntemos a las viudas de pastores; ellas lo saben. Eran el centro de la vida de la iglesia, y al mes siguiente se ven empujadas a un lado. Desde luego, ya no son esposas de pastores, pero con demasiada frecuencia se convierten en personas sin identidad.

Yo no quería irme de Beulah Heights sin una sensación de identidad o sentimiento de que había dejado atrás la mejor parte de mí mismo. Quería irme con la idea de que estaba mejorando mi identidad y mi sentimiento de autoestima.

———

¿Será capaz de sostener la organización lo que yo he comenzado? ¿A quién y qué va a perder la organización debido a mi salida? Como un pastor que recibe una llamada para ir a una congregación diferente, tuve que preguntarme: "Si yo me voy, ¿quién más se irá? ¿A quién perderá la escuela?".

Creo que eso es más cierto para organizaciones sin fines de lucro que para empresas con fines de lucro. Y sin embargo, en las corporaciones grandes cuando se va la persona de arriba, con frecuencia se produce una gran sacudida. En 2004 sucedió con Coca-Cola Company en Atlanta. Uno de sus vicepresidentes principales se fue porque la junta directiva lo había pasado por alto y no lo había seleccionado como el siguiente presidente.

En muchas iglesias, cuando el pastor principal se va, también se van muchas personas del equipo de personal. En algunas denominaciones como las Asambleas de Dios, cuando se va el pastor principal y llega un nuevo pastor, todos en el equipo de personal dimiten. El nuevo líder no tiene que aceptar las dimisiones, pero al menos están ahí, y proveen una oportunidad para hacer cambios.

———

¿Qué estoy dejando atrás? Al responder esa pregunta, también entendí la importancia de las relaciones que dejaría atrás. Sin importar cuánto me gustaran algunas de las personas con quienes trabajaba, mi movimiento significaría que ellas tendrían que cambiar. Algunas personas pueden dejarlas a un lado porque siempre hay alguna otra persona con quien identificarse. Yo valoro esas relaciones de largo plazo. Había desarrollado varias de ellas y quería mantenerlas. También entendí que algunas de ellas tendrían que estar en un nivel diferente.

Por ejemplo, el Dr. James Keiller era el decano de Beulah Heights cuando yo me matriculé como estudiante, y sigue siendo una parte vital del instituto. Ha sido un buen amigo para mí. Hablábamos cada día. La mayoría de las conversaciones no eran sobre cosas importantes, pero charlábamos.

Y ahora ¿qué? ¿Me alejaba del Dr. Keiller porque me iba del instituto? No quería hacer eso, y ciertamente no quería perder su amistad, pero sabía que significaría relacionarnos a un nivel diferente.

Él y yo seguimos siendo amigos, no estamos tan cerca como antes, y yo sabía que eso sucedería. Parte de nuestra cercanía se había producido porque nos veíamos cada dos días. Cuando yo me convertí en presidente, nuestras oficinas estaban una frente a la otra. No veo con frecuencia al Dr. Keiller, pero sigue siendo importante para mí, y sé que podría acudir a él en cualquier momento y nuestra amistad seguiría intacta.

Aunque sabía que cambiar de escalera cambiaría nuestra relación, entender eso con respecto al cambio en nuestra relación no hizo que fuera más fácil. En cierta medida, fue como si él hubiera estado en la misma escalera y yo ahora estaba subiendo por otra diferente. Podría haberlo saludado con la mano desde mi posición, pero nuestra relación era diferente.

9

LAS TRANSICIONES Y
LA VOLUNTAD DE DIOS

¿**D**ónde encajará Dios en este ámbito de la transición? Sin duda, esta no es la última pregunta o la menos importante, pero fue algo con lo que batallé mucho. Mientras pensaba, recordaba las cuatro maneras en las que indica Tim Elmore que Dios nos habla.

Una es el trueno. Es como cuando Pablo fue derribado en el camino de Damasco o cuando Dios habló tres veces en un sueño a Samuel.

¿Puede Dios hablar de ese modo? Sin duda.

¿Habla Dios con frecuencia de ese modo? Probablemente no.

La segunda es el llamado desde el nacimiento. En el Antiguo Testamento había personas llamadas nazareos, como Samuel y Sansón. En la era del Nuevo Testamento, Juan el Bautista probablemente encaja en esa categoría. Desde el momento de su nacimiento, sus padres los dedicaron al servicio a Dios. Para esos niños, escoger no era una opción. Se criaban sabiendo lo que Dios quería y esperaba de ellos.

La tercera es una conciencia lenta y en aumento. No es una reacción inmediata, y puede que su desarrollo tome muchos años. Está ahí todo el tiempo, pero oculta profundamente en el interior hasta que descubrimos su presencia. Es como alguien que disfruta de la música, pero nunca tocó un instrumento hasta los veinticinco años de edad. Cuando sus dedos tocaron el teclado, comenzó a avivarse algo en su interior. Mientras más practicaba, más mejoraba. Si no hubiera tenido esa habilidad latente, ninguna cantidad de práctica habría hecho que mejorara.

Tim Elmore, vicepresidente de EQUIP, nos ayuda a entender cuatro maneras en las que Dios nos habla. Una es el trueno. La segunda es el llamado desde el nacimiento. La tercera es una conciencia lenta y en aumento. La cuarta es que vemos puertas abiertas.

Cuando intentamos algo nuevo, lo hacemos bien y lo disfrutamos, esa es una fuerte indicación de que el plan de Dios se va desarrollando gradualmente en nuestras vidas.

Así me sentía yo en cuanto a moverme de mi cómoda escalera. Había estado en esa posición durante catorce años. Fue solo gradualmente cuando comencé a ser consciente de que tenía habilidades y dones en mi interior que estaban *más allá* de ser presidente. Utilicé el término *más allá* y no *mejor que*. No es cuestión de comparación, sino que se trata de obediencia y de ser la persona que Dios nos llama a ser. Mi situación me recuerda la discusión de Pablo sobre los dones espirituales (ver 1 Corintios 12—14). Él señala que el Espíritu Santo nos equipa para el bien de todos, y no nos corresponde a nosotros comparar. Nuestra tarea es obedecer.

Una cosa más sobre una conciencia creciente es esta. Creo que cuando seguimos la guía del Espíritu Santo, tenemos paz gobernando nuestro corazón. Cuando intentamos algo nuevo, lo hacemos bien y lo disfrutamos, esa es una fuerte indicación de que el plan de Dios se va desarrollando gradualmente en nuestras vidas.

La cuarta es que vemos puertas abiertas. Cuando comencé la transición desde ser presidente, me apoyé en la combinación de la tercera y la cuarta. Eché la vista atrás a mi vida y me pregunté: "¿Dónde he estado? ¿Qué me ha gustado más? ¿Qué me ha dado la mayor satisfacción en mi servicio para Dios?".

Entonces miré fijamente las puertas que tenía abiertas.

> Saltar desde donde estoy y donde podría estar da mucho miedo... Debido a todo lo que puedo llegar a ser, ¡cerraré los ojos y saltaré!

Siempre puedo salir de una habitación, pero no siempre puedo entrar en una habitación. Siempre puedo decir no, pero no siempre puedo decir sí. Si se me abre una puerta, creo que mi responsabilidad es mirar adentro. Puede que no sepa si es la voluntad de Dios, pero investigar la puerta abierta no hará daño.

Si se me abre una puerta, creo que mi responsabilidad es mirar adentro.

Cuando se abrieron puertas para mí antes de estar preparado para irme de Beulah Heights, no las descarté automáticamente. Abría cada puerta mentalmente y miraba dentro. En cada ocasión sentí que no era la puerta correcta, así que pude declinar la oportunidad.

Todas ellas eran grandes oportunidades, pero no eran mis oportunidades.

Para mí, la voluntad de Dios siempre ha sido un asunto un poco confuso. No puedo resumirlo como algunas personas que tienen una fórmula instantánea y fácil. El modo en que Él habla a otras personas es distinto al modo en que me habla a mí. No conozco mucho sobre la voluntad de Dios, pero he aprendido a conocer el largo de onda de la frecuencia en la que el Espíritu se comunica conmigo.

Al reflexionar en el movimiento de Dios en nuestras vidas, esta es una buena pregunta que plantear: ¿Sé cómo me habla Dios? (Muchas personas no saben la respuesta).

La tendencia para la mayoría de nosotros, y yo no soy una excepción, es que siempre queremos *conocer* o al menos *entender* la voluntad y los caminos de Dios.

La tendencia para la mayoría de nosotros, y yo no soy una excepción, es que siempre queremos *conocer* o al menos *entender* la voluntad y los caminos de Dios. He oído a muchas personas citar Romanos 8:28 ("*Y sabemos que a los que aman a Dios, todas las cosas les ayudan a bien, esto es, a los que conforme a su propósito son llamados*"). Entonces añaden: "Algún día lo entenderemos". Quizá no lo entenderemos; nunca. Cuando estamos buscando la voluntad de Dios, no dejamos de decir: "Muéstrame. Dime algo. Háblame". Si realmente la conociéramos, no estaríamos andando por fe. Quizá por eso aquella tarjeta de felicitación en Omaha me habló tan poderosamente:

> Eso es vivir una vida de fe: sucede cuando tenemos una sensación en aumento de la guía de Dios y de puertas que se nos abren; especialmente puertas que no habíamos esperado que se abrieran. Es entonces cuando cerramos los ojos y saltamos.

El teólogo danés Soren Kierkegaard insistía en que el mayor bien es encontrar nuestra vocación (o llamado) en la vida. Él hablaba de discernir la voluntad de Dios mediante el uso de la experiencia personal (conciencia en aumento) y nuestras convicciones (puertas abiertas u oportunidades obvias).

Para mí, cuando sentí la dirección por la que Dios me estaba llevando, necesitaba dar el salto de fe de Kierkegaard, saltar a lo desconocido, y confiar en que las manos de Dios me agarraran. Yo lidero con mi corazón y mi cabeza tiene que seguir. Este no es el método para todo el mundo, pero es como yo siento que Dios obra en *mi* vida.

Esta es una manera más en que las personas ven al Espíritu Santo obrar en sus vidas. Les pido que hagan un repaso de su propio viaje espiritual. Que miren todos los momentos significativos en sus vidas. Mientras lo hacen, les insto a hacerse estas preguntas:

- ¿Dónde están las huellas de Dios en mi vida?
- ¿Qué patrones divinos puedo ver?
- ¿Cómo me habla el Señor con mayor frecuencia?

+ ¿Cuáles fueron las últimas tres decisiones importantes que tomé? ¿Cuáles fueron los factores
comunes en todas ellas?

———

¿Dónde desempeña un papel vivir en el borde por fe? Hay un viejo dicho: "Si estamos viviendo en el borde, estamos ocupando demasiado espacio". Eso significa que necesitamos seguir moviéndonos. El borde necesita ser más ancho. No hay lugar donde podamos quedarnos y decir: "Este es el borde", porque el borde siempre se está ampliando. De otro modo, al final el borde se convierte en nuestra zona de comodidad.

"Si estamos viviendo en el borde, estamos ocupando demasiado espacio".

10

PROBLEMAS DE TRANSICIÓN

Cuando hice el anuncio público de mi partida, me sentí asustado y emocionado al mismo tiempo. Me había despertado en mitad de la noche con un sudor frío. Algunos hablan de sentir mariposas en el estómago, y yo solo sé que mi mente se llenó inmediatamente de preguntas que me acosaban:

+ ¿Y si estoy cometiendo un error?

+ ¿Y si no puedo pagar mis facturas? ¿Y si no puedo pagar la hipoteca?

+ ¿Y si todas estas personas que están diciendo que me pagarán no lo cumplen?

+ ¿Y si un líder de una iglesia dice: "Hemos tenido tres meses muy malos y no podemos pagarle"?

+ ¿Y si yo no tengo el control de nada? En el instituto yo tenía el control y podía hacer que sucedieran cosas.

Igualmente poderosos eran los sueños y los pensamientos positivos. Son los que me hicieron seguir adelante durante esos momentos de incertidumbre:

+ Puedo ayudar a otros a tener éxito.

- Puedo trabajar directamente con las personas que necesiten mi experiencia.

- Puedo despertar sueños y mostrar a otros cómo convertir esos sueños en realidad.

- Puedo ayudar a los líderes a pensar en problemas transicionales.

Lo pensé del modo siguiente: mientras más anchas son las riberas del río, más lentamente discurre el agua. Tiene cierto tipo de efecto de pereza y dejarse llevar. Mientras más estrecho es el río, sin embargo, significa que más estrecha es la garganta, pero el mismo volumen de agua tiene que pasar por las riberas más estrechas. Eso significa que el agua debe ir más profunda, y también significa que cobra impulso y quienes están en el río no pueden simplemente dejarse llevar. Vamos corriente abajo de prisa. Mi tarea era tomar las anchas riberas del río y estrecharlas.

Usando esta analogía, el río comienza como una efusiva espuma o catarata. Eso es *pasión*. La pasión continúa mientras el río mana a borbotones. Con el tiempo, la fuerza del agua hace que las riberas se ensanchen y el río se aplane. Finalmente, el río se convierte en aguas lentas y perezosas que se dejan llevar. Para que el río recupere potencia, llamémoslo ímpetu o pasión, las riberas tienen que volver a ser *estrechas*. A veces, los ingenieros hacen que eso suceda, y el río se mueve otra vez con potencia.

Así es como veo en movimiento la pasión.

No hay transiciones tranquilas, porque tranquilo significa que todo va exactamente como se planeó. Solamente hay buenas transiciones o mal ejecutadas. Desde luego, yo quería un cambio sin interrupciones, pero era más sensato. Siempre enfrentamos los BI: los baches inevitables. Nuestros planes mejor trazados usualmente no funcionan. Por lo tanto, apunté a una transición eficaz. Y sí que enfrentamos algunos BI.

> No hay transiciones tranquilas, porque tranquilo significa que todo va exactamente como se planeó.

¿Cuáles fueron?

- ✦ Yo esperaba que todos entendieran dónde estaba yo en mi vida. Creía ingenuamente que si lo explicaba, ellos lo entenderían.

- ✦ Esperaba que todo el mundo quisiera sinceramente que las cosas salieran bien para mí.

- ✦ Esperaba que casi todos aplaudieran mi decisión y mi valentía para probar un camino nuevo.

Ahora sonrío, pero no fue un periodo fácil para mí. Podemos hablar con diez personas y nueve de ellas nos mostrarán afirmación, pero si una persona no lo hace, esa respuesta es la que tendemos a recordar y a enfocar. Hace mucho tiempo aprendí a no sintonizar con esas voces negativas. He aprendido que cuando planeo programas nuevos, necesito escuchar las voces negativas y evaluar sus objeciones. Pero cuando planeo para mi vida, tengo que escuchar a Dios y a mi propio corazón y olvidar las voces negativas.

Mi mayor bache sucedió antes de anunciar mi renuncia. Tuvo lugar en agosto, y yo no planeaba anunciar mi renuncia hasta octubre.

Había ido con un grupo grande de más de cien personas a Nakuru (Kenia), África oriental. Un domingo estábamos en la iglesia Nakuru Deliverance con miles de personas presentes. El obispo Mark Kariuki me acompañó a la plataforma para que yo hablara. En la primera fila estaba sentado el obispo Eddie Long junto con cien miembros de su iglesia New Birth Missionary Baptist en Lithonia, Georgia. El Dr. Benson Karanja también estaba sentado en la primera fila.

Cuando estuve en la plataforma, miré fijamente al Dr. Karanja, y fue como si una voz me susurrara: "Háblales sobre el Dr. Karanja". Inmediatamente, otra parte de mí censuró esa idea. Yo estaba saludando a las personas, pero en un rincón de mi mente se estaba produciendo una discusión. No puedo anunciar mi partida, argumentaba yo. ¿Y si la noticia llega hasta Atlanta?

Pero la voz seguía insistiendo: "Él es de Nakuru, Kenia. Nunca tendrás una segunda oportunidad de posicionarlo en su propio país como la que tienes en este momento. La próxima vez él será presidente, pero puedes aumentar su valor ante todos los demás ahora mismo".

Mientras hablaba, también buscaba el tiempo mientras procesaba lo que debía decir. Entonces me dije a mí mismo: "Adelante".

Le dije a las personas que estaba experimentando una transición importante y que iba a dimitir de Beulah Heights. Cuando dije esas palabras, vi las expresiones de sorpresa en los rostros de tres de los miembros de mi profesorado que estaban en primera fila.

"Tengo que hacer un gran anuncio." Hice una pausa y respiré profundamente. Ese fue un gran paso de fe para mí. La junta directiva no solo no había actuado conforme a mi renuncia; ni siquiera sabían nada de eso. "El siguiente presidente del Instituto Bíblico Beulah Heights no va a venir de los Estados Unidos. No va a venir de India. Va a venir de Kenia. Pausé y dije lentamente: "No solo vendrá de Kenia, sino de Nakuru".

Entonces, todos llenaron el edificio de alabanza y gritos de agradecimiento.

"Y el próximo presidente del Instituto Bíblico Beulah Heights, ¡será el Dr. Benson Karanja!". Lo llamé a pasar adelante.

Cuando el Dr. Karanja pasó al frente, se produjo el pandemonio durante casi quince minutos. Durante ese tiempo me pregunté: ¿qué he hecho? En la escuela teníamos más de cien estudiantes de Kenia, la mayoría provenientes de Nakuru. Todos ellos tenían familias que estaban en esa iglesia. La cuñada del pastor, Hannah Mariuki, estaba en nuestro equipo de personal. La noticia llegaría hasta Atlanta antes de mi regreso (eso fue lo que sucedió. Cuando regresé, ellos habían recibido un video del anuncio que hice aquel día en Kenia).

En cuanto regresé a Atlanta, llamé a uno de los líderes de los estudiantes de Kenia y le dije que sentí que tenía que hacer ese anuncio en Nakuru. "Por favor, no difundan la noticia.

Podrán hablar con libertad después del 15 de octubre." Ellos prometieron no decir nada.

Durante un mes y medio, no dijeron nada. Fue muy amable por su parte. Aquel fue el bache más grande, pero sobrevivimos.

———

Todo asciende y cae sobre las transiciones: entregar el batón. Muchas carreras se han perdido después de que entregaron el batón. Tuve que trabajar con cuidado para que nadie dudara que el Dr. Karanja tenía mi bendición. Yo no podía ser tibio en eso. En este caso, funcionó porque yo lo apoyaba totalmente.

Pero aún así tenía que hacer la transición. ¿Qué archivos entregué? ¿Cuándo los entregué? Hice copias electrónicas de todo para que él las tuviera. Repasé todo con él, y pasé horas con él asegurándome de que entendiera todo lo que yo había hecho. Incluso si él no estaba de acuerdo con mi postura en cuanto a todo, quería que entendiera por qué hice las cosas como las hice. La transición funcionó porque yo conocía a la persona que continuaría.

No siempre sabemos eso. Por ejemplo, a la mayoría de los pastores no se les permite elegir a sus sucesores. Si yo estuviera en esa posición, contactaría con el sucesor cuando esa persona hubiera comenzado el trabajo. "Me alegrará mucho entregar cualquier asunto de transición", le diría. "Podemos hacerlo en uno o dos sentidos, o podemos hacerlo en ambos sentidos. Yo tengo todo lo que creo que usted necesita, y lo que no necesite puede desecharlo. Puedo darle todo eso y podemos repasarlo todo. Durante los próximos días puede usted hacer una lista de las cosas que necesite de mí. O si decide que no quiere nada de mí, también está bien."

Entregar las riendas fue especialmente significativo para mí. Cuando me convertí en presidente de Beulah Heights, mi predecesor no me dejó nada. Todo lo que aprendí fue anecdótico. Él ya se había ido, pero no quedaba nada: ningún archivo que repasar ni reportes de compromisos, tampoco ninguna lista de responsabilidades. Puede que él intentara darme carta blanca y que yo no dependiera de sus políticas, pero yo no sabía nada. Para mí, cada día era un entrenamiento práctico sin tener ninguna regla o pauta que seguir.

———

Hay otro asunto: el de estar en funciones, pero sin poder. ¿Cómo seguimos siendo productivos durante el periodo de estar en funciones? Este fue un gran problema para mí con el cual lidiar. Yo había dimitido a mitad de octubre y me quedaría aún en la escuela dos meses y medio. Lo bueno es que el instituto cerraba la semana de Acción de Gracias, y después de la segunda semana de diciembre se irían los estudiantes, de modo que era un respiro. En mi investigación, descubrí que casi todos los presidentes de universidades anunciaban su renuncia con mucha antelación, y en realidad dimitían el 30 junio porque el año fiscal para todas las universidades comienza en julio, y no tenían respiro alguno. Esa fue una de las razones por las que lo programé tal como lo hice.

No quería estar en funciones durante demasiado tiempo. No solo por causa de ellos, sino también por mí mismo.

Mentalmente había hecho mis maletas, y mi corazón ya no estaba en la escuela. No era justo para ellos que me quedara.

———

¿Con cuánta antelación debería dimitir? Cuando dejé mi iglesia para ir a Beulah Heights, lo anuncié con demasiada antelación: seis meses. Eso no fue bueno. Esta vez lo hice con dos meses y medio de antelación, pero tendría que incluir Acción de Gracias y Navidad.

No me estoy refiriendo a la jubilación, porque eso es diferente. Creo que las personas necesitan batallar y lidiar con la cantidad adecuada en su contexto. En la mayoría de los casos, cualquier cosa que sobrepase el mes podría ser demasiado tiempo. Muchos pastores me han dicho que la última semana puede hacerse muy larga. "Cada domingo es más difícil porque estoy mirando hacia el futuro mientras tengo que centrarme en el presente", dijo un pastor.

———

¿Cómo mantenemos la moral organizacional en periodos de transición de liderazgo? ¿Cómo aminoramos el ritmo de la partida? Este es un periodo en el que quienes están en la periferia comienzan a alejarse. Se involucraron en Beulah Heights debido a mí. Algunos donantes, por ejemplo, daban porque yo les caía bien, pero no por su compromiso con la escuela.

Por lo tanto, tuve que mantener individuales muchas conversaciones, muchas llamadas telefónicas, preparar muchas cosas para el Dr. Karanja. Tuve que llevarlo a reuniones en almuerzos y desayunos, y a otros lugares donde él no había estado nunca, y presentarlo como el siguiente presidente. Tuve que asegurarme de entrar en la sala con él y, en efecto, mostrar que tenía toda mi bendición. Había aprendido que cuando un pastor decide dimitir, necesitamos preguntarnos: "¿Quién más se va a ir?". Era incluso más importante hacerse esa pregunta en esta situación.

Yo no quería que ninguno de nuestros donantes y amigos se alejara. El Dr. Karanja y yo trabajamos fielmente para mostrarles que la escuela no iba a menguar, que yo lo apoyaba a él plenamente, y que nuestra visión no había cambiado.

━━━

¿Y qué de los asuntos de lealtad? Esto estaba más en las mentes de quienes estaban empleados por el instituto, de modo que yo los liberé de eso. Les dije en nuestra reunión de personal el día 15 de octubre: "La oficina del Dr. Karanja está justamente detrás de la mía. No hay nada que me hará sentir mejor que el que ustedes pasen de largo por mi oficina", dije, "y desde ahora acudan al Dr. Karanja".

Era lo correcto que tenía que hacer, y ellos comenzaron a hacer exactamente lo que les dije que hicieran. Mis palabras sonaban bien, pero no fue tan fácil para mí. El problema es que me sentía inútil y desplazado. "¿Qué estoy haciendo aquí?". Tenía que tener en mente que ellos no habían sido desleales, sino que estaban siendo funcionales.

Ayer yo era el presidente y ellos acudían a mí, y ahora ya no era el presidente de modo que acudían a quien podía responderles.

11

PROCESAR INFORMACIÓN

Las personas procesan la información de modo diferente, y los hombres usualmente no procesan igual que la mayoría de las mujeres. Aquí estoy generalizando, desde luego, porque no es un asunto de género. Por mi experiencia en Beulah Heights, vi este asunto dividido de ese modo.

> Las mujeres tienden a hacer preguntas de *sentimiento* mientras que los hombres hacen preguntas de *hechos*. Las mujeres preguntan: "¿Cómo va a afectarme eso?". Los hombres preguntan: "¿Cómo va a afectar eso a la organización?".

Hablando en general, descubrí que las mujeres están más abiertas a las transiciones que los hombres. Las mujeres en mi equipo parecían mucho más fuertes y resistentes; eran capaces de ver el cuadro general antes que los hombres. Los hombres tendían a enredarse en el extremo pragmático. "¿Qué va a suceder en el instituto?", preguntaban.

Las mujeres tienden a hacer preguntas de *sentimiento* mientras que los hombres hacen preguntas de *hechos*. Las mujeres preguntan: "¿Cómo va a afectarme eso?". Los hombres preguntan: "¿Cómo va a afectar eso a la organización?".

Las mujeres reflexionaban en mi partida y decían: "Vamos a extrañarlo como amigo". Los hombres estaban más preocupados por asuntos como: "Vamos a extrañarlo como nuestro líder".

Las mujeres hacían preguntas relacionales, y en el periodo en que yo estaba haciendo mis transiciones, esas preguntas que mostraban el lado blando del liderazgo, eran más importantes para mí.

En los días siguientes a mi anuncio, las mujeres preguntaban:

+ "¿Cómo está, Dr. Chand?".

+ "¿Cómo se siente?".

+ "¿Cómo le va a la familia? ¿Qué tal está Brenda? ¿Qué dicen las muchachas?".

+ "¿Vendrá por aquí alguna vez para visitarnos?".

Los hombres se centraban en los asuntos prácticos que les inquietaban:

+ "¿Quién va sentarse en cada oficina?".

+ "¿Cómo afectará esto a las aportaciones?".

+ "¿Disminuirá la matriculación de alumnos?".

+ "¿Qué va a decir su página web?".

Como líderes que partimos, queremos tener ambos tipos de respuestas. Nos ayuda a mantenernos conscientes de que nos estamos moviendo en distintos contextos. Estamos escuchando dos pistas simultáneas. Si estamos buscando una y obtenemos la otra, no tenemos que sentirnos mal con la persona, pues es ahí donde él o ella están.

12

EL ÚLTIMO ESCALÓN

Yo había llegado al último escalón. Era el momento de irme. El día 31 de diciembre fue un día extraño para mí. El Dr. Benson Karanja estaba a la espera de trasladarse a mi oficina; yo estaba a la espera de que el equipo se fuera para poder salir del edificio sin tener que hablar con nadie. No quería enfrentarme a un grupo de personas cuando cerré la puerta después de salir. Ya había sacado el equipo, de modo que la oficina estaba vacía a excepción de mi computadora portátil y algunos papeles que estaban sobre mi escritorio (aún sigo teniendo algunos archivos: parte de mi técnica de dilatar el proceso).

Justo antes del mediodía envié un correo electrónico a todo el equipo, diciendo que el último día en su puesto, el Presidente de los Estados Unidos usualmente perdona a las personas. "Mi último acto como su presidente es este: todos pueden irse a casa hoy a las 2:00 de la tarde".

Entonces llamé al Dr. Karanja y le entregué todo. Lo último que le entregué fueron mis llaves. Nos dimos un abrazo y le dije: "Me iré de aquí en unos minutos". Pasé unos dos minutos yo solo en mi oficina, preparándome emocionalmente para irme.

Finalmente, abrí la puerta que conducía al estacionamiento. Giré la manilla para abrir la puerta y la cerré al salir.

Oí el sonido de la cerradura.

Ese sonido final me dijo: "No hay vuelta atrás. Te vas. Cuando te alejes de aquí, te habrás ido. Ya no perteneces a este lugar".

Para mi sorpresa, no había estado preparado emocionalmente para esa finalidad. El lado duro de mí había hecho todo y la transición había ido bien; el lado blando no estaba tan preparado para admitir esa finalidad. Yo no estaba preparado para oír el sonido de la puerta. No estaba preparado para estar de pie fuera de la oficina y decirme a mí mismo: "Tus pies van a llevarte en una única dirección. Aquí no hay cambios de sentido".

Desde luego que he seguido adelante, pero aquel momento fue también el momento de la realidad. Después de catorce años, me había bajado de esa escalera.[2]

---

2. "¿Cómo les va al Dr. Karanja y al instituto?". Escucho a menudo esa pregunta. Mi respuesta: "Mejor que nunca". Es cierto. Al escribir este libro, el instituto ha experimentado tres semestres bajo el liderazgo del Dr. Karanja, con récord de matrículas, unas finanzas fuertes, buenos ánimos, y visión renovada.

13

PREPARAR A NUESTROS SUCESORES

"**L**os deportistas más dotados raras veces llegan a ser buenos entrenadores. El mejor violinista no será necesariamente el mejor director de orquesta, y tampoco el mejor maestro necesariamente llega a ser el mejor director del departamento.

"De modo que es crítico distinguir entre la habilidad del desempeño y la habilidad de dirigir el desempeño, dos habilidades totalmente diferentes.

"También es importante determinar si una persona es capaz de aprender liderazgo. El líder natural destacará. El truco está en identificar a quienes son capaces de aprender liderazgo con el tiempo".[3]

En mi libro, ¿Quién sostiene tu escalera?, hablé de las diferencias entre líderes y gerentes. Veamos las características de los líderes en potencia. A medida que damos pasos hacia nuestra partida, parte de nuestra responsabilidad es asegurarnos de que la organización discurra bien sin nosotros. Si hacemos un buen trabajo al preparar las cosas para nuestro sucesor, la organización se desarrollará.

Una manera en que debemos asegurarnos de que la organización no se tambalea después de nuestra partida es buscar

---

3. Fred Smith, "Spotting New Leaders" en *Christianity.com*, 18 de abril de 2004.

a líderes potenciales que ocupen los puestos vacantes. Necesitamos apreciar a quienes ya tenemos y darles mayor visibilidad si la situación lo demanda. Mientras trabajamos con ellos (como yo hice con el Dr. Karanja), también necesitamos acercarnos a otros que estén comenzando a subir por la escalera.

Estas son algunas cosas que he aprendido en el proceso.

El lugar de decir: "Esto es malo", y ser negativos, los líderes en potencia normalmente dicen: "Debe haber un camino mejor". Los mejores finalmente encuentran un camino mejor. Los gerentes o quienes no son líderes se encogen de hombros y dicen: "Quizá esto no es lo mejor, pero funciona".

Los buenos líderes son imaginativos, pero también son prácticos. Sienten lo que puede suceder. Son el tipo de persona que puede escuchar ideas y decir instintivamente: "Esto funcionará" o "Esto no funcionará". Usualmente pueden explicar por qué.

> Los mejores líderes reconocen las buenas ideas de otros y las alientan. Ellos no tienen que ser la fuente de toda sabiduría.

Los mejores líderes reconocen las buenas ideas de otros y las alientan. Ellos no tienen que ser la fuente de toda sabiduría.

Un pastor solía tener dos retiros de fin de semana cada año con todos los ancianos escogidos, pero también invitaba a algunas otras personas: miembros activos que mostraban potencial. Los invitaba diciendo: "Nos gustaría tener sus comentarios". Él lo denominaba retiro de líderes de iglesia. Él preparaba cuidadosamente a los líderes en potencia: eran individuos que habían comenzado a emerger en papeles de liderazgo.

En una ocasión pidió a las personas en el retiro que soñaran con lo que les gustaría ver que sucediera en la iglesia en el año siguiente. "Hagan que sea algo práctico y alcanzable si le inyectamos recursos". Les dio bastante tiempo para pensar, y después escribieron sus respuestas en un pizarrón. Tenían catorce puntos.

Cuando terminaron, pasaron unos minutos hablando de cada sueño, no para dejar fuera nada, sino para que el concepto fuera claro para todos. Cuando era posible, él combinaba las ideas porque parecían funcionar bien juntas. Terminaron con nueve puntos.

"No quiero descartar ninguna buena idea", dijo, "de modo que esto es lo que me gustaría hacer. Piensen en estas ideas y me gustaría que se ofrecieran voluntarios para explorar la idea. Eso es todo: solamente explorar. ¿Es esta una buena idea? ¿Es posible? ¿Funcionará? No tienen que desempeñar esa tarea si la aprobamos. Lo único que queremos es que sean parte de un comité para considerar las posibilidades". Dijo que un comité podría ser de dos personas o cinco; también podrían ser parte de más de un grupo, pero no más de tres.

En cuestión de minutos, los presentes se habían prestado voluntarios para los nueve puntos. Entonces pidió que si alguien no se había ofrecido voluntario para un proyecto, escogiera al menos uno.

Un mes después tuvieron una reunión en la iglesia, y cada uno de los grupos ofreció un breve reporte. Asignaron cada sugerencia (y su reporte) a un comité de la junta de la iglesia, tal como fuera necesario, con la estipulación de que podían utilizar a personas que no fueran ancianos para ver si el comité sentía que alguna de las ideas era factible. No todas las ideas eran factibles. Algunas estaban demasiado alejadas para que pudieran explorarlas en profundidad.

El pastor consideró importante el evento porque hacía que siguieran fluyendo nuevas ideas, y alentaba a los miembros a pensar creativamente. También era una oportunidad para observar a líderes potenciales en acción. Algunos de ellos eran excelentes en lo que hacían, como enseñar, cantar, u organizar cenas congregacionales, pero no tenían esa chispa extra para pasar a posiciones más fuertes de liderazgo. Los ancianos, que habían servido en periodos de tres años, pudieron ver a sus potenciales sustitutos.

———

Aquí está otra cosa que he aprendido con respecto a escoger a las personas adecuadas: cuando los líderes hablan, las personas escuchan. Puede que no digan mucho, pero lo que dicen es importante.

> El respeto de los iguales no revela habilidad; revela carácter y personalidad.

Igualmente importante es el respeto que reciben los líderes. El respeto de los iguales no revela habilidad; revela carácter y personalidad. "No es importante caer bien a las personas. Lo importante es que te respeten. Puede que les gustes, pero no te siguen. Si te respetan, te seguirán, incluso si quizá no les caes bien".[4]

También creo que necesitamos observar la dinámica familiar. El modo que los líderes se comportan en el hogar habla sobre su liderazgo, compromiso e integridad. Algunos líderes nunca están en casa; están ocupados en la iglesia, pero descuidan su primera responsabilidad: ocuparse de sus propios hijos. No es necesaria mucha observación para detectar la relación que existe dentro de la familia. Si hay armonía, respeto y amor, eso se muestra. Si esas cualidades no están presentes, eso también se muestra.

> El modo que los líderes se comportan en el hogar habla sobre su liderazgo, compromiso e integridad.

Otro indicador de liderazgo potencial es la experiencia pasada. Las siguientes son algunas preguntas que hay que hacerse:

+ ¿Qué tipo de papel de liderazgo has tenido en el pasado?
+ ¿Cuáles consideras que son tus mejores logros?
+ ¿Qué haces cuando hay un conflicto entre dos personas y necesitas intervenir?

Para quienes no tienen ningún registro de logros, aquí están algunas técnicas a utilizar:

1. Mirar su trabajo terminado en anteriores empleos o actividades.

---

4. Maxey Jarmen, citado por Fred Smith, op. cit.

2. Decir: "Háblame de tu visión para el futuro".

3. Al escucharles hablar, céntrate también en su disposición a asumir responsabilidad.

4. ¿Pueden mezclar su lado humano con la tenacidad y saben desde qué lado trabajar en el momento adecuado?

Otro indicador de liderazgo potencial es la experiencia pasada.

1. Mirar su trabajo terminado en anteriores empleos o actividades. No se requiere mucho tiempo para ver cómo actuaron en el pasado, independientemente de si fue en la iglesia, en el trabajo o en programas de voluntariado. Las personas revelan quiénes son por su modo de actuar.

El mercado laboral y las iglesias están llenos de personas que son voluntarias o acuerdan realizar tareas adicionales, pero nunca parecen terminarlas. Observe a quienes se niegan a detenerse hasta que hayan terminado todo lo que han acordado hacer.

- ♦ Observe su actitud mientras trabajan.
- ♦ ¿Sienten que eso es importante?
- ♦ ¿Disfrutan de completar la tarea (incluso si no es algo que les guste hacer)?

Cuando terminan una tarea, ¿están preparados para otra nueva? (Algunas personas se ocultan de la vista para que no vuelvan a "percatarse de ellos").

2. *Decir: "Háblame de tu visión para el futuro".* Mientras escuchas sus palabras, observa sus gestos y su lenguaje corporal, y así podrás tener una sensación de lo que habrá por delante.

3. *Al escucharles hablar, céntrate también en su disposición a asumir responsabilidad.*

¿Tienen ganas de aprender nuevas habilidades? ¿Aceptan de buena gana trabajo adicional y lo consideran un reto? En las tareas triviales, ¿buscan mejores maneras de alcanzar las mismas metas?

4. ¿Pueden mezclar su lado humano con la tenacidad y saben desde qué lado trabajar en el momento adecuado? Todos los líderes son criticados y tienen momentos de desaliento o periodos de fracaso. Los líderes en potencia no permiten que sus sentimientos interfieran en la realización de un buen trabajo.

- ¿Saben cuándo situar las necesidades de las personas por delante de regulaciones serviles?

- ¿Saben pedir ayuda cuando la necesitan, pero trabajar solos cuando deben hacerlo?

SUBIR POR LA NUEVA ESCALERA

Como líderes, las acciones que emprendemos durante los primeros tres meses mientras ascendemos por nuestra nueva escalera determinan en gran parte si tenemos éxito o fracasamos. Si titubeamos durante ese periodo, quizá podamos compensarlo, pero no será fácil. Necesitamos hacer la mayoría de las transiciones, especialmente en esos tres primeros meses.

> Los primeros tres meses determinan si tenemos éxito o fracasamos.

La mayoría de las personas son conscientes de que cada vez que eligen a un nuevo presidente, se produce un reporte de sus cien primeros días en el gobierno, que es un periodo ligeramente superior a tres meses. Es un calibre para la nación de la eficacia de ese presidente durante el periodo de cuatro años.

Las transiciones proporcionan oportunidades únicas, posibilidades de empezar desde cero y hacer cambios necesarios. Casi todos los líderes saben eso. Lo que a menudo no tienen en cuenta es que esos noventa primeros días son también un periodo de mucha vulnerabilidad. Durante ese periodo establecerán relaciones laborales y definirán sus roles.

En cualquier trabajo existe algo llamado "pagar la renta". Son las cosas que debemos hacer de todos modos. Si soy pastor, debo predicar los domingos, oficiar bautismos y funerales, oficiar bodas, y moderar las reuniones de la junta directiva. Hace treinta años, investigadores pensaron que pagar la renta es un empleo a media jornada. Una gran parte de la marca (legado) del pastor depende de lo que haga durante la otra mitad de su semana de trabajo. Algunos dan clases, otros participan en actividades políticas, algunos crean programas o se enfocan en el evangelismo. Lo que hagan después de pagar la renta es tan importante como la eficacia con la cual trabajan.

> **Las transiciones proporcionan oportunidades únicas y posibilidades de empezar desde cero.**

En su libro, *Los primeros 90 días: Estrategias probadas para ponerse al día de una forma rápida e inteligente*,[5] Michael Watkins, profesor asociado de la Harvard Business School, se refiere al "punto de equilibrio". Es cuando los nuevos líderes han aportado el mismo valor a su nueva organización como el que han consumido de ella. También ofrece diez sugerencias para enfrentar los retos de la transición:

1. Romper mentalmente de modo definitivo y final con el anterior empleo.

2. Acelerar el aprendizaje.

3. Ajustar la estrategia a la situación (un diagnóstico claro de la situación es esencial).

---

5. Michael Watkins, Harvard Business School Press, 2003, página 30.

4. Asegurar ganancias tempranas para construir credibilidad y crear impulso.

5. Negociar el éxito con tu jefe manejando expectativas.

6. Lograr la alineación entre la estructura organizacional y su estrategia.

7. Construir o reestructurar tu equipo.

8. Crear coaliciones o alianzas de apoyo.

9. Mantener el equilibrio y la capacidad de hacer buenos juicios (el riesgo de perder perspectiva y hacer llamadas equivocadas está siempre presente durante las transiciones).

10. Ayudar a todos en la organización a acelerar sus propias transiciones y fortalecer la planificación de sucesión (aceleración de transición de liderazgo).

———

En un artículo publicado en abril de 2004 por *Christianity Today.com*, Fred Smith enumera 8 señales de potencial de liderazgo:

1. ¿Veo un espíritu constructivo de descontento? Son los que ven maneras mejores de lograr hacer las cosas.

2. ¿Ofrecen ideas prácticas? Los buenos líderes pueden juzgar el efecto que tienen las ideas y decir si funcionarán o no.

3. ¿Hay alguien escuchando? Smith destaca que cuando los líderes en potencia hablan, otros escuchan.

4. ¿Hay alguien que los respeta? El respeto por parte de los iguales no demuestra habilidad, pero sí da a entender carácter y personalidad.

5. ¿Pueden crear o captar visión?

6. ¿Muestran disposición a aceptar responsabilidad?

7. ¿Terminan las tareas?

8. ¿Son tenaces? Smith señala que nadie puede liderar sin ser criticado, pero los líderes potenciales necesitan terquedad mental para atravesar tiempos difíciles.

APÉNDICE A

MOVER NUESTRAS ESCALERAS: CUANDO HAY MIEMBROS QUE SE VAN DE UNA IGLESIA

Casi todas nuestras iglesias tienen alguna forma de clases para nuevos miembros. Usualmente hacen un trabajo excelente a la hora de orientar a los nuevos miembros hacia la familia eclesial. Pocas iglesias enseñan a las personas cómo irse de una iglesia. Uno de los pastores que lo hace es el obispo Richard Hilton de la iglesia Calvary en Elizabethtown, Tennessee. Gran parte de lo que escribo aquí proviene de la clase de su pastor y se titula "Evitar la separación".

———

Hay una manera y un momento para unirse a una iglesia local; también hay una manera y un momento para irse. A veces, Dios envía personas a una iglesia para un periodo de tiempo. Es posible que algunas personas asistan a una iglesia para aprender ciertas cosas antes de seguir avanzando; o reciben formación y son enviados a otro lugar.

Algunas veces sucede que surgen problemas o situaciones cuando los miembros no están de acuerdo con los líderes, y me refiero solamente a problemas grandes. En cualquier iglesia suceden cosas que no todo el mundo acepta fácilmente. Cuando los líderes de una congregación adoptan una postura que los miembros sienten que es importante y obra en contra de sus principios, puede que sea el momento de irse.

> Hay una manera y un momento para unirse a una iglesia local; también hay una manera y un momento para irse.

Todos conocemos situaciones de inmoralidad dentro de las congregaciones. En una ocasión, había fuerte evidencia de que una mujer que era miembro del coro estaba teniendo una aventura amorosa con un diácono. Varios miembros llevaron el asunto ante el pastor y la junta directiva, y no sucedió nada. Varias familias se fueron de la congregación antes de que ellos hicieran algo al respecto.

Hay otras veces en que:

+ Pueden entrar errores doctrinales.

+ Hay cambio de empleo.

+ Los miembros se mudan a otras partes de la ciudad a otra ciudad.

+ La iglesia puede tomar una dirección nueva. (Una congregación decidió que debido a que casi todos sus miembros superaban los sesenta años, enfocarían sus actividades en ellos. La mayoría de miembros más jóvenes se mudaron a otro lugar).

Aunque hay momentos concretos en los que las personas necesitan dejar una congregación, hay maneras correctas de irse. Aunque no sea por otra cosa, deberían irse del modo más cortés posible. Los líderes merecen una explicación. Hay demasiadas personas que sencillamente desaparecen y terminan en otra iglesia.

He estado con pastores en restaurantes, y ellos han visto a alguien que antes era miembro de su congregación y lo saludan. Los miembros se fueron sin decir nada a nadie, y por lo general se sienten avergonzados. Finalmente, dicen: "Decidimos irnos a la iglesia Monte Esperanza". Es violento para ambas partes, y tales situaciones no deberían tener que producirse.

Mi coautor recuerda a una pareja llamados Rosa y Al que pidieron verlo. Habían decidido irse de la iglesia porque se habían involucrado en una iglesia formal. "Extrañamos la liturgia y ese estilo de adoración", dijo Al. Era obvio que no podía cambiar de opinión, de modo que él le dio su bendición personal y oró por la pareja.

En una iglesia que conozco, siempre que alguien hace saber que se va, los ancianos tienen una ceremonia de despedida al final de su último servicio de adoración. Dura solamente unos minutos, pero implica elogios a la familia que se va y una oración. En esa misma iglesia, antes de que la familia se vaya, el pastor y al menos un anciano los visita y les pregunta: "¿Hay algún problema no resuelto? ¿Algún mal sentimiento? ¿Alguna relación dañada?". Si es así, oran e instan a los miembros que se van a intentar que haya reconciliación siempre que sea posible.

El obispo Hilton dice: "Si se van del modo correcto, pueden entrar del modo correcto en la siguiente iglesia". Con eso se refiere a que si las personas se van en buenos términos, pueden comenzar su nueva membresía en buenos términos.

> Es desafortunado, pero muchos no operan por principios, sino por sentimientos.

Mantenerse juntos no es fácil. Nos guste o no, se producen divorcios alrededor de nosotros todo el tiempo. En cada relación es vital aprender principios bíblicos que nos permitan evitar la separación. Necesitamos trabajar para mantener relaciones saludables, amorosas y perdonadoras dentro de la familia de la iglesia. Es desafortunado, pero muchos no operan por principios, sino por sentimientos. Si se sienten ligeramente desairados u ofendidos, actúan según esas emociones negativas. No hacen nada para entender, reconciliarse o perdonar.

APÉNDICE B

PROTOCOLO DE SALIDA

Los miembros nuevos de las iglesias entienden el protocolo de entrada: cómo unirse a una iglesia. Sin embargo, pocos entienden el protocolo de salida: cómo irse de una iglesia.

1. Hay una diferencia entre membresía y pacto.

La membresía es una necesidad que tienen los grupos para dirigir negocios. Tiene responsabilidades y también privilegios. A pesar de cuán necesaria pueda ser una membresía en nuestra sociedad actual, no es un concepto bíblico. El concepto bíblico es el del pacto, o ser injertados o adoptados en una familia. La idea es que no solo nos unimos o llegamos a ser parte de la iglesia (somos la iglesia); somos parte de la familia que adora en ese edificio.

Pensemos en cómo se aplica esto a la partida. En un hogar cuando alguien se va, la cortesía común dice que notificamos a alguien de nuestra partida, nuestro paradero y la logística relacionada: protocolo de salida.

En una iglesia, sin embargo, debido a que muchos miembros no entienden el concepto de pacto, sienten que pueden irse de una iglesia sin seguir un protocolo de salida. No entienden los conceptos bíblicos de pacto y familia.

Pensemos en estas tres cosas:

1. Más que un miembro, estamos en un pacto.

2. Somos miembros de una familia.

3. Por eso la llamamos nuestra iglesia madre.

2. Estas son preguntas que nuevos y posibles miembros necesitan hacerse.

1. ¿Por qué estoy aquí?

2. ¿Va a ser esta mi casa hasta que el Señor me mueva?

3. ¿Coincide mi pasión personal con la visión de esta congregación?

4. ¿Hay oportunidades para que pueda utilizar los dones que Dios me ha dado?

3. Existen razones legítimas para irse de una iglesia.

1. Reubicación geográfica que hace que no sea práctico tener que viajar hasta esa iglesia.

2. Cambio radical de visión en la iglesia, que quizá no sea compatible con tus razones para permanecer allí.

3. Herejía doctrinal.

4. Ser enviado por la iglesia para comenzar otra iglesia, como misionero o como evangelista.

4. Estos son asuntos a considerar al salir de una iglesia.

1. ¿He sido brutalmente sincero conmigo mismo?

2. ¿He orado diligentemente por este asunto?

3. ¿He seguido el protocolo y he compartido con quienes han tenido la supervisión de mi bienestar? (Podrían ser ancianos, diáconos, líderes de célula, pastores de departamento o pastores principales).

4. Si es debido a conflictos y controversias, ¿he verificado todos los hechos directamente de la fuente?

5. ¿Tengo falta de perdón en mi corazón?

6. ¿Estoy enojado?

7. ¿Me voy porque es mi decisión, o estoy siendo influenciado negativamente?

8. ¿Seré un portador de negatividad desde esta iglesia a la siguiente iglesia?

9. ¿Me voy de tal manera que podría regresar a esta congregación?

10. ¿He sido cortés?

11. ¿He sido respetuoso con la autoridad piadosa?

12. ¿He dicho cosas negativas a otros en la iglesia?

13. ¿Qué espero que haga esta iglesia cuando les diga que me voy?

14. Si yo fuera el pastor o un líder principal en la iglesia, ¿qué esperaría como protocolo de salida por parte de quienes deciden irse?

5. Hay una estrategia de protocolo de salida.

1. Nunca te vayas con problemas sin resolver, de enojo, amargura o falta de perdón.

2. Haz todo lo posible para hablar sobre tus planes con quienes supervisan. No seas un desertor.

3. No hagas una escena de tu salida.

4. Cuando te vayas, vete. No sigas entrando y saliendo del lugar del que decidiste irte.

5. No intentes influenciar a otros para que te sigan y se vayan también.

6. Vete de tal manera que tu piedad sea ejemplar, te extrañen allí, y te reciban de regreso.

Aquí está la prueba de una buena estrategia de protocolo de salida: si ves a un líder de la iglesia en un restaurante, un supermercado o un banco, ¿se produce alguna incomodidad debido a que quedó algún asunto sin resolver?

Principio clave: el modo en que te vas es tan importante como el modo en que entraste.

APÉNDICE C

PREGUNTAS SOBRE PROTOCOLO DE SALIDA

Los nuevos miembros entienden el protocolo de entrada: cómo unirse a una iglesia. Sin embargo, pocos entienden el protocolo de salida: cómo irse de una iglesia.

1. Hay una diferencia entre membresía y p _____.

La membresía es una necesidad que tienen los grupos para dirigir negocios. Tiene responsabilidades y también privilegios. A pesar de cuán necesaria pueda ser una membresía en nuestra sociedad actual, no es un concepto bíblico. El concepto bíblico es el del pacto, o ser injertados o adoptados en una familia. La idea es que no solo nos unimos o llegamos a ser parte de la iglesia (somos la iglesia); somos parte de la familia que adora en ese edificio.

Pensemos en cómo se aplica esto a la partida. En un hogar cuando alguien se va, la cortesía común dice que notificamos a alguien en nuestra partida, nuestro paradero y la logística relacionada: protocolo de salida.

En una iglesia, sin embargo, debido a que muchos miembros no entienden el concepto de pacto, sienten que pueden irse de una iglesia sin seguir un protocolo de salida. No entienden los conceptos bíblicos de pacto y familia.

Pensemos en estas tres cosas:

1. Más que un miembro, estamos en un p_____.

2. Somos miembros de una f_____.

3. Por eso la llamamos nuestra iglesia m_____.

2. Estas son preguntas que nuevos y posibles miembros necesitan hacerse.

1. ¿P_____ estoy aquí?

2. ¿Va a ser esta mi c_____ hasta que el Señor me mueva?

3. ¿Coincide mi p_____ p_____ con la visión de esta congregación?

4. ¿Hay oportunidades para que pueda utilizar los d_____ que Dios me ha dado?

3. Existen razones legítimas para irse de una iglesia.

1. Reubicación g_____ que hace que no sea práctico tener que viajar hasta esa iglesia.

2. Cambio radical de v_____ en la iglesia que quizá no sea compatible con tus razones para permanecer allí.

3. Herejía doctrinal.

4. Ser e_____ por la iglesia para comenzar otra iglesia, como misionero o como evangelista.

4. Estos son asuntos a considerar al salir de una iglesia.

1. ¿He sido brutalmente s_____ conmigo mismo?

2. ¿He o_____ diligentemente por este asunto?

3. ¿He seguido el protocolo y he compartido con quienes han tenido la s_____ de mi bienestar? (Podrían ser ancianos, diáconos, líderes de célula, pastores de departamento o pastores principales).

4. Si es debido a conflictos y controversias, ¿he v_____ todos los hechos directamente de la fuente?

5. ¿Tengo f_____ en mi corazón?

6. ¿Estoy e_____?

7. ¿Me voy porque es m_____ decisión, o estoy siendo influenciado negativamente?

8. ¿Seré un portador de n_____ desde esta iglesia a la siguiente iglesia?

9. ¿Me voy de tal manera que podría r_____ a esta congregación?

10. ¿He sido c_____?

11. ¿He sido r_____ con la autoridad piadosa?

12. ¿He dicho cosas n_____ a otros en la iglesia?

13. ¿Qué e_____ que haga esta iglesia cuando les diga que me voy?

14. Si yo fuera el pastor o un líder principal en la iglesia, ¿qué e_____ como protocolo de salida por parte de quienes deciden irse?

5. Hay una estrategia de protocolo de salida.

1. Nunca te vayas con problemas s_____ de enojo, amargura o falta de perdón.

2. Haz todo lo posible para hablar sobre tus planes con quienes s_____. No seas un desertor.

3. No hagas una e_____ de tu salida.

4. Cuando te vayas, vete. No sigas e_____ del lugar del que decidiste irte.

5. No intentes influenciar a otros para que te sigan y se v_____ también.

6. Vete de tal manera que tu p_____ sea ejemplar, te extrañen allí, y te r_____ de regreso.

Principio clave: el modo en que te v_____ es tan importante como el modo en que e_____.

APÉNDICE D

MI PLAN EN REVERSA[6]

La sencilla premisa de planificar marcha atrás es que definimos nuestro principal objetivo, o una meta grande que nos hará avanzar hacia nuestro objetivo principal, y le asignamos una fecha. Como dijo Henry Kimsey-House: "Una meta sin una fecha es un sueño".

En segundo lugar, necesitamos saber desde lo primero hasta lo último que tenga que ocurrir antes de que se cumpla nuestra meta, y pensar en el marco de tiempo para eso.

Entonces nos preguntamos: "¿Qué tendría que suceder antes de eso?".

"¿Y antes de eso?".

En (fecha) _____ habré logrado

(objetivo principal) _____

_____.

Justo antes de eso (fecha) _____ tendré que haber hecho _____

_____.

---

6. Adaptado de *Leverage Your Best Ditch the Rest* por Scott Blanchard & Madeleine Homan (New York: Wm. Morrow, 2004, página 30.)

Y antes de que pueda suceder (fecha) _____,
tendré que haber alcanzado (hito)_____
_____.

Para permitir el siguiente paso en (fecha)
_____ tendré que tener (hito)

_____ en su lugar.

En (fecha) _____ habré hecho (hito)

_____

_____.

En (fecha) _____ habré hecho (hito)

_____

_____.

Hoy (o mañana) habré (hito) _____

_____.

APÉNDICE E

PERIODOS DE DESTINO

Hay un tiempo para todo.

Todo tiene su momento oportuno; hay un tiempo para todo lo que se hace bajo el cielo (ver Eclesiastés 3:1).

CUATRO PERIODOS DE DESTINO

Tiempo de inicio: fundamentos soberanos

Tiempo de búsqueda: comienzo, supervivencia o lucha

Tiempo de éxito: formación de habilidad

Tiempo significativo: convergencia

NOTA 1: La duración de los periodos puede variar, pero usualmente son de 15 a 20 años cada uno.

NOTA 2: Entre las edades de 30 a 55 años, incidentes críticos (positivos o negativos) darán forma a tu vida.

PRIMER PERIODO: Fundamentos soberanos

Fase de inicio
Providencial: cosas sobre las que no tuviste elección, como:

Lugar de nacimiento, país, ciudad, zona rural, etc.

Padres: situación en el hogar

Nacionalidad, etnia

Color de cabello, de piel, características corporales

Varón u hembra

Inicios del liderazgo

Preguntas

Autoestima: ¿importo yo?

Confianza: ¿soy capaz?

Habilidades: ¿puedo hacerlo?

Destino y propósito: ¿por qué vine a este planeta?

Relación con Dios: ¿es esto voluntad de Dios?

Llamado: ¿es este mi llamado en la vida?

Fase experimental: ¿qué puedo probar?

Ministerio del HACER: competencia y orientación al desempeño.

SEGUNDO PERIODO: Búsqueda, supervivencia, lucha

Primeros pasos de ministerio

Probar diversas cosas en el ministerio

Cambio frecuente de empleo o de tareas ministeriales

Apoyo en talentos propios y persona

Desarrollo de habilidades en el ministerio

Ministerio de HACER: competencia y orientación al desempeño

TERCER PERIODO

Éxito: ministerio enfocado

Competencia en el ministerio

Formación de habilidades

Fusión de rol, dones, competencia e influencia

Periodo de éxitos

Ministerio enfocado

Cambio de rol

Ministerio único

Ministerio de SER: seguridad y orientación a la persona.

CUARTO PERIODO

Significado: convergencia en el ministerio

Cambio de éxito a significado

Fusión de rol, dones y competencia

Enfoque en la contribución definitiva

Alcanzar un sentimiento de destino

Preguntas sobre el impacto

Tema de la lápida

Ministerio de SER: seguridad y orientación a la persona.

Mis huesos no te fueron desconocidos cuando en lo más recóndito era yo formado, cuando en lo más profundo de la tierra era yo entretejido. Tus ojos vieron mi cuerpo en gestación: todo estaba ya escrito en tu libro; todos mis días se estaban diseñando, aunque no existía uno solo de ellos (Salmos 139:15-16 NVI).

Porque yo sé muy bien los planes que tengo para ustedes — afirma el Señor—, planes de bienestar y no de calamidad, a fin de darles un futuro y una esperanza. (Jeremías 29:11 NVI).

"No se trata tanto de que tengamos temor al cambio o estemos muy enamorados de los viejos caminos, es ese lugar entremedio lo que tememos... Es como estar entre dos trapecios. Es Linus cuando su mantita está en la secadora. No hay nada a lo que agarrarse." Marilyn Ferguson, futurista estadounidense

Esta sección es usada con permiso de una enseñanza del Dr. Garnet Pike, decano de la Universidad Cristiana Southwestern.

PARTE IV

LA IGLESIA DEL MAÑANA

Samuel R. Chand y Cecil Murphey

DEDICATORIA

Para la persona más importante en mi vida:
mi esposa, Brenda,
que ha estado conmigo en cada paso
y ha sido el principal catalizador en mi vida.

—Sam Chand

Para Shirley, con amor:
Cec Murphey

DEDICATORIA.

RECONOCIMIENTOS

"Cada vez que veas a una tortuga encima de un poste de una cerca, sabes que tuvo un poco de ayuda".
–Alex Haley

Esta tortuga quiere reconocer a algunos de quienes hicieron posible este libro.

+ A mi coautor, Cecil ("Cec") Murphey, quien me ha retado desde que lo conocí como mi profesor en el Instituto Bíblico Beulah Heights en 1974.

+ A mi animador y amigo, el obispo Eddie L. Long, que siempre piensa en el mañana.

+ A John Maxwell, quien me dio una oportunidad única en la vida de desarrollar mi liderazgo.

+ A la comunidad del Instituto Bíblico Beulah Heights, que me dio alas para volar alto y raíces para profundizar.

+ A Jackie Armstrong, mi asistente ejecutiva, quien se ocupa de todas las cosas con la marca "Sam".

+ A Erick Moon, mi asistente especial, que hace que la vida en la carretera no tenga interrupciones.

+ A Ron McManus, el primer presidente de EQUIP, quien me dio completa autonomía.

+ A John Hull, el actual presidente de EQUIP, que ha sido mi animador y alentador.

+ A mis mentores cristianos empresariales que me han enseñado a vivir una vida estratégica e intencional: Kevin Miller, Don Chapman, Billy Mitchell, John Weiland, Florida Ellis, Calvin Edwards, Steve Franklin, Bob Lupton, y muchos otros.

+ A mis mentores en el ministerio que me han retado a una piedad mayor: Crawford Loritts, Oliver Haney, Roger Brumbalow, Mac McQuiston, Gerald Brooks, y un ejército de alentadores.

+ A mis hijas, Rachel y Deborah, que me han enseñado nuevos paradigmas como profesorado residente.

+ Y finalmente, a mi compañera en la vida, Brenda, cuyo amor y compromiso mantienen al mínimo los desafíos y las alegrías al máximo.

¡Gracias!
Samuel R. Chand

1

ESTA NO ES LA IGLESIA
DE TU PAPÁ

"¡**E**sta no es la iglesia de tu papá!", dijo un pastor en una conferencia compuesta principalmente por personas de la generación *baby boomers* (nacidos entre 1946 y 1964). "La iglesia del ayer no es la iglesia de hoy."

Aunque eso puede parecer obvio, las iglesias tienen tendencia a seguir haciendo las cosas del modo en que se hacían hace una generación atrás. Quizá no nos guste oír exhortaciones a reexaminar nuestros métodos porque no nos gusta que nos empujen a alterar el modo en que hemos hecho las cosas siempre.

El cambio nunca ha sido fácil. A finales de la década de 1920 muchos líderes de iglesias denunciaron el uso de la radio como un medio para presentar el evangelio. Menos de treinta años después debatieron la rectitud de utilizar la televisión para proclamar el mensaje. Tales argumentos suenan ridículos para los líderes emergentes de la iglesia del futuro.

Puede que no nos gusten ciertas innovaciones, pero no podemos alejarnos del movimiento. Si el pasado nos enseña algo, es que los métodos que utilizábamos una generación atrás probablemente no son eficaces actualmente. Por ejemplo, lo que denominamos "sistemas de entrega" han seguido evolucionando, y ese impulso no se detendrá con esta generación. Comenzamos con el correo electrónico y el acceso a la Internet, de lo que casi no se escuchaba en 1990, y ahora hacemos pedidos en línea y las camionetas entregan los productos en la puerta de nuestra casa.

Por lo tanto, ¿dónde encajamos nosotros, la iglesia, en este movimiento? ¿Seguimos cada capricho o idea nueva? Desde luego que no. Pero tampoco nos quedamos firmes rígidamente. La iglesia está en la tarea de comunicar de manera eficaz y relevante un evangelio integral y transformador; por lo tanto, tenemos que ajustar nuestros métodos para que estén en consonancia con los tiempos.

Aquí está el principio: nuestro *mensaje* fundamental sigue siendo el mismo. Estamos firmes sobre el hecho de que "Jesucristo es el mismo ayer y hoy y por los siglos" (Hebreos 13:8). Nuestros *métodos* para presentar la verdad no solo necesitan cambiar; deben cambiar.

> Nuestro mensaje sigue siendo el mismo; nuestros métodos deben cambiar.

Como dijo el hombre: "¡Esta no es la iglesia de tu papá!". Y yo añadiría: "¡Tampoco es la iglesia de tu abuelo!". Con demasiada frecuencia los líderes de las iglesias se han aferrado a antiguos métodos porque funcionaron en el pasado con papá y el abuelo. Sin embargo, puede que no funcionen para los *baby boomers, busters,* generación X, o mosaicos, como llamamos a las generaciones más jóvenes.

He utilizado el término *fefutura*[1] como mi modo de decir que necesitamos reexaminar "la religión de antaño". Necesitamos separar métodos y actitudes de los principios bíblicos. Aquellos de nosotros que nos comprometemos a crecer e interactuar con el mundo que nos rodea nos damos cuenta de que necesitamos cambiar nuestro pensamiento y nuestras percepciones. Lo que funcionó para papá y el abuelo puede que sea tan obsoleto como los calentadores para pies en los carruajes tirados por caballos.

En la actualidad, el cambio se produce en el púlpito, en las salas de juntas directivas y en las calles. Los catalizadores son aquellos que denomino "líderes redefinidos", personas que ocupan puestos de liderazgo en la iglesia. Con ese término me refiero a cuatro características importantes: (1) buscan nuevos paradigmas de ministerio; (2) están enfocados en el futuro; (3) aceptan la relevancia como un asunto fundamental; y (4) tienen visión y propósito. El liderazgo se refiere sin duda al pastor, pero también al equipo de personal, los maestros de la escuela dominical, ujieres, y cualquiera que esté dispuesto a trabajar en la iglesia.

En este libro, mi propósito es:

+ Alentar a quienes ocupan cualquier posición de liderazgo y quieran comunicar el evangelio eficazmente

+ Mostrar por qué y cómo debemos cambiar en el presente para prepararnos para los años venideros

+ Sugerir maneras prácticas que nos permitan desarrollarnos hacia ser la iglesia del mañana: la iglesia

---

1. Nota Editorial: El término *fefutura* no es un error tipográfico. Representa el término original *futurefaith* acuñado por el autor para desarrollar un concepto contenido en esta obra.

comprometida con el evangelio eterno que busca nuevos
métodos para alcanzar y enriquecer a otros

+ Servir como un catalizador para categorías del nuevo
pensamiento

Entonces, ahora y en el futuro*

Tema	Entonces: hace 15 años	Ahora	Futuro: en 15 años
El líder	El líder soltero	El equipo de liderazgo	Desarrollar una comunidad de líderes
Rol de pastor/ Líder equipo de liderazgo	Principalmente predicación	Desarrollo de liderazgo y movilizar a laicos	Construir el liderazgo y distribuir liderazgo por toda la organización
Enseñar a iglesias	Pocos en número y general en enseñanza	Pocas por el país de afiliación independiente y denominacional	Muchas otras en el futuro que estarán más especializadas en su experiencia y enseñanza
Información	Deseo de más información y era *"empujada"* al líder	Es *"lanzada"* por el líder y personalizada según sus necesidades o intereses	Aún más *"lanzada"*, filtrada y personalizada según necesidades específicas: *"Eso es exactamente lo que quiero"*

Tema	Entonces: hace 15 años	Ahora	Futuro: en 15 años
Consejo Externo	Renuencia a pedir consejo externo y era en cierto modo generalizado	Líderes e iglesias están más abiertos al consejo externo y es especializado	Esencial y será personalizado para necesidades específicas
Modelos de ministerio y práctica	Para solteros	Modelos múltiples	Mayor número de modelos y un interés en unir modelos a situaciones específicas
Consultores externos	"Expertos definidos" y en general implicaba una intervención	Expertos especializados y más coaching y tráfico de conocimiento	Más interpretación, facilitar, mentoría y tráfico de conocimiento
Fallos	Oculto y sin diálogo	Apertura a dialogar y aprender de ellos	Más aceptación y aprendizaje de ellos
Principales recursos	Dinero	Tiempo	Conocimiento, sabiduría y aprendizaje colaborativo

* Tengo una gran deuda con el Dr. Joe Samuel Ratliff Sr., pastor de la iglesia Brentwood Baptist en Houston, Texas, por permitirme copiar este material.

2

LA IGLESIA DE *FEFUTURA*

¿Qué? ¿Por qué? ¿Cómo? ¿Cuándo?

Hay cuatro preguntas que se ciernen ante la iglesia en la actualidad (¿Qué? ¿Por qué? ¿Cómo? ¿Cuándo?), y los líderes tienen que responder cada una de ellas. Además, necesitan saber cuál responder primero y en qué orden responder las otras. Hay demasiados líderes de iglesias que responden a las preguntas equivocadas y en el orden incorrecto. Al hacerlo así, obtienen respuestas ineficaces.

Los líderes eficaces saben que dos de las cuatro preguntas tienen prioridad. La pregunta que los líderes decidan responder primero nos dice mucho sobre sus actitudes y métodos.

En este libro utilizo el término *líderes del mañana* para referirme a los líderes de iglesias que tiene una visión firme de hacia dónde quieren ir en el futuro. Por consiguiente, los líderes del mañana responden primero el ¿qué? Después responden ¿por qué?

Al responder primero a estas dos preguntas, comienzan a definir la dirección en la cual debería ir la congregación local y a formar un proceso para hacer que se dirijan en esa dirección. Ya que su búsqueda de respuestas tiene una relación directa con la misión y la visión de la institución, necesitan definir sus áreas problemáticas. La pregunta *¿qué?* hace exactamente eso.

"¿Qué reto tenemos ante nosotros?" es la pregunta que los líderes del mañana deben hacer en primer lugar. Su pregunta puede adoptar diversas formas, pero les conducirá a preguntar y responder otras. Cuando hayan descubierto la solución, buscarán opciones para implementar el *qué*.

Cuando hayan decidido sobre el *qué*, están preparados para pasar a la siguiente pregunta: ¿por qué? Necesitan entender la razón por la que están dando un paso en particular. Por lo tanto, preguntan: "¿Por qué estamos haciendo esto?".

Cuando le pregunté a un pastor por qué su congregación había decidido suscribir un programa en particular, se me quedó mirando fijamente durante varios segundos.

"Todo el mundo sabe por qué", dijo. "La respuesta es obvia incluso para personas que no conocen el mensaje de salvación." Me habló como si yo fuera un niño.

Yo solo sonreí. Pero si yo hubiera respondido: "No sé por qué", ¿me lo habría explicado? ¿O se habría burlado de mi estupidez?

¿O acaso no era yo realmente estúpido?

Esto me lleva a preguntar: ¿Tenemos derecho a suponer que *todos* en nuestra iglesia saben por qué el liderazgo decide hacer ciertas cosas? Lo dudo.

En mis roles como presidente del Instituto Bíblico Beulah Heights y Urban Leadership Development, al igual que como orador en conferencias para EQUIP, visitaba más de ochenta iglesias al año y hablaba a un cuarto de millón de líderes de casi cincuenta denominaciones. Mi conclusión es que a menos que se les empuje a lo contrario, la mayoría de los líderes no toman tiempo para organizar sus pensamientos en torno al *porqué*. Incluso cuando lo hacen, responden solamente desde su perspectiva inmediata y localizada. Suponen que su modo de pensar es el modo en que piensa todo cristiano comprometido.

Periodos predecibles de conflicto en las iglesias

1. Días especiales como Navidad y Semana Santa; eventos especiales como bodas, funerales y celebraciones, al igual que actividades familiares y para solteros.

2. Tiempo para recaudar fondos y presupuestar.

3. Cuando se añade nuevo equipo de personal. Añadir nuevos miembros al equipo no solo significa que habrá cambios en relaciones y procedimientos, sino también que la congregación verá cambios de dirección y prioridades.

4. Cambio en estilos de liderazgo. Siempre que emergen nuevos líderes, las cosas no siguen siendo igual que eran antes. Esto también sucede siempre que el liderazgo actual modifica o altera su estilo. El cambio de liderazgo ocurre en cada fase de la vida de la congregación desde el programa de bienvenida hasta las actividades para jóvenes.

5. Las vacaciones del pastor. Cuando el pastor no está, ¿quién se queda a cargo? ¿Quién toma decisiones? Este es un tiempo en que surgen fácilmente luchas de poder.

6. Cambios en la familia del pastor. Esto puede significar el matrimonio del pastor, su divorcio, una segunda boda, el nacimiento de un hijo, o la muerte de un cónyuge o un hijo.

7. Liderazgo emergente. La generación de *baby boomers* (nacidos entre 1946 y 1964) pasó a roles de liderazgo dentro de la iglesia a los treinta y tantos años. Su liderazgo está siendo desafiado al igual que ellos mismos desafiaron a las generaciones anteriores. Cada generación vive un estilo de vida significativamente diferente y sostiene valores que difieren.

Por ejemplo, el pastor que hace un gran impulso hacia más evangelismo. Desde su perspectiva, algunas de las respuestas al *porqué* serían:

+ Podemos ganar a más personas para Jesucristo.

+ Tendremos más personas en la iglesia.

+ Tendremos más dinero para ampliar los programas de nuestra iglesia.

+ Tendremos mayor influencia en la comunidad.

Su lista de respuestas al *porqué* puede que no sea la misma que la de la congregación que él intenta liderar.

Al pensar en las razones, los temores y las necesidades de los demás, los líderes del mañana pueden entender la resistencia y volver a pensar sus propios propósitos, o bien encontrar maneras de entrar en los marcos de referencia de los demás. También evitan un conflicto inevitable porque ya se han preparado para la mayoría de los obstáculos y los han vencido.

Este es un ejemplo del modo en que yo confronté el *porqué* en el Instituto Bíblico Beulah Heights. En 1999 lidiamos por primera vez con una pregunta sobre el *qué*. Como presidente, yo quería ofrecer un programa de estudios y un título de grado diseñado por completo en un idioma distinto al inglés. Mi *qué* comenzó con esta pregunta: ¿Qué personas ya existentes cuyo idioma principal no es el inglés quieren que les demos formación? Yo no tenía en mente ningún grupo, pero me preocupaba que aunque los Estados Unidos se ha convertido en una sociedad pluralista, la mayoría de nuestros esfuerzos son solamente hacia quienes son como nosotros; es decir, quienes hablan inglés. No podía alejarme de la carga de llegar a personas de una cultura y un idioma diferentes. Durante varias semanas pensé en la pregunta, dialogué sobre ello con los miembros del equipo, y charlé con amigos. Esa carga no se iba.

Tras una seria exploración y estudio entre el equipo, decidimos que las personas en las que enfocarnos eran brasileños, cuyo idioma es el portugués.

Ahora enfrentábamos la segunda pregunta, y yo di las siguientes respuestas.

¿Por qué queremos hacer esto? Desde sus inicios a principios de la década de 1900, la misión de BHBC ha sido alcanzar y equipar a grupos no alcanzados para que enseñen a su propia gente.

¿Por qué? Los grupos en un idioma secundario están aumentando el número en los Estados Unidos. Debido a las barreras del idioma, a menudo no obtienen la educación que necesitan para acudir a su propio pueblo y enseñarles el evangelio.

¿Por qué? Los brasileños representan otro "mercado".

¿Por qué? El concepto de misiones ha cambiado y ya no está limitado a iglesias estadounidenses que envían misioneros a tierras extranjeras. Ahora incluye también a misioneros que vienen a esta tierra y trabajan entre su propia gente. Hay más misioneros extranjeros en los Estados Unidos actualmente que misioneros de Estados Unidos en otros países.

¿Por qué? Si damos formación a los brasileños en su propio idioma y con una comprensión de su cultura, pueden regresar a su país como líderes y maestros. Además:

+ No tendrán que solicitar visados.

+ Ya hablan el idioma y no tienen que aprenderlo ni trabajar con intérpretes.

+ Tienen puentes naturales con su propia cultura.

+ Su credibilidad ya está establecida porque son de la misma raza y nacionalidad.

Tras un extenso estudio al responder a esas dos preguntas importantes, en el otoño del año 2000 BHBC comenzó un grupo en un segundo idioma en portugués, y se matricularon veintitrés alumnos. Al año siguiente tuvimos a treinta y tres matriculados.

Te he presentado la respuesta al *porqué* de varias maneras diferentes. Sin embargo, las he dado desde mi punto de vista como el líder y presidente de BHBC. Ese es el error que los líderes cometen con frecuencia. Ellos ya están entregados a lo que quieren hacer; por lo tanto, pasan inmediatamente a implementar sus nuevos conceptos. Así, esas ideas a menudo se convierten en los proyectos del líder que él impulsa (¡o impone!) ante otros que están involucrados en cuanto a servir y llevar a cabo el *qué*. Esto ayuda a explicar la resistencia, activa y pasiva, que encuentran muchos líderes.

Antes de poder seguir adelante en cuanto a comenzar un programa de estudios en un segundo idioma en BHBC, necesitaba enfocarme en las personas que estarían detrás del programa y lo harían funcionar: quienes trabajan en la oficina de admisiones, la oficina de registros, la oficina del rector, el profesorado, los cuidadores y los obreros de mantenimiento. Yo quería que todo el mundo dentro de la estructura de BHBC conociera el *porqué* desde su nivel individual.

Además de algunas de las afirmaciones que hice anteriormente, y no eran exclusivas de mi perspectiva, recopilé comentarios de las personas que harían la mayor parte del trabajo si comenzábamos tal programa. Ellos dijeron:

+ "Esto significará más trabajo".

+ "Usted enfrentará más retos".

+ "¿Por qué no podemos dejar las cosas como están?".

+ "¿Por qué inmiscuirnos en el éxito?. Después de todo, la escuela está en mejor forma que nunca".

Quienes teníamos que tomar la decisión intentamos escuchar atentamente la resistencia de los miembros del equipo, y después responder sus preguntas sin imponerles nuestras ideas. Intentamos darles respuestas directas y sinceras.

Durante el proceso les dije: "Todos nosotros queremos multiplicarnos. Es decir, queremos dejar un legado en esta tierra cuando nos hayamos ido. En un sentido, tales acciones nos inmortalizan y nos hacen ser mayores que nosotros mismos, difundiendo así nuestra influencia. Queremos hacer algo para dejar una estela cuando nuestro brillo ya no esté".

Mi intención no era agotar a los miembros del personal u obligarlos a estar de acuerdo. Quería que ellos vieran la situación desde todas las perspectivas posibles. También prometí escuchar y evaluar cualquier objeción que ellos ofrecieran.

"Con este nuevo programa de estudios nos estamos convirtiendo en parte de la historia", dije. "Esto es algo totalmente nuevo no solo para BHBC, sino también para los programas de estudios de escuelas bíblicas en todo lugar. Aquí en Atlanta vamos a dejar a nuestras espaldas un poderoso legado. Los estudiantes a quienes enseñamos influenciarán a personas en todo el país de Brasil. Podrán hacer eso porque cada uno de nosotros desempeña un papel a la hora de equiparlos."

Nadie pareció intimidado por mi entusiasmo o mi visión, aunque varios miembros del equipo plantearon preocupaciones legítimas. Sabiamente, evaluaron el nuevo programa desde sus perspectivas individuales y consideraron cómo les afectarían los cambios personalmente.

Al final de nuestra reunión, habíamos alcanzado el consenso para ir adelante.

Cuando los líderes han preguntado y respondido ¿qué? y ¿por qué? están preparados para pasar a las siguientes dos preguntas: ¿cómo? y ¿cuándo? Este segundo conjunto de preguntas implica acción. Es como si dijéramos: "Hemos tomado la decisión de actuar. Ahora necesitamos descubrir cómo conducirnos para lograr nuestra meta, y determinar cuándo podemos implementar nuestro plan".

Repito que es aquí donde muchos líderes se pierden. Tienen que ser conscientes de que implementar el *cómo* y el *cuándo* significa cambio. Me gusta pensarlo de este modo: si pensamos de modo diferente, veremos de modo diferente. Cómo pensamos da forma a las acciones que decidimos.

El mayor reto que enfrentan los líderes de iglesias es tomar decisiones ejecutivas desde diversos puntos de vista diferentes. A veces tomamos decisiones desde la perspectiva de la gerencia o el mantenimiento, y otras veces hemos operado desde un punto de vista de arreglar las cosas. En raras ocasiones hemos incluido a todos aquellos a quienes afectarán los cambios y hemos dicho: "Tú eres parte de este cambio de procedimiento. Puede que tu tarea sea contestar el teléfono, pero incluso ese es un ingrediente vital en este programa".

Yo entendí eso claramente una mañana cuando iba conduciendo al trabajo. Iba escuchando una estación de radio en AM el primer día del nuevo año escolar. El presentador del programa estaba entrevistando a un oficial del condado de Gwinett, una zona suburbana al norte de Atlanta, y estaban hablando del hecho de que el condado se había convertido en la zona de más rápido crecimiento del estado. Refiriéndose principalmente a la construcción de nuevas escuelas, el entrevistador preguntó: "¿Cómo mantiene el ritmo de ese crecimiento?".

El oficial respondió: "Este proceso comenzó hace varios años atrás. Comenzamos a estudiar la demografía y a conseguir permisos de construcción y a hacer ofertas. Decidimos sobre la necesidad de gas natural, agua y electricidad, y hablamos con todos los proveedores. Examinamos el mercado de trabajo, comprobamos las tendencias migratorias, y comenzamos a proyectar el número de personas que podrían mudarse a vivir en nuestro condado. Entonces pensamos en la financiación: costos, aumento de impuestos, y otras maneras de aumentar los ingresos".

Posiblemente durante dos minutos, el hombre habló de la estructura y el personal que necesitarían cuando comenzaran a construir. Después habló sobre que tendrían que coordinarlo todo con el sistema escolar ya existente. "Así que, como ve, se necesitan de tres a cuatro años de planificación antes de poder abrir las puertas de la primera nueva escuela."

"¡Sí!", grité a la radio. "¡Ese es el modo de hacer las cosas!".

Las organizaciones cristianas hacen poco de ese tipo de planificación. Es como si dijeran: "Necesitamos mudarnos a esa nueva zona que está creciendo. Vamos a comprar terreno, construir un edificio grande, y abrir nuestras puertas a las 11:00 en punto los domingos en la mañana. Las personas llegarán y, cuando lleguen, sabremos quién está en nuestra comunidad".

Eso es una parodia, desde luego, pero significa que quienes tienen esa actitud no están llegando activamente a la comunidad o preguntando: "¿Qué va a suceder dentro de cuatro años desde ahora? ¿Cómo podemos prepararnos hoy para el mañana?".

Este es otro modo de ver el mismo asunto. Comparemos la diferencia entre viejos estilos de liderazgo y nuevos estilos de liderazgo, o pensamiento de *fefutura*. En el viejo estilo, y me refiero principalmente a los métodos utilizados antes del final del siglo XX, los líderes estudiaban el pasado y entendían el modo en que habían operado las cosas en el año 1959 o 1989. Cuando llegamos al año 2000, ellos hicieron algunos cambios. Es decir, se adaptaron a lo que estaba sucediendo, pero principalmente replicaron lo que ellos y otros habían hecho en el pasado. Debido a que hicieron algunas adaptaciones, lo denominaron progreso.

"¿Qué hicieron en *aquel entonces?*", era la principal pregunta que se utilizaba para ayudarlos a manejar las cosas en el *presente*.

En contraste con el viejo estilo, el nuevo liderazgo echa un vistazo al futuro, pausa, piensa sobre el presente y pregunta:

+ ¿Qué va a suceder en el futuro?

+ ¿Cómo podemos posicionarnos en el presente para estar preparados para avanzar hacia el futuro?

+ ¿Cómo podemos diseñar un programa para lo que hay por delante?

Los líderes de *fefutura* obtienen sus respuestas mirando factores como la demografía y el crecimiento económico del modo en que lo hicieron los oficiales del condado de Gwinett.

Utilizan esas respuestas para dar forma al presente y guiarlos hacia el futuro.

Por ejemplo, la mayoría de los estadounidenses ya saben que la población minoritaria más grande de los Estados Unidos es la de los hispanos. Eso significa que necesitamos dar más formación a las personas en el mundo empresarial para que puedan tratar con la cultura y el idioma de los hispanos. Algunos de nuestros sistemas escolares, conscientes de esto desde hace mucho tiempo, ya han comenzado a ofrecer el español en los grados elementales. Miraron hacia el futuro y después pensaron cómo hacer que el presente encaje en esa imagen, y discurra hacia ella.

¿Preservar el pasado o moldear el futuro?

Con demasiada frecuencia, sin embargo, los líderes de iglesias aún enredados en preservar las actitudes y tradiciones que prevalecieron hace treinta años atrás no saben cómo mirar al futuro. Por demasiado tiempo, quienes han estado en cada nivel de liderazgo han adoptado una postura reactiva, lo cual da como resultado actitudes y visión que normalmente van unos diez años por detrás de la industria y la tecnología. Los líderes de iglesias podrían avanzar simplemente preguntándose: "Como congregación local y como testigos de Jesucristo, ¿*cuáles* son nuestras necesidades? ¿*Cuáles* son las necesidades que vemos a nuestro alrededor y que podemos ayudar a satisfacer? ¿*Qué* tipos de necesidades tendremos que satisfacer en los próximos años?".

A medida que formamos respuestas, necesitamos recordarnos a nosotros mismos que la mayoría de los miembros de las iglesias viven en un mundo muy tecnológico seis días por semana. Mi coautor, Cecil Murphey, tiene su propia página web, que comenzó en el año 1999. Él me dijo que en 1996 nunca se le habría pasado por la mente considerar hacer tal cosa. Incluso en 1997, ¿cuántas personas habrían imaginado tener su propia página web? Sin embargo, hoy día hay numerosas congregaciones tienen sus propios sitios web.

Muchas personas asisten a una iglesia donde las letras de los cantos se muestran en una pantalla mediante un proyector. Quienes se sientan en la parte de atrás bizquean, y si la luz no es la correcta, no pueden leer las palabras. Han estado utilizando ese sistema durante una década, y ya está desfasado. Cuando yo predico en iglesias más grandes y que miran hacia el futuro, tienen pantallas inmensas del tamaño de una pared a cada lado de la plataforma sobre las cuales proyectan las letras y con frecuencia la música. También proyectan al orador en esas pantallas para que lo puedan ver desde cualquier lugar en el edificio.

> La Ley de Moore, desarrollada por Gordon Moore de Intel, predijo que cada dieciocho meses a dos años, la potencia y la velocidad de los chips de computadoras se duplicarían.

El micrófono para el sonido solía colgar del techo con un cable muy largo justamente por encima del púlpito. En iglesias progresivas, los micrófonos están dispersos por toda la congregación. Quienes tienen dificultades auditivas tienen sus propios sistemas inalámbricos y no tienen que estar conectados en las tres primeras filas. Ahora pueden sentarse donde quieran.

Algunas iglesias tienen "distribuidos" a cantantes con micrófonos inalámbricos. Cuando la congregación canta, esos cantantes que están distribuidos alientan a quienes tienen alrededor a cantar con fuerza. Como resultado, el canto tiene un sonido más vigoroso y emocionante.

Algunas iglesias creen que son progresivas porque finalmente han comprado una máquina de fax. Siguen compartiendo la línea telefónica con la máquina de fax y parece que no son conscientes de que las máquinas multifunción escáner/fax están haciendo rápidamente que los aparatos de una única función sean reliquias. Muchas iglesias finalmente están comenzando a utilizar correo electrónico y mensajes de voz para responder a las llamadas telefónicas entrantes. En pocas palabras, la tecnología tiene que llegar a cada área de cada iglesia si queremos seguir el ritmo del futuro de esta sociedad. Necesitamos hacerlo en nuestros santuarios, salones de clases, estacionamientos y oficinas.

Los líderes de *fefutura* deberían saber esto: necesitamos utilizar la tecnología.

Me gusta pensar de la situación actual en la iglesia siendo muy parecida al uso de un control remoto. En estos tiempos, la mayoría de las familias tienen ese pequeño mecanismo operado mediante batería para hacer funcionar televisor, reproductores de video, CD y DVD. Las personas se han acostumbrado tanto a los controles remotos que, incluso cuando salen de su casa, se llevan con ellos controles remotos mentales. Siguen utilizando esos controles incluso cuando asisten a la iglesia. Miran fijamente al extraño edificio que no se parece a ninguna otra cosa excepto una iglesia. Por fuera tiene vitrales, quizá una campana, y sin duda una torre. De repente y de modo inconsciente, se activa el control remoto, y se dicen para sí mismos: "¿Cómo se relaciona esto conmigo? ¿Por qué debería escuchar? ¿Es esto la vida real?".

Quizá sí entran y se sientan en un banco: un mueble incómodo que hoy día no se utiliza en ningún otro lugar excepto en iglesias. Se sientan y escuchan a pastores que predican los mismos sermones en contenido y longitud que predicaban hace diez años atrás.

"¡Esta es la respuesta!", gritan los predicadores. "Este es el camino a la _____ [salvación, crecimiento, sanidad, prosperidad o paz]". Tienen un cierto número de respuestas específicas para manejar cada problema que enfrenta la congregación local, la iglesia en conjunto y la sociedad en general. Desgraciadamente para esos predicadores, no han descubierto que algunos de esos problemas no tienen tantas respuestas, y las indicaciones no están tan claras como estaban hace tiempo.

El control remoto vuelve a activarse, y cambia a otro canal mental.

Desde lo absoluto hasta lo ambiguo

Hemos pasado de un mundo de lo absoluto a lo ambiguo. Estamos haciendo preguntas éticas que las personas no se han planteado antes; por ejemplo:

- Hace cincuenta años, ¿cuántos cristianos comprometidos se casaban fuera de su denominación? ¿Quién se preocupa por eso hoy día?

- Hace veinte años, ¿cuántas iglesias reconocían que algunos matrimonios entre creyentes no perduraban hasta que la muerte los separe?

- En la iglesia de mamá, ¿cuántos miembros debatían en serio temas como la eutanasia o la reasignación sexual?

- Hace una generación atrás, ¿cuántos cristianos expresaban interés sobre el medio ambiente, practicaban el reciclaje, o cuestionaban si tendríamos suficientes combustibles fósiles para la generación de nuestros nietos?

- Cuando yo era un niño, oía a cristianos hablar en contra de la cremación, pero ¿quién batalla con ese tema hoy día?

Los líderes de *fefutura* han pasado de responder preguntas que ya nadie plantea a hablar de los asuntos nimios de la vida que preocupan y confunden a las personas.

Los líderes de *fefutura* preguntan ¿qué? y ¿por qué? antes de considerar ¿cómo? y ¿cuándo?

La sociedad ha cambiado. Hemos perdido la estabilidad que disfrutaban nuestros padres y abuelos y que daban por sentada. Por ejemplo, numerosos estudios indican que la mayoría de las personas con títulos universitarios no trabajan en el campo de sus estudios. En el pasado, las personas iban a trabajar para una empresa, se quedaban allí durante los siguientes cuarenta años, y se jubilaban con un reloj de muñeca y una fiesta de despedida. ¿Quién participa ahora en ese tipo de empleo a largo plazo? Un investigador calcula que la mayoría de las personas en este siglo tendrán al menos siete empleos diferentes. Los editores de *The New Millennial* (septiembre de 2001) proyectaron que quienes entraran en el mercado laboral después de 2010 cambiarían de empleo cada año.

¿Qué significa esto para los líderes de *fefutura* y para congregaciones que desean avanzar? Comienzan a pensar como líderes de *fefutura* cuando reconocen que las personas viven en una transición constante y que, a pesar de toda la tecnología y la comodidad, las necesidades humanas básicas no han cambiado.

> El estilo y formato de los servicios de adoración seguían las pautas de prácticas de hace un siglo. Esos métodos ya no atraen a las personas a la fe.

Las personas siguen sufriendo, y necesitan saber que son amadas, y especialmente que Dios los ama y quiere tener comunión con ellas. Los maestros de escuela dominical de *fefutura* ya no se enfocan en lo que hizo David con las cuatro piedras que no utilizó cuando mató a Goliat. En cambio, enseñan sobre el rol de la oración para lidiar con el estrés, o cómo tener paz interior cuando la empresa realiza despidos.

Los pastores del mañana ya no predican sermones de cuarenta y cinco minutos porque saben que los controles remotos están cambiando de canal, y se alejarían antes de que ellos hubieran predicado incluso treinta minutos. De hecho, quizá los sermones tengan que hacerse en fragmentos: puntos intercalados con cantos, lecturas de la Biblia, teatro y videos. Alguien dijo que necesitamos pensar del sermón moderno como "predicación de karaoke", en la cual el predicador está de pie en medio de la congregación como si fuera un presentador de un programa de entrevistas interactivo en televisión.

La iglesia del mañana debe encontrar nuevas maneras de presentar el evangelio antes de que los controles remotos siempre presentes apaguen el canal.

Pensar de maneras nuevas

Para avanzar hacia la mentalidad de la *fefutura*, tenemos que aceptar una realidad importante: la mayoría de los servicios de adoración siguen el patrón de prácticas de hace un siglo, y esos métodos ya no atraen a las personas a la fe.

Los líderes del mañana deben moverse hacia un estilo de liderazgo de pensar-liderar en el cual ven las relaciones y las posibilidades que siguen eludiendo a otros. Esta es la idea que yo tuve en mente una vez cuando hablé a un grupo de pastores en Beulah Heights. "El mayor reto no está en su ubicación; no está en sus finanzas, y no es su equipo", dije. "El mayor reto es su modo de pensar. Si pueden cambiar su modo de pensar, pueden cambiarlo todo".

Les recordé que estamos en una era de pensamiento y tenemos que cuestionarlo todo. En el pasado, seguíamos haciendo las cosas de cierta manera porque ese era el modo en que operaban los líderes que nos precedieron. Ese plan ya no funciona. Los líderes del mañana lo cuestionan todo.

+ "¿Por qué estamos haciendo esto?".

+ "¿Seguimos haciendo eso aún?".

+ "¿Es esa la mejor manera de utilizar nuestros recursos?".

+ "¿Hay un modo mejor de hacer esto?".

+ "¿Por qué sigue haciendo eso ella?".

+ "¿Es él competente para hacer esto?".

Esta es una ilustración del nuevo pensamiento. A principios de 2001 comenzamos a pensar cómo sería si ofreciéramos dos clases temprano en la mañana en BHBC: clases que comenzaran a las 6:30 de la mañana. El pensamiento que había tras esta idea se produjo porque varios de nosotros nos dimos cuenta de que muchos de nuestros alumnos solamente podían asistir a clases en la noche después de haber terminado su jornada de trabajo. Con frecuencia, esas personas estaban agotadas mentalmente y cansadas físicamente.

¿Cómo sería, nos preguntamos, si ofreciéramos clases para personas que quisieran estudiar durante cada mañana antes de ir al trabajo? De ese modo, cuando terminaran en sus lugares de trabajo, podrían regresar a sus casas y estar con sus familias, en lugar de tener que ocuparse de conseguir cuidado para los niños y poner comida sobre la mesa antes de salir corriendo a clase.

"Esto es realmente un pensamiento nuevo y radical", dijo alguien. "Vamos a probarlo."

No teníamos ninguna garantía, ni sabíamos si algún alumno se matricularía. Sin embargo, nuestro equipo de personal respaldó la idea y trabajamos con el paradigma. En el otoño de 2001 comenzamos a ofrecer clases temprano en la mañana. Se matricularon más de sesenta alumnos.

Habíamos tomado la decisión correcta. Al cambiar nuestro modo de pensar y mirar nuestras opciones, pudimos satisfacer necesidades a las que otros no habían prestado atención.

En el 2001 la Oficina del Censo de los Estados Unidos publicó un estudio para mostrar cuántos años tomó hasta que el 60 por ciento de los hogares utilizaron las diversas tecnologías. Estos son los resultados:

1. Teléfono   30 años
2. Radio   10 años
3. Televisión   5 años
4. TV por cable   27 años
5. Video   10 años
6. Computadora   15 años
7. Internet   2 años

El estudio también indicaba lo siguiente:

- En el 2000, el 45% (más de 30 millones) de niños menores de 18 estaban conectados a la Internet.

- A diario, se conectaban 58 millones de estadounidenses; un aumento de 9 millones desde julio a diciembre del 2000.

- En la última mitad del 2000, 20 millones más de personas habían usado la Internet para seguir sus pasatiempos, y 14 millones más lo usaron para comprar productos en la primera mitad del 2000.

- Hubo un marcado aumento en el número de usuarios de la Internet de mediana edad, afroamericanos e hispanos durante la segunda mitad del 2000.

- Al final del 2000 cuando las elecciones eran grandes noticias, el 17 por ciento de usuarios de la Internet recibió sus noticias y su información en línea: el doble del número que recibía tales noticias en un día típico en octubre del 2000.

Un estudio del año 2015 indicó lo siguiente:

El porcentaje de hogares que usa la Internet creció del 74% en el 2013 al 77% en el 2015.

De todos los hogares, el 78% tenía computadora de escritorio o laptop, el 75% tenía una computadora de mano como un smartphone u otro tipo de computadora inalámbrica, y el 77% tenía una suscripción de Internet de banda ancha.

Estudios recientes (www.internetworldstats.com) muestran que al 31 de diciembre del 2017 los siguientes segmentos de la población mundial usan la Internet. Observa el por ciento de aumento desde el año 2000 hasta el 2018.

- Africa: 16,9%, con un aumento de 9.941%

- Asia: 55,1% con un aumento de 1.670%

- Europa: 10,8% con un aumento de 570%

- América Latina y el Caribe: 8,5% con un aumento de 2.318%

- Oriente Medio: 3,3% con un aumento de 4.893%

- Norte América: 4,8% con un aumento de 219%

- Australia: .6% con un aumento de 273%

3

INMIGRANTES Y NATIVOS

Una historia no acreditada que ha estado haciendo rondas por correo electrónico ilustra la importancia de un nuevo pensamiento de liderazgo.

En una época de antaño en la ciudad de Roma, cierto número de romanos se inquietaron debido al número creciente de judíos que se habían mudado a la ciudad. "Pronto nos superarán en número y nos absorberán", clamaban.

Emisarios apelaron al Papa. "Hay demasiados judíos. Debemos librarnos de ellos." Insistieron en que el Papa decretara que todos los judíos se fueran, y que tendrían exactamente tres días para irse.

Obviamente, cuando los judíos se enteraron de esos planes, apelaron a Su Santidad. Consiguieron una audiencia con el Papa y argumentaron a favor de que se les permitiera quedarse. Tras una hora de negociación, el Papa y los líderes judíos decidieron zanjar el asunto con un debate teológico en la Plaza de San Pedro. Si los judíos ganaban el debate, podrían quedarse; si no, tendrían que irse.

El acuerdo tenía solo un truco: ninguna de las partes podía hablar. Todo tenía que hacerse en silencio.

Para el día acordado habían construido una gran plataforma en la Plaza de San Pedro. El Papa se sentó en uno de los lados rodeado por sus cardenales. Al otro lado estaba sentado un judío llamado Moshe con media docena de líderes rabinos.

Cuando comenzó el debate, el Papa levantó su dedo índice derecho e hizo un círculo en el cielo. Moshe lo miró fijamente, asintió con la cabeza, y con su dedo índice señaló hacia la tierra.

Tras varios minutos de contemplación silenciosa, el Papa levantó tres dedos, y Moshe levantó su dedo índice derecho y lo sacudió ante el prelado.

Siguió el silencio durante bastante tiempo, y finalmente el Papa sacó la Eucaristía (la Cena del Señor) y la ofreció a sus cardenales. Moshe se quedó mirando, se encogió de hombros y sacó una manzana de su bolsillo, y comenzó a darle bocados.

Un Papa sudando y frustrado se puso de pie y dijo: "¡Es usted demasiado bueno. ¡Los judíos pueden quedarse!". Su séquito y él se fueron.

Cuando los judíos terminaron de celebrar y gritar, los cardenales rodearon al Papa. "¿Qué sucedió?", preguntaron. "No entendimos el debate."

"Como saben, levanté mi dedo índice e hice un círculo en el aire", explicó él. "Cuando hice eso, estaba diciendo que Dios está alrededor de nosotros. Él me recordó que Dios está aquí también.

"Entonces levanté los tres dedos para recordarle que creemos en Dios Padre, Dios Hijo y Dios Espíritu Santo. Pero él levantó un dedo y dijo: ¿Acaso no creemos todos en el mismo Dios?'. Entonces yo saqué la Eucaristía para recordarle la muerte sacrificial y expiatoria de nuestro Señor y Salvador Jesucristo. Él a su vez sacó la manzana para recordarnos cómo comenzó el pecado en el mundo".

Mientras tanto, al otro lado de la ciudad los rabinos preguntaron: "Moshe, ¿qué sucedió?".

Él respondió: "Cuando el Papa levantó su dedo índice e hizo un círculo en el cielo y dijo: 'Voy a limpiar Roma de todos ustedes los judíos', yo indiqué con mi dedo hacia abajo y dije: 'Nos quedamos aquí'. Cuando él levantó tres dedos diciendo: 'Tienen tres días para irse', yo levanté un dedo para decir: 'Ni uno solo de nosotros se va'".

"Entonces, ¿qué sucedió al final?".

"Ah, eso. Él sacó su almuerzo, y yo saqué el mío".

El punto de esta historia es que enviamos mensajes que suponemos que están claros y son inconfundibles. Quienes reciben esos mensajes terminan a veces con una interpretación distinta.

Dos grupos

Es ahí donde estamos en esta época. En los púlpitos, en clases de escuela dominical, y en cada área de liderazgo de la iglesia hacemos declaraciones como hizo el Papa, y a menudo lo hacemos con autoridad. Tenemos precedente histórico a nuestras espaldas, sabemos lo que estamos diciendo y haciendo, y sabemos por qué. Lo que no entendemos es que quienes reciben nuestros mensajes tienen una perspectiva distinta y valores divergentes, y el mensaje que enviamos no es el mensaje que ellos reciben.

Un modo de entender este dilema es hablar de los dos grupos distintos de personas que hay en casi todas las congregaciones: inmigrantes y nativos (términos que tomé prestados de Leonard Sweet). Al leer estas palabras, hazte la pregunta: "¿Soy yo un inmigrante o un nativo?". Si consideras seriamente la pregunta y sus implicaciones, la respuesta puede que te sorprenda. Ninguna de las dos opciones es mala.

Los nativos, como implica el término, son aquellos que han estado en la iglesia, especialmente en una congregación en particular, durante mucho tiempo. Han estado ahí el tiempo suficiente para conocer la historia de la iglesia, y pueden hablar de las pruebas y dificultades de edificar la membresía a lo largo de los años. Alguien ha dicho que todo el que tiene cuarenta años de edad y ha estado en una iglesia durante al menos una década es un nativo. Esa edad no hay que tomarla literalmente, sino que se usa solo para referirse al pensamiento general de quienes están en ese grupo. Yo conozco a algunas personas de setenta y ocho años que aún piensan como jóvenes, y también conozco a personas de veinticinco años que son nativos en su modo de pensar.

Los inmigrantes, como contraste, llegan a una iglesia e intentan entender el lenguaje de una congregación, que con frecuencia es como un dialecto extranjero para ellos. Para encajar, tienen que caminar con cuidado hasta que aprendan las palabras y los símbolos sagrados. Solamente entonces serán aceptados como creyentes ortodoxos.

Los dos grupos pueden distinguirse al contrastar sus características.

Nativos	Inmigrantes
• Deciden con lentitud	• Deciden con rapidez
• "Sí... pero".	• "Sí... y".
• Amenazados por el cambio	• Lideran el cambio
• Pensamiento lineal	• Pensamiento en círculo
• Luchan contra el caos y la inestabilidad	• Pueden vivir con caos, incertidumbre e inestabilidad
• Aprenden formalmente	• Aprenden mediante el descubrimiento: haciéndolo
• Visuales, principalmente mediante libros	• Visuales, principalmente mediante TV y medios

En algunos aspectos, sin duda, todos somos inmigrantes, incluso si somos nativos dentro de nuestra iglesia local. Por ejemplo, ayudar a mis dos hijas con sus tareas escolares me abrumaba, no podía sentarme en la tarde y ayudarlas con su tarea de matemáticas del modo en que mis padres lo hacían conmigo. En mi época, aprendíamos fracciones y decimales mediante un proceso distinto al que emplean los alumnos ahora. No es que uno sea el correcto y el otro equivocado; ellos simplemente hacen sus cuentas desde otra perspectiva. Por lo tanto, en este caso, ellas son inmigrantes y yo soy un nativo.

Para llevarlo aún más lejos, cuando yo hacía las tareas escolares en casa, no teníamos ninguna interrupción de la radio, la televisión, o un reproductor de cintas o de CD. Nos sentábamos en la mesa de la cocina antes o después de la cena, y trabajábamos allí hasta terminar nuestras tareas.

Mis dos hijas me sorprenden. Pueden tener puesto el televisor con el volumen alto, hablar por teléfono con una amiga y teclear un mensaje de correo electrónico, todo ello mientras hacen sus tareas. Su generación está formada por personas multitarea mientras que a sus padres les enseñaron a ser personas de una sola tarea.

Aquí tenemos algunos otros contrastes:

+ Mi generación defendía la permanencia y la estabilidad, pero eso no es posible o deseable en el presente.

+ Aceptábamos en seguida lo que decía cualquier figura de autoridad, pero la juventud actual cuestiona la autoridad. Ellos levantan las cejas ante voces autoritativas, o reaccionan con cinismo a mensajes antes aceptados.

+ La página impresa era el medio de la verdad. Si leíamos algo en un periódico, y especialmente si aparecía en forma de libro, era verdad sin duda. Para la juventud de hoy, la televisión es la verdad; bueno, usualmente.

+ Cuando yo preguntaba "¿por qué?", mi padre respondía: "Porque yo lo digo", y eso ponía fin a la discusión. Ese no es el final de la discusión ahora. De hecho, en raras ocasiones decimos esas palabras a nuestros hijos.

¿Cómo se relaciona esto con una organización como la iglesia? Digamos que el pastor es un inmigrante, lo cual es probable cuando llega por primera vez a una nueva congregación. ¿Quién recibe al inmigrante? Los nativos, desde luego; y eso incluye al equipo de personal y también a la congregación. El modo en que el pastor y los nativos se comunican unos con otros se vuelve muy importante. (Sin duda, algunos pastores son nativos; puede que se hayan trasladado dos o tres veces en su carrera, pero llevan con ellos el pasado y repiten lo que han enseñado y predicado durante los veinte años anteriores).

Los nativos son quienes perpetúan el pasado intentando revivirlo en el presente. Cualquier cosa que estén haciendo en el presente o hayan hecho es "lo correcto". Esto significa con frecuencia que cuando asisten inmigrantes a una iglesia, los nativos recetan libros y cursos escritos por nativos que aprendieron de otros nativos.

Los inmigrantes entran a la iglesia y oyen el mismo tipo de sermones que oyeron sus padres en 1975. El servicio de la iglesia sigue siendo predecible. Después de haber asistido los domingos, saben cómo comenzará el servicio y cómo va a terminar. Saben lo que sucederá a las 11:15, y pueden suponer en sesenta segundos cuándo terminará el servicio.

En la actualidad, muchos pastores llegan como nativos, trayendo el pasado con ellos, y contratan a miembros del equipo que en su mayoría son inmigrantes. Las nuevas personas del equipo son más jóvenes, han ido a la universidad desde que el pastor se graduó, y leen y escuchan cosas diferentes.

En la mayoría de los casos, la congregación (si la iglesia está creciendo) está compuesta por nativos y un número cada vez mayor de inmigrantes. Los inmigrantes difieren de sus padres, toda la estructura es diferente, y el liderazgo sigue siendo nativo: en su modo de pensar, su actitud y su manera de hacer las cosas.

Cuando comienzo a hacer a nativos la pregunta del *porqué*, a veces se resienten a esa pregunta o se muestran ofendidos como si la pregunta en sí fuera una crítica. Para un inmigrante, es razonable preguntar *por qué*, pues a ellos les han enseñado a plantear asuntos. Los inmigrantes son personas que cuestionan; a los nativos se les enseñó a ser personas que responden.

¿Qué significa eso para las personas que quieren traer a los inmigrantes? Por una parte, contrario a la generación anterior, ellos enfrentan la realidad de que esos inmigrantes no están buscando líderes que tengan todas las respuestas. Más bien, buscan líderes que planteen preguntas relevantes. Los líderes más eficaces están sentados en una reunión de negocios y preguntan: "¿Y qué de…?". De sus líderes saben que si plantean los asuntos adecuados, pueden ayudar a guiar a otros hacia las respuestas correctas. No tienen que proporcionar todo el conocimiento, la perspectiva y la sabiduría, pero sí tienen que señalar el camino.

> El futuro no es el resultado de elecciones entre caminos alternos ofrecidos en el presente. Es un lugar creado; creado primero en la mente y la voluntad, y creado después en la actividad.
> –Walt Disney

La actividad solía impulsar nuestro pensamiento y nuestro ministerio. Por ejemplo, un superintendente de la escuela dominical decía: "Vamos a realizar clubes de Biblia en el patio todo el verano". Eso es una actividad, y los clubes eran eficaces: en 1980.

Ese estilo de pensamiento ha cambiado. Hoy día, si un nativo dice: "Vamos a realizar un club de Biblia en el patio", un inmigrante pregunta de inmediato: "¿Por qué queremos hacer eso?".

Un nativo nervioso considera esa pregunta como oposición o resistencia.

El inmigrante podría decir entonces: "Muy bien, pero ¿por qué en el patio de los Smith? ¿Por qué no en el de los Hanson en la otra calle o el de los Randolph en el otro bloque? ¿Qué es tan estratégico en el patio de los Smith?".

Cuando el nativo da una respuesta a regañadientes, otro inmigrante pregunta: "¿Qué vamos a hacer con los clubes como seguimiento?".

Hace veinte años, algunos nativos ni siquiera habían considerado nada más allá de realizar las actividades del club, presentar a Jesucristo como el Salvador, e informar a la congregación del número de decisiones por Jesucristo hechas por primera vez. Para ellos, solamente realizar y tener personas para un estudio bíblico en el patio era todo un evento. Hacían su servicio para el Señor y no miraban más adelante.

Los líderes actuales están diciendo: "Ya no podemos ser una sociedad orientada al evento; necesitamos avanzar hacia ser una sociedad impulsada por el proceso". Un evento es el medio y el fin combinados en uno solo. Es decir, un evento comienza y termina, mientras que un proceso se enfoca principalmente en el medio, reconociendo que el final es usualmente un espejismo. Para los inmigrantes, hay solamente proceso y no hay un final a la vista. Un inmigrante está cómodo con el proceso, mientras que los nativos tienden a sentirse ansiosos.

Los inmigrantes, por ejemplo, piensan del siguiente modo. Alguien pregunta: "¿Por qué no establecemos lugares de adoración fuera del edificio tradicional de la iglesia?". En realidad, este cambio ya está teniendo lugar, y se produjo porque líderes del mañana reconocieron necesidades, y entonces plantearon y respondieron las preguntas adecuadas. Desde ahí comenzaron actividades para responder a esas necesidades.

Como resultado, algunas organizaciones proveen ahora capillas o lugares de adoración en sus lugares de trabajo. Muchas iglesias utilizan cines y hoteles. Gurús de los negocios como Stephen Covey y Ken Blanchard los recomiendan. Incluso algunos aeropuertos tienen ya capillas y capellanes remunerados.

De la transacción a la transformación

Los inmigrantes entienden que las personas tienen necesidades en momentos de presión en sus vidas. Intentan satisfacer esas necesidades mediante la colaboración y las conexiones, en lugar de depender de una o dos iglesias que intenten hacerlo todo. Es una cuestión de cooperar en lugar de ser lobos solitarios.

Esto nos conduce a otra pregunta seria para los líderes del mañana. Ellos preguntan: "¿A quién más necesitamos para que esto ocurra?". Si los líderes de *fefutura* se esfuerzan por encontrar la respuesta, no solo comienzan a suceder cosas, sino que los inmigrantes sienten que los nativos se interesan por ellos.

Una iglesia ya no puede decir: "¡Aquí estamos! Vengan y descubran lo que creemos". Ahora, las iglesias del mañana están preguntando: "¿Cómo podemos ayudar?". En lugar de decir: "Hay muchas personas sin techo, así que comenzaremos un albergue nuevo para los sin techo", ahora preguntan: "¿Por qué deberíamos comenzar ese ministerio cuando ya hay un albergue en el centro de la ciudad? ¿Cómo podemos darle recursos?". Y preguntan: "¿Por qué deberíamos comenzar un hogar para madres solteras? Descubramos quién está proveyendo ya ese servicio, y después pensemos en qué podemos hacer para mejorar sus esfuerzos". O "¿Por qué vamos a llenar nuestro sótano de ropa que huele a humedad cuando hay lugares donde podemos llevarla?".

> Para que las iglesias crezcan, los nativos tienen que adaptarse al idioma y las necesidades de los inmigrantes, en lugar de forzar a los inmigrantes a que hagan cambios para encajar.

La pregunta no es: "¿Qué podemos hacer *nosotros*?". La pregunta es: "¿Qué podemos hacer por medio de otros?". Ese es un nuevo modo de pensar. En lugar de preguntar: "¿Cómo puedo aumentar mi poder e influencia? ¿Cómo puedo ampliar mi reino?", deberíamos preguntar: "¿Cómo puedo empoderar a otra persona y seguir cumpliendo mi misión?". Este tipo de pensamiento es transformador y no solo transaccional. La transformación se produce cuando hay una colaboración activa hacia las mismas metas, y entonces la misión se convierte en una propuesta en la que todos ganan.

Cuando las personas pasan de la transacción a la transformación, se acercan a un país inmigrante. En lugar de intentar hacerlo todo ellos mismos, están aprendiendo a capacitar a otros. Esa transformación comienza con una disposición al cambio.

4

DISPOSICIÓN AL CAMBIO

A partir de *Disposición al cambio*, los capítulos siguientes describen las diez características del liderazgo del mañana. *Disposición al cambio* describe la actitud de aceptar, en lugar de resistir, el cambio. Siempre que se produce un cambio, muchos líderes se enfocan positivamente en las ganancias, y pasan por alto el hecho de que otras personas se concentran en la pérdida. Necesitamos aprender a manejar ambas cosas. Es difícil para los nativos aceptar el cambio porque lo perciben como abandono.

Quienes quieren ser una parte vital de la iglesia del mañana deben hacerse dos preguntas:

Primera: ¿Qué tiene que cambiar en *mi* pensamiento?

Segunda: ¿Qué evita que *yo* haga esos cambios?

Regularmente yo me hago esas dos preguntas a mí mismo, y las respuestas que obtengo no son siempre agradables. En mi caso, tengo que aflojar los tornillos. Es decir, tengo que soltar más cosas, delegar, y rendir el control.

Las diez características del liderazgo del mañana

1. Disposición al cambio
2. Esperar lo inesperado
3. Asuntos sensibles
4. Comunicación hoy
5. Tecnofilia y tecnofobia
6. Estilos de vida saludables
7. Aprendizaje de por vida
8. Liderazgo creativo
9. Momento oportuno
10. Mirar al futuro

Como nativo y líder eclesial, me enseñaron (indirectamente) que los líderes tienen siempre el control. Llegué a eso con bastante naturalidad, porque mi padre era pastor y yo llegué a ser pastor. Y como amaba y respetaba a mi padre, lo emulaba en muchos aspectos.

Como otros pastores que pasaron por la misma formación ministerial que yo, mi tendencia fue convertirme en un loco del control. Aborrecemos ese término, pero es una parte fuerte de la mayoría de los líderes. Aunque nunca admitimos tener una necesidad de controlar o dominar, de todos modos la necesidad era real. Ya fuera de modo consciente o inconsciente, creíamos que nosotros éramos el centro del universo de la iglesia. Era nuestra responsabilidad hacer que todo avanzara en la "dirección correcta" (traducido "dirección correcta" como *mi* manera de hacer las cosas). Si no manteníamos todo bajo nuestro control, ¡habíamos fracasado!

Cuando me convertí en presidente del Instituto Bíblico Beulah Heights, transferí esa necesidad de control y de llevar las riendas. No amplié mi entendimiento y no cambié de táctica ni probé nuevas estrategias. Pasé de ser pastor a ser presidente de un instituto, pero mis métodos operativos siguieron siendo los mismos. Es decir, así fue hasta que comencé a plantearme a mí mismo esas dos preguntas, y a demandar respuestas.

Mis respuestas

Las respuestas que tuve que admitir ante mí mismo llegaron tras mucho examen de mi corazón, profunda introspección, y una cantidad nada pequeña de vergüenza.

En primer lugar: "¿Qué necesita cambiar en mi pensamiento?". Necesitaba entender que yo no tengo que controlar cada acción y cada resultado. Esta no es una pregunta que respondemos una sola vez y se terminó; es una pregunta que demanda chequeos internos frecuentes.

En segundo lugar: "¿Qué evita que haga esos cambios?". Sam Chand era el mayor problema, porque no cambiaba rápidamente. Él entendió el principio de liderazgo de *fefutura* durante varios años antes de aprender a vivir según el principio de rendir el control (una manera más fuerte y quizá más precisa de decirlo es "rendir el poder"). Sigo teniendo algunos pequeños problemas con él en esa área, pero está aprendiendo.

La mayoría de nosotros tenemos un principio operativo por el cual vivimos, especialmente cuando somos lanzados a roles de liderazgo. Hace veinte años atrás, nos referíamos a eso como nuestro *modelo*, y hoy utilizamos la palabra *paradigma*. A pesar de cómo lo digamos, nos referimos a que cada uno de nosotros tiene un conjunto de valores y actitudes internos que determina cómo operamos. Mi paradigma era que el pastor tiene el control *total* y tiene el poder en la iglesia. Muchos de nosotros los nativos nos criamos con ese mismo modelo. En su lado más extremo, significa que nadie se atreve a tomar ni una sola decisión a menos que tenga el sello del pastor. El pastor se convierte en el factor decisivo y la última palabra en todo lo que sucede en la iglesia.

Parte de mi crecimiento en la iglesia del mañana ha sido aprender a confiar en otros (y ha sido un proceso de aprendizaje) y alentarlos a expresar sus habilidades. En cierto momento yo habría dicho "permitirles" expresar sus habilidades, indicando que yo seguía teniendo el control y tenían que considerarme como la persona que daba el permiso. Entonces aprendí que el mejor uso del poder es empoderar a otros.

No podemos hacer realidad plenamente las diez características del liderazgo de la iglesia del mañana, de las que hablamos en los capítulos siguientes, hasta que nos examinemos a nosotros mismos profundamente y hagamos las dos preguntas con las que comencé este capítulo. Por lo tanto, antes de seguir leyendo hazte la pregunta: "¿Estoy preparado *yo* para cambiar?".

Preparación para el cambio

La disposición al cambio significa que estamos preparados para aceptar el cambio en lugar de resistirlo; preparados para pensar nuevas ideas, ajustar nuestras actitudes, y estar abiertos a cualquier cosa que haya por delante. Es un asunto mental y una decisión espiritual, y es también más fácil hablar de ello que hacerlo realidad.

Necesitamos recordarnos a nosotros mismos que cuando alteramos nuestras actitudes podemos producir inmensas ganancias. Esa es la razón principal por la que defendemos el cambio: rápidamente vemos los beneficios de nuestras decisiones. Si nosotros [nombra la actividad], entonces nosotros [creceremos, maduraremos, testificaremos más eficazmente].

Tenemos tendencia a ver solamente la luz del sol por delante y poner "el matiz de la ganancia" a las ideas innovadoras. Pero el cambio tiene otro lado: también produce pérdida. Demasiadas veces quienes están en liderazgo no pausan para considerar ese aspecto. Además, quienes tienen que ajustarse son ignorados con frecuencia. Ellos son quienes tienen que hacer el cambio, el cual ellos no originaron, y responden en términos de pérdida. Puede que digan cosas como:

- "No será lo mismo por aquí".

- "Yo solía conocer a todos por su nombre".

- "Me sentiré perdido solo por el tamaño del edificio".

- "Me gustaba la música que solíamos tener. ¿Por qué tenemos que seguir añadiendo cantos que nadie puede cantar?". (Notemos que "nadie" se refiere a quienes tienen las mismas actitudes).

- "¿Qué hay de malo en el modo en que solíamos hacerlo?".

Lo que esas personas están preguntando realmente es: "¿A qué tengo que renunciar yo?", y "¿Por qué tengo que ceder yo? ¿Por qué no pueden ceder otros?".

Si piensan en tales categorías y si las pérdidas son demasiado grandes, los líderes enfrentarán resistencia, aceptación callada, sabotaje sutil, o rebelión declarada.

Regresemos a los cursos de extensión para los brasileños. Lo que yo presenté a todos en el equipo era ganancia, porque es así como yo veía la situación. Ganancia para nosotros era que alcanzaríamos nuestra misión. Jesús nos mandó: *"Vayan y hagan discípulos de todas las naciones, bautizándolos en el nombre del Padre y del Hijo y del Espíritu Santo, enseñándoles a obedecer todo lo que les he mandado a ustedes"* (Mateo 28:19-10).

Yo creía que estaríamos siguiendo ese mandamiento de una manera más estratégica que como lo habíamos hecho anteriormente. Pero debido a que supuse que el equipo de personal vería mis ideas de modo diferente, me reuní con ellos para que pudiéramos considerarlo juntos.

Como había esperado, ellos expresaron pérdida. Los siguientes son algunos de sus comentarios típicos:

- "¿Qué hará esto a nuestro sistema de computadoras?".

- "Esto supondrá más trabajo para nosotros, y ya estamos trabajando a plena capacidad".

- "¿Y si no entendemos a los brasileños?".

- ¿Cómo vamos a controlar al profesorado de habla portuguesa cuando no sabemos lo que están enseñando? Puede que estén introduciendo falsa doctrina, y ¿cómo lo sabremos?".

Mientras yo respondía a sus preocupaciones, comencé a pensar en mi filosofía básica. Es decir, algunas personas ven un vaso medio lleno mientras que otros lo ven medio vacío, y realmente no es cuestión de optimismo o pesimismo; así son las personas. El modo en que las personas ven un cambio también depende de cómo enmarcan las preguntas los líderes. Su respuesta refleja la disposición al cambio del líder, y para fomentar y también liderar el cambio. La confianza mutua es vital para el proceso.

Me dirigí al equipo de personal de Beulah Heights con respecto a incorporar un programa de estudios en brasileño diciendo: "Intenten rebobinar su video mental y regresen a la última reunión de la junta directiva. Piensen en cuánto tiempo empleamos en esa reunión hablando de lo que ya había sucedido y el poco tiempo que empleamos en lo que sucedería".

Ellos estuvieron de acuerdo en que empleamos enormes cantidades de tiempo hablando de lo que sucedió la semana pasada, el mes pasado o el año pasado.

En las reuniones de iglesia típicas, los líderes hablan mucho tiempo sobre lo que tienen que hacer ahora, pero tienden a pasar poco tiempo hablando de lo que hay en el futuro para ellos y para el ministerio de su congregación. Hablan incluso menos sobre las implicaciones del cambio para quienes ocupan posiciones de liderazgo. Preguntar: "¿Qué necesita suceder?" no es tan importante como preguntar: "Como líderes, ¿qué necesitamos hacer?".

Quienes ocupan posiciones de liderazgo, cualquier posición de liderazgo en la iglesia, necesitan preguntar: "¿Qué estoy haciendo yo que evita que nuestro ministerio avance?".

Quizá no nos gusten las respuestas, pero necesitamos escucharlas de todos modos. Como líderes en cualquier área del ministerio, necesitamos desafiar a los otros miembros de nuestros comités y juntas directivas a considerar el futuro y estar abiertos al cambio. Una manera de abordar eso es instarlos a reservar en cada reunión un punto en la agenda que se enfoque en el futuro.

"Necesitamos hacer eso en cada reunión", podemos decir al reservar un lugar para el diálogo. También podríamos comenzar el diálogo preguntando: "¿Qué les gustaría ver suceder? ¿Qué cambios les gustaría hacer al enfrentarnos a nuestro futuro?".

¿Sabías que... hace cien años atrás, el 75 por ciento de la población trabajaba en granjas?

Yo intento recordar a las personas el mundo que hay fuera de las puertas de nuestra iglesia. Vamos a pensarlo de este modo. Hoy, mientras voy conduciendo por la autopista, veo un cartel inmenso que indica que hay una tienda Kroger a mi derecha. Puede que mañana no esté ahí. Al tercer día, una nueva cadena de supermercados quizás se ha mudado allí. Las cosas cambian; todos sabemos eso. Lo que no hemos llegado a entender por completo, sin embargo, es cuán rápidamente cambian.

Incluso si endosamos o aprobamos un plan para una nueva forma de ministerio, ese no es el fin. Como líderes en cada nivel en la iglesia, necesitamos hacernos la pregunta: "¿Qué está sucediendo con nosotros, individualmente y como congregación, que evitará que esta forma de ministerio pueda ir adelante?".

Algunas veces cuando hago tales sugerencias, las personas se me quedan mirando fijamente, sin llegar a entender lo que yo intento decir. Por lo tanto, usualmente les pongo un ejemplo como el siguiente: digamos que una iglesia está estructurada de tal modo que hay siete ancianos. ¿Cómo sería si cada anciano tuviera una responsabilidad de hacer investigación como parte de esa posición de liderazgo? Uno investiga la demografía socioeconómica de la comunidad. El segundo estudia los asuntos técnicos, problemas y oportunidades dentro de la comunidad. Un tercero se enfoca en problemas medioambientales y lo que puede hacer la congregación para cuidar de la tierra que Dios nos ha dado, especialmente la parte que rodea la iglesia y el barrio. Un cuarto anciano investiga los estilos de aprendizaje y enseñanza en las zonas escolares, y explica a los maestros de escuela dominical cómo podrían utilizar en esos estilos para mejorar su ministerio.

Si cada uno de los siete tiene una tarea de investigación y regresa con un reporte, la iglesia tendrá cierta indicación de cómo se podría ver el futuro. Puede que la iglesia necesite consultar a un asesor para reunir toda la información, y entonces comenzar a planear para ese futuro.

Digamos que esa congregación se enfoca en los tres años siguientes. Si estudian lo que está sucediendo ahora y utilizan el beneficio de su investigación para proyectar lo que quizá llegue, operarán como una iglesia del mañana.

Por ejemplo, en lugar de declarar: "Esta es ahora una comunidad transicional", no tendrán que pensar en ese tipo de categoría, porque habrían sabido con tres años de antelación que iba a volverse transicional y cambiar de tener casas individuales a tener apartamentos, o que la zona estaba cambiando de ser una comunidad residencial a ser un barrio comercial. Lo que quiero decir es que una iglesia del mañana habría conocido la transición antes de que hubiera sido obvia para todo el mundo, y también habría pensado en lo que podía hacer con respecto a esa situación. Con mucha frecuencia, sin embargo, las congregaciones se niegan a reconocer los cambios dentro de sus comunidades hasta después de que han tenido lugar, y se ven forzadas a ver lo que no querían enfrentar antes.

En lugar de decir finalmente: "Toda nuestra gente se ha mudado", y entonces intentar apresuradamente comprar una propiedad para trasladarse donde se han reubicado los miembros de la congregación, ¿por qué no podemos hacer un trabajo de transición? Por ejemplo, podríamos decir: "Parece que dentro de tres años los coreanos (o los hispanos, o los afroamericanos, o los caucásicos) serán una mayoría en esta zona. ¿Deberíamos comenzar ahora a alcanzarlos a medida que llegan? ¿Cómo podemos integrarlos? ¿Queremos integrarlos? Si decidimos no integrar a otros grupos culturales y étnicos, ¿qué podemos hacer para producir una transición suave en lugar de una reacción necia, cuando tengamos que enfrentarnos a la verdad que deberíamos haber sabido tres años antes?".

Transición mental

Una razón incluso más fuerte para pensar en el mañana es que las personas necesitan tiempo para procesar los problemas emocionales y éticos. Los líderes sabios dan tiempo a las personas para hacer una transición en sus mentes. Ninguno de nosotros simplemente pulsa botones mentales. Tenemos que ajustar nuestro pensamiento y aprender a ver desde una perspectiva diferente.

"¿Cómo será el futuro?" es una pregunta que nosotros que estamos en posiciones de autoridad necesitamos pensar con mucha atención. Necesitamos ayudar a quienes trabajan por debajo de nosotros y con nosotros, a entender que no podemos operar eficazmente con los métodos y la mentalidad del pasado.

Cuando escribí esa última declaración, me hizo preguntarme cuántas personas en los Estados Unidos se resistieron al automóvil. ¿Cuántos se negaron a comprar comidas congeladas y cajas de mezclas para pasteles hace cuarenta años atrás? Hasta tan tarde como 1999, varios de mis amigos decían: "Nunca me agarrarás caminando en público con uno de esos teléfonos celulares". Obviamente, las personas sí cambian de opinión, y eso altera su conducta. En la actualidad puedo ver a algunos de esos amigos que antes se resistían, hablando por sus teléfonos celulares mientras cruzan el estacionamiento de la iglesia o cuando van por el centro comercial.

El punto es que no podemos esperar que la mayoría de las personas hagan cambios abruptos de paradigma. Necesitamos recordarnos a nosotros mismos que no estamos intentando ajustar y alterar simplemente para poder decir: "Miren, somos diferentes". Nuestros cambios tienen que tener un propósito que nos haga revisar nuestro modo de pensar. El propósito principal para nosotros como personas de *fefutura* es llegar a ser testigos más eficaces de Jesucristo.

Este concepto me recuerda algo que dijo J. G. Harlan: "Dios da su alimento a cada ave, pero no la lanza a su nido". Se refería a que las oportunidades llegan a quienes están preparados para recibirlas. Esa es otra manera de hablar de preparación para el cambio.

Lo que yo percibo como una oportunidad puede que sea parte del proceso de Dios en mi vida. Si estamos preparados hoy, Dios puede confiarnos más oportunidades.

Los líderes de *fefutura* hacen dos preguntas significativas:
1. ¿Qué necesita cambiar en mi modo de pensar?
2. ¿Qué evita que haga esos cambios?

Tenemos que preguntarnos: "¿Qué hice hoy para prepararme para el futuro? ¿Va a llevarme hacia el mañana la preparación de ayer? ¿Hay alguna nueva preparación que tenga que hacer hoy para que me lleve hacia el mañana?".

Otra parte de la disposición al cambio es aceptar el cambio y adaptarse a él. Eso es difícil para los nativos, porque tienen que comenzar con *desaprender*. A fin de aceptar el cambio, antes deben desaprender algunas de las maneras que tienen de hacer las cosas.

Eso nos lleva de regreso a las dos preguntas. En primer lugar, ¿qué necesita cambiar en mi modo de pensar? En segundo lugar, ¿qué evita que haga esos cambios? A los nativos se les ha enseñado a mirar hacia atrás, y ahora estamos diciendo: "No, eso ya no se puede hacer". Por lo tanto, algunos ven la iglesia del mañana solamente en términos de tener que renunciar o de que les arrebaten algo. Esa es la postura que deciden adoptar algunos nativos (y es una decisión), porque es difícil ajustar y cambiar los hábitos de pensamiento.

Lo más difícil para mí al pensar con una mente inmigrante ha sido y sigue siendo el desaprender viejos patrones de pensamiento y formas de conducta desfasadas. He tenido que aprender a relacionarme con personas que no tienen ni idea de quién fue Ezequías o que no saben si el libro de Hebreos está en el Antiguo o en el Nuevo Testamento. Solíamos poder hablar de cosas tales como el propiciatorio, ser cubierto por la sangre, ser santificados, o la conducta carnal. Si utilizo cualquiera de esos términos en las conversaciones con inmigrantes, ellos me miran como si les estuviera hablando en un idioma extranjero.

El siguiente es un ejemplo de cómo una iglesia, con un gran número de nativos en la congregación, cambió su manera de hacer evangelismo. La iglesia Trinity Family Worship en Rex, Georgia, está situada en una de las principales autopistas. Durante seis meses, cada martes y jueves, los hombres de Trinity pusieron una mesa, ofreciendo café y rosquillas gratis en el extremo de su estacionamiento. Elevaron un cartel que decía que daban una merienda gratuita a las personas que viajaban hacia el trabajo. Lo único que las personas tenían que hacer era acercarse al estacionamiento, detenerse, sacar la mano por la ventanilla, recibir el café y las rosquillas, y continuar su trayecto hacia el trabajo. No escuchaban ninguna predicación ni recibían folletos, y nadie les gritaba: "Dios te ama, y nosotros también".

Una persona que regularmente se detenía para obtener un café conducía un autobús escolar. Después de hacer su última parada en la escuela, se detenía en el estacionamiento. Como otras personas, ella hizo la pregunta obvia: "¿Por qué están haciendo esto?".

"Solo queríamos conocerles y hacerles saber que nuestra iglesia está aquí", dijo un hombre, que era el modo típico en que cualquiera de ellos respondía. "Si quiere venir a la iglesia", añadió, "aquí es donde estamos situados". Eso era lo máximo que cualquiera de los hombres se acercaba al evangelismo directo.

Cuando les preguntaban, los hombres sí les daban a los conductores un folleto informativo acerca de la iglesia, diciendo: "Aquí podrán saber más sobre nosotros y nuestros programas". No tenían ningún otro motivo. Simplemente querían una manera nueva de acercarse a las personas, de mostrar que estaban interesados en su comunidad, y de responder a las necesidades de las personas mientras ellas iban de camino a sus trabajos. Trinity sí que recibió a cierto número de personas interesadas e incluso algunos miembros, pero ellos habían decidido servir café y rosquillas incluso si nunca veían un beneficio directo. ¿No es ese el modelo de servicio de Jesús? Servimos a otros y buscamos su bienestar sin esperar nada a cambio.

Otras iglesias del mañana han encontrado maneras excelentes de alcanzar a sus comunidades. Los programas de consejería han sido herramientas de alcance excelentes, pero muchas iglesias han descubierto que la consejería interna tiene más desventajas que ventajas.

+ Eso es especialmente cierto si el pastor principal está involucrado.

+ Si el pastor predica y también da consejería, algunos de quienes escuchan suponen que el pastor habla de ellos en sus ilustraciones.

+ Para sobreponerse a esa crítica, el predicador evita utilizar lo que podrían ser ilustraciones significativas. Por lo tanto, aconsejar deja sin poder la predicación.

Otro factor que muchas congregaciones han reconocido es que las personas a las que más ayudan en la consejería raras veces se convierten en las más leales o fieles. Es decir, establecer servicios de consejería no asegura un aumento en la asistencia *a esa iglesia*. De hecho, puede que estén reclutando miembros para otra congregación. La investigación ha demostrado que quienes han recibido consejería puede que estén avergonzados o tengan otras razones para no unirse a la iglesia que les ayudó. Sin embargo, pueden asistir a otra iglesia y llegar a ser activos allí.

Muchas iglesias del mañana han estudiado la necesidad de consejería, y han acordado que las personas necesitan tales servicios, de modo que su respuesta es delegar la consejería. Algunos hacen contratos con servicios de consejería o profesionales individuales para concertar citas en el edificio de la iglesia. La mayor parte del tiempo, quienes utilizan los servicios de consejería pagan por ellos, pero no siempre. Algunas veces, una congregación local ofrece servicios gratuitos con tarifas reducidas para que haya más personas que puedan aprovecharse de las sesiones terapéuticas.

El mayor servicio de consejería cristiana del mundo se llama Alpha Care, que también es aprobada por seguros de salud. Al colaborar con ellos o con algún grupo similar, las iglesias pueden proveer consejería delegándola a organizaciones en las que confían. Ese acuerdo no implica a su equipo de personal, otra persona puede beneficiarse financieramente, la iglesia y sus miembros siguen recibiendo el servicio, y se reducen las obligaciones. ¿No suena eso a prácticas de fe del mañana en funcionamiento?

Promover el cambio

Los líderes promueven el cambio mediante pensamiento, palabra y acción. En los tiempos de antaño los pastores lo hacían todo, incluida la promoción. Anunciaban eventos desde el púlpito y promocionaban los eventos que querían que tuvieran éxito. Su firma verbal era una señal para los miembros de la iglesia que decía: "Esto es algo a lo que deberían asistir".

Ahora tenemos muchos subgrupos dentro de la congregación, y cada uno de ellos necesita promotores intencionales. Ningún programa único puede apelar, ni tampoco tiene que hacerlo, a cada uno de los miembros. Eso puede parecer muy obvio, pero cuando yo era un muchacho, muchas iglesias esperaban que todos los miembros fieles asistieran a todos los eventos; incluso se esperaba de las personas ancianas que asistieran a las actividades juveniles. Se sentaban sin molestar (o eso suponían) en la parte trasera durante los servicios para jóvenes. Aprendimos que si queríamos que nos contaran entre los espirituales, teníamos que estar presentes en cada una de las actividades.

¿Cómo funciona en la actualidad la promoción dentro de la iglesia? Digamos que el pastor y algunos diáconos creen que la congregación debería reubicarse. ¿Cómo deberían promocionar esa idea? El lugar más obvio dónde comenzar es que el pastor utilice el tiempo que está en el púlpito para defender la mudanza, y es así como se hacía en la iglesia de papá. Pero hoy día, eso no es suficiente.

La defensa necesita hacerse mediante medios escritos, e igualmente importante, hay que hacer anuncios por parte de los promotores dentro de los subgrupos. Hay que seleccionar estratégicamente a los promotores para tratar con el grupo central, con inmigrantes y con nativos. Es decir, deberían tener liderazgo entre cada grupo y subgrupo dentro de la congregación.

Liderar el cambio

Cuando yo estaba pensando sobre liderar el cambio, escribí las siguientes palabras:

- Tragar saliva y decidir vencer las reservas personales de ineptitud percibida y falta de preparación.

- Pasar al frente y liderar.

- Si queremos tener cambio, los líderes deben estar delante de la galería para que la multitud sepa a quién seguir.

"Si todo en el mundo está en transición, ¿por qué nosotros, la iglesia, somos tan lentos para cambiar?", preguntó alguien.

"Solo queremos cambiar hacia algo seguro", dije yo livianamente. Mientras más lo pensaba, sin embargo, más entendía cuán ciertas eran mis palabras.

El cambio implica riesgo. Por ejemplo, si yo soy el director general de una empresa y lidero a esa empresa en el cambio y funciona, soy recompensado con elevadas opciones de compra de acciones. Sin embargo, si ese cambio hace bajar nuestras acciones y disminuye el beneficio, estaré fuera de allí y nadie recordará mi nombre; y pasará mucho tiempo antes de que otra persona me dé una oportunidad de dirigir una organización en crecimiento.

En la iglesia tenemos tendencia a ser conservadores, y un poco temerosos. Queremos algo seguro antes de hacer nuestros movimientos. Queremos una garantía de éxito razonable. Sin embargo, en el caos en el que vivimos, nunca va a haber un tiempo en que podamos tomar una decisión con todos los datos disponibles. Cuando recopilamos datos suficientes para informarnos plenamente y así poder tomar una decisión, esos datos ya han cambiado. Como vivimos en este estado de cambio constante, los líderes de cambio tienen que pasar de "cambio" a "agitación". Con eso me refiero a que el cambio es un evento, como moverse del punto A al punto B. *Agitación* significa que estamos enredados constantemente en el caos. Continuamente hacemos adaptaciones y correcciones a la situación.

El momento es importante. Ya no existe algo llamado "el plan". Los implementadores de cambio saben cuál es el paso siguiente, y probablemente tienen un concepto firme con respecto al paso posterior a ese. Algunos incluso podrían ser capaces de prever el tercer paso. Tras cada paso, sin embargo, quizá necesitan volver a balancear todo. Los miembros del equipo contratados el año anterior tal vez no sean los visionarios para llevar a la congregación al siguiente nivel de logro. Los diáconos elegidos cinco años atrás quizá vayan arrastrando los pies y reteniendo a toda la congregación.

Liderar el cambio es difícil. Los líderes de cambio tienen que ser sensibles y duros al mismo tiempo. Por ejemplo, digamos que un pastor de jóvenes hizo un trabajo sobresaliente cinco años atrás. Sin un serio ajuste de actitud, esa misma persona dinámica sencillamente no es capaz de conectar con el nuevo grupo que está llegando. Ahora es un hombre de treinta y cinco años preocupado por los *piercing* corporales, quiere que todas las reuniones sean los viernes en la tarde de 7:00 a 9:00, e insiste en realizar el mismo estilo de estudio bíblico que hacía cuando la iglesia lo contrató.

A menos que pueda adaptarse a las necesidades de los adolescentes actuales, está obsoleto. Lo mejor que puede hacer la congregación por él, y por los adolescentes, es dejarlo ir.

Dije que necesitamos ser duros y sensibles. Sensibilidad es ser consciente de los jóvenes que se mueven lentamente hacia el programa para jóvenes. Es un programa para *ellos*, y si no estamos supliendo sus necesidades, tenemos que ejercer dureza descartando a quienes obstaculizan su crecimiento. Ese amable líder de jóvenes de treinta y cinco años estaba preparado para ayer, y quizá tenga un poco de preparación para el hoy, pero no está preparado para el mañana. Por causa de todos, incluido él o ella, necesitamos dejarlo ir a menos que se ponga al día.

Esto se aplica también a los ministros veteranos. Algunos pastores necesitan entender que su umbral es 300 o 500 personas (el asunto implica más que la cifra de personas, pero creo que ilustra mi punto). La asistencia el domingo en la mañana puede que alcance los 550, pero pronto regresará a 300 porque nunca se elevará más allá del techo del pastor veterano. (Para saber más sobre este tema, recomiendo el libro de John Maxwell,

Las veintiún leyes irrefutables del liderazgo. Él habla de la ley de la tapa en referencia a la tapa, o límite, de un líder).

Me gusta ver este concepto en términos de un globo de helio. Si estoy de pie dentro de un edificio y suelto de mi mano un balón lleno de helio, el globo flotará hacia arriba y se detendrá cuando toque el techo.

¿Tiene el globo la capacidad de elevarse más alto?

Sí.

¿Qué retiene al globo?

El techo.

Si quiero que ese globo se eleve más alto, tengo que encontrar un modo de elevar el techo.

Los pastores veteranos son ese techo, y ninguna congregación puede crecer más allá del nivel de liderazgo del pastor. Si el crecimiento espiritual y las habilidades de liderazgo del pastor están atrofiados por la negligencia, el crecimiento espiritual y numérico de la iglesia también estarán atrofiados.

> Los directores no pueden dirigir su orquesta sin dar la espalda a la multitud. No siempre es fácil para los líderes del mañana dar la espalda a la multitud; sin embargo, es lo correcto.

Los ministros veteranos tienden a contratar a un equipo de personal más grande y a enviar al personal más nuevo a conferencias y seminarios, e insistir en que lean libros, escuchen audios y vean videos. Los pastores veteranos, desde luego, están demasiado ocupados "realizando el ministerio".

Me gustaría hacer las siguientes preguntas a los pastores veteranos:

1. ¿Cuándo fue la última vez que *tú* asististe a una conferencia para ti mismo? No me refiero a la última vez que fuiste el conferencista de apertura, sino a cuándo fuiste para aprender y asimilar para ti mismo.

2. ¿Cuál fue el último libro bueno que leíste?

3. ¿Cuándo fue la última vez que leíste un libro?

4. ¿Cuándo fue la última vez que hiciste preguntas difíciles de ti mismo acerca de cambio y crecimiento?

5. ¿Cuándo fue la última vez que te hiciste la pregunta: "qué pensamiento necesito cambiar"?

6. ¿Qué hay en mí que está obstaculizando el crecimiento de nuestra congregación?

Si los líderes se hacen esas preguntas a sí mismos, pueden elevar el techo. Para algunos, las posibilidades puede que sean emocionantes, pero para otros los riesgos parecen demasiado grandes, de modo que el techo se queda donde está.

Liderar el cambio requiere que alguien pase al frente para retar y alentar a otros. Los líderes son quienes corren riesgos, y pueden hacer que la vida dentro de la congregación sea desafiante y emocionante. Ellos lideran el cambio cuando ellos mismos comienzan a crecer. Si los líderes se niegan a crecer o descuidan el crecimiento personal, ¿qué tipo de ejemplo están estableciendo para los miembros de la iglesia?

En resumen, la disposición al cambio significa que los líderes deben

1. *Prepararse* para el cambio.

2. *Promover* el cambio.

3. *Liderar* el cambio.

Cómo está cambiando el trabajo

La escuela de un solo salón suplía las necesidades de la cultura agraria del siglo XIX. La educación con base institucional y la formación en la sede de la empresa satisfacían las necesidades de la oficina y de la era manufacturera del siglo XX. El mundo trabajador del siglo XXI depende del aprendizaje en la Internet.

Las siguientes son las principales áreas de crecimiento en el entorno laboral en este siglo.

Información acerca del trabajo

En 1950 había publicados menos de 100.000 libros; cincuenta años después calculamos que casi esa cantidad de libros se publican cada año (incluidos los libros autopublicados y los libros electrónicos). Esto no incluye sitios en la Internet y otras fuentes.

Hay demasiada información disponible para que una persona pueda absorberla. Un punto fundamental del éxito hoy día es tener el tipo correcto de información.

Tiempo en el trabajo

El tiempo es el producto precioso del siglo XXI, y desperdiciar tiempo es inaceptable.

Balancear el tiempo

Quienes manejan conocimiento e información trabajan más horas que nunca. Sin embargo, no todas las horas se dedican al trabajo. Esos trabajadores intentan balancear su intensa carga de trabajo con familia, actividades de ocio, y actividades comunitarias.

El trabajo no es un lugar

En lugar de enfatizar el trabajo como el lugar a donde vamos, ahora pensamos en el trabajo como lo que hacemos: una actividad en vez de un lugar. Debido a la Internet y las computadoras, los trabajadores pueden hacer sus tareas desde donde sean más productivos. Los expertos creen que eso significa trabajar desde casa en lugar de viajar cada día a una oficina. La oficina puede girar en torno al sitio web de la organización, el cual opera mediante una *intranet*: un sitio en la web protegido con contraseña.

Estoy en deuda con el número de septiembre de 2000 de *The New Millennial* por gran parte de esta información.

Las siguientes son seis características de cómo operará la fuerza laboral en este siglo.

Aprendizaje. Los trabajadores pasarán una hora al día aprendiendo, incluido el aprendizaje en la Internet y conferencias.

Preparación para el siguiente empleo. Un experto dice que las personas en organizaciones de información se quedan un promedio de cinco a diez años. A pesar de la duración, cada empleo es una preparación para el siguiente al que pasará el trabajador.

Crecimiento de empresas. Debido al crecimiento anticipado de las organizaciones y sus necesidades rápidamente cambiantes, la lealtad está muerta. Las empresas necesitan más flexibilidad y un tiempo de entrega más rápido para nuevas oportunidades, y no retendrán a trabajadores. Contratarán basándose en proyectos cada vez más.

Definiciones del personal. Este término se vuelve más difícil de definir. La palabra "personal" solía referirse a empleados permanentes y a jornada completa. Ahora incluye a trabajadores por contrato y empleados a tiempo parcial.

5

ESPERAR LO INESPERADO

La segunda característica del liderazgo del mañana es la adaptabilidad. Las iglesias del mañana esperan lo inesperado. Siguen la corriente que les rodea y siguen redirigiendo su rumbo. Reconocen que todo lo que les rodea está cambiando y seguirá cambiando.

Sin embargo, la iglesia debe adaptarse a las necesidades del mundo real sin olvidar las normas bíblicas. Los defensores de estilos de vida alternos y otros asuntos morales están desafiando a la iglesia. Aunque adaptabilidad no significa apartarse de los mandatos de Dios, sí que necesitamos entender a quienes no siguen el estilo de vida bíblico.

Por ejemplo, en el instituto bíblico Beulah Heights, la edad promedio del estudiante es de 40 años. Quienes tienen 18 años son una minoría. Por lo tanto, ¿cómo construimos salones de clases? ¿Mantenemos los pupitres antiguos, del tipo en el que los estudiantes entraban y salían deslizándose? ¿Proporcionamos sillas duras? ¿Necesitamos sillas con el asiento acolchado?

Los inmigrantes están llegando a la iglesia llevando con ellos sus propios valores y necesidades. ¿Cómo les predicamos? Puede que la respuesta no sea tan sencilla como creemos. Por ejemplo, normalmente cuando predicamos sobre la familia, pensamos en la familia nuclear (una madre, un padre e hijos) y aceptamos eso como la norma. Pero eso ya no es la familia. Hoy día si una familia tiene dos padres, probablemente sea una familia mezclada; es decir, si uno o los dos cónyuges estuvieron casados previamente y tienen hijos del matrimonio anterior. También están en aumento las familias con un solo padre. La norma de 1960 ya no es la norma de este milenio.

Otro ejemplo de cambio es a lo que nos referimos con "las canas" de América. Como país, los Estados Unidos está envejeciendo. Ahora están vivas más personas de más de sesenta y cinco años que en ninguna otra época de nuestra historia. Cada domingo, la mayoría de pastores predican a tres o cuatro generaciones en el mismo servicio.

> "Pastor, si quieres alcanzarme,
> será mejor que vigiles tu lenguaje".

Tales hechos significan que debemos adaptar nuestros servicios y nuestro alcance. Las actividades que ofrecíamos antes como un medio de socialización también deben cambiar. Aunque debemos ministrar por un lado a los viejos, también tenemos que manejar el hecho de que el 40 por ciento de la población actual del mundo es menor de diecinueve años. Por lo tanto, nuestras iglesias son desafiadas a alcanzar a ambos extremos del espectro de edades. Demasiados predicadores piensan que pueden predicar un mensaje que sigue siendo un mundo en el que algo vale para todos, y conectar con todas las personas. "Esta es la Palabra de Dios", dicen con tono defensivo. "Yo proclamo la verdad, y Dios da el crecimiento."

El propósito de este libro es mostrar la inexactitud y obsolescencia de esa mentalidad. Quienes queremos liderar la iglesia del mañana tenemos que aprender nuevos estilos de liderazgo, nuevas técnicas de gerencia, y nueva tecnología. La mayoría de nosotros conocemos el idioma de los nativos; ahora necesitamos aprender el idioma de los inmigrantes.

Necesitamos incluir la adaptabilidad a las circunstancias cambiantes. El cambio no solo llega más rápido, sino que también llega más frecuentemente y desde direcciones que no habíamos previsto. En 1970, ¿quién habría creído que el punto más importante en la agenda para la iglesia en la primera década del siguiente milenio sería el asunto de la sexualidad, especialmente la homosexualidad?

¿Quién habría imaginado que habría tomado años a los bautistas del sur decidir si querían mantener o expulsar a dos congregaciones que aceptaron abiertamente a homosexuales? En 1995 nadie habría creído que habrían considerado nombrar un comité para estudiar el asunto.

"¿Por qué íbamos a necesitar hacer eso?", preguntaría un nativo. "Sabemos lo que es correcto, y ciertamente sabemos lo que es equivocado".

Los nativos están seguros; los inmigrantes no tienen seguridad

Quienes creemos la Palabra de Dios y sabemos que cualquier tipo de conducta sexual condenada en la Biblia es pecado, también necesitamos entender que nuestra carga es encontrar maneras, que sean amables y cuidadosas, de llevar el evangelio a quienes tienen más necesidad al esperar lo inesperado.

Los bautistas del sur expulsaron a esas dos iglesias, y eso no fue la sorpresa. La sorpresa fue que lo hicieron solamente tras mucho debate y después de haber realizado un estudio. Esto ilustra el principio de *esperar lo inesperado*.

Hace años vimos el aumento de las parejas que viven juntas fuera del matrimonio. Expresamos desdén utilizando términos derogatorios para tales relaciones, incluido el "arrejuntarse". Hoy día, el término aceptable es "convivencia antes del matrimonio", y pocas personas se inmutan ante la idea. En el pasado, las parejas consumaban sus relaciones discretamente, y suponíamos que finalmente se casarían. Hoy día estamos viendo más de lo que yo denomino pre-convivencia. Las parejas son activas sexualmente en una relación monógama, pero la mujer tiene su hogar y el hombre tiene también el suyo. Hoy, la mujer pregunta: "¿Por qué voy a querer renunciar a mi casa para irme a vivir con él? Si esta relación no funciona, habré perdido mi casa". Por lo tanto, ambos mantienen sus propios hogares.

Solía suceder que en cuanto la palabra *esperando* o *embarazada* entraba en el vocabulario de una pareja, se apresuraban a casarse. Hoy día, las parejas que esperan un hijo demoran con frecuencia el matrimonio o no se casan. Algunas mujeres deciden criar solas a sus bebés. Dicen: "Él estará involucrado porque es el padre, pero no participará como mi esposo".

Los nativos se estremecen ante tal escenario. Los inmigrantes saben que eso es parte del mundo real. Hoy día esperamos lo inesperado.

Sé de una relación lesbiana en la cual una de las mujeres concibió un hijo mediante inseminación artificial. Las dos mujeres tienen ahora una hija, y quieren criarla "en una atmósfera eclesial cristiana". ¿Qué les decimos si llegan a nuestra iglesia?

Necesitamos esperar lo inesperado.

Solíamos pensar en el SIDA como una enfermedad que contraían solamente los homosexuales y los drogadictos, y solo los que estaban fuera del ámbito de la iglesia. Eso ha cambiado; el SIDA ha llegado ahora a la iglesia. Muchos de nosotros comenzamos a verlo cuando diagnosticaron la enfermedad a esposas de drogadictos infectados y sus bebés.

Cuando quienes tienen SIDA llegan a la iglesia, ¿cómo los tratamos? Algunas personas mal informadas siguen pensando que la enfermedad puede contagiarse por comer con el mismo tenedor o por tocar el mismo plato o vaso que utilizó una persona infectada. ¿Cómo maneja eso la iglesia? ¿Proveemos platos y cubiertos separados? ¿Cómo y dónde sentamos a las personas seropositivas en nuestros servicios de adoración? ¿Hablamos abiertamente a las personas sobre su situación?

Esperar lo inesperado.

Cuando los nativos se enteran de que otro nativo o un inmigrante tiene SIDA, ¿qué sucede durante los tiempos de compañerismo informal? ¿Les damos un abrazo? ¿Cómo se sienten las madres con esa persona con SIDA que es un maestro dotado de niños? ¿Permitirán que sus hijos asistan a su clase? ¿Necesitan saber los padres que el maestro o maestra de sus hijos tiene SIDA? ¿Qué tipo de derechos de información o política tiene la iglesia? ¿Debe decírselo la iglesia a los padres? Si es así, ¿dónde deja eso a la persona infectada? ¿Qué de su derecho a la privacidad?

Esperar lo inesperado.

Cambio de pensamiento

Cada día somos llamados a redirigir nuestro mundo sin perder nuestra estabilidad bíblica e impulso hacia adelante. ¿Cómo hacemos eso?

No es fácil.

Me gusta pensar en esto como un acto en la cuerda floja en el cual hacemos ajustes constantemente a medida que cruzamos el delgado cable. Desgraciadamente para nosotros en la iglesia, no existe una línea recta a seguir desde el punto A hasta el punto B. Ni siquiera estamos seguros que a donde vamos, nos encontramos haciendo zigzag solamente para mantener el equilibrio. A medida que aparecen nuevas construcciones, nos vemos forzados a pensar de nuevas maneras. Ya no pensamos de modo lineal; ahora usamos el pensamiento "circular", lo cual significa que procesamos numerosas ideas complejas al mismo tiempo.

Consideremos, por ejemplo, el cambio que tenemos que hacer en nuestro modo de pensar con respecto a la hora adecuada para la adoración. Entre las iglesias del mañana, los domingos a las 11:00 de la mañana ya no es la hora sagrada de la semana. Dicen: "Podemos hacer que cada hora sea sagrada".

Hubo un tiempo en el que las iglesias llenaban sus auditorios o santuarios al máximo de su capacidad a las 11:00 de la mañana y después añadieron un segundo servicio a las 8:30. Algunas iglesias incluso programaron tres o más servicios los domingos. Al viajar por todo el país y dirigirme a iglesias y líderes, estoy viendo un cambio enorme de esa mentalidad. He observado diversos subgrupos, y en los subgrupos se están supliendo diferentes necesidades. Algunas personas pueden asistir al servicio de las 8:30 porque es muy litúrgico, repleto de túnicas, música de órgano e himnos tradicionales. En el servicio de las 11:00 toca una banda, nadie lleva túnicas, y nadie abre un himnario.

La mayor parte del tiempo, asisten familias jóvenes al servicio más temprano. Quieren quitarse de en medio de la adoración, no porque sean sacrílegos o menos devotos, sino porque tienen muchas cosas que hacer. Sin embargo, sí quieren comenzar el domingo con su familia en la iglesia. Leith Anderson destaca en su libro *Dying for Change* (Bethany, 1990) que las 11:00 se convirtió en la hora de adoración cuando América era una nación plural y agraria. A esa hora, los miembros de las familias podían terminar sus tareas, enganchar a su caballo para que tirara de la carreta, y llegar a la iglesia más cercana. Cada domingo pasaban varias horas con sus amigos y regresaban a sus hogares justo a tiempo para realizar las tareas de la tarde. No hemos sido una cultura agraria o rural durante al menos dos generaciones. Sin embargo, muchas iglesias se han aferrado a esa mentalidad del siglo XIX. Hoy día, sin embargo, están cambiando muchos horarios de los servicios para reflejar la demografía de nuestras comunidades.

Veamos cómo funciona esto con los cambios en nuestra cultura. Marta y Tim terminan su jornada laboral los viernes a las 5:00 de la tarde, y tienen todo el fin de semana por delante. "Para servir a Jesús", pregunta Marta, "¿debo ocupar todo mi fin de semana? ¿No podemos ir al lago durante dos días para relajarnos y seguir teniendo adoración en nuestra iglesia local?".

"Sí, Marta, puedes hacer eso en las iglesias del mañana. De hecho, puedes involucrarte mucho en tu iglesia y nunca tener que asistir un solo domingo; jamás".

Mientras ella se queda mirando con incredulidad, decimos: "Tenemos un servicio los viernes en la noche, y está pensado para personas como Tim y tú".

Hemos aprendido que podemos hacer el viernes en la noche todo lo que hacemos los domingos en la mañana. De hecho, podemos hacerlo cualquier día de la semana y en la atmósfera más relajada.

También estamos aprendiendo que los servicios de mitad de semana son más para el desarrollo y la enseñanza de lo que solían ser. Cuando yo era un muchacho, la noche del miércoles era sencillamente otro tipo de servicio devocional. Si asistíamos regularmente, todo el mundo nos contaba entre los fieles.

Muchas iglesias que están creciendo ya no tienen escuela dominical. Ese hecho asombra a los nativos. Probablemente no saben que la escuela dominical no siempre ha sido parte de la adoración de los domingos. A finales del siglo XVIII, Robert Raikes desarrolló la idea de una escuela dominical debido a que los niños trabajaban en fábricas. Era su día libre, y él quería enseñarlos a leer y a escribir. Es difícil de creer ahora, pero el clero estuvo entre algunos de sus mayores oponentes.

Algunas iglesias que piensan en los inmigrantes dicen que la escuela dominical ha superado su utilidad. En cambio, ofrecen una experiencia el domingo y otra diferente en mitad de la semana. Estas experiencias diferentes engloban todo el espectro de necesidades, desde los niños más pequeños hasta los jóvenes. Es decir, intentan alcanzar a cada miembro de la familia independientemente de cuál sea la estructura de esa unidad familiar. Muchas de esas iglesias también sirven la cena antes de las actividades.

Los líderes de *fefutura* han aprovechado la realidad de que no todo el mundo trabaja de 9:00 a 5:00. No solo algunas personas tienen turnos extraños de trabajo, sino que algunos, como un amigo mío, trabajan diez horas al día durante cuatro días, tienen tres días libres, y después vuelven a comenzar su semana. Los carteros trabajan seis días y después tienen libres los dos siguientes. En estos dos ejemplos, los días libres cambian constantemente. Las iglesias del mañana planean diversos eventos a distintas horas del día al igual que en diferentes días de la semana, para suplir diversas necesidades.

Cuando mi coautor, Cec Murphey, era pastor en la parte sur de Atlanta, la empresa que más personas empleaba era Delta Airlines, y muchas de las personas de su congregación trabajaban allí por turnos. Algunos de ellos rotaban los turnos. Él descubrió que había unas veinte personas que en raras ocasiones tenían libres los domingo en la mañana, de modo que comenzó un servicio en la tarde para alcanzar a esas personas específicas. Algunas de ellas nunca asistían los domingos en la mañana; sin embargo, llegaban fielmente cada domingo en la tarde.

En las mañanas, las iglesias del mañana normalmente atraen a mamás que no trabajan fuera de casa y a madres con hijos pequeños. En las tardes, digamos de 3:00 a 5:00, las congregaciones pueden suplir las necesidades de los adultos solteros, especialmente quienes están entre un empleo y otro. También pueden estirar sus brazos hacia quienes no entran a trabajar hasta más tarde, y también hacia quienes acaban de salir de la oficina o de la fábrica ese día.

Estos ejemplos ilustran que las congregaciones que piensan en el futuro ya no les dan todas sus energías a lo sagrado de la hora del domingo en la mañana.

Iglesias locales

Por otro lado, un núcleo de personas asistirán a su iglesia local la mañana del domingo, independientemente de lo que suceda durante la semana. Son las personas que usualmente están presentes tres de cada cuatro domingos al mes.

> Los líderes de las iglesias del mañana anticipan lo inesperado, y se adaptan a circunstancias cambiantes.

Pero muchos inmigrantes no están familiarizados con el concepto de iglesia local. Al esperar lo inesperado, a los líderes del mañana puede resultarles útil pensar en ellos como consumidores. Se llevan de cada iglesia las cosas que suplen sus necesidades.

Digamos que Silvia tiene una hija de quince años y un hijo de siete años, y su esposo viaja durante la semana. Los miércoles, Silvia lleva a su hijo a una iglesia y a su hija a otra iglesia parroquial a la reunión del grupo de jóvenes. Silvia asiste a un estudio bíblico en el barrio lo miércoles en la mañana o los jueves en la tarde. La mayoría de los domingos en la mañana, Silvia y su esposo adoran en la iglesia a la que se unieron hace una década. Esta familia de cuatro miembros tiene distintas necesidades, y las satisfacen asistiendo a diferentes iglesias.

¿Cuáles son las implicaciones financieras de este escenario? ¿Dónde hacen sus aportaciones Silvia y su esposo? ¿Dividen sus compromisos financieros, o disfrutan de los servicios de tres iglesias, pero donan solamente a una? Estos son los asuntos con los que lidian los líderes, y también los inmigrantes mismos.

Cuando vemos a personas como Silvia asistir a un evento de una iglesia como un estudio en mitad de la semana, pero no los vemos en el servicio del domingo, ¿qué está sucediendo? Es probable que ella y su familia vayan a otro lugar el domingo. Lo hacen porque, como señalé anteriormente, tienen diferentes necesidades. Esto no significa que estén menos comprometidos con Dios.

Quizá les gusta más el coro en la iglesia Oak Grove o prefieren la predicación en Faith Tabernacle. Puede que incluso digan que la guardería está más limpia en First Baptist que en Grace Methodist, y que Hope Lutheran tiene un gimnasio excelente para sus adolescentes.

Actualmente, las personas son compradores para su fe. Entrarán, mirarán las instalaciones, compararán los servicios, y verán si esa iglesia tiene algo que ellos necesitan. Si es así, "compran" adorando, sirviendo, o simplemente quedándose para ese servicio. Solamente porque compraron algo en una iglesia no significa que no comparan la compra.

Los líderes del mañana saben que deben estar preparados para el cambio, y después se adaptan al cambio. Hay otras cualidades más que necesitan personificar.

Sabías que...

- Apenas el 33 por ciento de todos los estadounidenses tienen más de 50 años, y uno de cada cinco tiene más de 65.

- Setenta mil estadounidenses tienen 100 años o más.

- Se proyecta que el número de centenarios alcance los 834.000 en el año 2050.

- En 2050 muchos padres y sus hijos mayores estarán viviendo en la misma comunidad como jubilados.

  Fuente: Oficina del Censo estadounidense

- * Cada 7,7 segundos alguien cumple 50 años.

- * En 2002 hubo más personas que cumplieron los 50 que en ningún otro momento en la historia.

  Fuente: Mary Furlong, ThirdAge Media

- Quienes tienen 65 años o más serán el doble en 2030, hasta setenta millones. Durante el mismo periodo, la proporción de este grupo de toda la población estadounidense pasará del 13 al 20 por ciento.

- La diversidad étnica aumentará hasta 2050.

- El porcentaje de personas no hispanas entre los estadounidenses blancos se espera que descienda desde el actual 84 por ciento hasta el 64.

- En 1950 solamente el 18 por ciento de los estadounidenses mayores tenían diploma de secundaria, y el 4 por ciento tenía al menos un título de cuatro años.

- En 1998 el 67 por ciento de los estadounidenses mayores tenían diploma de secundaria, y el 25 por ciento tenía al menos una licenciatura.

- Al principio de este siglo, el sector de mayor crecimiento entre la población trabajadora era el de los trabajadores de 55 a 64 años, y el número de trabajadores en el grupo de edad de 16 a 24 años descendió.

Fuente: Foro AARP sobre estadísticas relacionadas con el envejecimiento

- Nos enfrentamos a una etnicidad borrosa. Para el año 2030, los estadounidenses estarán tan mezclados étnicamente que pocos serán capaces de marcar una sola casilla en el apartado *raza* en el censo.

- Según un nuevo estudio publicado en el *Atlanta Journal-Constitution,* los blancos serán una minoría en Londres en 2010.

- Según la Organización Gallup de octubre de 2000, quienes tienen el nido vacío son el grupo de mayor crecimiento entre los hogares antes de la jubilación.

6

ASUNTOS SENSIBLES

La tercera característica del liderazgo del mañana es la sensibilidad: estar abiertos y ser compasivos con todos. Este es un concepto difícil de entender para los nativos, porque muchos de ellos han operado durante años con un conjunto de valores en particular (con frecuencia más culturales que bíblicos). Muchas veces, la respuesta a prácticamente cada pregunta era "la Biblia dice…". Cuando la Biblia no aborda específicamente algún asunto, muchos cristianos recurren a actitudes conservadoras y culturales. No lo digo para condenar a nadie, pues yo mismo me crié entre los nativos, sino para decir que los nativos tienen tendencia a vivir en un mundo donde los colores son blanco y negro con solamente un pequeño matiz de gris. Muchos inmigrantes miran el mismo mundo, y el color gris lo domina todo.

En la vieja manera de hacer las cosas, trazábamos las líneas, establecíamos las normas, y decidíamos (tácitamente si no verbalmente) la norma para la membresía en nuestra iglesia. Si queremos estirarnos hacia un crecimiento en el futuro, eso ya no es posible. Nos veremos forzados a volver a replantear nuestro fundamento bíblico, y puede que tengamos que derribar prejuicios culturales.

A medida que nosotros, de la iglesia del mañana, avanzamos hasta el ámbito de una mayor sensibilidad, necesitaremos enfocarnos en tres tipos de asuntos diferentes: culturales, de género, y generacionales.

Asuntos culturales

La primera área que requiere nuestra sensibilidad es la de los asuntos culturales. Como di a entender antes, ya no podemos hacer el tipo de declaraciones dogmáticas a las que estábamos acostumbrados en el pasado. Por ejemplo, hubo un tiempo en la historia de la iglesia en que los pastores aseveraban: "Si una mujer entra en la iglesia sin su cabeza cubierta, está pecando contra Dios". Hace algunos meses me encontré con una diatriba escrita en la década de 1920 titulada *Bobbed Hair, Bossy Wives, and Women Preachers* (Cabello corto, esposas mandonas, y mujeres predicadoras). El título dice exactamente lo que tenía en mente el autor, John R. Rice, como la actitud normativa. En su época y entre los nativos asistentes a la iglesia, no había muchas personas que disputaran lo que él tenía que decir.

La sensibilidad cultural, sin embargo, es algo más que no ser lo que éramos hace cuarenta u ochenta años atrás. La sensibilidad cultural celebra las diferencias. Ya no es "nosotros" contra "ellos". Esta falta de sensibilidad cultural (incluso apreciación) es uno de los mayores impedimentos para el crecimiento de cualquier congregación, sin importar cuál sea el tamaño, el idioma o el país. Mientras pensemos en "esas personas" y "nosotros", estaremos impidiendo el avance del reino de Dios. De hecho, este es probablemente el mayor impedimento para la asimilación que conduce a un crecimiento saludable.

Cec Murphey dice que en su época como pastor, algunos de los nativos de más edad se referían a "nuestro tipo de personas" y a las personas que "no pertenecen aquí". Decía que había una tensión constante para afirmar a los nativos y hacerles saber que eran humanos y valorados, mientras él abrazaba también a los inmigrantes. Sin importar cuánto lo intentara, para algunas de las personas, tanto nativas como inmigrantes, siempre había una división. Él descubrió que algunos de los nativos suponían que tenían el derecho a recibir más tiempo y atención porque llevaban más tiempo en la iglesia. Si eran miembros de segunda o tercera generación, se sentían con derecho a tener incluso más tiempo y privilegios. Eso significaba que mantenían a los inmigrantes a distancia emocional hasta que los nuevos integrantes demostraran su valía y se convirtieran en "uno de nosotros". Esa situación probablemente no se produciría en la actualidad en una iglesia del mañana donde las personas deciden deliberadamente celebrar su diversidad, en lugar de intentar que todos luzcan, vistan y hablen exactamente igual.

La sensibilidad cultural celebra la diversidad.

La sensibilidad cultural no se trata meramente de coreanos, latinos, afroamericanos y caucásicos adorando en la misma sala, aunque puede que ese sea el ejemplo más visible. Me refiero a diferentes culturas socioeconómicas, como personas de clase obrera y profesionales. Por ejemplo, una vez invitaron a mi coautor a ser el pastor en un pueblo con aserraderos en Alabama. Había allí otra iglesia de la misma denominación, y le dijeron a Cec: "Los gerentes asisten a nuestra iglesia, y los obreros y las personas que trabajan por horas asisten a la otra". (Él decidió no aceptar la invitación).

Hoy día tenemos a los norteños que se han mudado al sur y a los del este que se han ido al oeste. Es algo más que un movimiento físico, porque llevamos con nosotros nuestras culturas. Puedo mostrar mejor esta diferencia cultural señalando el asunto de los funerales.

+ Cuando yo era pastor en Michigan, las personas visitaban la funeraria, y los lugareños lo llamaban un velorio. En el Sur lo llaman visitación.

+ En el Norte, nunca era algo grande dirigir un funeral en domingo. En el sureste, debe haber alguna circunstancia atenuante para que eso suceda.

+ En el Norte, es más probable que las personas asistan al velorio, donde muestran sus respetos a la familia. Por lo tanto, la asistencia a los funerales no es tan grande como en el Sur. En el Sur sucede lo contrario.

+ En el Norte, un coche fúnebre recorre la carretera con un desfile de personas detrás, y las personas apenas si prestan atención. En muchas partes del Sur, los conductores se detienen en la carretera hasta que haya pasado todo el desfile.

Mezclemos las diferencias culturales con diversos trasfondos educativos, introduzcamos la cultura social, y después añadamos el trasfondo étnico. ¿Es sorprendente que hayamos despertado a la diversidad en nuestras iglesias?

Aquí tenemos otras dos maneras de considerarlo.

Humor. Pastores y otros líderes de iglesias necesitan entender que lo que antes resultaba divertido puede que hoy no sea una broma inofensiva. No contamos historias sobre los polacos, los irlandeses o los mexicanos. Algunas personas insensibles siguen imitando el acento, hablando con condescendencia y suponiendo que son divertidos. Algunos líderes de iglesias siguen contando chistes que rebajan el matrimonio, precisamente el rito sagrado que desean proteger.

Eventos de celebración. En el pasado, muchas iglesias celebraban el nacimiento de su congregación llevando comida y cenando en el terreno. Pero si somos culturalmente y racialmente diversos, ¿cómo hacemos que filipinos, latinos y vietnamitas se sientan parte de esa celebración? ¿Cómo construimos puentes culturales para que todos los crucen?

Algo que hacíamos en Beulah Heights para construir un puente cultural era hacer una celebración anual que llamamos Taste of the Nations (El sabor de las naciones). Pasábamos la mañana en la capilla, y los alumnos internacionales dirigían el servicio y preparaban comida para compartir después. En 2001, veinticinco países estuvieron representados en nuestro instituto. Aportaron su música, cantaron, tocaron instrumentos, y muchos de ellos se pusieron su traje nacional. Algunos de ellos bailaron con su música. Después salimos a una gran zona al aire libre donde habíamos puesto mesas con comida de cada país representado.

La Asociación Estudiantil Gubernamental paga a estudiantes internacionales para que preparen la comida y así no empobrecer a ningún estudiante. Ese es un punto de sensibilidad importante. En lugar de decir: "Traigan la comida", nuestro cuerpo estudiantil ha sido bastante sensible culturalmente para decir: "Tenemos estudiantes aquí, y algunos de ellos apenas se las arreglan. Queremos que Odera de Kenia cocine una cantidad grande de ugali, así que le daremos el dinero para que compre los ingredientes". En pocas palabras, apoyábamos financieramente a los estudiantes internacionales para que pudieran trabajar con nosotros para construir el puente.

Otra cosa que hacíamos en Beulah Heights para construir un puente cultural era realizar una reunión anual de todo el personal en la que esperábamos que todos estuvieran presentes. Yo hablaba sobre los asuntos que enfrentábamos en una escuela multicultural e internacional. En la primera reunión dije: "¿Sabían que hablar más fuerte no hace que los estudiantes entiendan mejor el inglés?". Aunque algunos se rieron, yo había observado que algunos miembros del personal elevaban su voz unos decibeles para hacerse entender. "¿Saben qué?", dije, "ese aparato no cambia nada. Ellos no tienen dificultades de audición".

Asuntos de género

La segunda área que requiere sensibilidad es la de los asuntos de género. Yo creo que los dones y llamados de Dios son inclusivos y no exclusivos con respecto al género. Entiendo que sigue habiendo muchos que se oponen a mi punto de vista. Puedo aceptarlos a ellos y su postura, y espero que ellos puedan aceptarme a mí y la mía. Mi postura es que Dios llama a una persona al ministerio, y no tiene nada que ver con el género de esa persona. En algunos roles, sin embargo, un género o el otro puede que sea más eficiente.

Siempre hay excepciones, pero *hablando en general*, y gran parte de esto puede que provenga de nuestro trasfondo cultural y nuestra enseñanza, hombres y mujeres piensan de modo distinto. Si eso es cierto, también tienden a liderar de modo distinto.

+ Los hombres tienden a liderar mediante posición, y las mujeres tienden a liderar mediante las relaciones.

+ Los hombres tienden a ejercer el conocimiento; las mujeres tienden a apoyarse en la intuición.

+ Los hombres tienden a enfocarse en terminar la tarea; las mujeres tienden a enfocarse en involucrar a todos, siendo más inclusivas y más relacionales.

+ Los hombres puede que quieran solucionar el problema, mientras que las mujeres quizá sean muy buenas para escuchar, identificarse, y empatizar.

+ Los hombres quizá quieren que los problemas sean muy claros, pero muchas mujeres pueden ver implicaciones más profundas.

¿Qué rol debería desempeñar el género en la manera en que se llenan los puestos en la iglesia? Supongamos que necesitamos otro ayudante en la guardería. ¿Decimos: "necesitamos una mujer para ayudar en la guardería"? Los hombres pueden ser buenos padres y cuidadores, ¿no es cierto? Entonces, ¿por qué debemos especificar el género en la invitación?

¿Acaso no es un poco insultante y arcaico decir "enfermera varón", "abogado hembra" o "asistente de vuelo varón"?

Hace algunos años, dos de mis recepcionistas se fueron y tuve que sustituirlas. Hasta entonces habíamos contratado solamente a recepcionistas mujeres, una costumbre que habíamos heredado del pasado. Esta vez yo supervisé intencionalmente a los candidatos y contratamos a dos varones para sustituir a las dos mujeres. Eso fue un cambio de paradigma. Cuando personas llamaban por primera vez a Beulah Heights, esperaban oír que respondía una voz femenina. Nos reímos cuando nuestros dos recepcionistas experimentaron al principio varias pausas incómodas e incluso varias veces les colgaron el teléfono.

En 2001 tuve que contratar a un director financiero asistente. Quería dar empleo a una mujer afroamericana, y también eso era algo que nunca habíamos hecho antes en Beulah Heights. Yo quería una directora de color porque nuestra escuela es predominantemente afroamericana. Quería evitar que estudiantes de color que tenían necesidades fueran a la oficina de ayuda financiera y se sentaran delante de una persona blanca, especialmente si esa persona tenía que denegar su petición. No quería que nadie hablara de prejuicio racial. Y quería una mujer porque el 55 por ciento de nuestro cuerpo estudiantil está formado por mujeres. Otra razón por la que quería contratar a una mujer era porque necesitaba a alguien que pudiera ser firme cuando tenía que serlo, pero que también pudiera agarrar la mano de quienes lo necesitaban.

En resumen, sobre el asunto de sensibilidad de género, los líderes de la iglesia del mañana se abren a posibilidades y las exploran. No están limitados a elegir a personas de un género específico para tareas específicas. Están más interesados en la función y la habilidad que en el género.

Asuntos generacionales

La tercera área en la cual los líderes del mañana deben ser sensibles es la brecha generacional. Paul Star escribió en un artículo titulado "Clueless" (Incapaz) para *American Prospect* el 8 de mayo de 2000:

> Estamos aquí en un nuevo territorio generacional. Un día el año pasado en una clase en Princeton sobre la sociedad estadounidense en la que estábamos hablando de la década de 1960 pregunté a mis alumnos en qué pensaban al oír el término "brecha generacional". Si crees que tiene que ver algo con sexo, drogas y rock and roll, probablemente tienes muchos más de 28 años. La primera respuesta de la clase fue la tecnología. Entonces, una joven dijo que la generación de sus padres no era tan emprendedora como la de ella.

El término *brecha generacional* ha sido redefinido. Tenemos más generaciones en nuestra iglesia ahora de las que teníamos hace diez años atrás. Por lo tanto, tenemos que preguntar: "¿Cómo serán capaces de suplir las necesidades de todas esas generaciones la estructura, el ministerio y el liderazgo?".

Quizá una ilustración personal ayudará. Cuando yo era pastor en 1985, asistió una mujer a nuestra iglesia, buscó la guardería, y dejó allí a su bebé. Esa era la norma. Hoy día, en una cultura más sensibilizada en la cual las personas son conscientes de todo el abuso que ha tenido lugar, los padres no quieren entrar en la iglesia y dejar a sus hijos en manos de personas a las que no conocen. Además, los líderes de la iglesia hoy día no permiten que cualquiera trabaje en la guardería sin haber realizado una comprobación de antecedentes.

Otras nuevas tendencias en el cuidado de guardería muestran sensibilidad hacia los padres. Por ejemplo, cuando los padres dejan a sus hijos, se llevan con ellos un avisador de baja frecuencia. Si los trabajadores de guardería necesitan al padre o la madre, utilizan el avisador, que no hace ruido, sino que vibra.

Los trabajadores de guardería hoy día rinden a un nivel muy profesional. Muchos visten incluso batas blancas por encima de la ropa para proyectar una imagen de profesionalismo. No se limitan a entregar de nuevo a los hijos a sus padres, sino que durante la última media hora del servicio de adoración emplean gran parte de su tiempo limpiando, cambiando pañales, y haciendo todo lo necesario para enviar a casa a los niños limpios, secos y alimentados. Este es un ejemplo excelente de sensibilidad hacia las generaciones, porque el nivel de cuidado que esperan los padres hoy es más elevado que en cualquier otra generación anterior.

Los líderes del mañana continúan creciendo. Son conscientes de su necesidad de cambiar, se adaptan esperando lo inesperado, y son sensibles a los asuntos que enfrentan, y nunca antes han lidiado con algunas de esas situaciones. Entonces tienen que pensar en cómo expresar sus nuevos descubrimientos.

Los líderes del mañana continúan creciendo manteniéndose atentos a asuntos sensibles emergentes. Esta sensibilidad les permite cambiar, adaptarse al futuro esperando lo inesperado a un nivel más profundo, especialmente cuando se aventuran hacia territorios que aún han de ser explorados.

7

LA COMUNICACIÓN EN LA ACTUALIDAD

La cuarta característica de los líderes del mañana es la comunicación eficaz. Para que nuestra comunicación sea eficaz hoy día, debe traspasar generaciones, culturas, e incluso el planeta. El mayor dilema en la comunicación es que cada generación se comunica y reacciona de modo diferente a la comunicación, y demasiadas veces los comunicadores no se dan cuenta de que sus palabras han pasado de largo a sus receptores.

Comunicación generacional

Quizá la manera más fácil de explicar los problemas de la comunicación generacional es utilizar los términos que usan los sociólogos para distinguir las generaciones: *veteranos, promotores, boomers, busters* y *mosaicos*. En la tabla siguiente muestro las actitudes y características generales de cada grupo.

Liderazgo y cinco generaciones

Asunto de Liderazgo	Veteranos	Promotores	Boomers	Busters (Gen. X)	Mosaicos
Nacidos	Antes 1928	1929-45	1946-64	1965-83	1984-2002
Paradigma de vida	Manifiesta destino	Agradecido de tener empleo	Eres mi dueño	Relaciónate conmigo	La vida es una cafetería

Asunto de Liderazgo	Veteranos	Promotores	Boomers	Busters (Gen. X)	Mosaicos
Actitud hacia la autoridad	Respeto	Soporta	Sustituye	Ignora	Decide
Rol de las relaciones	Largo plazo	Significativo, útil	Limitado, amable	Central	Global
Sistema de valores	Tradicional	Conservador	Basado en yo	Cambiante	Comprador
Rol de carrera	Leal, responsable	Medio para vivir	Enfoque central	Irritante	Siempre cambiante
Horarios	¿Qué hay?	Relajado	Frenético	Al azar	Volátil
Tecnología	¿Qué es eso?	Espero sobrevivir	Dominarla	Disfrutarla	Emplearla
Perspectiva del futuro	Incierta	Busca estabilizar	¡Crearla!	Desesperanza	¿?

1. *Veteranos* se refiere a cualquier persona nacida antes de 1928. Algunos los sitúan antes de 1930. El año exacto de nacimiento de las personas en estas categorías no es el asunto, tanto como su socialización y actitudes generales. La socialización de los veteranos se centraba en la Gran Depresión, la administración de Franklin Roosevelt, y la Segunda Guerra Mundial. Se criaron durante una época de relativa unidad en la nación y con un conjunto común de valores fundamentales. Con pocas excepciones, son la generación que ya está jubilada. Debido a la experiencia de la Gran Depresión, se preocupan por si tendrán dinero suficiente para pagar sus facturas médicas, y algunas veces temen que la Seguridad Social o privada les fallará.

2. *Promotores* se refiere a la siguiente generación, la que llegó justo antes de los *baby boomers*. Muchos de ellos recuerdan la Segunda Guerra Mundial, y todos pueden hablar sobre el conflicto coreano. Les gustaba Ike como presidente y recuerdan

el día en que murió John Kennedy. Es decir, nacieron en un periodo entre finales de la década de 1920 y 1945. Los promotores dicen: "Está agradecido por tener un empleo". Están menos preocupados por lo que hacen o cuán satisfactorio puede ser, y más preocupados por tener trabajo y un salario. "Solamente soporta si no te gusta lo que haces."

3. *Boomers* (o *baby boomers*) son los nacidos entre 1946 y 1964. Su actitud probablemente es: "Me debes un empleo. Dame uno bueno". Estos son los descendientes de las dos generaciones mayores. Se criaron con Elvis y los Beatles. La mayoría de ellos tenían fuertes sentimientos acerca de la Guerra de Vietnam, los cuales sumaron al vocabulario de la nación términos como Agente Naranja y síndrome de estrés postraumático. Sus padres habían trabajado para darles una vida mejor, y ellos aprendieron a esperar elevados estándares de vida. En lugar de comprar casas pequeñas y autos más antiguos, dicen: "Me merezco tener lo mejor ahora".

> Sabías que...La mayoría de las personas menores de 40 años no saben lo que significa la abreviatura "cc" en un memo.

4. *Busters* (o *Generación X*), los nacidos aproximadamente entre 1965 y 1983 dicen: "Ignóralos". Esta generación de más de cuarenta millones de personas es la descendencia de los *baby boomers*, una población de 77 millones de estadounidenses. Tienden a tomarse en serio la vida y, por lo tanto, dan gran consideración a las decisiones críticas. También están estresados. Escuela, familia, presión de grupo, sexualidad, estrés tecnológico, finanzas, alta delincuencia, e incluso corrección

política contribuyen a sus vidas tan estresadas. Sin embargo, no son impulsados hacia el éxito tanto como sus predecesores.

¿Por qué son los busters o Generación X una población menor que sus padres, los boomers?

Aquí tenemos seis factores contribuyentes:

1. Los Estados Unidos se convirtió en el centro de la mayor tasa de divorcio del mundo.

2. Los métodos anticonceptivos fueron cada vez más comunes y accesibles, especialmente con la disponibilidad de la píldora.

3. El aborto alcanzó un índice de 1,5 millones cada año.

4. Una educación universitaria fue accesible para más personas, especialmente mujeres que pasaron lentamente hasta posiciones de influencia en el mercado laboral.

5. El cambio social, incluyendo la liberación de las mujeres (o el movimiento feminista), alentó a más mujeres a pensar en estudiar carreras en lugar de ser "solamente" amas de casa.

6. La economía condujo a muchas mujeres a trabajar porque tenían que hacerlo o porque se convirtieron en las únicas personas que sostenían a la familia.

Confían en sí mismos, creyendo que pueden dar sentido a su fe religiosa. Esto no significa que se enfocan en el cristianismo. Más bien tienden hacia una perspectiva más amplia de la "espiritualidad". Y al mismo tiempo son escépticos, lo cual puede que sea una defensa contra el desengaño.

5. *Mosaicos (o Nexters)*, nacidos entre 1984 y 2002, están muy familiarizados con la tecnología y buscan maneras de utilizarla. Su actitud hacia el trabajo va más allá de dominar tareas, hasta ganar dinero con sus habilidades y utilizar ese dinero. Hasta la destrucción del World Trade Center en 2001, Tormenta del Desierto era la única implicación militar estadounidense que ellos experimentaron personalmente. Son catalogados como mosaicos debido a su estilo de vida ecléctico, su pensamiento no lineal, la fluidez de sus relaciones personales, y lo que alguien ha denominado su "perspectiva espiritual híbrida". Asombran a sus ancianos por la comodidad que sienten con las contradicciones relacionadas con todo, desde espiritualidad, moralidad, familia y política. Buscan con entusiasmo metas espirituales, pero tienen menos probabilidades de sentirse limitados por parámetros teológicos tradicionales. Son también la generación más cargada de información.

Un gran número de esta generación vio a sus padres perder sus empleos debido a los despidos. Por lo tanto, desconfían de las instituciones. Son también la primera generación en ser socialmente activa, desde la década de 1960. Llevan sus valores sociales al ámbito laboral.

Culturas generacionales

Esta brecha de cinco generaciones también refleja la velocidad de la comunicación. El correo electrónico es una bendición estupenda y a la vez una maldición terrible. Es estupendo porque ha acelerado la comunicación, pero es terrible porque ha acelerado la *mala* comunicación y la *des*información. Lo que solía tardar una semana en viajar por el planeta ahora puede difundirse en horas, mucho antes de que se haya verificado la precisión del contenido.

He descubierto varios sitios web dedicados a enumerar engaños y amenazas de virus falsos, llamados con frecuencia leyendas urbanas. Demasiadas personas difunden el mensaje sin consultar esos sitios web, y algunas probablemente ni siquiera saben que existen. Demasiadas veces lo hacen por pánico, y perpetúan rumores y alientan el temor.

Este es un ejemplo de lo que quiero decir. Alrededor del año 1980, solo unos pocos años antes del uso común de la computadora, miles de cristianos se inquietaron porque alguien hizo circular una carta que decía que la Comisión Federal de Comunicaciones (FCC), bajo la influencia de Madalyn Murray O'Hair, iba a detener toda programación religiosa. Esos cristianos indignados instaron a las personas a firmar peticiones para enviarlas a la FCC. La FCC hizo un anuncio público de que eso era falso, y que las toneladas de correo que habían recibido eran un esfuerzo desperdiciado.

Sin embargo, las viejas falsedades se negaban a morir. A finales de la década 1990, personas comenzaron a recibir correos electrónicos que contenían esencialmente el mismo mensaje que antes había circulado en forma de papel. Advertían que la FCC iba a detener toda programación religiosa y que esa acción había sido inspirada por los esfuerzos de Madalyn Murray O'Hair (O'Hair ya había muerto antes de que surgieran los rumores por correo electrónico, y la mayoría de personas alertadas, si no sabían que ella estaba muerta, sabían que estaba desaparecida). ¿Puedes imaginar lo que pedían los correos electrónicos? Rogaban a los lectores que inundaran de cartas de protesta a la FCC.

Un año después, circuló un mensaje parecido por correo electrónico diciendo que la serie de televisión *Tocado por un ángel* sería eliminada de la CBS porque utilizaban la palabra *Dios* en el programa. Una vez más, el escritor pedía redactar cartas de protesta. Una forma de este correo electrónico instaba incluso a los lectores a añadir sus nombres y direcciones, y dirigir la petición "a toda tu lista de contactos". (¡Me pregunto qué uso harían de esa lista publicistas inteligentes!). Algunas personas cuestionaron la veracidad de esos correos electrónicos, pero parece que no fueron muchas. Mientras tanto, cristianos asustados hicieron precisamente lo que les habían dicho: enviaron copias de la carta a toda su lista de contactos. Debido a que la falsedad salió impresa (en la pantalla, los correos electrónicos cuentan como página impresa), muchas personas ingenuas nunca cuestionaron la veracidad de lo que leían.

Otro problema menos obvio, pero igualmente peligroso con el correo electrónico, es que puede ser responsable del aumento de conflicto. Cuando utilizábamos el correo postal, las personas tendían a tomar tiempo para pensar lo que querían decir antes de poner sobre papel sus palabras o enviarlas en un sobre. Hoy día es fácil leer un correo electrónico, reaccionar y enviar rápidamente una respuesta. En muchos casos, la respuesta inmediata crea conflicto debido a una lectura apresurada o una respuesta exaltada.

Si alguien llega a mi oficina, se sienta al otro lado de mi escritorio y dice: "Estoy en desacuerdo contigo, Sam", yo puedo comenzar a abordar esa diferencia. Escucho la voz y observo el lenguaje corporal. Esto es cierto para todos nosotros, porque interactuamos y nos implicamos con algo más que las palabras. El correo electrónico, sin embargo, no nos da ese lujo. Queremos enviar rápidamente una respuesta casi de modo automático, y después tenemos que enviar una serie de correos electrónicos para corregir nuestra mala comunicación.

El correo electrónico afecta a la iglesia en muchos aspectos. ¿Quién está enviando la información? ¿Proviene de un "servidor" autorizado? ¿Puede cualquiera enviar a toda la membresía los correos electrónicos que quiera? ¿Es correcto que toda la congregación reciba mensajes de un miembro que tiene acceso a sus direcciones de correo electrónico, y las utilice para difundir información? ¿Qué sucede si el mensaje enviado, incluso por una persona autorizada, es malentendido o malinterpretado? Te aseguro que esto sucede: todo el tiempo.

La comunicación entre oficinas es otra área problemática. Supongamos que un diácono entra a la cocina de la iglesia, y ve que se han dejado dos sartenes en el lugar inadecuado. Quizá haya una lata de refresco que alguien dejó en una ventana. El diácono enojado envía un informe acalorado mediante el correo interno.

El receptor recibe el reporte, lo lee apresuradamente, y enseguida da una respuesta: "Son solamente adolescentes. Tenemos que estar agradecidos de que el lugar esté tan limpio como está".

En lugar de que asuntos tan triviales (y cosas parecidas sí que suceden) sean resueltos entre el liderazgo y la persona responsable, terminan difundiéndose entre personas que no tienen que estar implicadas.

Durante mis años como pastor, miembros airados en la iglesia tenían dos medios principales de quejarse *sin* una confrontación cara a cara. Algunos escogían utilizar el teléfono, y la mayor parte del tiempo estaban dispuestos a escuchar una explicación. Otros que no expresaban fuertes sentimientos negativos escogían directamente escribir cartas enojadas que me llegaban por correo postal. Ocasionalmente, metían sobres por debajo de mi puerta cuando acudían a una reunión en la iglesia. La mayoría del tiempo, sin embargo, eran necesarias al menos veinticuatro horas antes de que yo recibiera y leyera sus mensajes de enojo. Algunas veces sus cartas hacían daño, me asombraban o me decepcionaban. Me sorprendía que esas personas reaccionaran de maneras tan ruines y por razones tan triviales.

La única ventaja que yo tenía era el tiempo. La demora me daba la oportunidad de reflexionar en lo que leía, y era capaz de pensar en sus necesidades y preocupaciones. También tenía la opción de decidir cómo responder. Podía enviar una carta, que podría tardar hasta tres días o más en llegar, o podía esperar unas horas y llamar por teléfono a la persona. El paso del tiempo frecuentemente puede tener un efecto sanador importante. Cuando sí respondía a un miembro enojado habían pasado horas o días, y el enojo de la persona normalmente se había apaciguado.

En la actualidad las quejas llegan con más rapidez, casi instantáneamente. Para quienes no están dispuestos o no pueden expresar el enojo directamente, el correo electrónico es el método. Escriben apresuradamente unas cuantas frases y pulsan el botón de enviar.

Por ejemplo, una vez, el domingo a la 1:00 de la tarde, un ujier enojado me envía un correo electrónico para decirme que hice algo equivocado o dije palabras que ofendieron a alguien durante el servicio de adoración. Compruebo casualmente mi correo alrededor de las 2:45 y ahí está el mensaje mirándome directamente, menos de dos horas después del evento. Estoy preparado para enviar una respuesta igualmente enojada. A menos que me detenga, reflexione y me controle, estoy listo para enviar una respuesta dura o acalorada, y eso, a su vez, puede provocar otra respuesta aún más fuerte. La velocidad con que se envían esas respuestas de queja que son como fuego rápido aumenta la posibilidad de que se intensifique el enojo.

Lo que quiero decir es que hemos cambiado de ser una cultura que se mueve lentamente a ser otra que es casi instantánea. Esto supone una pesada carga sobre nosotros para comunicarnos con claridad y consideración. Yo insto a las personas a hacer una pausa y reflexionar antes de escribir un mensaje apresurado. De hecho, mientras más urgencia siento con respecto a un mensaje, tengo que responder más lentamente.

Antes de presionar el botón de enviar, ayuda preguntarse: "¿Cómo responderá él o ella a este correo?".

Demasiadas personas olvidan las reglas comunes de amabilidad y consideración cuando envían sus correos electrónicos. Quizá antes de que enviemos el siguiente correo electrónico o comunicación interna de una manera enojada o como respuesta al enojo, puede ayudarnos pensar en estas palabras que dijo Jesús:

> ¡Ama a tus enemigos! ¡Ora por los que te persiguen! De esa manera, estarás actuando como verdadero hijo de tu Padre que está en el cielo... Si solo amas a quienes te aman, ¿qué recompensa hay por eso? Hasta los corruptos cobradores de impuestos hacen lo mismo. Si eres amable solo con tus amigos, ¿en qué te diferencias de cualquier otro? Hasta los paganos hacen lo mismo. Pero tú debes ser perfecto, así como tu Padre en el cielo es perfecto. (Mateo 5:44-47 NTV).

Comunicación entre culturas

Cualquiera que haya viajado en otros países sabe que tenemos gestos y patrones de lenguaje que no son entendidos universalmente. Por ejemplo, los estadounidenses hacen el gesto de "OK" formando un círculo con los dedos pulgar e índice, pero en Sudamérica eso es un gesto obsceno.

No pensamos nada al aceptar regalos o hacer acciones con nuestra mano derecha o la izquierda porque en los Estados Unidos no hay diferencia alguna. En algunas culturas, sin embargo, es un insulto ofrecer o recibir con la mano izquierda.

Por ejemplo, un miembro de una congregación de tipo anglicano en Hyderabad, India, criticó enojadamente a Cec Murphey por sus acciones. Después de que Cec predicó en el servicio de la mañana, ayudó al rector a servir la Eucaristía. Las personas pasaban al frente y se arrodillaban delante del altar, y el sacerdote ofrecía a cada uno un sorbo de la copa de vino. Cec seguía detrás con el plato de pan. Él es ambidiestro y no era consciente de que estaba ofreciendo el plato con la mano izquierda. Es decir, no era consciente hasta que uno de los miembros lo apartó a un lado tras el servicio y lo reprendió por "insultar al pueblo de India".

> Los líderes necesitan reconocer las diferencias en comunicación entre diferentes grupos de edades. La comunicación necesita cruzar generaciones, culturas y geografía.

Las palabras también tienen distintos significados. Por ejemplo, el término para una perra parece ser ofensivo solamente en los Estados Unidos, pero algunas de nuestras palabras inofensivas provocan ofensa en otras culturas. En Inglaterra, algunos consideran la palabra *maldito* una expresión vulgar.

TECNOFILIA Y TECNOFOBIA

La quinta característica de los líderes del mañana es que no solo son conscientes de la tecnología emergente, sino que también adoptan su uso rápidamente. En este capítulo hablamos de tres tipos de tecnología:

1. Tecnología de la información.

2. Tecnología industrial.

3. Tecnología empresarial.

(Las iglesias, por supuesto, utilizan principalmente la tecnología de la información).

Tecnofilia es el término que utilizo para referirme a ser amigable y abierto hacia la tecnología. Ya han pasado los tiempos en que cualquiera discutía sobre si adaptarnos o no al mundo electrónico. La guerra ha terminado, y la tecnología venció. Nuestra pregunta es: ¿qué hacemos con la tecnología en la iglesia?

Las iglesias en general han sido lentas para aceptar la tecnología, pero los líderes del mañana nos instan a reconocer que la tecnología pone a nuestra disposición la información que no teníamos antes. Como dicen en el mundo empresarial, "información es poder". La tecnología nos provee las herramientas que podemos utilizar para alcanzar a personas y enseñarles sobre Jesucristo.

Tecnología de la información

En el pasado, nosotros los líderes de iglesias recibíamos la mayoría de nuestra información desde las oficinas de la denominación, o si pertenecíamos a una iglesia independiente, teníamos una red informal de la que recibíamos información formalmente e informalmente. En cualquiera de los casos, nuestras fuentes de información estaban bastante limitadas. Debido a que "esta ya no es la iglesia de nuestro papá", los líderes de *fefutura* nos instan a ampliar nuestras fuentes de información.

Personalmente, yo hago varias cosas para obtener información. Me suscribo a un servicio de audio y escucho esos audios cuando voy conduciendo, y también estoy suscrito a tres diferentes servicios gratuitos por correo electrónico sobre liderazgo. Otros recursos en línea también están disponibles, como Leadership Network, que proporciona diversa información sobre la iglesia. George Barna tiene un boletín gratuito que resume sus descubrimientos del impacto social sobre la iglesia. Otro boletín gratuito llamado *Netfax* habla sobre tendencias emergentes.

También tengo tres suscripciones pagadas a boletines por correo electrónico. Mi favorito es *LN BookNotes* de George Bullar. Él escribe detalladas reseñas de libros y ofrece perspectivas sobre los libros mismos, permitiéndome saber lo que está disponible, de qué habla cierto libro, y si debería comprar un ejemplar.

Tecnología industrial

Los pastores perceptivos ahora se están haciendo tres preguntas:

1. ¿Qué tecnologías tenemos en este momento?

2. ¿Qué tecnología tenemos en este momento que necesite mejorar?

3. ¿Qué nueva tecnología puede mejorar lo que ya estamos haciendo?

Consideremos, por ejemplo, el micrófono, que es una cosa estándar en casi todas las iglesias hoy en día. ¿Cómo podemos mejorar eso? Podemos utilizar micrófonos inalámbricos. ¿Cómo podemos mejorar eso? Podemos utilizar micrófonos que se sujetan como auriculares. Este es el tipo de preguntas que tiene que plantear continuamente un líder.

Además, también deberíamos reexaminar el sistema de sonido, el sistema de grabación y el sistema de video. Utilizamos la tecnología industrial en un mundo industrial. Esto es ministerio, desde luego, y necesitamos poco que nos recuerde eso. Sin embargo, también es una industria, e incluso si no nos gusta, operamos de este modo. Por lo tanto, debemos aprovechar cualquier tecnología que mejore nuestro ministerio.

Tecnología empresarial

¿Cómo conducimos la empresa de la iglesia? ¿Cómo transmitimos información? Una ayuda tecnológica es la cadena de comunicación, una máquina que no es mayor que una grabadora de audio. Lo único que hacemos es recorrer un clasificador de códigos postales e introducir el número telefónico.

Por ejemplo, igual que un correo electrónico masivo, la cadena de comunicación llama a cada veterano de secundaria y dice: "No olvides que el banquete de veteranos es el viernes en la noche a las 7:00".

La tecnología impulsa a los líderes del mañana a preguntar:

1. ¿Qué tecnologías tenemos en este momento?

2. ¿Qué tecnología tenemos en este momento que necesite mejorar?

3. ¿Qué nueva tecnología puede mejorar lo que ya estamos haciendo?

El sistema que utilizamos en BHBC hará una grabación en un contestador automático. Si nuestra máquina recibe la señal de ocupado, llamará tres veces. La cadena de comunicación también mantiene un registro (que podemos imprimir) de los números que estaban ocupados o que simplemente no respondieron.

En el sur donde yo vivo, aproximadamente una vez al año tenemos una tormenta de nieve. Debido a que no tenemos un buen equipo para limpiar las calles, la mayor parte de la ciudad está cerrada durante un día. Algunas veces, las iglesias tienen que cancelar sus servicios matutinos debido a una tormenta. Las iglesias grandes podrían grabar un mensaje que diga que el servicio de la iglesia se ha cancelado, y utilizar la cadena de comunicación para llamar a los hogares de cada miembro.

Además, necesitamos descubrir qué tipo de software de negocios hará que nuestras iglesias funcionen con más eficacia. ¿Qué software de contabilidad está disponible para las iglesias? ¿Cómo pueden recibir los miembros sus recibos de aportaciones antes del 31 enero y saber que son precisos? ¿Cómo pueden los pastores llevar un registro de los visitantes y poder compilar y analizar también otra demografía? La tecnología empresarial casi hace que sean redundantes algunas preguntas que aparecen en la tarjeta de visitantes. Si los visitantes anotan solamente sus nombres y números de teléfono, eso es lo único que necesitamos. Al utilizar la Internet, podemos descubrir dónde viven e incluso descargar las direcciones de sus hogares. También podemos utilizar la tecnología para enviar por correo electrónico nuestro boletín.

Si no nos mantenemos al día de la tecnología, los inmigrantes llegan, echan un vistazo y dicen: "No lo entiendo". O actúan como si hubieran entrado en un entorno eclesial desfasado, y nos tratan en consecuencia.

"La iglesia es irrelevante" es algo que hemos escuchado con frecuencia en años recientes. Para causar un impacto positivo en ese tipo de pensamiento, tenemos que estar mejor preparados para ministrar en una cultura donde al menos el diez por ciento de la población abandonará el edificio físico de la iglesia para obtener una experiencia de fe exclusivamente digital. George Barna ha advertido: "Las iglesias que no hagan de la tecnología parte de su arsenal de herramientas morirán después de que el último de sus miembros contrario a la tecnología muera de aquí a veinte años. Será una muerte innecesariamente dolorosa para esos ministerios".

¿Es accesible tu iglesia?

El Barna Research Group telefoneó a 3.764 congregaciones protestantes elegidas al azar en los meses de junio y julio de 2000. Querían conocer la disponibilidad de la iglesia. ¿Resultados? Dijeron que no pudieron establecer contacto con alguien en el 40 por ciento de las iglesias a pesar de repetidos intentos. Casi en la mitad de ellas donde no pudieron contactar con ninguna persona ni siquiera tenían contestadores automáticos. En otros casos en los que el personal de Barna dejó un mensaje, no recibieron respuesta.

"En un mundo donde las personas están muy ocupadas y sospechan del valor práctico de las iglesias, no es probable que hagan tres o cuatro llamadas a una iglesia antes de conseguir hablar con un ser humano". George Barna dijo: "Si las iglesias quieren ayudar a las personas, tienen que ser accesibles".

Como líderes del mañana, conocemos las primeras cinco cosas que necesitamos:

1. Nos preparamos para el cambio.

2. Entendemos que no podemos planear el futuro porque sigue sucediendo lo inesperado.

3. Nos mantenemos al corriente de asuntos sensibles.

4. Nos convertimos en comunicadores modernos.

5. No tenemos temor a la tecnología. De hecho, la aprendemos y utilizamos para difundir las buenas nuevas de Jesucristo.

9

ESTILOS DE VIDA SALUDABLES

La sexta característica de los líderes del mañana es lo que yo denomino estilos de vida saludables. En este capítulo hago énfasis en el balance, la conducta y la biotecnología.

Balance

Utilizo el término *balance* para referirme a cosas tales como descanso, dieta adecuada, ejercicio, ocio y compañerismo. Puede que nunca estemos perfectamente balanceados, pero creo que trabajar hacia el equilibrio nos acerca a ser personas balanceadas al entrar a esta época.

Debido a nuestros estilos de vida fragmentados hoy día, todo el mundo busca balance. A todos nos empujan desde varias direcciones a la misma vez. Fuerzas externas tiran de nosotros. Tenemos más demandas hoy que nos reclaman de las que había ayer, y tendemos a responder a "la tiranía de lo urgente", es decir, al clamor inmediato, incluso si no es tan importante como otra cosa. ¿Cómo podemos aliviar el estrés? ¿Cómo podemos cambiar nuestra conducta para manejar las crisis diarias?

Yo viajo mucho. Cuando comencé a escribir este libro acababa de regresar de diez días de viaje que incluyeron seis vuelos de ida. Eso significa que había estado montado en aviones doce veces en diez días. ¿Qué hay en mi conducta que me permite tener un estilo de vida saludable? ¿Cómo evito el ajetreo y el estrés que muchas personas sienten cuando van apresuradamente al aeropuerto, hacen fila, pasan los controles de seguridad, y finalmente abordan al avión? Yo llego al aeropuerto temprano, escojo mi asiento, abro mi maleta, y consigo hacer mucho trabajo. En lugar de quejarme por la espera interminable, me enfoco en tareas que quiero lograr, y así evito sentir que no podré hacer mi trabajo o que estoy desperdiciando el tiempo. Estoy relajado cuando me subo al avión.

> Las personas buscan balance mientras lidian con asuntos como el descanso, las comidas, ejercicio, ocio y compañerismo. Los líderes necesitan preguntarse a sí mismos cómo suplir esas necesidades.

Como contraste, tengo varios amigos que presumen de llegar corriendo al aeropuerto, recorrer los pasillos apresuradamente, y subir los últimos al avión durante la última llamada para abordar. No me dicen cuán fracturados están el resto del día ni me hablan del estrés que se acumula en ellos.

He utilizado estos patrones de conducta como ilustración. Siempre podemos cambiar nuestros patrones de conducta, y parte del balance es recordarnos a nosotros mismos que nuestro cuerpo pertenece a Dios y que somos templos santos. Somos responsables de nuestro estilo de vida, y podemos hacer mucho hacia controlar nuestros niveles de estrés. También necesitamos recordarnos a nosotros mismos que cuando vivimos continuamente una vida estresada, nuestra salud y nuestra actitud se ven afectadas, al igual que nuestra eficacia para Dios.

Conducta

¿Cómo modifico mi conducta para suplir las necesidades cambiantes en mi vida? Antes puse el ejemplo de llegar temprano al aeropuerto como un estrés en la vida que puedo controlar. Pero ¿qué de mi conducta cuando estoy con mi familia o en el trabajo? Me comporto de modo diferente con diferentes personas. Al mediodía, por ejemplo, puedo relacionarme con un buen amigo. Puedo reír, planear, estar en desacuerdo, llorar o compartir, y puedo ser vulnerable en muchos aspectos. Cuando respondo a un miembro del equipo de personal, sin embargo, mi conducta será diferente. Nada cambia en el respeto o la cortesía, pero las dinámicas sí que cambian. Cuando estoy hablando con alguien del equipo, yo soy el jefe. Un código de conducta aceptable está en su lugar en la mayoría de las situaciones. Si tengo que hablar a mi junta directiva, las dinámicas cambian una vez más.

Biotecnología

El cuidado pastoral está cambiando. Una manera de mostrar esto es pensar en un niño que tiene daños cerebrales. En el pasado, los padres oraban y pedían oración de sanidad en la iglesia, acudían a sanadores de fe, o sencillamente permitían que la naturaleza siguiera su curso. Muchos de ellos ocultaban a sus hijos de las miradas y el ridículo, excluyéndolos de muchas formas de socialización.

Actualmente, esos padres llevan a sus hijos a un médico que los envía a especialistas. La tecnología actual provee ahora sistemas de apoyo de la vida y un amplio rango de medicación. ¿Cómo nos relacionamos con esos niños en nuestras iglesias?

Una congregación que conozco tiene una clase de escuela dominical para aquellos que antes eran catalogados como retardados mentales. La decena de miembros regulares sienten orgullo de ser parte de una clase, de pertenecer a un grupo en el que se sienten seguros y apoyados.

Pensemos en el niño de nueve años que no puede respirar sin un respirador. Sus padres han aprendido a conectar el tanque de oxígeno cuando lo llevan en silla de ruedas. Hace una generación, ese niño probablemente no habría llegado a vivir tanto tiempo. ¿Dónde interviene la consejería pastoral, y cómo puede ayudar la iglesia a ese niño? ¿Qué puede hacer la iglesia por los padres?

Las personas viven más tiempo en la actualidad. La tecnología ha provisto una manera para que muchas personas vivan más allá de su esperanza de vida normal. Hace cincuenta años, morían grandes números de personas en la infancia. Esto significa que tenemos más personas ancianas ahora que en cualquier otra época en la historia de nuestra nación. Solamente eso cambia el rostro del cuidado pastoral.

¿Cómo cuidamos de los congregantes más ancianos? No me refiero solamente a enviarles una grabación del servicio junto con un ejemplar del boletín dominical. Hoy día, muchos están en hogares transicionales, instalaciones residenciales, o entornos con ayuda, de modo que ¿cómo proveemos un cuidado pastoral sustancial?

También necesitamos ministrar a personas que cuidan de sus padres enfermos. Cuidar de un padre o una madre que tiene demencia o enfermedad de Alzheimer puede ser muy difícil. También debemos llegar a ser sensibles a las familias que soportan estrés financiero debido a una enfermedad larga o el cuidado residencial.

A medida que los líderes del mañana aumentan su capacidad de crecer y liderar, hacen hincapié en estilos de vida saludables, y enseñan a otros a encontrar balance. Y a medida que ayudan a otros a lidiar en su lucha por el balance, son cada vez más conscientes de su propia necesidad de hacer del aprendizaje una práctica de por vida.

10

APRENDIZAJE DE POR VIDA

La séptima característica de los líderes del mañana es que son aprendices de por vida.

Tres factores importantes acerca de la vida actualmente muestran en las generaciones un cambio dramático en actitud.

1. Conocimiento es poder.
2. Información es la divisa.
3. Innovación es éxito.

Hace veinte años alentábamos (incluso presionábamos) a nuestros jóvenes a obtener un título universitario. La idea era que la graduación completaba la educación formal, y para muchos así era exactamente. "No he leído ni un solo libro desde que me gradué de la universidad", solíamos escuchar decir con orgullo a las personas.

Hoy día, el título parece menos importante, pero el aprendizaje no se detiene. Nuestro mundo tecnológico está construido sobre la idea de la educación de por vida. No podemos dejar de aprender. Por ejemplo, si mi hija obtiene una maestría en sistemas de información por computadora de la institución más prestigiosa de este planeta, en seis meses su aprendizaje quedará obsoleto a menos que ella se comprometa a aprender de por vida.

Hace una década, algunas empresas grandes podían permitirse el lujo de pagar para que sus empleados asistieran a talleres, seminarios y clases para recibir unidades de educación continuadas. Eso ya no es un lujo. Si los trabajadores quieren que les siga yendo bien en sus empleos, tienen que seguir creciendo y aprendiendo incluso si ellos mismos tienen que pagarse las clases.

Los líderes de iglesias también necesitan estar comprometidos con más lectura y el aprendizaje de por vida con una base más amplia. En el pasado, leían algunas revistas de teología, y casi siempre del tipo que estaba de acuerdo con su postura teológica. Eso es demasiado estrecho para la época actual. Ahora necesitan saber lo que está sucediendo en el mundo y relacionarse con ello. Después de la destrucción del World Trade Center en 2001, librerías y bibliotecas se vieron abrumadas de peticiones de información sobre el islam. No había muchos pastores que tuvieran suficiente conocimiento al respecto para enseñar un curso sobre el tema. En cambio, personas acudían a mezquitas, compraban libros de escritores seculares, y se inscribían en seminarios y talleres para aprender más sobre el islam. Muchas iglesias perdieron una oportunidad estupenda.

Los líderes del mañana no solo tienen que ser conscientes de la literatura cristiana actual, también necesitan leer o al menos ser conocedores de la literatura no cristiana. Hubo un tiempo en que los cristianos piadosos no leían ficción, y si lo hacían, eran solamente historias evangelísticas. Eso ha cambiado. La proliferación y el abanico de novelas han sacudido a muchas personas ingenuas cuando se han dado cuenta de la amplitud de la audiencia. Hoy día, los líderes inteligentes saben lo que sale de las imprentas en ficción y no ficción. Debido a que están al día, pueden responder preguntas sobre la reencarnación o la comunicación con los muertos.

Cada casa editorial secular importante tiene ahora lo que denominan un sello espiritual o cristiano, y escritores evangélicos conocidos escriben muchos de los libros que esas editoriales publican. ¿A qué se debe ese interés? Se debe a que estamos en una época de espiritualidad, y los libros sobre temas espirituales venden. La categoría *espiritualidad*, sin embargo, lo incluye todo, desde yoga, taoísmo, literatura de la wica, budismo, hasta cada aspecto del cristianismo.

> Alguien dijo: "Se necesita mucho tiempo para demostrar que eres inteligente. Se necesita solamente un segundo para demostrar que eres ignorante".

Cada vez más se están publicando periódicos orientados a nichos. Tienen un ritmo de difusión más rápido y pueden enviar información mucho más rápidamente que las editoriales de libros.

Si somos aprendices de por vida, no solo podremos captar nuestros errores y traspiés, sino que también podremos saber qué hacer para corregirlos. En una familia, por ejemplo, los aprendices de por vida reconocen la diferencia entre castigar y disciplinar a sus hijos. El castigo es punitivo; la disciplina es correctiva y los prepara para hacerlo mejor la próxima vez. El castigo se enfoca solamente en la conducta presente, y la disciplina instruye para el futuro.

En tiempos de antaño, un papá normalmente le decía a su hijo: "Hiciste mal, y lo sabías; ahora, como tu padre que te quiere, debo castigarte". Hoy día, un padre puede decir: "Quizá no deberías haber hecho eso. Quiero mostrarte una manera mejor de manejar esa situación la próxima vez que suceda". Ese padre se está enfocando en el aprendizaje de por vida para el hijo. Los aprendices de por vida entienden que la pregunta importante no es: "¿qué dificultades atravesamos?". Es: "¿qué aprendimos cuando experimentamos dificultades?".

Estoy agradecido porque Dios nos provee el mejor aprendizaje de por vida. En nuestras escuelas y universidades nos enseñan una lección y después somos examinados individualmente. El modo que Dios tiene de hacer las cosas es hacernos el examen, quedarse a nuestro lado mientras atravesamos la situación difícil, y abrazarnos tiernamente preguntando: "¿Qué has aprendido de esta experiencia?". Así, con Dios nuestro aprendizaje surge de nuestra prueba.

¿Qué estamos diciendo?

Si tienes más de cuarenta años, probablemente hayas oído las declaraciones siguientes. Quizá las has utilizado con tus propios hijos porque las oíste a tus padres. ¿Cuáles son los mensajes que estamos comunicando con estas palabras?

"Haz lo que yo digo y no lo que yo hago".
"Quieres ser *¿qué?*".
"Tu cuarto es una pocilga".

"¿No sabes hacer nada bien?".

"Ahora estoy ocupado. ¿Puedes regresar más tarde?".

"¿Dónde lo encontraste a *él* (o a *ella*)?".

Veamos cómo opera este concepto en la iglesia mirando los estilos de liderazgo. En el pasado aceptábamos (y a veces incluso deseábamos) a los líderes autocráticos. Hoy día, ese estilo sencillamente no funciona. Algunos líderes lo siguen intentando, pero no funciona para ellos levantarse y hacer declaraciones para todo el mundo. Como lo siguen intentando y siguen fracasando, son castigados con falta de resultados. Cada vez más, sus críticos hablan contra ellos. Los líderes mismos siguen sin haber aprendido nada, y una de sus defensas es recurrir a la culpabilidad, la cual supuestamente aparta el enfoque de ellos mismos y dirige el foco de luz hacia otros. Dicen cosas como:

"Las personas no son tan espirituales hoy como solían serlo."

"Los miembros de las iglesias no quieren oír lo que Dios dice."

"La Biblia nos advierte de oídos que tienen comezón de oír, y hay muchos de ellos en la iglesia hoy día."

"No es que me rechacen a mí, están rechazando la Palabra de Dios."

Mientras los líderes culpen a otros de sus fracasos, se vean a sí mismos como la voz final en todos los asuntos e insistan en ser *el* líder, no va a suceder mucho más. Sin embargo, si escuchan a otros, aceptan la guía y la reprensión, y estudian seriamente las necesidades de otros, comenzarán a reconocer que sus métodos sencillamente no son eficaces. Si pueden ser tan abiertos consigo mismos, también reconocerán que el fracaso no se debe a la dureza de corazón de las personas, sino a que las personas hoy día no responden a un estilo demandante de liderazgo.

"¿Cómo puedo remodelar, reenfocar, reinventar o volver a vigorizar mi mensaje?" es la pregunta que se están planteando los líderes del mañana. Ya no suponen que las personas son indiferentes, no les importa y son arrogantes. En cambio, imaginan a lo que no respondes las personas y reconocen que con frecuencia ese era su estilo de liderazgo. A medida que siguen aprendiendo, preguntan: "¿Qué enfoque puedo adoptar que las personas entenderán y lo aceptarán como de apoyo? ¿Cómo puedo llevar a cabo el ministerio de modo diferente?". Incluso puede que se digan a sí mismos: "Quizá necesito un defensor: alguien que pueda apoyar mi causa".

> Trabajar en equipos requiere un cambio de paradigma, un nuevo modo de pensar. Tenemos que ser capaces de admitir que lo que estábamos seguros de saber quizá no es necesariamente así.

Cambiar los estilos de liderazgo es una prueba real para muchos líderes porque siempre han estado en el centro de toda la actividad y se sienten incómodos si no están a cargo de las cosas. Algo que aprenderán es que no importa quién obtenga el mérito por iniciar ideas o incluso desempeñarlas. Los resultados eficaces son lo que cuenta.

No todos los estilos de liderazgo pueden acomodar esa apertura, pero es algo que yo he aprendido a hacer. Creo que es porque, cuando yo era pastor, aprendí que en lugar de pensar en el liderazgo como poder, operaba mejor si consideraba el liderazgo como influencia. Los mejores líderes son aquellos que motivan, sugieren y alientan, pero no demandan, dicen o insisten.

Esto es lo que quiero decir con la palabra influencia. Yo tuve una idea de algo que quería que sucediera en el Instituto Bíblico Beulah Heights, pero era controvertido. Como mi idea era costosa, seguramente encontraría resistencia.

Llamé a un miembro de la junta directiva y le pregunté si podíamos salir a almorzar. Lo escogí a él porque es muy respetado por mí y por los demás miembros, y quería obtener su punto de vista. Si a él le gustaba lo que yo proponía, podía contar con que influenciaría a los demás.

Tras explicarle lo que tenía en mente, pregunté: "¿Qué te parece esta idea? ¿Crees que funcionará?".

Cuando dijo que le gustaba mi idea y que pensaba que funcionaría, yo pregunté: "¿Qué necesitamos hacer para que esto suceda?".

Procesé el plan completo por medio de él, y él se subió al tren.

"¿Cuál sería la mejor manera de proponer esto?" fue mi siguiente pregunta. "¿Debería sacar el tema yo, o es algo que te gustaría hacer a ti?".

Este hombre es un iniciador, y tal como yo esperaba, él dijo: "No te preocupes. Yo me ocuparé". Se refería a que él sacaría el tema ante la junta directiva y sería su principal defensor.

En la siguiente reunión de la junta, esa persona influyente habló del tema y utilizó su influencia bien ganada para motivar a los demás. Debido al alto nivel de confianza que la junta tenía en este hombre, casi no se produjo ninguna discusión. La medida se aprobó sin discrepancia.

Según George Barna, quince normas informales dirigieron y definieron a la juventud desde la mitad al final de la década de 1990. Ahora adultos, esos adolescentes están emergiendo como líderes en nuestras iglesias.

1. Las relaciones personales cuentan. Las instituciones no.

2. El proceso es más importante que el producto.

3. Perseguir agresivamente la diversidad entre las personas.

4. Disfrutar de las personas y de las oportunidades de la vida es más importante que la productividad, el beneficio o el logro.

5. El cambio es bueno.

6. El desarrollo del carácter es más crucial que el logro.

7. No siempre puedes contar con que tu familia estará a tu lado, pero es tu mejor esperanza para recibir apoyo emocional.

8. Cada individuo debe asumir responsabilidad por su propio mundo.

9. Siempre que sea necesario, obtén control y úsalo sabiamente.

10. No malgastes tiempo buscando absolutos. No hay ninguno.

11. Una persona puede marcar una diferencia en el mundo, pero no mucha.

12. La vida es difícil y después morimos. Pero como es la única vida que tenemos, bien podemos soportarla, mejorarla, y disfrutarla todo lo que podamos.

13. La verdad espiritual puede adoptar muchas formas.

14. Expresa tu enojo.

15. La tecnología es nuestro aliado nacional.

George Barna, *Generation Next: What You Need to Know about Today's Youth* (Ventura, Calif.: Regal Books, 1993, pp. 108-15)

Yo no intentaba utilizar (o utilizar mal) al miembro de la junta. Si él hubiera descartado mi idea, yo no habría insistido. Sin embargo, sabía que su influencia funcionaría mucho mejor que todas las sugerencias, ruegos y demandas que yo pudiera hacer.

Conocimiento es poder

En diferentes épocas en la historia, las personas han percibido el poder de modo distinto. Por ejemplo, hace un siglo en el Viejo Oeste un ranchero mostraba poder contando cabezas de ganado. Hace una década, las iglesias mostraban su influencia y prestigio por el número de autobuses que había en su estacionamiento. Nuestras percepciones están cambiando. Aunque hace tiempo que hemos sido conscientes de la importancia del conocimiento, solamente en años recientes es cuando hemos visto que el conocimiento (o la información, como se llama a veces) es poder.

Siempre hemos sabido que el conocimiento es poder, desde luego, pero hoy día eso es más cierto que nunca. Una cosa que los líderes necesitan saber especialmente, sin embargo, es que no tienen que saberlo todo. Cuando yo era pequeño vivía según la ley no escrita de la iglesia que decía que el pastor lo sabía todo, los ancianos y diáconos sabían casi tanto, y la congregación sabía poco. No solo todos asumían que los líderes de la iglesia tenían que saberlo todo; también tenían que tener las respuestas para cada pregunta, y tenían que tener al menos dos versículos de la Biblia para demostrar su punto.

Una de las experiencias más liberadoras para cualquier pastor es decir a la congregación: "No lo sé". Esto se vuelve aún más poderoso cuando el mismo pastor les dice a los ancianos y diáconos: "¿Saben lo que deberíamos hacer? ¿Cuál es su opinión?" (esto es igualmente cierto para el liderazgo en todos los niveles. Es un alivio para los estudiantes en la escuela dominical, por ejemplo, cuando el maestro dice: "No tengo idea").

Reconocer ignorancia no solo libera a pastores y otros líderes de las cargas pesadas que no pueden soportar, sino que también los libera para ser seres humanos. En el proceso, las personas realmente llegan a conocerlos como falibles, y puede identificarse más rápidamente con ellos como individuos. Esta confesión invita a otros a participar en el proceso de manejar situaciones problemáticas.

Estamos viviendo con lo que yo denomino retos relacionales. Cuando compartimos información o permitimos que otros compartan con nosotros su información, construimos puentes. Nos volvemos vulnerables, pero este no es el verdadero asunto. Mejoramos nuestra autenticidad y nuestra credibilidad cuando permitimos que otros se abran a nosotros y nosotros nos abrimos a ellos.

Como contraste, imaginemos cómo sería en la iglesia si…

- el organista o pianista descubriera acordes hermosos, pero no quisiera revelar esa música para que así otros no pudieran tocar tan bien como lo hace él o ella.

- el pastor de jóvenes supiera de una persona influyente estratégica que había ayudado a avanzar cierto programa, pero retuviera esa información para que nadie más lo supiera y se aprovechara de esa misma fuente.

Información es la divisa

En nuestro mundo, la información es la mejor divisa. Intercambiamos información, y nuestra información aumenta al compartirla. En cuanto la entregamos, la hemos aumentado al darla a otra persona, quien a su vez puede entregarla y aumentarla aún más. A mí no me preocupa qué otra persona va a tomar ese material y guardarlo.

Me entristece que pastores, ancianos, diáconos y maestros sepan cosas que no transmiten a las personas que les rodean. Serían más eficaces si compartieran más.

Un principio que yo aplico a compartir información implica preguntar: "¿Quién más necesita saber esto?". En cuanto comienzo a leer alguna información que llega a mi escritorio, pregunto: "¿Quién más puede beneficiarse de esto?".

Uno de mis roles como presidente de un instituto bíblico era recaudar fondos para programas que no están cubiertos por la matrícula. La mayoría de las personas razonarían que deberíamos mantener nuestras fuentes en secreto en cuanto fuera posible para que ninguna otra persona aproveche esa misma fuente y así recorte cualquier ayuda futura para nosotros. ¡Yo no creo eso! De hecho, cuando lo compartía abiertamente, los resultados me asombraban. Cuando presentaba a mis patrocinadores a alguna otra persona que necesita fondos, todos salíamos ganando. Tal vez esto no tenga sentido para muchas personas, pero funciona, y lo he estado defendiendo por mucho tiempo. Cuando alguien acudía a mí y necesita dinero para un proyecto en el que yo creía, apuntaba a esa persona hacia alguien que podía ayudar.

Por ejemplo, digamos que Sara donaba al instituto diez mil dólares anualmente porque creía en lo que estábamos haciendo. Mi amigo Marcos necesitaba seis mil dólares para un proyecto para trabajar con las personas sin hogar, y yo creía plenamente en lo que él estaba haciendo. ¿Qué hacía? ¿Le hablaba de él a Sara? Si lo hacía, ella podía darle fondos, dejándome a mí solamente con cuatro mil dólares para el año siguiente. O incluso peor, ella podría dejar de apoyar a Beulah Heights y dar todos sus fondos a Marcos.

He compartido ese tipo de información decenas de veces, y nunca he perdido nada. Por ejemplo, llamo a Sara y le hablo sobre Marcos: "Por algunas cosas que has dicho, creo que tienes un corazón para las personas sin hogar. Marcos tiene un proyecto de un albergue para personas sin hogar, que está intentando poner en marcha. ¿Puede hablar contigo?". O podría decir: "Muy bien, Marcos, aquí tienes el nombre y el número de Sara. Llámala y dile que yo te di la información". Cada vez que he hecho eso, nuestros fondos realmente han aumentado *provenientes de la misma fuente*.

He dado información y he construido un puente, y todos se han beneficiado. Jesús estableció el principio: *"Den, y recibirán. Lo que den a otros les será devuelto por completo... La cantidad que den determinará la cantidad que recibirán a cambio"* (Lucas 6:38-39 NTV). Ya que Jesús estableció el ejemplo y nos dio las instrucciones, puedo compartir fuentes y recursos.

Como líder, he decidido trabajar por medio de personas, de modo que no solo estoy preguntando: "¿Quién más puede beneficiarse de lo que yo sé?", sino que también pregunto: "¿Quién puede ayudarme?". Cuando respondo esas preguntas, estoy en el proceso de construir un equipo estratégico.

No tenía muchos comités en Beulah Heights, pero sí tenía muchos equipos concretos formados para un propósito específico. Cuando terminaban esa tarea, se disolvían. Algunas veces yo seleccionaba al equipo específico, y en otras ocasiones pedía al personal que lo hiciera.

El siguiente es un ejemplo que saqué del libro de Thomas Friedman *Lexus and the Olive Tree: Understanding Globalization* (El Lexus y el olivo: Entendiendo la globalización) (New York: Anchor Books, 2000). Él escribe sobre valores fundamentales en un mundo globalizado o interrelacionado. Su libro hizo surgir una idea que yo comencé a utilizar en el instituto, y funcionó maravillosamente.

Queríamos descubrir nuestros cinco principales valores fundamentales en la institución, cosas que nunca cambiaríamos acerca de nosotros y que ayudarían a definir quiénes éramos como BHBC. Como yo no quería escoger a un equipo estrictamente desde mi marco de referencia, convoqué una reunión de personal y dije: "Supongamos que el Instituto Bíblico Beulah Heights ha sido invitado a abrir una sede en Marte, y hay un cohete que parte para ese planeta la próxima semana, pero solamente tiene espacio suficiente para siete personas. En el papel que tienen delante, escriban los nombres de las siete personas a las que nominarían para ir en ese cohete, personas que serían quienes mejor nos representarían. Hay solamente dos reglas. La primera es que no pueden nominarse a sí mismos. La segunda es que no pueden nominarme a mí".

Cuando recogí los "votos", teníamos un total de ochenta nombres. Mi asistente Jackie Armstrong puso los nombres en un esquema de los más nominadose hizo cálculos hasta que nos quedamos con los siete nombres más nominados. La persona que tenía más nominaciones era Benson Karanja, un africano. La persona en segundo lugar era Robert Melson, que llevaba en el equipo de personal solamente tres meses.

Cuando el equipo quedó formado, les pedimos que pensaran los valores fundamentales que los guiarían para comenzar la escuela en Marte. Ellos trabajaron en eso y llevaron sus decisiones a todo el equipo. Los demás escucharon, participaron, hicieron sugerencias, y después el equipo regresó al trabajo. Cuatro veces ese equipo concreto se presentó ante todo el grupo, pero finalmente supimos cuáles eran nuestros valores fundamentales.

Innovación es éxito

La innovación responde la pregunta: "¿Qué podemos hacer que nadie más está haciendo?". Esa es una pregunta muy difícil, y se necesita valentía para plantearla.

Nuestro primer descubrimiento fue la necesidad de formación en el ministerio urbano. Ningún otro instituto bíblico estaba haciendo ministerio urbano. Incluso ahora, somos el único instituto bíblico acreditado en el sur de los Estados Unidos que ofrece una especialización en ministerio urbano. Ya que muchos de nuestros estudiantes nunca proseguirán hacia la universidad, vimos la necesidad de proporcionar una especialización a nivel universitario.

En el otoño de 2000 comenzamos otra especialización que llamamos "Liderazgo". Hasta donde yo sé, este curso es único en los Estados Unidos. No lo llamamos "Liderazgo eclesial", "Liderazgo pastoral", "Liderazgo ministerial" o "Liderazgo personal". Nuestra misión es formar a todo tipo de líder para el entorno laboral, al igual que para el servicio en la iglesia. Nadie más estaba proveyendo una especialización en liderazgo o ministerio urbano cuando comenzamos esos dos programas. A eso me refiero con innovación.

Quienes tratan de resolver los asuntos de la iglesia del mañana deben mirar atentamente su demografía y utilizar esa información para decidir qué tipo de servicios o ministerios necesitan ofrece,r y el tipo de personas que deben asignar a esas áreas.

Además, deben determinar qué habilidades necesitan las personas para nuevos servicios o ministerios. Por ejemplo, si yo hubiera sido líder de jóvenes hace cinco años y mi competencia no hubiera aumentado, no podría relacionarme de modo eficaz con la juventud de hoy. Sin embargo, aún sigo encontrando a muchos que se enfocan en los métodos tradicionales del pasado. Promueven campamentos juveniles y convocatorias juveniles, y ninguna de estas cosas es equivocada o mala; sencillamente están un poco desfasadas. Los programas innovadores están más orientados a la familia, y se programan las actividades solamente para las horas de la tarde.

Beulah Heights planeó una actividad innovadora para jóvenes en nuestra comunidad que no tenían contacto directo con BHBC. Recibimos fondos privados para llevar a treinta muchachos y muchachas y diez acompañantes de lunes a viernes, a una conferencia de formación de liderazgo Sea World en Orlando, Florida. Todos ellos eran de barrios marginados del centro de la ciudad, nunca habían salido de las casas subvencionadas, y provenían de diecisiete iglesias diferentes.

Nosotros teníamos el dinero para los gastos, pero lo que no teníamos era el transporte. Un día hablé sobre los planes de ir a Orlando con un amigo cristiano muy amable y cálido llamado Don Chapman.

"¿Cómo vas a llevar a los chicos desde Atlanta hasta Orlando?", me preguntó.

"En autobús", dije yo. "Aún no hemos hecho las reservas, trabajaremos en eso la próxima semana. Hemos decidido que probablemente rentaremos un autobús".

"No, no hagas eso. Que vayan en avión", dijo él.

"Pero no tenemos dinero suficiente para hacer eso", respondí.

"Estoy en la junta directiva de AirTran. Escríbeme una nota que explique lo que ustedes quieren hacer, y yo me ocuparé". En lo que a Don respectaba, era así de sencillo.

Ese mismo día le escribí y le pregunté si podía arreglar las cosas para que un avión llevara a treinta niños y diez acompañantes de ida y regreso en cierta fecha.

Gary McIntosh dirigió una vez un taller con el tema "Eso era entonces y esto es ahora". La tabla siguiente enumera algunas de las observaciones que salieron de ese taller.

Eso era entonces	Esto es ahora
Más impulsados a la estructura	Más impulsados a la misión
Las personas servían por deber y obligación	Las personas sirven por pasión y dones

Eso era entonces	Esto es ahora
Más dependiente del líder	Más responsabilidad compartida
Más autoridad e información de arriba abajo	Los equipos reciben de todos
Poder y control	Empoderamiento del equipo
Equipos enfocados en tarea o relación	Enfoque en ambas cosas
El liderazgo era asignado o transferido	El liderazgo emerge

Don cumplió su palabra. AirTran llevó en avión a nuestros muchachos de ida y regreso sin que ellos ni Beulah Heights tuvieran que pagar ni un céntimo. Y una vez en Orlando, lecciones nuevas y creativas en Sea World proveyeron una situación de aprendizaje práctico para ellos.

Beulah Heights no recibió ningún beneficio directo, y yo tampoco. Ese no era nuestro propósito. Los muchachos se beneficiaron y aprendieron: ese era nuestro propósito. Este es un ejemplo de la iglesia que encuentra su lugar de maneras nuevas en la comunidad. Debemos ofrecer algo más que tan solo un servicio el domingo en la mañana, que incluye alabanza y adoración, una ofrenda y un sermón. En cambio, necesitamos ofrecer ministerios innovadores que suplan las necesidades de las personas.

Aquí tenemos otra cosa. Los grupos pequeños han cambiado. Solíamos establecer los grupos pequeños/células/grupos de hogar según los códigos postales, pero ahora establecemos grupos según los intereses. Por ejemplo, un grupo de adolescentes quizá quiere ir a jugar al básquet, otro puede que quiera ir a pescar, otro a jugar al golf, y aún otro a caminar por el centro comercial.

Visité una iglesia que ofrecía cursos de cinco semanas sobre cocina gourmet, jardinería, cómo lanzar una pequeña empresa, y enseñanza de arte. Las clases estaban abarrotadas, y muchos de los que asistían no eran miembros de la iglesia.

Me gusta pensar sobre ese tipo de programas como innovación en medio de la tradición. Las iglesias que innovan avanzan con velocidad. No retrasan las nuevas ideas al referirlas a comités que evalúen si son prácticas. No son abrumados y desalentados debido a que algunos cristianos pregunten cada vez que presentan una idea nueva: "¿Qué vamos a sacar de esto?".

Recuerdo una iglesia de personas de raza blanca en la década de 1970 que tenía un parque muy bonito. La zona comenzó a cambiar, y se mudaron allí personas de raza negra. Un diácono se ofreció para asegurarse de que ninguno de aquellos niños que no iban a la iglesia jugara dentro de los terrenos vallados. Cuando hizo eso, el pastor visitó a quienes se habían mudado a la comunidad.

"¿Quiere decir que nosotros podemos ir y sentarnos en sus bancos, pero nuestros hijos no pueden jugar en sus columpios?", preguntó uno de los padres.

El pastor cambió esa política, pero para entonces era demasiado tarde. Quienes llegaban a la comunidad ya habían pensado que la iglesia no los quería allí. El diácono siguió hablando en contra del cambio de política. "Nosotros pagamos esos columpios. Pasamos muchas tardes de sábados preparando este parque. ¿Qué sacamos nosotros al permitir jugar aquí a esos niños?".

Él nunca llegó a entender el punto, porque su enfoque estaba solamente en lo que recibiría la iglesia local a cambio de su inversión.

Pero como cristianos, somos llamados a servir a los demás. Por lo tanto, como líderes, tenemos que ayudar a personas como ese diácono a cambiar su modo de pensar. En lugar de ignorar sus preguntas, porque las plantean por su sentimiento de necesidad y su comprensión del evangelio, deberíamos probar lo que yo denomino pensamiento oblicuo.

El pensamiento oblicuo diría a quienes hacen tales preguntas: "Mira, puede que haya alguna verdad en eso". Entonces necesitamos seguir con nuestra propia pregunta: "¿Cómo cerramos la brecha? ¿Cómo manifestamos el amor de Jesucristo y servimos a otros?".

He sugerido a varios líderes congregacionales que enfoquen la situación de modo diferente. Eso nos hace apartarnos de preguntar: "¿Qué sacamos nosotros de esto?". Comiencen enviando dinero para apoyar un albergue para personas sin hogar. Hagan que las personas en la iglesia piense en tales lugares y ore por el ministerio para las personas sin techo. Tras un periodo de tiempo, designen un día al mes en el que los miembros de la congregación visiten el albergue para servir comida a las personas, hablar con ellas, y lavar platos.

Los líderes del mañana entienden que si quieren crecer y hacer avanzar a otros, nunca pueden dejar de aprender.

Un ministerio similar está patrocinado por los jóvenes de una iglesia que está a treinta millas (48 kilómetros) al norte de Atlanta. Van a una iglesia en el centro de la ciudad que alberga cada boche a las personas sin techo. Veintidós adolescentes y cuatro líderes se reúnen a las 5:30 de la mañana el domingo, y conducen hasta un albergue al que la iglesia lleva cinco años apoyando. Llevan toda la comida necesaria y preparan el desayuno, y después limpian. Eso es solo una congregación. Muchas otras están desarrollando ministerios parecidos en ciudades por todo el país.

Cuando participamos en esos proyectos, puede que nunca recibamos ni siquiera a un solo miembro. No es probable que las personas sin hogar lleguen y adoren con nosotros. Pero incluso cuando no veamos resultados medibles, hemos seguido el ejemplo de Jesús, nos hemos acercado con compasión, y hemos mostrado bondad e interés.

11

LIDERAZGO CREATIVO

La octava característica de los líderes del mañana es el liderazgo creativo. La palabra *creatividad* puede asustar a algunos. Significa pensar fuera del molde y colorear por fuera de las líneas. Significa atreverse a mirar alrededor e imaginar lo que hay por delante; y significa cuestionar las viejas maneras y preguntar: "¿Hay un método más novedoso y más eficiente?". La mayoría de los líderes del mañana hacen esto instintivamente, pero todos nosotros también podemos aprender a pensar creativamente.

> Muchas iglesias están estancadas. Proveen programas en lugar de experiencias.

Pensar creativamente es una de las principales responsabilidades de los líderes del mañana. Para que sucedan cosas, ellos tienen que soñar y ver lo imposible como dentro de su alcance. Pero demasiadas veces las personas que más necesitan pensar creativamente se encierran en un estilo de pensamiento. En cambio, necesitan incorporar tres tipos de pensamiento: *estratégico, genial* y *oblicuo.*

Pensamiento estratégico

Pensamiento estratégico es otro nombre para el pensamiento lógico o analítico. Estamos en el punto A, y queremos llegar al punto B y después pasar al punto C y después al D. Este tipo de visión hace preguntas básicas que no pueden evitarse:

> Creatividad en funcionamiento: el programa espacial estadounidense gastó millones de dólares para desarrollar una pluma que pudiera escribir en gravedad cero. Los soviéticos utilizaban lapiceros.

¿Quién va a hacerlo?

¿Cuándo se hará?

¿Cuánto va a costar?

¿Quién va a rendir cuentas de este proyecto?

¿Cuáles son las marcas del éxito y el fracaso?

¿Cómo evaluamos el éxito o el fracaso de la aventura?

¿Cómo sabemos que queremos pasar de B a C? ¿Nos quedamos en B? ¿Deberíamos saltarnos el C e ir al D?

Pensamiento genial

El *pensamiento genial* va más allá del pensamiento estratégico. Comienza reconociendo los recursos disponibles, pero también reconoce que los recursos son limitados.

El pensamiento estratégico dice: "Esto es lo que tenemos para trabajar, y esto es lo que vamos a hacer. Esta es la cantidad de dinero que necesitamos, el número de personas implicadas, y la construcción requerida". El plan se establece lógicamente. El pensamiento de genialidad comienza en este punto y busca posibilidades que otros no han considerado. Me gusta pensarlo del siguiente modo: la diferencia entre un líder y un gerente es que los gerentes trabajan o "administran" recursos que les proporcionan los líderes.

> **El liderazgo no se trata de recursos; se trata de habilidad e ingenio.**

Los líderes dicen: "Necesitamos más espacio y más trabajadores. Ahora veamos lo que podemos hacer para conseguir más". Buscan maneras creativas de proporcionar recursos. Esto no es lo mismo que decir que no necesitamos gerentes, pues los necesitamos, pero primero necesitamos líderes, y después que lleguen gerentes para apoyarlos. Nadie debería decir que un líder es más importante que un gerente. Si alguien me preguntara cuál es más importante, tendría que responder con mi propia pregunta: "¿Qué ala del avión es más importante para mantenerlo en vuelo? ¿La izquierda o la derecha?".

Líderes	Gerentes
Enfatizan *qué y por qué*	Enfatizan *cómo y cuándo*
Trabajan desde el futuro hacia el presente	Trabajan desde el pasado hacia el presente
Se enfocan en el largo plazo	Se enfocan en el plazo corto o inmediato
Aceptan una perspectiva macro	Aceptan una perspectiva micro
Favorecen el pensamiento innovador	Favorecen el pensamiento rutinario/seguro

Líderes	Gerentes
Buscan balancear idealismo y realismo	Enfatizan pragmatismo por encima de idealismo
Muestran vena revolucionaria	Protegen el status quo
Esclarecen la visión	Implementan la visión
Inspiran y motivan	Controlan y dirigen
Emocionan a otros mediante el cambio	Son amenazados por el cambio
Deciden rápidamente	Deciden lentamente
Identifican oportunidades	Identifican obstáculos
Corren riesgos	Evitan riesgos
Buscan recursos	Acciones limitadas a recursos disponibles
Centrados en las personas	Centrados en el sistema
Centrados en la idea	Centrados en el plan
Centrados en asuntos principales	Distraídos por asuntos periféricos
Quieren la aprobación de otros	Necesitan la aprobación de otros
Hacen lo correcto	Hacen bien las cosas

Para nosotros en la iglesia del mañana, la gerencia del crecimiento es un reto tremendo. El pensamiento genial ve posibilidades y dice: "Podemos hacer que eso suceda". Demasiadas veces el pensamiento nativo dice: "Vamos a enviarlo a un comité para obtener recomendaciones".

Observaciones sobre líderes y gerentes

- Los líderes y los gerentes se complementan el uno al otro.

- Ambos necesitan trabajar en la zona de sus fortalezas.

- Los gerentes exitosos no son siempre líderes exitosos; los líderes exitosos no son necesariamente gerentes exitosos.

- Necesitamos evaluar el éxito de los gerentes de modo distinto al éxito de los líderes.

- Consideramos exitosos a los gerentes cuando operan la organización eficazmente y también proporcionan servicios a tiempo y dentro del presupuesto.

- Consideramos exitosos a los líderes cuando permiten que su organización crezca en su habilidad para servir a la comunidad, descubriendo nuevas necesidades, ampliando la base de recursos, e innovando enfoques de la entrega de servicios, y cuando vigorizan o transforman la organización.

El pensamiento genial también reestructura conceptos. Por ejemplo, aunque esto no es original de BHBC, en nuestro campus no utilizamos la palabra *problemas*. Preferimos la palabra *reto*. Al cambiar el uso que hacemos de una sola palabra, presentamos una imagen diferente en las mentes de las personas. *Problemas* conduce fácilmente a callejones sin salida o al menos a muchas luchas. *Reto* nos da oportunidades para vencer los obstáculos.

> ## Las personas adecuadas en el lugar correcto crean un equipo ganador.

Otra frase que tampoco es original y que mi equipo utiliza con frecuencia es: "Hacemos lo difícil enseguida; lo imposible toma un poco más de tiempo". Esto los desafía a no bajar los brazos y elevar las cejas, sino a decir: "No sabemos qué hacer: todavía".

Pensamiento oblicuo

El *pensamiento oblicuo* busca opciones que no son blancas ni negras. La mayor parte del tiempo, las personas piensan en términos de o...o cuando podrían estar pensando en esto... y. Veamos cómo funciona esto en una iglesia creciente a la que llamaremos Bethel Gospel.

El pastor pregunta: "¿Seguimos creciendo para así construir una congregación mayor? ¿O deberíamos plantar otra iglesia?".

Esa pregunta implica una falta de pensamiento oblicuo. ¿Por qué no podrían hacer ambas cosas? Es decir, ¿por qué no pueden tener *dos* iglesias crecientes?

Hubo un tiempo cuando las iglesias decidían reubicarse, en que una de las primeras cosas que decían los líderes eran: "Necesitamos vender este edificio que tenemos ahora antes de poder construir otro". El pensamiento oblicuo dice: "Esta es una comunidad transicional, y necesitamos reubicarnos. Esto es obvio. Para que nos reubiquemos, ¿tenemos que vender este edificio que tenemos ahora?".

La respuesta es: "No, no tenemos que vender". El pensamiento oblicuo pregunta: "¿Por qué no podemos utilizar las instalaciones actuales como base de la misión? ¿Por qué no podemos llegar a ser parte de otra iglesia que ya esté en esta zona? ¿Por qué no podemos proveerles recursos?".

Otra innovación que es resultado del pensamiento oblicuo es que vemos instalaciones compartidas por todo el país. Un solo edificio puede albergar congregaciones que hacen reuniones en inglés, coreano y español.

¿Por qué querríamos construir un edificio e invertir al menos un millón de dólares para techos de catedrales y ventanas decoradas para utilizarlos solamente dos horas y media por semana? ¿Es eso una buena administración? En cambio, el pensamiento oblicuo pregunta: "¿Para qué otra cosa podría utilizarse ese dinero?".

> La creatividad es una de las principales responsabilidades de un líder del mañana e implica tres tipos de pensamiento: estratégico, genial y oblicuo.

Por ejemplo, visité una iglesia grande en el medio oeste que tenía asientos de estilo teatro para 3.500 personas con asientos adicionales en el anfiteatro. La iglesia tiene un servicio que comienza a las 10:30 y termina noventa minutos después. Esos noventa minutos son el único periodo de tiempo que la congregación utiliza el auditorio. El resto del tiempo rentan las instalaciones a grupos civiles, orquestas, escuelas, y grupos para recaudar fondos. Eso no es solo pensamiento oblicuo, sino que también están sirviendo a su comunidad. Mientras suplen las necesidades de su congregación y de la comunidad, su edificio de millones de dólares permanece vacío seis días por semana.

Siempre debemos seguir preguntándonos: "¿Qué otra cosa podemos hacer?". Cuando pensamos de ese modo, somos más conscientes de las necesidades de otros. Consideramos lo que podemos hacer para ayudar a personas que están fuera la iglesia, de modo que juntos podamos derribar los muros que nos dividen.

Alguien dijo una vez: "El mayor placer en la vida es hacer lo que las personas creen que no puede hacerse". Yo sé con seguridad que la creatividad puede hacer que sucedan cosas en las que nadie pensó antes.

12

MOMENTO OPORTUNO

La novena característica del liderazgo del mañana es el momento oportuno. El pasado es prólogo, el presente es acción ahora, y el futuro muestra los resultados de nuestras decisiones presentes. Todo esto es *par* para el rumbo.

Prólogo. El pasado provee trasfondo y nos recuerda dónde hemos estado. Sin importar cuánto recordemos, no podemos cambiar o mejorar el pasado.

Acción tiene lugar en el presente, pero dirigimos esas decisiones hacia el futuro.

Resultados se refieren totalmente al futuro, porque no podemos prever el resultado cuando tomamos nuestras decisiones.

El espacio entre el pasado y el futuro se cierra casi instantáneamente. Con eso me refiero a que siempre estamos viviendo y trabajando en el futuro. Nunca estamos en el pasado. La mayoría de nosotros apenas estamos en el presente. En cuanto parpadeamos, estamos en el futuro que pensamos solamente dos minutos antes.

Tres verdades prácticas

Charles Moeller Jr. destacó que los líderes en iglesias en crecimiento conocen, entienden y aplican lo que él denomina tres axiomas prácticos de verdades evidentes por sí mismas.

1. "El pasado es un país extranjero; allí hacen las cosas de modo diferente." Esto nos permite entender y aplicar lecciones del pasado.

2. "No hay decisiones futuras, solamente decisiones presentes con consecuencias futuras." Esto ayuda a conectar significativamente el hoy y el mañana.

3. "La mayoría de los problemas del presente eran soluciones de ayer." Esto nos ayuda a ir más despacio en momentos de toma de decisiones.

Al pensar en el momento oportuno, ayuda si hacemos que lo siguiente sea un lema de nuestro pensamiento: el pasado es prólogo. Es decir, cuando echamos la vista atrás, obtenemos perspectiva del trasfondo, las razones de acciones particulares, y las necesidades que produjeron tales decisiones.

El pasado ha terminado. No podemos hacer nada para mejorar el pasado. Obviamente, nuestras acciones deben tener lugar en el presente. Pero eso no es suficiente, porque nuestras acciones deben estar arraigadas en el futuro. Es decir, las acciones realizadas en este momento no pueden ser simplemente por cuestión de conveniencia o para librarnos de un reto que nos presiona. Cualquier decisión y opción que tomemos tendrá implicaciones y resultados en el futuro, y tenemos que ser conscientes de cuáles serán.

Eso es especialmente significativo cuando hablamos de planificación a largo plazo. Sonrío al pensar en el término *planificación a largo plazo*. Durante mis tiempos en la universidad y mis años pastorales, oíamos constantemente sobre mirar hacia adelante y hacer planes para la siguiente década. Pensábamos en grandes bloques de al menos cinco años, y con frecuencia proyectábamos eso hasta diez, quince, o incluso veinte años. Eso no es posible hoy día debido a la rapidez del cambio en nuestro mundo. En la actualidad, los límites exteriores de la planificación a largo plazo son tres años, e incluso eso puede ser demasiado tiempo y necesitar correcciones.

Las iglesias que se mueven y crecen rápidamente hacen lo que denominan "planificación anual", pero hacen la planificación en reuniones *trimestrales*. ¿Es necesario preguntarse por qué están creciendo? Miran al futuro inmediato. También incorporan preparación, un concepto aún mejor que la planificación a largo plazo. Su meta es estar preparados *ahora* para lo que suceda la próxima semana o un poco más adelante.

Una manera de ver cómo funciona pensar en el mañana es ver el concepto desde el contexto histórico del último siglo. En la década de 1930, el ministro de guerra de Francia supervisó la construcción de un complejo sistema de fortificaciones a lo largo de su frontera oriental, desde Suiza hasta Bélgica. Francia construyó barreras antitanque de secciones verticales de raíles recubiertas de cemento por delante. También construyeron una fortaleza subterránea que podía albergar a mil doscientos hombres. Se referían a ello como Línea Maginot, por el nombre de André Maginot, quien consideró la barrera permanente como el modo más práctico de proteger las regiones de Alsacia y Lorraine contra un ataque alemán por sorpresa.

Este amplio plan les dio a los franceses una falsa seguridad y una confianza indebida en la defensa estática que desde entonces se ha denominado "mentalidad Maginot". Demasiado tarde, los franceses se dieron cuenta de la ineficacia de su planificación a largo plazo cuando el ejército alemán rodeó la barrera y entró en Francia a través de Bélgica a principios de la Segunda Guerra Mundial. Los franceses habían hecho planes a largo plazo y los habían llevado a cabo, pero desgraciadamente, el estilo de guerra cambió drásticamente entre las dos guerras mundiales.

Estar preparados para el futuro es más importante que planearlo. Si en el presente nos surge una oportunidad, debemos estar preparados, en este momento, para avanzar. Las decisiones que solían ir a comités y después a subcomités y algunas veces a grupos de facilitación, a veces tomaban tres años antes de estar finalizadas. La vida no espera tanto tiempo en la actualidad.

Supongamos que yo soy un pastor de una iglesia creciente y nuestras instalaciones actuales están llenas hasta rebosar. Por un amigo que es agente de bienes raíces me entero de que hay un terreno que está en el mercado hoy. Es valioso y está en la ubicación perfecta.

"Este terreno no estará disponible mucho tiempo", me dice él. "Ya he recibido otras tres llamadas". Como él es mi amigo, dice: "Esto es lo que haremos. Retendré esta propiedad hasta las tres de esta tarde. Si para entonces no recibo una oferta por tu parte, no te molestes en llamarme después".

¿Qué hago yo? ¿Qué puedo hacer? Como pastor, ¿tengo poder para actuar? ¿Hay alguien a quien pueda llamar y que tiene la autoridad para actuar? ¿Debo esperar para convocar una reunión de la junta directiva y después nombrar un comité?

¡Demasiado tarde! El terreno ya no estará disponible.

Si nuestra iglesia está en un estado de preparación, podemos actuar. Si seguimos haciendo planificación a largo plazo, probablemente ni siquiera somos conscientes de que necesitamos comprar un nuevo terreno.

Podemos aprender del mundo empresarial. Suceden fusiones y adquisiciones tan rápidamente que es casi imposible seguirles el ritmo. Estaba yo en Davenport, Iowa, en el verano del año 2001. Dos años antes había pasado conduciendo al lado de la planta procesadora de Oscar Mayer. Cuando pasé por allí esta vez, los edificios eran los mismos, pero el cartel decía ahora: "Kraft". Seguía produciendo productos de Oscar Mayer, pero el dueño era Kraft. Estuve en la ciudad dos días, y pregunté al menos a ocho personas: "¿Cuándo compró Kraft a Oscar Mayer?".

"¿Hicieron eso?" era la respuesta usual. Uno de ellos sabía que el negocio había cambiado de manos, pero no tenía idea de cuándo había sucedido.

Ese es el modo en que nuestro mundo opera hoy día. Todo se apresura a discurrir por el carril rápido.

Desde la llegada de los relojes de cuerda (1876) y el reloj que funciona con pila (1956), ha habido un cambio de vivir en una época de toque de altura a una época de alta tecnología. En contraste con el lenguaje del toque de altura, los términos hoy día revelan una sensación de urgencia con respecto al tiempo: falta de tiempo, tiempo rápido, tiempo real, tiempo cara a cara, límite de tiempo, listas de comprobación, multitarea, demora, encontrar tiempo, hacer tiempo, perder tiempo, llenar el tiempo, matar tiempo, emplear tiempo, malgastar tiempo, a tiempo o fuera de tiempo, marco de tiempo, avance rápido.

John Naisbitt, Nana Naisbitt y Douglas Philips, *High Tech High Touch: Technology and Our Search for Meaning* (New York: Broadway Books, 1993, p. 33).

Regresemos al reto del terreno disponible. Una iglesia del mañana habría previsto la necesidad de tener instalaciones mayores al menos con un año de antelación de la disponibilidad del terreno. Ya habría estado observando y esperando que saliera al mercado el terreno adecuado. Y debido a que estaban preparados, habrían capacitado a alguien para actuar inmediatamente.

Este escenario se produjo en la vida real para la iglesia del obispo Eddie Long, New Birth Missionary Baptist, una iglesia con una asistencia semanal promedio de dieciocho mil personas. Le hablaron sobre unos terrenos excelentes que estaban a distancia considerable de su iglesia. No estaban desarrollados, y no tenían electricidad ni instalaciones para el agua.

New Birth compró la propiedad, no para utilizarla ellos mismos, sino para obtener un beneficio. Catorce meses después, New Birth vendió la propiedad y obtuvo cinco millones de dólares para la congregación. Eso significó que cuando se mudaron a su nuevo edificio, que ya habían comenzado a construir, pudieron realizar sus primeros servicios en un edificio multimillonario que ya estaba libre de deudas. ¡Eso es pensar en el mañana!

El obispo Long es uno de muchos líderes dinámicos del mañana. Él ve lo que es e imagina lo que puede ser, y después actúa. Él y otros visionarios están preparados para el futuro.

Planear con antelación

Lo que vemos ahora tiene valor. Tiene el mismo valor que mi espejo retrovisor y los espejos laterales, los cuales me dicen dónde he estado y si viene alguien detrás de mí. Pero no podemos conducir con nuestros ojos enfocados en lo que ya ha pasado. Seguimos pensando que podemos mirar atrás y ver cómo se hizo una vez, y entonces adaptarlo para el futuro. Eso simplemente no funciona.

> Una cosa que aprendemos de la historia es que no aprendemos de la historia.
> –Winston Churchill

Digamos que yo vivo en una zona que está cambiando rápidamente de ser una comunidad de casas individuales a ser una comunidad de apartamentos. Ese es el futuro, de modo que todo lo que lo hago tiene que relacionarse con esa realidad.

Si yo sé que mi comunidad se está volviendo más joven porque se están mudando allí familias que tienen hijos pequeños, también me doy cuenta de que nuestra iglesia tiene una oportunidad de sumar a más familias jóvenes. Para hacer que eso suceda, nuestra iglesia necesitará un parque para esos niños y también una guardería bien equipada y personal. También necesitaremos preguntarnos: "¿Qué otra cosa podemos ofrecer que atraerá a esas nuevas familias?".

En lo que a mí respecta, los lugares más vitales en la iglesia y alrededor de ella, en orden de importancia, son:

> Primero, la guardería.
> Segundo, la sala para mujeres.
> Tercero, el vestíbulo.
> Cuarto, el estacionamiento.
> Quinto, el santuario.

Este orden puede que sorprenda a algunos. Una persona me retó en cuanto a poner el vestíbulo en tercer lugar. Sin embargo, es el lugar donde los miembros se relacionan y edifican relaciones. Es donde la charla abre el camino para hablar de cosas más importantes después. Si tenemos un vestíbulo estrecho, pequeño, oscuro o húmedo, es funcional: como un cepo para animales. Pero las personas no quieren charlar en un pasillo lleno de personas donde reciben choques constantes. Si proveemos un espacio más grande y bien iluminado como vestíbulo, es probable que las personas se congreguen y charlen unas con otras.

Ya que estamos mirando al futuro para ver el tipo de personas que acudirán a nuestra iglesia, supongamos que pensamos en las necesidades de la población creciente de veteranos. ¿Cómo encajarán nuestras instalaciones en sus necesidades?

Conozco una iglesia en el Medio Oeste que fue construida en la década de 1960 cuando la mayoría de los miembros tenían treinta y tantos años e hijos pequeños. Sobrepasaron la capacidad de su pequeño edificio y construyeron otro más grande. Cuando las personas entraban por la puerta principal del nuevo edificio, tenían dos opciones. Podían subir por un tramo de escaleras hasta llegar al santuario, o podían bajar por las escaleras hacia los cuartos de baño y las instalaciones educativas.

Eso estaba bien en 1960, pero avancemos cuarenta años. El edificio no encaja en las necesidades de los miembros actuales, y la iglesia se está muriendo. Pocas de aquellas personas de treinta y tantos años que siguen con vida acuden allí. "No puedo subir las escaleras", dijo una mujer con lágrimas en los ojos. "Ya ni siquiera puedo ir a mi propia iglesia."

Cinco de sus amigas de toda la vida también han dejado de ir a la iglesia. Dicen: "Somos demasiado mayores para buscar una iglesia nueva, y no podemos subir solas las escaleras".

Ah sí, el liderazgo de la iglesia es consciente de la situación. Han estado estudiando el problema casi durante cuatro años.

¿He establecido mi punto?

La planificación en la iglesia moderna requiere un estudio arquitectónico serio, y una consideración clave es el espacio para la ampliación. Así, la mayoría del nuevo desarrollo eclesial se está realizando en tres fases. Primero, construyen el edificio para adoración; después amplían el auditorio, y finalmente incorporan un anfiteatro: algo que pasó de moda hace dos generaciones atrás y que ahora está regresando. Muchos edificios de iglesias nuevas se están construyendo con techos altos para que más adelante pueda añadirse un anfiteatro si es necesario.

Planificación práctica

Supongamos que yo entrara en una sala con diez pastores presentes y preguntara: "¿Cómo se verá su iglesia dentro de diez años?".

No creo que muchos de ellos lo sabrían. Yo tampoco lo sé, pero podría ayudarlos porque sé dónde piensan mejor. Comienza con lo que sucedió en el pasado. He hecho esto muchas veces, y los resultados son prácticamente los mismos en cada ocasión.

Les pido que saquen dos hojas de papel y les digo: "En la primera página quiero que enumeren diez retos importantes que hayan tenido lugar dentro de la década anterior de su ministerio". Espero y ellos escriben. Unos minutos después, han completado esa lista porque es fácil escribir esas cosas.

Entonces digo: "Utilizando este material para ayudarles a pensar, en la segunda página escriban una lista de cambios que prevén dentro de los próximos cinco años".

Se quedan mirándome fijamente. A veces dejan en blanco la página, o puede que anoten algunas palabras, pero pocos de ellos saben cómo responder la pregunta.

Mi punto es: demasiados líderes de iglesias pasan la mayor parte de su tiempo solucionando el pasado y manejando el presente, de modo que no pueden hacer tiempo para prepararse para el futuro.

Recuerda que el pasado es prólogo, el presente es acción, y el futuro es resultados. Esto forma un acróstico:

Prólogo: el pasado ha terminado, y nadie puede mejorarlo.

Acción tiene lugar en el presente, pero señala hacia el futuro.

Resultados están en el futuro y revelan lo que se logrará.

Todo esto es el par para el rumbo.

Hemos hablado de nueve características importantes que los líderes del mañana necesitan desarrollar. En el capítulo 13 descubriremos otro elemento más que necesitan incorporar. Necesitan mirar hacia adelante, echar un vistazo al horizonte, y estar listos para lo que hay por delante.

13

MIRAR AL FUTURO

La décima característica del liderazgo del mañana es mirar al futuro.

Los líderes de iglesias del mañana prevén tendencias, imaginan escenarios, y ayudan a crear el futuro deseado. Para llegar a ese futuro deseado tenemos que cambiar nuestro modo de pensar. Ya no podemos ir tropezando y confiar en que de algún modo el Espíritu de Dios intervendrá, y nos llevará hasta la tierra prometida de la emoción y el crecimiento espiritual.

La Biblia es bastante clara en que Dios da el crecimiento, pero también dice que Dios utiliza a personas para preparar los campos y plantar la semilla. Cuando hemos hecho lo que podemos hacer, entonces Dios ciertamente da el crecimiento y también completa las tareas que nosotros, como seres humanos, no podemos realizar. Pablo lo expresa de este modo: *"Yo sembré, Apolos regó, pero Dios ha dado el crecimiento"* (1 Corintios 3:6).

El conocido escritor Henry Blackaby nos ha alentado a plantear la importante pregunta: "¿Dónde vas tú, Dios?". Entonces vamos donde Dios va, en lugar de invitarlo a Él a seguir nuestros planes.

Las iglesias del mañana exitosas no suceden porque sí, aunque Dios algunas veces bendice a pesar de nuestra ignorancia o falta de planificación. ¿Acaso no tiene sentido seguir el camino de Dios: buscar la dirección de Dios en cada paso del camino?

Como he estado enfatizando a lo largo de este libro, si queremos proveernos a nosotros mismos las mayores posibilidades, no solo de supervivencia, sino también de crecimiento, necesitamos líderes que se preparen para el futuro.

> Los defensores de la iglesia necesitan ayudar a los líderes de la iglesia a desarrollar y sostener nuevos modelos de eliminar la ignorancia bíblica en la vida espiritual.
> —George W. Bullard Jr.
> LN BookNotes, julio de 2000

Eso hace que asignar equipo de personal sea un asunto importante. Solíamos trabajar con un sistema sencillo. Teníamos un solo pastor. Entonces, a medida que la iglesia creció, contratamos un asistente para que se hiciera cargo del trabajo con los jóvenes; o en algunas iglesias, la segunda persona en el equipo de personal realizaba trabajo de enseñanza. Si la congregación seguía creciendo, contratábamos a otra persona para realizar ministerio especializado. Teníamos a directores de coro, organistas y pianistas remunerados. Eso era lo que necesitábamos en la década de 1930, y aún los necesitábamos en 1980. ¿Qué necesitamos ahora?

En lugar de optar por un ministro para jóvenes o un pastor asistente, las iglesias del mañana contratan a una persona a la que llaman con diversos términos, como "director de desarrollo espiritual", para que sea responsable de desarrollar espiritualidad dentro de la congregación. Y algunas iglesias ya no contratan a directores de coro. Ese es un enfoque demasiado estrecho. En cambio, buscan a alguien que pueda incorporar música, danza y teatro en los servicios de adoración.

Los líderes del mañana han reconocido que no basta con ministrar a los jóvenes; necesitan encontrar maneras de impactar a los padres y otros familiares. Por lo tanto, contratan a quienes puedan establecer y enseñar fundamentos familiares trabajando con familias completas.

Otra característica de las iglesias que crecen es que ahora tienen pastores ejecutivos o administrativos, aunque el término puede que no siempre se utilice. Estos pastores se ocupan solamente de las responsabilidades administrativas de la congregación. Una iglesia no llama a esos pastores para predicar o enseñar, sino para hacer trabajo administrativo, porque ese es su don. Ellos se ocupan de los negocios de la iglesia, como el personal, el presupuesto, y otros asuntos rutinarios.

> Los líderes de la iglesia del mañana prevén tendencias, imaginan escenarios, y ayudan a crear el futuro deseado.

En una conferencia sobre liderazgo eclesial, Leonard Sweet dijo que ya no vivimos en la tierra del status quo; vivimos en la tierra del status cambiante. Él lo llamó un paisaje marino porque contrario al paisaje en tierra donde descansan nuestros pies en terreno sólido y podemos predecir eventos futuros, vivimos en lo que él denomina una "aguacultura" donde todo está en cambio constante.

He descrito diez características de los líderes del mañana. En el siguiente capítulo veremos las tendencias que necesitamos enfrentar y que nos recuerdan: "Esta ya no es la iglesia de tu papá". Aunque nuestro fundamento está firme en Jesucristo, las luchas que enfrentamos son nuevas. Ser conscientes de estas tendencias es comenzar a buscar maneras de lidiar con ellas.

14

CUARENTA Y CUATRO
TENDENCIAS*

Los líderes de iglesias han detectado algunas tendencias en las iglesias estadounidenses que creemos que continuarán. Algunas están más avanzadas que otras, pero dentro de cinco años estos cambios probablemente ya se habrán producido. Algunos están sucediendo en denominaciones históricas, y la mayoría están surgiendo entre congregaciones independientes. A pesar de eso, están sucediendo: ahora.

Enumero estas tendencias porque las congregaciones necesitan actuar con respecto a ellas. No podemos actuar o reaccionar a nada de lo que no sepamos. Al leer este capítulo, es mi esperanza que tu modo de pensar se vuelva más flexible y que consideres maneras de responder a estos retos.

Para dibujar esta imagen con más claridad, intentemos imaginarnos que nos vamos a la cama en el año 1963 y nos despertamos en 2003. Nos acercamos al diácono en la iglesia y preguntamos: "¿Qué ha cambiado?".

---

* No defiendo, endoso o aliento las tendencias de las que se habla en este capítulo. Sin embargo, servirán como catalizador para el mañana.

Cuarenta y cuatro tendencias en las iglesias hoy

1. Las denominaciones no son un problema.

2. El término *iglesia local* no tiene ninguna relevancia.

3. Las iglesias celulares (solíamos llamarlas grupos de hogar o estudios bíblicos de barrio) están cambiando.

4. Las personas se involucran en la iglesia sin asistir cada domingo.

5. Una elevada espiritualidad y baja religión organizada marcan las congregaciones de la iglesia del mañana.

6. Los días y horarios del servicio de adoración varían.

7. Las estructuras de la adoración están cambiando.

8. Los estilos de alabanza están cambiando.

9. El evangelismo tiene lugar de formas sensibles hacia los buscadores, y también de formas más obvias.

10. El avivamiento llega de diferentes formas.

11. La iglesia desarrolla en lugar de entrenar.

12. La educación para la iglesia es pasar de la enseñanza al aprendizaje.

13. Los equipos de liderazgo sustituyen a los líderes individuales.

14. Las decisiones se toman por consenso.

15. La gobernación de la iglesia está cambiando.

16. La iglesia está siendo forzada a reflexionar sobre la sexualidad.

17. La demanda de excelencia aumenta.

18. Los líderes de iglesias están sujetos a requisitos más estrictos.

19. Los inmigrantes buscan una iglesia con visión y con propósito.

20. La disciplina en la iglesia se espera y se implementa.

21. Hay demanda de relevancia.

22. Los inmigrantes subrayan la eficacia y los referentes medibles.

23. El tiempo en familia es una consideración principal.

24. El cuidado pastoral tiene mayores demandas.

25. Las iglesias del mañana reconocen y responden a los hogares que tienen un solo cónyuge.

26. El número de jubilados más jóvenes sigue aumentando.

27. América se está volviendo más canosa.

28. Tenemos diseño de centro comercial: todo bajo un solo techo.

29. La multimedia será una realidad en aumento.

30. La tecnología (correo electrónico, conectar a personas) tendrá importantes implicaciones en el modo en que realizamos el ministerio, especialmente en las misiones globales.

31. El consumismo ha llegado a la iglesia.

32. El dinero es abundante ahora.

33. La responsabilidad financiera es obligada.

34. La urbanización o los cambios transculturales se están convirtiendo en la norma.

35. El concepto de misiones está cambiando.

36. La acción social está recibiendo un énfasis más fuerte, especialmente la colaboración con programas del gobierno.

37. Las iglesias del mañana son cada vez más activas en la política local.

38. Los asuntos de Iglesia y Estado cambian.

39. Compartir instalaciones eclesiales irá en aumento.

40. La doctrina de la tolerancia sigue siendo un reto inmenso para la salud de la iglesia.

41. La iglesia está sufriendo y sufrirá persecución.

42. Actividad de sectas y potestades satánicas siguen teniendo gran influencia en nuestro mundo.

43. Falsos profetas y verdaderos profetas están surgiendo.

44. Las iglesias del mañana viven y se desarrollan con contradicciones.

———

"Todo ha cambiado", responde él.

"Sí, pero específicamente, ¿qué ha cambiado?".

Él nos habla sobre avances en tecnología y transporte, cambios en la estructura familiar, cómo se construyen ahora las casas y donde están ubicadas. Habla de teléfonos celulares, la estructura de viajes al trabajo, y la industria del entretenimiento. La lista se vuelve casi interminable.

Aquí está la tragedia en este escenario: la mayoría de nuestras iglesias se fueron a dormir hace décadas. Aunque parecen estar despiertas, son ajenas a los cambios que están teniendo lugar en la cultura que afecta a la iglesia. Puedo decir eso sin duda alguna porque he visitado cientos de congregaciones desde el comienzo del nuevo milenio, que no muestran ningún cambio significativo en sus experiencias de adoración durante los últimos cuarenta años.

La buena noticia es que las iglesias están despertando, y parte de la razón para ese avivamiento es que estamos siendo forzados a sacudirnos a nosotros mismos y experimentar un autoexamen serio. La tendencia, desde luego, es querer regresar al modo en que eran antes las cosas. Si abrimos mucho nuestros ojos, como hizo Rip Van Winkle después de haber dormido durante veinte años, y regresamos a nuestra aldea, nos vemos enfrentados con una realidad asombrosa: nada ha permanecido igual. Como Van Winkle, somos tentados a dirigir nuestra energía hacia hacer tiempo para regresar atrás, pero eso es imposible.

Esa es la tensión que enfrentamos hoy día. Deseamos las maneras más sencillas y las opciones claras entre lo bueno y lo malo. En "los buenos tiempos de antaño" teníamos pocas preguntas sobre moralidad y el papel de las figuras de autoridad. Ahora tenemos que cambiar nuestro modo de pensar. Las tensiones aumentan a medida que examinamos la amplia brecha existente entre lo que solían ser las cosas, en lo que nos hemos convertido, y cuál será esa brecha dentro de otra década.

Es una lástima que no hayamos sido sensibles al impulso del Espíritu Santo para así poder convertirnos en los líderes de cambio en el mundo. De hecho, es lo contrario. Las grandes transformaciones en la sociedad están forzando a la iglesia que se despierta a volver a examinarse. Y tenemos tendencia a gritar, quejarnos y gruñir todo el tiempo.

Las cuarenta y cuatro tendencias están enumeradas al azar porque no estoy seguro de su importancia. En varias partes del país, los creyentes verán que uno de los asuntos tiene mayor prioridad que otras áreas; ese es otro cambio drástico desde hace más de cuarenta años.

1. *Las denominaciones no son un problema.* Hubo un tiempo en que si los bautistas se mudaban a Seattle desde Chicago y buscaban una nueva iglesia, pensaban *solamente* en iglesias bautistas. Eso ya no se aplica. Lo mismo es cierto para presbiterianos, metodistas e independientes. Esta tendencia de dar menos importancia a las denominaciones ha seguido durante al menos veinticinco años, pero se está volviendo lo bastante importante como para que los líderes de la denominación la estén estudiando seriamente.

Muchas personas prefieren un *estilo* de adoración, y la etiqueta denominación significa poco. Si pasamos al lado de estructuras eclesiales más nuevas, encontramos un fenómeno interesante. Hace cincuenta años el nombre de la denominación sobresalía con letras grandes. Actualmente, algunas iglesias están poniendo su afiliación denominacional en sus carteles con letras pequeñas, o no la incluyen. Puede que los inmigrantes visiten una iglesia y ni siquiera se den cuenta de que están en una iglesia luterana o pentecostal.

Cuando se mudan los nativos, siguen buscando "nuestra iglesia". Los inmigrantes, sin embargo, no buscan la iglesia metodista más cercana, aunque no tienen reparos en unirse a una de ellas. Están más enredados en asuntos pragmáticos:

+ ¿Es conveniente llegar hasta allí?

+ ¿A cuántos kilómetros está de nuestra casa?

+ ¿Qué servicios ofrece?

+ ¿Tienen programas familiares y actividades para jóvenes?

Quizá de modo inconsciente, los inmigrantes buscan un estilo de liderazgo en particular. Quizá no puedan definirlo, pero lo reconocen cuando lo encuentran. Buscan interacción que esté a su disposición *según ellos elijan*. Quizá decidan no involucrarse mucho, y no quieren asistir a una congregación donde les hagan sentirse culpables por no adherirse a todas las doctrinas de la iglesia. Quieren tener muchas opciones.

Las creencias básicas, como la declaración de fe, puede que sigan siendo importantes, pero la forma de adoración, el estilo de ministerio y la calidez (o falta de ella) entre los miembros tienen preeminencia sobre los asuntos teológicos.

Aunque prácticamente no se oía nada de ello hace unos años, hoy día miles de cristianos irán a la iglesia de otra denominación que no se adhiere a todas las doctrinas a las que han estado acostumbrados. Mira cualquier congregación que está creciendo y pregunta cuántos son nativos en esa denominación.

Es sorprendente los pocos que hay. Es igualmente sorprendente cuántos provienen de otros trasfondos diversos.

Me senté al lado de un líder cristiano piadoso en un funeral. Él tiene un destacado ministerio de ayudar a congregaciones a recaudar fondos para nuevos proyectos de construcción. Mientras esperábamos a que comenzara el servicio, él se acercó un poco y dijo: "Mira, Sam, con mi calendario de viajes en raras ocasiones voy a mi iglesia local. Estoy en una iglesia cada domingo y con frecuencia a mitad de semana, pero en raras ocasiones estoy en mi iglesia local". Pensó en ello y dijo: "Como mucho, estoy entre mi congregación local una vez al mes, y no tengo oportunidades para servir. Siento que tengo mucho que ofrecer, porque visito más iglesias y conozco los problemas que enfrentan y puedo ver los retos que hay por delante.

"¿Sabes algo triste?", preguntó, y dio un suspiro. "Nunca puedo llegar a ser un líder en mi propia iglesia. Para pasar a cualquier rol de liderazgo debemos asistir cada domingo a menos que estemos de vacaciones. ¿Cómo son incorporadas al liderazgo de la iglesia personas como yo que tenemos tanto que ofrecer? Mi iglesia tiene mucho que obtener de mi experiencia, pero soy invisible allí".

Me gustaría haber podido darle una respuesta.

Los inmigrantes saben que la vida implica intercambios. Ninguna iglesia puede ofrecerles todo lo que quieren, y saben que nunca tendrán todo lo que están buscando. Por lo tanto, si la iglesia que visitan tiene un buen programa para sus hijos, están dispuestos a hacer intercambios, y las diferencias teológicas parecen menos importantes que el cuidado de sus hijos.

2. *El término* iglesia local *no tiene ninguna relevancia.* Los nativos pensaban en membresía exclusiva y a largo plazo en una congregación. Los inmigrantes son compradores para la fe, y buscan relaciones a corto plazo con varias congregaciones.

Hubo un tiempo en que nos reuníamos con otros cristianos y una de las primeras preguntas que hacíamos era: "¿Cuál es tu iglesia local?". Podíamos usar eso para catalogarlos, no en un sentido negativo. Cuando escuchábamos la respuesta, sabíamos cómo responder y cómo dirigir la conversación desde ahí. Era un modo útil para llegar a conocerse.

Hoy, es mucho menos probable que esa pregunta provea respuestas. Como los inmigrantes se han vuelto compradores para la fe, no se sienten atados a relaciones largas con una sola congregación. A los nativos les espanta, pero los inmigrantes no han comprado la idea de la lealtad a la iglesia. De hecho, muchos inmigrantes se unen a una congregación sabiendo que experimentarán una relación de corto plazo.

Normalmente, los nativos hacen hincapié en el *deber.* Sienten una obligación de quedarse en una iglesia. Enseñan una clase de escuela dominical año tras año, o se ofrecen voluntarios para ayudar en la guardería y quince años después siguen estando ahí. Los nativos se criaron en una sociedad donde el *deber* y la *obligación* eran palabras culturales clave.

Hoy día, el deber está muerto y la obligación se ha quedado sin empleo. ¿Cómo maneja esta tendencia la iglesia del mañana? El viejo método era que quienes estaban en el púlpito provocaran culpabilidad. Cuando los nativos pensaban en irse, los líderes predicaban y enseñaban para hacerles batallar con preguntas como: "¿Qué pensarán las personas?" y "¿Estaremos fallando a Dios si dejamos de venir cada domingo?". Debido a la mentalidad de corto plazo, la culpabilidad ya no funciona. Los inmigrantes tienen múltiples necesidades, y nuestra cultura los alienta a ser impulsados por el servicio, obteniendo lo que puedan de diferentes lugares. Podrían ir a una iglesia las noches de los miércoles porque esa iglesia tiene un programa excelente para sus hijos adolescentes. La mañana del domingo asisten a otra iglesia como familia porque les gusta el destacado coro o la poderosa predicación. También podrían apuntarse a grupos pequeños y estar con personas con quienes no asisten a la iglesia.

Hace años, muchas iglesias desarrollaron la idea de los grupos celulares o reuniones de barrio para mantener a sus miembros enfocados en la iglesia. No es así como funciona ahora. Los inmigrantes puede que lleguen a ser miembros regulares de un grupo celular solamente porque satisface una necesidad específica que ellos tienen.

¿Y qué de los líderes cristianos cuyas responsabilidades no les permiten adorar en su iglesia regularmente? ¿Pueden tener un propósito y una función en esa iglesia? En mi propio caso, es seguro que estaré en mi iglesia local en Semana Santa, el Día de la Madre y Navidad, pero no muchos otros domingos.

3. *Las iglesias celulares (solíamos llamarlas grupos de hogar o estudios bíblicos de barrio) están cambiando.* Debido a que las

personas en nuestra sociedad se han desconectado mucho unas de otras, hay una necesidad interior aún más grande de estar conectados. Esa desconexión ha destacado la necesidad de comunidad. Los inmigrantes quieren estar ligados a grupos pequeños, de modo que las iglesias grandes que están creciendo dividen a sus miembros en grupos más pequeños. El propósito de los grupos pequeños no es hacer crecer una iglesia, sino hacer crecer a la persona.

Anteriormente, las iglesias dividían los grupos de hogar por zonas y barrios porque se centraban en la conveniencia de conducir o caminar dentro del barrio. La conveniencia geográfica ya no es atrayente. En cambio, la tendencia es enfatizar la edad y las áreas de interés, como estudio bíblico, música, golf, pesca, compras, y educación de los hijos.

Los antiguos grupos celulares solían basarse en el estudio bíblico, pero ahora la tendencia se dirige hacia las relaciones. ¿Participa la Biblia? Sí. ¿Tienen estudios bíblicos? Sí, los tienen, pero son diferentes. Si los inmigrantes se juntan para pasar dos horas dos veces al mes, quizá pasan quince o veinte minutos realizando un estudio bíblico estructurado. El resto del tiempo es direccional o de aplicación, y especialmente buscan dirección sobre asuntos éticos.

"¿Qué dice la Biblia sobre la guerra nuclear?".

"Nuestra hija quiere que su novio viva con ella en nuestra casa. ¿Qué hacemos?".

"¿Cómo debemos relacionarnos con nuestros vecinos musulmanes?". Estos son luchas y retos de la vida real.

Los miembros de las iglesias actuales quieren hablar sobre sus familias, los retos que enfrentan en sus trabajos, eventos en sus vidas, y transiciones que están experimentando.

Puede que el enfoque sea: "¿Hay alguien ahí que esté pasando por lo mismo que yo? Si es así, ¿podemos hablar de ello?".

Por lo tanto, la esencia del grupo celular ha cambiado de basarse en la iglesia y en el estudio bíblico a basarse en la relación y en la afinidad del grupo.

4. *Las personas se involucran en la iglesia sin asistir cada domingo.* Las iglesias que crecen tendrán personas que se toman en serio su nivel de espiritualidad, pero sin una actitud de "el domingo hay que ir a la reunión". Su interés es: "¿Cómo vivo mi fe durante la semana? ¿Cómo aplico lo que estoy aprendiendo?".

La relación entre servir a Dios y asistir a la iglesia cada domingo no significa lo mismo para los inmigrantes que para los nativos. Los inmigrantes están decididos a vivir su espiritualidad, pero no creen que tienen que estar en la iglesia cada semana para hacer eso.

Los inmigrantes ven sus vidas espirituales del siguiente modo: un día están plenamente involucrados en la iglesia Grace Assembly. Quizá no estén sentados en la iglesia la semana siguiente, pero eso no significa que no estén sirviendo al Señor. Simplemente significa que la relación entre servir a Dios y asistir a la iglesia cada domingo no tiene el mismo significado para los inmigrantes que para los nativos.

Para nosotros los nativos, algo iba mal si no asistíamos a la iglesia al menos tres de cada cuatro domingos al mes. Las personas simplemente no nos consideraban espirituales o comprometidos con Cristo.

5. *Una elevada espiritualidad y baja religión organizada marcan las congregaciones de la iglesia del mañana.* A los nativos les enseñaron a vivir su espiritualidad mediante las oportunidades de servicio dentro de su propia congregación. La espiritualidad moderna se vive de lunes a domingo, y gran parte de ella fuera del contexto de la religión organizada o mediante el alcance de organizaciones paraeclesiales o comunidades basadas en la fe.

Si los inmigrantes quieren desinfectar colchones en un albergue para personas sin hogar, lo harán incluso si eso no está incluido en la lista de quehaceres de su iglesia. Podrían decidir involucrarse en programas patrocinados por su iglesia local, pero no están limitados a ellos.

En el pasado, la religión organizada decía: "Vengan a la iglesia. Participen en nuestros programas. Esto es lo que ofrecemos y lo que está sucediendo". La espiritualidad se practicaba mediante la experiencia de adoración o las oportunidades de servicio.

Ahora la espiritualidad se vive a un nivel diferente. Los inmigrantes lo consideran un nivel más elevado, porque viven su fe de lunes a domingo y lo hacen principalmente fuera del contexto de la religión organizada o más allá de las paredes de una sola iglesia. Los nativos, sin embargo, se han limitado a sí mismos a decir: "Nuestra iglesia hace esto. Estos son los programas en los que participamos".

6. *Los días y horarios del servicio de adoración varían.* Los dos tipos de iglesias de más rápido crecimiento en los Estados Unidos son las que tienen servicios que comienzan no más tarde de las 8:30 de la mañana del domingo (algunos tan

temprano como las 7:30) y las que ofrecen adoración la noche del viernes o el sábado.

De hecho, los servicios del viernes o sábado en la noche atraen a más personas no alcanzadas. Los cristianos pueden invitar a otros con mucha más facilidad. "Vamos a la iglesia esta noche. Comenzará a las 6:30 y habremos terminado a las 8:00. ¿Por qué no nos juntamos las dos familias para cenar después?". Esto encaja en el estilo de vida de los inmigrantes, porque no quieren supeditar todo su fin de semana a un servicio de la iglesia. De este modo pueden entrar, adorar, y tener libre el resto del fin de semana.

7. *Las estructuras de la adoración están cambiando.* En el pasado, la mayoría de las iglesias operaban casi de la misma manera, con un llamado a adorar, tres himnos, la ofrenda, lectura de la Biblia, y un sermón. El reto, y la demanda, es de formatos no tradicionales. Los ministros de más de cuarenta años fueron formados para aprender competencia bíblica y erudición teológica, pero no para relatar historias y escuchar, que son las demandas de los inmigrantes.

Mi esposa Brenda pasó una semana en un centro de retiros donde enseñaban a relatar historias. Eso es lo que está sucediendo actualmente. Por desgracia, hay demasiados seminarios que forman a predicadores que leen la Biblia, examinan el pasaje y concluyen mostrando cómo se aplica a las necesidades actuales.

Estamos aprendiendo que relatar y volver a contar historias, incluidas las historias bíblicas, puede ser muy poderoso.

Una historia de la Biblia

Cuando desarrollamos los acontecimientos y hablamos de los sentimientos y las tensiones de los personajes, quienes nos escuchan se identifican con la historia y entienden las verdades espirituales.

Quiero relatar la historia de Jocabed, la madre de Moisés, quien decidió dejar a su bebé flotando por el río. La historia se relata en un solo versículo: *"Cuando ya no pudo seguir ocultándolo, preparó una cesta de papiro, la embadurnó con brea y asfalto y, poniendo en ella al niño, fue a dejar la cesta entre los juncos que había a la orilla del Nilo"* (Éxodo 2:3).

Me gusta pensar en esto como algo más que esconder físicamente a un niño. También implicó la relación de una madre y su hijo pequeño. Pensemos en el estrés emocional de intentar esconder a un bebé cada día en una tienda mientras soldados egipcios recorrían el campamento. Siempre que deciden salir, la madre tiene que mantener callado al bebé, y él no puede llorar como lo hace un niño normal. Eso debió haber causado tremendo estrés para Miriam y Aarón (los hermanos mayores), y también para el padre.

La preservación de la vida de ese niño tuvo que ser el enfoque total de la vida de Jocabed. *"Cuando ya no pudo seguir ocultándolo"* tuvo que ser el día en que se derrumbó físicamente y emocionalmente. Después de días y noches de tormentos sin poder dormir, tuvo que haber sido el momento en que ella sintió que había fallado y clamó: "Ya no puedo ocultarlo más". Debió haber dado paseos a un lado y a otro, clamando, llorando e intentando pensar en qué hacer.

Entonces tomó su decisión poniéndolo en una cesta a prueba de agua, y situando la diminuta cesta entre los juncos que había en las riberas del Nilo.

Toda la angustia y la desesperación están englobadas en un solo versículo. Esta historia me resulta muy fácil de imaginar. Pienso en el sufrimiento y la dificultad, en Jocabed construyendo la cesta.

"¿Qué vas a hacer?", puedo oír preguntar a Miriam, la hermana pequeña de Moisés.
"Estoy construyendo una pequeña barca."
"¿Qué vas a hacer con esa pequeña barca?".
"Voy a meter en ella a tu hermano pequeño."

"¿Y qué va a suceder? Hay cocodrilos en ese río. No es seguro. ¿Qué sucede si…?", pregunta la muchacha con los ojos muy abiertos.

Puedo imaginar a Jocabed mientras sigue tejiendo la cesta y caen lágrimas por sus mejillas. Incluso en esas horas de preparación ella se mantiene vigilante. Echa una mirada furtiva al pequeño bebé.

Finalmente, lo mete en la cesta, y la Biblia dice: *"Pero la hermana del niño se quedó a cierta distancia para ver qué pasaría con él"* (Éxodo 2:4).

Cuando comenzamos a relatar historias de la Biblia, no queremos pasar por encima de una cosa como esta simplemente porque está contenida en un solo versículo. Necesitamos pausar y considerar la factura que le cobra a la familia y la decisión emocional que supuso renunciar al bebé. ¿Podemos imaginar las conversaciones que se produjeron entre los familiares? Sin duda, no fue una decisión independiente.

Cuando desarrollamos historias como esta para nuestros oyentes, ellos entienden. No es solamente el acontecimiento, sino también el proceso lo que hace sufrir tanto.

Cuando señalamos al dolor del proceso, quienes escuchan pueden aprender a aplicarlo a sus propias situaciones. No es solamente arreglar las cosas con mi esposo o mi esposa, no es solamente confesar al jefe lo que robé. Vemos esto como el asunto de llegar desde el punto A hasta el punto B. El punto B es la llegada, pero el viaje es la historia. Cuando ayudamos a las personas a entender las historias de la Biblia y sus dinámicas, podemos mostrarles que toda la vida es un proceso. Les ayudamos a entender lo que se siente al renunciar a algo que quieren y las transiciones por las que debemos pasar.

La mayoría de las personas conocen el resto de la historia: que la hija del rey rescató al bebé, lo adoptó como hijo propio, e incluso contrató a Jocabed para que fuera la nodriza de Moisés. Nosotros conocemos el resto de la historia, pero Jocabed no lo conocía; y eso es lo que hace que el relato de la historia sea tan poderoso.

Los breves rasgos de atención son evidentes en los bancos de nuestras iglesias, de modo que el servicio tiene que realizarse en lo que yo denomino fragmentos. Es decir, los elementos de adoración necesitan estar cambiando continuamente. Música, drama y presentaciones multimedia están intercalados con la predicación. La televisión nos ha condicionado a esperar recibir información en fragmentos de sonido. Eso significa que el servicio de la iglesia tiene que seguir moviéndose sin tener momentos muertos.

Por ejemplo, las personas con sabiduría médica saben eso. Si visitamos a un doctor entendido, nos sentaremos fuera de la sala de espera durante un máximo de diez minutos antes de que un recepcionista diga nuestro nombre y nos haga entrar en la sala de espera. Quizá tendremos otros cinco minutos de espera antes de que entre una enfermera y hable con nosotros o nos tome la presión sanguínea (una prueba pequeña) y después se va. Este es el patrón. Quizá tenemos que esperar un total de cuarenta y cinco minutos a una hora, pero como suceden pequeñas cosas cada poco tiempo, no parece que haya sido una espera tan larga. También parece que hay varias personas involucradas en nuestro caso, y nos hacen seguir avanzando.

8. *Los estilos de adoración están cambiando.* El estilo de adoración definirá a la congregación. Cantar *sobre* Dios ha cambiado y ha pasado a cantar *a* Dios. Muchos coros e himnos de adoración nuevos puede que no sean correctos teológicamente, pero tienen el estilo y el ritmo que las personas quieren cantar. Las iglesias del mañana intentan incorporar un amplio rango de música, desde órganos de tubos hasta rap, todo ello en un solo servicio.

El grupo de alabanza, coro, o departamento musical supone un gran reto para cualquier pastor. He oído a algunas personas bromear con que cuando el primer director de coro,

Lucifer, cayó, lo hizo directamente en el espacio del coro. Y desde entonces no ha habido paz alguna.

El mayor reto es para las familias. A los adolescentes les gusta un tipo de música y a sus padres les gusta otra cosa, pero los padres tienen que acceder ante los hijos porque están dispuestos a hacer un intercambio. Como padre, yo prefiero ir a la iglesia con mis hijos y que ellos lo disfruten, en lugar de esperar que tengan que soportar música que aborrecen.

La iglesia People's Baptist Church en Boston, donde el Dr. Wesley Roberts es pastor, es la iglesia afroamericana más antigua en Nueva Inglaterra, con techos inmensos de catedral y vitrales hermosos. Estuve allí un domingo en el mes de febrero, que es el mes de la Historia de la Raza de Color, para predicar en los servicios del domingo en la mañana.

El servicio comenzó con un órgano de tubos. Entonces un inmenso coro masculino cantó dos alabanzas a capela. Todos en ese grupo tenían como mínimo setenta años, pero sus voces no sonaban viejas. Uno de los cantos tenía que ver con viajar en tren, y algunos de los hombres hacían sonidos como si fueran el tren y el silbato, mientras que los otros cantaban sobre el tren. Fue un momento emotivo.

Después de eso tomaron la ofrenda e hicieron los anuncios. Entonces cantó el grupo de jóvenes. Cantaron música contemporánea con la que se identificaban los adolescentes. El servicio también incluía cantos tradicionales e incluso himnos conocidos al igual que un coro mixto.

Ese es un ejemplo de una iglesia del mañana que puede cubrir la gama desde órgano de tubos hasta rap en un solo servicio. Mientras yo estaba sentado en la plataforma, sonreía y pensaba: *Aquí está una iglesia para toda la familia. Todos tienen una oportunidad de ser ofendidos, pero todos tienen también una oportunidad de encajar.*

Cada vez más, las iglesias se adaptarán de maneras diferentes. Ahora es común tener diferentes tipos de servicios. El viernes en la noche podría ser un formato contemporáneo casual. El domingo en la mañana temprano podría ser más tradicional y litúrgico.

Un domingo prediqué en la iglesia Evangel en Chicago. Su primer servicio, al que ellos llamaban "servicio de despertar", era bastante tradicional. Al segundo le pusieron el nombre de "servicio para bajar". En este servicio, un número del coro duró media hora (cronometré el tiempo), pero tenía mucha variación e incluía la participación de la congregación.

Esto dice que los líderes del mañana ofrecen experiencias diferentes, y las personas asisten a los servicios en los cuales el estilo de adoración y el formato encajan más entre sus preferencias.

9. *El evangelismo tiene lugar de formas sensibles hacia los buscadores y también de formas más obvias.* Bill Hybels popularizó el evangelismo sensible hacia el buscador en Willow Creek, pero no es el único formato. El evangelismo directo e individual también sigue siendo utilizado por las iglesias en crecimiento.

El evangelismo más personal que he visto no fue por parte de un evangelista en la calle hablando fuerte y gritando, y repartiendo tratados a todo el mundo. Fue en Brasil a mitad del año 2000 en una iglesia con una asistencia la noche del domingo de ochocientas a mil personas. El pastor dijo: "Todos ustedes que están visitando la iglesia esta noche y ya son creyentes,

¿quieren ponerse de pie?". Lo hicieron, y él les dio las gracias y les dijo que se sentaran. Entonces dijo: "Aquellos que estén visitando esta noche, pero no son creyentes, que nunca han aceptado a Jesucristo como su Salvador, ¿quieren ponerse de pie, por favor?". Se pusieron de pie quizá un par de decenas de personas.

Mientras yo estaba allí preparándome para hablar, pensé: *Nunca antes había visto esto.*

El pastor ya me había dicho: "El servicio del domingo en la noche es para que sean salvos". Por lo tanto, yo prediqué un sencillo mensaje diciendo que Jesús salva. Cuando terminé y sonaba la música, dije: "Todos los que quieran entregar su vida al Señor, pasen hasta el altar". Lo que no vi fue que anteriormente en el servicio cuando esas personas se pusieron de pie, estaban marcadas. Cuando yo hice la invitación, los "ganadores de almas" que habían sido asignados a estar en diversos bancos fueron a esas zonas. Inmediatamente estaban al lado de quienes se habían puesto de pie. Cada uno llevaba una Biblia, y cada uno pasó quizá noventa segundos explicándoles lo que era la salvación antes de llevarlos al frente. ¿Puede haber un evangelismo más obvio que ese? Sin embargo, ¡funcionó!

Era totalmente diferente al estilo en el que yo me había criado, donde el coro cantaba cincuenta estrofas de un himno y el pastor entonaba: "Mientras todas las cabezas están agachadas y todos los ojos cerrados…", y entonces invitaba a las personas a pasar al frente, llenar una tarjeta o hablar con alguien.

No tenemos que respaldar ciertas posturas sobre cómo hacer evangelismo. Diversos estilos funcionan dependiendo del contexto cultural. Lo que sé es lo siguiente: los inmigrantes no quieren que estemos jugueteando. "Dígannos lo que necesitan o lo que quieren que hagamos. Entonces yo les diré si voy a responder." Parece que no tienen problema en decir: "No, creo que no quiero hacer eso en este momento".

10. *El avivamiento llega de diferentes formas.* El avivamiento mismo está siendo redefinido. Solía ser el término para una iglesia que realiza servicios largos o evangelísticos. Ahora, avivamiento sencillamente significa que las personas que son parte de la comunidad de creyentes están empoderadas para vivir la vida de Cristo en su caminar diario. Una evidencia fue la pulsera con las letras QHJ ("¿Qué haría Jesús?") que fueron tan populares en torno al año 2000.

Los aviones que se estrellaron el 11 de septiembre de 2001 en el World Trade Center hicieron que muchas personas pensaran seriamente en Dios, personas que no habían estado dentro de una iglesia durante una década. Casi todos los pastores con quienes hablé me dijeron que llegaron personas nuevas a sus iglesias. (Otros hablaban de miembros que hacían compromisos más fuertes y mostraban una mayor participación.

Los avivamientos no siempre tienen lugar dentro del edificio de la iglesia; puede suceder donde viven, trabajan y juegan las personas. Ellos preguntan: "¿Cómo puedo vivir mi fe cada día?". Los inmigrantes también entienden que el avivamiento colectivo solamente puede suceder si tiene lugar un avivamiento individual.

Cuando un nativo ora: "Envíanos un avivamiento, Señor; enviamos un avivamiento", él o ella se refieren al Señor obrando en servicios de la iglesia. Un evangelista importante llegará y predicará, y "personas van a ser salvas, la iglesia va a crecer y estar viva, y vamos a pasar un tiempo estupendo". Cuando el evangelista se va, el avivamiento termina.

Para el inmigrante, avivamiento significa: "Entonces ahora puedo aprender a vivir la fe que tengo. Aprenderé a transmitir mi fe a mi prójimo".

11. *La iglesia desarrolla en lugar de entrenar.* El entrenamiento está orientado a la tarea: un enfoque a corto plazo de un trabajo que hay que hacer. El desarrollo se enfoca más en la persona en lugar de la tarea, es a largo plazo, y está impulsado por el proceso en lugar de por el evento.

Las iglesias que solían hacer entrenamiento suponían que si enseñaban a alguien a ser un ujier, eso es lo único que hacía esa persona. Aquellas personas eran ujieres buenos y bien entrenados. Hoy día estas iglesias desarrollan habilidades centradas en la persona y enseñan a las personas resolución de conflictos y habilidades para solucionar problemas. En su pensamiento sistémico, los desarrollan como individuos que tienen múltiples habilidades, y esas mismas habilidades se pueden utilizar en muchos lugares distintos en lugar de hacerlo en una sola área definida.

12. *La educación para la iglesia es pasar de la enseñanza al aprendizaje.* La enseñanza se enfoca en el maestro, pero el aprendizaje se enfoca en los estudiantes. Cuando una iglesia mira su departamento de educación cristiana, tiene que preguntarse: "¿Qué están aprendiendo las personas?". Es decir, comienzan desde el final, y sus metas les impulsan.

Con la aprobación del sistema de bonos escolares, la enseñanza en casa aumentará junto con las escuelas cristianas. Las iglesias orientadas hacia el futuro están preguntando: "¿Cómo nos vinculamos con el aprendizaje en casa?".

Responden: "Proporcionar un gimnasio, una biblioteca y un programa de música. Quienes estudian en casa necesitan lugares para las relaciones sociales, y sus padres necesitan grupos de apoyo". Las iglesias del mañana están pensando en cómo alcanzar a quienes estudian en casa, incluso a quienes no tienen una afiliación religiosa, y ofrecer asistencia sin ningún compromiso. Se conectan con asociaciones de aprendizaje en casa en sus barrios y les abren sus instalaciones, especialmente el gimnasio. Los padres pueden realizar reuniones en la iglesia y pueden establecer una buena biblioteca. El único gasto para la iglesia es el uso. Imaginemos el alcance hacia la comunidad porque quienes estudian en casa tienen un lugar que pueden llamar suyo sin ningún compromiso.

La educación cristiana en las iglesias del mañana hace hincapié en el aprendizaje interactivo, integrado en individualizado. Interactivo significa que debe haber una conexión entre lo que se enseña y el mundo real. El énfasis en la enseñanza individualizada demanda salones de clase más pequeños, enseñanza individual, más implicación de los padres y más voluntarios.

Los criterios solían ser que los estudiantes estudiaban su escuela dominical trimestral y aprendían semanalmente versículos de memoria. Ahora el énfasis está en: "¿Qué has aprendido que está cambiando tu vida? ¿De qué maneras eres diferente ahora a causa de las lecciones?".

El movimiento de la escuela cristiana sigue creciendo, pero de manera distinta. Anteriormente, solo las iglesias grandes tenían escuelas cristianas. Ahora, iglesias más pequeñas también están comenzando escuelas cristianas. Están más impulsadas por el objetivo o el criterio, lo cual significa que los maestros tendrán que saber claramente lo que están intentando lograr cada trimestre o semestre. También necesitan mostrar cómo se integra este nuevo conocimiento en la vida real.

Ya no es suficiente con enseñar aritmética solamente como problemas que los estudiantes tienen que resolver. Los maestros ahora plantean problemas de la vida real. "Si vas a la tienda Kroger con x cantidad de dinero y compras...", o "Abres una cuenta bancaria en un banco local y...".

En lugar de enseñar solamente sumas y restas, hemos visto la necesidad de enseñar a las personas a balancear sus chequeras. Sabemos dos cosas sobre los estadounidenses y sus cuentas bancarias. En primer lugar, la mayoría de los estadounidenses aceptan las cifras que se muestran en sus reportes bancarios sin verificarlas. En segundo lugar, muchos de ellos no saben cómo reconciliar sus reportes bancarios con sus chequeras. Enseñar a las personas a balancear sus chequeras es importante porque, como los institutos de administración nos han enseñado, las personas que balancean regularmente sus chequeras son mejores dadores.

Visité una academia grande de los grados pre-K hasta el sexto. Cada salón de clase tiene tres computadoras, y tienen un laboratorio de computación donde hay Internet. Charles Schwab, la empresa inversora, ha colaborado con la escuela y preparó cada salón de clase con un negocio que invirtió en la clase una pequeña cantidad de dinero, aproximadamente unos cien dólares. Cada clase tiene que desarrollar un plan de negocio y vender un producto. El dinero ganado se divide entre los accionistas de la empresa: los estudiantes. Si ellos quieren comenzar otra empresa, los accionistas pueden decidir no tomar el dinero, sino invertirlo. Eso es aprendizaje integrado en el mundo real.

También veo en el futuro salones de clase más pequeños y más individualizados con mayores niveles de participación de los padres y más voluntarios.

13. *Los equipos de liderazgo sustituyen a los líderes individuales.* "Ninguno de nosotros es tan bueno como todos nosotros". En el pasado, una persona lo dirigía todo, pero los inmigrantes quieren ser parte del equipo de liderazgo.

Como he mencionado en otros lugares, hubo una época en la que el pastor se situaba detrás del púlpito y decía: "Así dice el Señor", y la mayoría de los miembros de la iglesia lo seguían sin cuestionar. En la actualidad, los inmigrantes quieren ser parte de un equipo ganador. Por lo tanto, están dispuestos a aceptar órdenes de un entrenador y cambiar su estilo de juego para ser los ganadores del partido. Sin embargo, no están dispuestos a someterse al control autocrático. Eso significa que en las iglesias del mañana el diálogo está antes de la decisión. El proceso es más importante que el destino.

14. *Las decisiones se toman por consenso.* Las iglesias del mañana manejan menos decisiones ejecutivas e intentan operar en cambio por consenso. Los líderes no están intentando que las personas anuncien si están a favor o en contra de algo; más bien trabajan hasta que haya un acuerdo general. Intentan conseguir que todos vean el cuadro general; cuando eso sucede, la sabiduría emerge para un bien mayor.

15. *La gobernación de la iglesia está cambiando.* Las juntas directivas y comités de la iglesia están siendo sustituidos por equipos, y dentro de los equipos hay subgrupos o cuerpos de trabajo: los cuerpos de trabajo tienen la habilidad de tomar decisiones de corto y largo plazo con mayor rapidez, porque tienen una tarea que hacer y ese es el final de su responsabilidad. Las iglesias que quieran alcanzar y mantener a la multitud de personas del entorno dot.com no pueden esperar dos años para tomar una decisión. Corren riesgos, y quieren cambio ahora. La esencia de su pensamiento es que si esperan un día más, se quedarán muy atrás.

16. *La iglesia está siendo forzada a reflexionar sobre la sexualidad.* Los tres asuntos principales son las mujeres en el ministerio, la homosexualidad y el aborto. Otros asuntos incluyen la cohabitación fuera del matrimonio y que las mujeres decidan tener una familia sin que haya relaciones con un hombre. Las iglesias necesitan definir su postura sobre tales asuntos, y el mejor momento para hacerlo es cuando no están implicadas en uno de esos problemas. El mejor momento para hablar de algo es cuando no hay nada de qué hablar. Ninguna iglesia va a estar exenta de todos estos asuntos, sin importar cuán bíblica pueda considerarse a sí misma la iglesia.

17. *La demanda de excelencia aumenta.* En la predicación, la demanda de excelencia no está en el conocimiento de los idiomas bíblicos y las ilustraciones pulidas. Los inmigrantes buscan autenticidad e integridad. En la enseñanza, demandan sustancia y no el material ligero que hemos utilizado en años recientes. La tercera demanda es la relevancia: predicar con la Biblia en una mano y el periódico en la otra.

Aunque mi amigo Allen Skelton era un pastor exitoso,

tuvo que presentar la bancarrota personal. En medio de esa terrible situación predicó uno de los sermones más memorables que he escuchado jamás. Nos habló de los errores que había cometido y fue totalmente vulnerable. Explicó que pagaba su American Express con Visa, y Visa con MasterCard, y MasterCard con Discover. Habló de todo el problema: del gasto, de los ingresos, de la mala administración y la falta de planificación. En medio de todo aquello, él conectó con nosotros.

Una de las razones por las que T. D. Jakes es un comunicador fenomenal es que llega hasta el punto de necesidad y lo identifica con cuando él tenía necesidad. Él se identifica con las personas y les da puntos de conexión. Eso es lo que quieren los inmigrantes.

18. *Los líderes de iglesias están sujetos a requisitos más estrictos.* Sigue siendo relativamente fácil unirse a una congregación, pero quienes aspiran al liderazgo enfrentarán demandas más pesadas. La iglesia a la que yo asisto tiene una asistencia semanal de 130 a 190 personas cada domingo. Aunque es pequeña, tenemos reuniones de desarrollo de liderazgo para cualquiera que esté en cualquier tipo de liderazgo. Se hace por fases, y quienes no han terminado la primera fase puede que no pasen a la segunda fase. Nadie puede servir en el liderazgo antes de terminar la segunda fase. Hace cinco años atrás, realizar este programa era voluntario; ahora es requerido.

La iglesia New Birth Missionary Baptist en Lithonia, Georgia, tiene una membresía de veintiséis mil personas. Antes de que cualquiera pueda ocupar un rol de liderazgo en esa iglesia, debe de haber completado treinta y tres horas del curso Ministro en Formación en Beulah Heights.

Un supervisor puede llamarnos en cualquier momento y decir: "Wanda Jones ha solicitado la posición de _____. ¿En qué punto del programa está?".

"De treinta y tres horas, ha completado diecisiete".

El supervisor entonces tomará una decisión sobre si tiene créditos suficientes para solicitar esa posición. Quizá el supervisor le dice a Wanda: "Tienes que completar al menos otras ocho horas antes de que te consideremos para este rol de liderazgo".

También he observado que muchas iglesias del mañana hacen pactos en torno a lo que yo denomino "y si...". Ese pacto detallará los requisitos para ser un líder y las consecuencias de no cumplir esos requisitos. Por ejemplo, si un líder no diezma, sucederá tal y tal cosa.

Cuando se está dando servicio a los inmigrantes, ellos quieren saber que quienes les sirven son competentes. Saben que competencia significa aprendizaje continuo. Por ejemplo, ¿por qué iba a dejarme una iglesia que enseñe en la escuela dominical si nunca he realizado todo el entrenamiento necesario? Si estoy en el campo de las computadoras, tengo que seguir yendo a la escuela todo el tiempo. Si soy dentista o cirujano de corazón, tengo que mantenerme al día de la nueva tecnología. Por lo tanto, en la mente de los inmigrantes tiene sentido que los líderes estén a la vanguardia.

Debido a que muchos inmigrantes no están dispuestos a integrarse (no quieren obligarse a sí mismo), algunas iglesias están dispuestas a utilizar quienes no son miembros, mientras hayan realizado el proceso de formación requerido.

19. *Los inmigrantes buscan una iglesia con visión y con propósito.* Preguntan a los líderes de la iglesia: "¿Cuál es su propósito? ¿Por qué están aquí?". Quieren dedicar su tiempo, energía y recursos a proyectos que valgan la pena. Cuando los inmigrantes piensan en dar al Señor, la iglesia local no es usualmente su primera idea, lo cual es contrario al pensamiento de los nativos. Los inmigrantes llevan sus recursos donde ven personas de visión y propósito que los utilizan sabiamente.

20. *La disciplina en la iglesia se espera y se implementa.* En el mundo laboral hay consecuencias por no realizar un trabajo de calidad. La iglesia también espera competencia. Anteriormente en la iglesia, *disciplina* era una mala palabra, pero eso está cambiando. Las iglesias por lo general tienen un conjunto de pautas para los líderes. Si ellos no cumplen esas normas de competencia, no se mantienen en el liderazgo. A los maestros de escuela dominical, por ejemplo, se les requiere que asistan a clases de formación de maestros cada trimestre. Si no lo hacen, son apartados del puesto. Entonces se difunde la noticia de que la iglesia tiene normas elevadas. Quieren que sus maestros estén bien calificados para lo que hacen; y quieren que los padres sientan que pueden confiar sus hijos a esos maestros.

Pensemos en lo siguiente: si yo fuera un alumno de una escuela pública y no apareciera en el entrenamiento de fútbol, no podría jugar en el siguiente partido. En la iglesia, sin embargo, si me pierdo el ensayo del coro, aún así puedo ponerme la túnica y situarme entre el coro. Pero eso está cambiando. El director del coro puede decir: "Sam, si no ensayas con nosotros, no puedes cantar con nosotros".

21. *Hay demanda de relevancia.* Los inmigrantes preguntan: "¿Por qué?". Los líderes de la iglesia ya no pueden decir: "Todo el mundo sabe que...". Tenemos que explicar las cosas a los inmigrantes, porque quizá ellos cuestionen lo que los nativos daban por sentado. Y los líderes nativos necesitan entender que las preguntas de los inmigrantes no son señales de desacuerdo; simplemente muestran su necesidad de aclaración.

"No estoy cuestionando la autoridad", dice un inmigrante, "pero ¿por qué tengo que asistir a tres de cada cuatro reuniones? Ya soy maestro de una escuela pública con diez años de experiencia, y también tengo un diploma de un instituto bíblico. Por lo tanto, ¿por qué tengo que acudir?".

Si los líderes nativos se ofenden, habrán pasado por alto el punto. Una respuesta que tendrá sentido para los inmigrantes es: "Tenemos requisitos que cada persona sin excepción debe cumplir para que *nosotros* sepamos que está calificada. No queremos que nadie se cuele solamente debido a sus antecedentes".

22. *Los inmigrantes subrayan la eficacia y los referentes medibles.* Los nativos pueden expresar sus metas como "Queremos alcanzar nuestro mundo para Jesús". Los inmigrantes son más específicos. Dicen: "Intentaremos alcanzar a la gente dentro de un radio de un kilómetro de nuestra iglesia. Nuestra meta es ver a cien personas recibir al Señor como su Salvador. Queremos ver a treinta y cinco personas realizar nuestro programa de discipulado". Tienen referencias definidas para así al final del año o el ciclo de planificación poder comprobar su progreso. Consiguieron sus metas o no las consiguieron.

No podrán decir, como han hecho los nativos en el pasado: "No hemos ganado a ninguno, pero tampoco hemos perdido a ninguno. Seguimos defendiendo el fuerte; somos fieles. Dios está bendiciendo nuestra fidelidad." Si la iglesia nativa pierde miembros, su rápida respuesta es: "Dios está purificando y seleccionando. Él nos está preparando para algo nuevo". Esas no son respuestas satisfactorias para los inmigrantes.

23. *El tiempo en familia es una consideración principal.* Los nativos dejaban de trabajar el viernes y tenían el fin de semana para ellos. Esto ya no es así, y los inmigrantes están ocupados el sábado con diversas actividades. Buscan maneras de practicar su espiritualidad, pero no a expensas de dividir aún más el tiempo para la familia. Los líderes nativos presumían del nivel de actividad en la iglesia. Los inmigrantes están preguntando: "¿Cómo podemos coordinar todas estas actividades?".

En la mentalidad de los nativos, una iglesia era exitosa si el pastor podía presumir: "Tenemos algo todo el tiempo. Los lunes en la noche tenemos estudio bíblico para hombres, los martes en la noche tenemos estudio bíblico para mujeres, los miércoles en la noche tenemos estudio bíblico familiar, los jueves tenemos el grupo de jóvenes, los viernes tenemos evangelismo", y su lista continuaba.

Ya no es así. Las necesidades familiares ahora hace que los padres se pregunten: "¿Cómo podemos coordinar las cosas? Si queremos asistir a actividades entre semana, ¿podemos ir todos el viernes en la noche? Los niños pueden ir a su actividad, mi esposa puede ir a la actividad para mujeres, yo puedo ir a la actividad para hombres, y después podemos reunirnos para pasar veinte minutos de celebración y después irnos".

24. *El cuidado pastoral tiene mayores demandas.* Las necesidades de personas y familias disfuncionales causarán que las congregaciones "subcontraten" el cuidado pastoral. Tendrán que incorporar capellanes que no se dedican a otra cosa sino al cuidado hospitalario o la consejería. Puede que haya iglesias que decidan subcontratar no necesariamente a alguien que no tenga conexión alguna con la iglesia, sino a alguien con quien puedan cambiar de plano y decir: "Así son ellos; así somos nosotros".

25. *Las iglesias del mañana reconocen y responden a los hogares que tienen un solo cónyuge.* Al menos diez millones de madres solteras viven en los Estados Unidos. Las iglesias necesitan ministrarles a ellas, y también a quienes nunca se han casado y a quienes son viudos o divorciados. Las iglesias se están replanteando las tradicionales cenas para parejas y las citas de San Valentín. Lo que solía ser la quinta rueda se convertirá en la mayoría en algunas iglesias.

La nueva familia americana

- Si no tienes un hijo en casa, estás en la mayoría. Actualmente tan solo el 34 por ciento de los hogares estadounidenses tienen niños bajo su techo.

- Cada vez menos parejas se casan.

- Más del 50 por ciento de quienes se casan por primera vez vivían juntos anteriormente.

- La maternidad en solitario es una opción creciente. Los nacimientos de niños en madres que no están casadas ahora constituyen el 33 por ciento de todos los nacimientos en los Estados Unidos.

- Los patrones cambiantes de la nueva familia americana influenciarán decisiones sobre licencia parental, cuidado diurno, y otros asuntos sociales importantes.*

* Rutgers University National Merit Project

---

26. *El número de jubilados más jóvenes sigue aumentando.* Las personas se jubilan a una edad más temprana, y tienen tiempo y talento extra para participar no solo en la iglesia, sino también en la comunidad.

27. *América se está volviendo más canosa.* Si la Asociación Americana de Personas Jubiladas se convirtiera en una nación, sería la decimotercera nación más grande del mundo, ligeramente más pequeña en población que Argentina.

- En 2025 más del 35 por ciento de los estadounidenses tendrán más de cincuenta años. (Actualmente la cifra es del 27 por ciento).

- En 2020 más de 105 millones de personas en los Estados Unidos superarán los 55 años de edad.

+ Estas cifras nos involucrarán a todos en asuntos de cuidado de la salud y cuidado pastoral.

El National Hospice Foundation (Fundación Nacional de Hospicio) descubrió que la mitad de los estadounidenses quieren que sus familiares expresen sus últimas voluntades, pero el 75 por ciento no las ha expresado. Setenta mil estadounidenses tienen cien años de edad o más.

+ En 2025, por primera vez en la historia, siete generaciones vivirán hombro con hombro. La iglesia tendrá que batallar con diferentes formas y estilos de adoración para llegar a esas generaciones diferentes.

+ El cuidado asistido de vida llegó a la marca de los 86 mil millones de dólares en 1986. Se espera que aumente hasta 490 mil millones en 2030.

+ Apenas el 23 por ciento de los estadounidenses tienen más de 50 años, y uno de cada cinco tiene 65.

+ Trece millones de estadounidenses cuidan de sus padres en sus hogares.

+ Cuando incluimos a quienes son cuidadores de los padres, pero no viven con ellos, la cifra se duplica.

+ La mayoría de los ancianos viven por debajo de la línea de pobreza.

+ La expectativa de vida promedio de los estadounidenses es de 76 años.

+ En 2001, el 54,7 por ciento de las personas de 65 años o más vivían con sus cónyuges, el 12,8 por ciento vivían con otros familiares, y solamente el 2,2 por ciento vivían con otras personas.

+ El 30,3 por ciento de quienes vivían solos estaban en comunidades con otros ancianos.

> "En tiempos de cambio, son los aprendices quienes heredarán la tierra, mientras que los entendidos se encontrarán hermosamente equipados para un mundo que ya no existe."
> –Eric Hoffer

Las iglesias en el Norte están perdiendo miembros mayores. Por lo tanto, ¿qué hacen sin ellos? Son los que mantenían abiertas las puertas. Por otro lado, el movimiento de personas en Florida y Arizona, y en lugares en el cinturón sureño, hace que los líderes allí se pregunten: "¿Qué hacemos con ellos?".

Las iglesias están batallando con cómo aprovechar la base de voluntarios entre los ancianos que son estables económicamente. Muchos de ellos tienen buena salud, y tienen una sabiduría acumulada y más tiempo libre que cualquier otro grupo. Sobre todo, los ancianos quieren hacer que los últimos años cuenten.

Conozco al menos a diez iglesias crecientes que están construyendo apartamentos para ancianos dentro de las instalaciones de la iglesia. Esos líderes ven el futuro y se están preparando para él ahora, justamente en los terrenos de la iglesia.

28. *Tenemos diseño de centro comercial: todo bajo un solo techo.* Las megaiglesias que crecen tienen sus propias librerías, gimnasios, salas de pesas, cafeterías e instalaciones para el cuidado de niños. Esto significa que las iglesias del mañana se están volviendo cada vez más emprendedoras. La librería puede ser dirigida por alguien de fuera de la iglesia. La iglesia está siguiendo el concepto de centro comercial. Las tiendas importantes como Sears y J. C. Penney no poseen sus propios edificios; los rentan al desarrollador del centro comercial. Esta es cada vez más la mentalidad de las iglesias que crecen.

He estado en iglesias que tienen tantos miembros internacionales que venden productos de los países representados: gorras, bolsas, camisetas, vestidos, y artículos novedosos. ¿Por qué no venderlos? La iglesia se beneficia, y también los individuos.

29. *La multimedia será una realidad en aumento.* Debido a que los inmigrantes son aprendices visuales, los líderes de la iglesia del mañana utilizan cada vez más formas visuales de comunicación. En nuestra iglesia cuando predica el pastor, sus puntos principales se muestran en una pantalla que está por encima de él.

30. *La tecnología (correo electrónico, conectar personas) tendrá importantes implicaciones en el modo en que realizamos el ministerio, especialmente en las misiones globales.* El correo solía tardar semanas para llegar a otros países, pero con el correo electrónico podemos comunicarnos en tiempo real y emprender acciones inmediatas. Servicios como UPS, FedEx y DHL han acelerado el mundo. Ellos se especializan en correo internacional y garantizan que cualquier tamaño de paquete llegará a su destino en tres días.

31. *El consumismo ha llegado a la iglesia.* Las iglesias orientadas al futuro están proveyendo liderazgo, educación, dieta, ejercicio, y muchas otras cosas. Las personas pueden comprar videos cristianos de ejercicio, libros o audios de principios empresariales cristianos, y libros de autoayuda. Las congregaciones aprenderán a empacar para alcanzar a los consumidores y proveerles recursos. Por ejemplo, el pastor de una iglesia creciente tendrá cintas, libros y recursos disponibles para las personas.

El número de organizaciones sin fines de lucro, religiosas, educativas, científicas y literarias exentas de impuestos en los Estados Unidos aumentó en un 74 por ciento entre 1991 y 2001.
–Atlanta Journal-Constitution, 21 de julio de 2001, citando un reporte de un sector independiente

32. *El dinero es abundante ahora.* Hay una transferencia de riqueza sin precedentes. Lo fundamental es lo siguiente: miles de millones de dólares estarán pasando de una generación a la siguiente, y esa generación está bastante bien establecida. La generación que da está diciendo ahora: "Quiero dejar mis propiedades en un legado que valdrá la pena, en lugar de patrocinar el estilo de vida de alguien".

La filantropía ha adoptado papeles muy importantes. El modo en que se ha medido el éxito ha cambiado. Un creciente número de filántropos cristianos miden el éxito por la cantidad de dinero donada.

Don Chapman es un ejemplo. Don no puede evitar comenzar nuevos negocios, y es multimillonario. Vendió su empresa, S & S Tug (la empresa que construye tractores que tiran de los aviones para sacarlos de sus puertas) el viernes, y el lunes comenzó una empresa llamada Legacy Ventures. Su nueva empresa recauda capital emprendedor, y su meta inmediata era recaudar 150 millones de dólares para capital emprendedor en dos meses.

Una mañana me dijo mientras desayunábamos: "Mira, estoy en un lugar en mi vida donde realmente no tengo que hacer todo esto. Quiero dar mi vida a algo. No he descubierto aún lo que es". Él seguía buscando, pero sabía una cosa importante: la filantropía no se reduce a llenar un cheque; se está convirtiendo en parte de la acción.

33. *La responsabilidad financiera es obligada.* Los inmigrantes no están interesados en que los controlen de forma excesiva, sino que quieren ver el cuadro más general. Las iglesias del mañana publican regularmente declaraciones financieras de una sola página o amplias categorías de ingresos y gastos que proveen la información que los inmigrantes quieren conocer.

34. *La urbanización o los cambios culturales se están convirtiendo en la norma.* En el año 2025 más del 38 por ciento de los estadounidenses serán minorías étnicas, y los hispanos serán la minoría más grande. Urbanización significa que la tendencia de mudarse a los suburbios cambiará a medida que las personas regresen a las ciudades. Este movimiento lanzará a las personas a un mundo transcultural, de modo que los líderes de las iglesias necesitan entender la variedad de culturas que se convertirán en el soporte de iglesias y negocios.

35. *El concepto de misiones está cambiando.* La iglesia ya no piensa en las misiones solamente como trabajo en tierras extranjeras; ahora incluyen zonas urbanas y el centro de las grandes ciudades. Los misioneros internacionales se están enfocando en los Estados Unidos.

Además, la iglesia se está moviendo hacia las misiones a corto plazo en lugar de a largo plazo. En los tiempos de antaño los misioneros servían cuatro años con un quinto año de vacaciones. Por ejemplo, en 1995 BHBC comenzó M.O.S.T. (Misiones Extranjeras de Corto Plazo). Desde entonces, hasta ochenta personas han recibido formación transcultural y han ido a otro país para servir. Reciben créditos universitarios porque es parte de su programa principal de estudios.

Otro cambio es que en lugar de ser agencias que *envían*, las iglesias se están convirtiendo en agencias que *van*. Cada vez más iglesias son iglesias que van, en lugar de ser iglesias que envían. Por ejemplo, la iglesia Mount Paran Church of God en Atlanta, bajo el liderazgo del Dr. David Cooper, tiene misioneros en treinta y ocho países. Casi todos ellos son exmiembros de la iglesia Mount Paran. Hablé en su conferencia de misiones, y durante esa semana recaudaron 1,5 millones de dólares. Eso significa que las personas dentro de una iglesia local están recaudando apoyo importante para los misioneros, lo cual fomenta la idea: "Nosotros somos parte de esto. Vamos con ellos".

Incluso si los misioneros se quedan en un país extranjero durante un año, se mantienen en contacto con la iglesia local. Cuando regresan, no tienen que pasar un año haciendo aquello a lo que solíamos referirnos como trabajo de comité: recaudar fondos para regresar. Aquellos con apoyo de la denominación no siempre han tenido esa presión, desde luego. Aún así, la tendencia sigue siendo recaudar el apoyo total para una familia o un individuo dentro de la congregación.

Las misiones en el centro de la ciudad es un área en la que el instituto bíblico Beulah Heights está haciendo hincapié y está dando formación a las personas. Solíamos emplear mucho dinero para cruzar el océano y, sin embargo, hacíamos poco aquí en casa. Ahora nos estamos reenfocando y viendo lo que necesitamos hacer aquí en los Estados Unidos. Estamos haciendo crecer nuevas iglesias, a menudo patrocinadas por iglesias grandes, y llamamos misiones a eso.

36. *La acción social está recibiendo un énfasis más fuerte, especialmente la colaboración con programas del gobierno.* Debido a la colaboración del patrocinio del gobierno, hay una explosión de organizaciones sin fines de lucro. El gobierno federal no dará dinero a una iglesia, pero lo dará a otros tipos de grupos sin ánimos de lucro, de modo que algunas iglesias están incorporando una organización benéfica con un nombre diferente y una junta directiva por separado. Las corporaciones están también más abiertas a patrocinar tales grupos sin fines de lucro.

La acción social se realiza en colaboración con programas del gobierno. Las organizaciones sin fines de lucro 501(c)3 están explotando a nuestro alrededor porque hay disponible más dinero del gobierno para colaboración, por medio del Departamento de Vivienda y Desarrollo Urbano (HUD), el Departamento de Educación, y especialmente por medio de las secciones de rehabilitación de nuestros gobiernos municipales. El asunto de la separación entre iglesia y estado ni siquiera entra en juego cuando el HUD da dinero a un grupo sin fines de lucro porque está sirviendo a las personas sin hogar. Es el mismo ministerio que nuestra iglesia habría estado haciendo, pero ahora el gobierno es quien lo financia.

37. *Las iglesias del mañana son cada vez más activas en la política local.* Las iglesias no pueden endosar a candidatos. Sin embargo, las personas de dentro de la iglesia son alentadas a presentarse para juntas escolares y comisiones del condado con el apoyo no oficial de su iglesia.

Por ejemplo, a principios de 2000, Hooters, un restaurante con camareras escasamente vestidas, quería abrir una franquicia en Fayetteville, Georgia, pero la comunidad abarrotó la sala de audiencias durante la vista de zonificación, y se derrotó la petición. También hicieron saber a los políticos que se estaban enfrentando a un electorado cada vez más expresivo.

Los cristianos que participan en política realizan sus reuniones fuera de las instalaciones de la iglesia. Cada vez más, las congregaciones del mañana están diciendo: "No ocuparemos un asiento trasero y dejaremos que otros conduzcan. Ayudaremos a situar a nuestra propia gente en el asiento del conductor".

Para los inmigrantes, la *política* ha sido redefinida como un proceso mediante el cual se implementan los valores comunitarios. *Política* solía ser una mala palabra. Los pastores decían: "No hacemos política en nuestra iglesia.". Lo que no reconocían es que hacemos política en nuestras iglesias, nuestros hogares y nuestros lugares de trabajo: dondequiera que participan personas. Los inmigrantes están diciendo: "Como ese es el caso, veamos cómo funciona esto, vamos a meternos en el proceso y a hacer una contribución positiva"

38. *Los asuntos de Iglesia y Estado cambian.* En 1998 el exsenador John Ashcroft propuso una ley llamada Decisión Benéfica que daba a las corporaciones permiso para donar dinero a instituciones basadas en la fe, y recibían deducciones fiscales de esas donaciones. La Casa Blanca, bajo la dirección de George W. Bush, estableció una división llamada Iniciativas Comunitarias basadas en la Fe. Ahora, las iglesias que se enfrentan al futuro pueden competir y recibir dinero propio para centros infantiles basados en la fe, centros de rehabilitación, hospicios, viviendas subvencionadas, y otros proyectos.

39. *Compartir instalaciones eclesiales irá en aumento.* Cada vez más iglesias están construyendo edificios multipropósito en los cuales ponen sillas el domingo para la adoración, y juegan al baloncesto y el volibol los lunes y los miércoles. Otras iglesias con edificios tradicionales están compartiendo las instalaciones con grupos cristianos. Yo preveo que dos o más congregaciones serán dueñas conjuntas de instalaciones.

Las iglesias también están construyendo auditorios separados de la iglesia y rentando el espacio para eventos como banquetes y bodas. Mientras lo reporten como ingreso no relacionado, Hacienda lo permite.

40. *La doctrina de la tolerancia sigue siendo un reto inmenso para la salud de la iglesia.* Los cristianos quieren ser inclusivos y no dañar a otros, pero a menos que seamos especialmente cautos, las líneas seguirán borrosas y los límites cristianos se ablandarán.

Yo lo considero el mayor desafío para la salud de la iglesia. ¿Cómo nos volvemos tan exclusivos que no hagamos daño a nadie, y a la vez trazamos la línea sobre conductas y prácticas que son contrarias a nuestras creencias? Por ejemplo, ¿cómo seguimos subrayando el amor de Dios por todos, aceptamos a musulmanes e hindúes como personas a quienes Dios ama, y a la vez trazamos la línea?

Algunas iglesias se han vuelto tan tolerantes que están diciendo, en efecto, que no importa lo que las personas crean. Este es el mayor peligro que enfrentamos porque entonces somos aptos para creer cualquier cosa. Como cristianos, en algún momento tenemos que decir: "Esto es lo que creemos. Este es el núcleo de nuestra fe. Ustedes no tienen que creer como nosotros, pero no intenten hacer que nosotros aceptemos su fe".

En 1998 enfrenté el problema de la exclusividad. Yo había organizado una reunión para veinte líderes cristianos influyentes de la zona. Nos reunimos en el atrio de la universidad en torno a una mesa donde había refrescos. Cinco minutos después de que comenzara nuestra reunión, uno de los líderes se sentó frente a mí y me miró fijamente. Representaba a una organización que hacía hincapié en la inclusión y aceptaba especialmente a la comunidad homosexual. "Sr. Chand, ¿cuál sería su sentir hacia la diversidad y la inclusión?", preguntó.

Yo sabía ande quería llegar él, pero dije: "Creo que tiene que definir eso un poco más para mí".

"Muy bien. ¿A quién no le darían ustedes un vaso de agua fría?".

"Nadie me viene a la mente. Daremos un vaso de agua fría a cualquiera."

"Dígame, entonces, ¿quién puede sentarse en torno a esta mesa?".

Todos los que estaban sentados a la mesa habían dejado de charlar y escuchaban con atención. "Voy a ir al grano. Daremos un vaso de agua fría a homosexuales, bisexuales, transexuales... eso no nos importa. Serviremos a cualquiera y a todos sin prejuicios. *Sin embargo*, el grupo central, el equipo que facilita este proceso no será de esa creencia".

"¿Quiere decir que lesbianas y gays no serán bienvenidos a ser parte del proceso de toma de decisiones?".

"Eso es exactamente lo que le estoy diciendo".

"Bueno, no creo que podamos trabajar juntos." Recogió su carpeta y se puso de pie.

"Agradezco su tiempo", dije yo. "Ha sido usted muy considerado al venir hoy."

No hice nada para retenerlo o impedirle que se fuera; y ninguna otra persona en la mesa dijo nada para alentarlo a quedarse. Debo admitir que mientras se alejaba, yo estaba pensando: *Ahí se va el apoyo de casi dos mil iglesias.*

Por mucho que yo aborreciera ver a ese pastor irse, también sabía que la tolerancia podía llegar solo hasta cierto punto. Debe tener un punto límite, y lo tiene con todos nosotros, quizá en distintos lugares. Si no tenemos ninguna línea que no puede traspasarse, pronto nos volveremos corruptos en lo más hondo y tan blandos que perderemos nuestra identidad.

Eso es exactamente lo que sucedió con el pueblo de Dios en el Antiguo Testamento. Tras establecerse en la Tierra Prometida, absorbieron lentamente la cultura y las creencias religiosas de sus vecinos. Con el tiempo, *"cada uno hacía lo que le parecía mejor"* (Jueces 21:25).

41. *La iglesia está sufriendo y sufrirá persecución.* Hubo más personas martirizadas en el siglo XX que en el resto de los siglos combinados, especialmente en países como Sudán, China, Pakistán e India. La iglesia siempre se ha desarrollado bajo persecución, y es entonces cuando tiene lugar la purificación.

La persecución en los Estados Unidos será más sutil. Grupos como el American Civil Liberties Union se oponen claramente a la iglesia, pero veremos formas más sutiles en el entorno laboral y con individuos, especialmente porque creemos que Jesús es el único camino a Dios. Una acusación de intolerancia bien puede ser el arma más poderosa presentada contra los cristianos.

42. *Actividad de sectas y potestades satánicas sigue teniendo gran influencia en nuestro mundo.* El multiculturalismo también produce pluralismo, y eso abre las puertas a todas las religiones. Hace veinte años, ¿quien habría creído que una ciudad en el Sur profundo tendría templos hindúes y mezquitas musulmanas?

> Los líderes del mañana son flexibles y ya están considerando maneras de responder a nuevos retos.

Otros dioses están llegando a América mediante personas de un nivel económico más elevado que el obrero promedio. Más de la mitad de los 35.000 indios orientales que viven en Atlanta son profesionales que tienen poder, organización y dinero.

La iglesia tiene dos maneras de enfocar esta situación. La primera es convertirse en una congregación apologética, en el verdadero sentido de la palabra. Eso no significa que tengamos que disculparnos por nuestra postura, sino que sabemos lo que creemos y lo defendemos o lo declaramos. El segundo enfoque es educar a los cristianos para que conozcan la realidad de la fe, enseñarles para que estén totalmente arraigados en la fe. Puede que no sepan cómo responder a cada argumento planteado por los musulmanes, pero pueden llegar a familiarizarse tanto con lo real, que lo falso no tendrá sensación de correcto. Cuando el vecino amable y con mucha educación formal que vive en una casa bonita y conduce un Mercedes Benz intente presentarles un nuevo modo de pensar, ellos podrán discernir que es equivocado.

Quizá una ilustración ayudará. En tiempos de antaño, cuando los banqueros formaban a los cajeros para manejar dinero en efectivo, una de las últimas áreas de su entrenamiento era la caja fuerte. Durante horas no hacían otra cosa sino palpar dinero. La idea era que sus dedos se volvieran tan sensibles que supieran detectar un billete falso cuando lo tocaran.

Igualmente, las iglesias del mañana tienen que formar a sus miembros para detectar las religiones falsas. Hemos de tener una mayor base bíblica en la enseñanza de los puntos fundamentales de la verdad para que nuestros miembros puedan detectar fácilmente las falsedades.

43. *Falsos profetas y verdaderos profetas están surgiendo.* Cualquiera que tenga dinero puede comprar tiempo de emisión, de modo que veremos una mezcla de profetas falsos y verdaderos en la televisión. Los sitios web también están conduciendo a personas por caminos extraños.

Cec Murphey fue a la Internet para buscar la revista *Light and Life*, publicada por la iglesia Metodista Libre, después de que uno de sus editores le pidió que escribiera un artículo, y descubrió que un grupo de la Nueva Era había comprado el nombre del dominio.

Los peores profetas falsos serán quienes estén más cerca de la verdad y digan las palabras correctas suficientes para así ser seductores y desviar a muchos.

44. *Las iglesias del mañana viven y se desarrollan con contradicciones.* Las tradiciones del pasado ahora se están dejando a un lado, y ya no hay solamente una manera correcta de hacer las cosas. Esta perspectiva afecta a todo, desde música a actividades sociales. Vivir con contradicciones se volverá cada vez más parte de quienes somos y lo que hacemos. Los líderes del mañana y sus congregaciones están dispuestos a aceptar las contradicciones y vivir en paz.

Presento estas cuarenta y cuatro tendencias como catalizadores para retar el pensamiento del mañana.

Mi mayor preocupación es que los nativos continúen emitiendo en AM y los inmigrantes hayan pasado a FM. No hay nada de malo en ninguno de sus receptores, pero sin importar cuán bueno sea el receptor, no podremos transmitir en ambas frecuencias al mismo tiempo. Las estaciones en AM están clamando: "Ojalá las personas estuvieran más comprometidas", mientras que las estaciones en FM están diciendo: "¿Cómo me dará significado esto?".

En este capítulo he intentado destacar los asuntos que los líderes del mañana y todas las congregaciones cristianas están enfrentando o enfrentarán en el futuro cercano. Veamos ahora el tipo de liderazgo que necesitamos para entrar con valentía en ese futuro inminente.

15

CINCO RECLAMOS IMPORTANTES

Solo porque nosotros estemos motivados no significa que otros sentirán la misma inspiración. De hecho, oigo constantemente declaraciones de queja como las siguientes:

"Ojalá las personas estuvieran más comprometidas."

"Ojalá estuvieran a la altura del reto."

Anteriormente dije que el deber está muerto en la iglesia. Por lo tanto, ¿qué hacemos tras la muerte del deber? ¿Qué hacemos cuando la obligación se ha quedado sin empleo? Los nativos motivados por el deber aceptaban responsabilidades y mantenían esos compromisos. Sin embargo, algunos maestros de escuela dominical, por ejemplo, deberían haberlo dejado años antes de haberlo hecho. ¿Por qué siguieron? Es obvio. Continuaron debido a un sentimiento de deber y lealtad. "Yo hice un compromiso, y no puedo defraudarles. ¿Qué harán sin mí?".

El deber como fuerza motivadora ha perdido su eficacia. Por lo tanto, quiero sugerir que hay cinco impulsos motivadores para la iglesia floreciente del siglo XXI y después concluir con los que son más eficaces. Antes necesitamos hacer una pausa y preguntar: ¿cuál de estos reclamos vigorizaría al pueblo de Dios en este siglo? ¿En qué frecuencia estamos emitiendo?

¿A qué frecuencia están sintonizadas las personas en nuestra iglesia?

1. *Compasión.* La compasión se centra en el otro. Describe compartir unos con otros, servir e interesarse por otros, dar a otros, y comportarse amablemente hacia otros.

2. *Comunidad.* Es aquí donde tenemos nuestras raíces, nuestro lugar de pertenencia. Incluso en nuestro mundo fragmentado, las personas quieren pertenecer ahora más que nunca. Las personas encuentran comunidad en clubes de campo, clubes de caza, iglesias, y organizaciones civiles y de voluntariado, porque todos nosotros queremos y necesitamos pertenecer. La comunidad también incluye relaciones con familiares y amigos.

3. *Reto.* Alentamos a otros a lograr más, a alcanzar más, y a hacer más cosas con sus vidas.

4. *Sensatez.* Apelamos a datos, lógica, análisis y sentido común.

5. *Compromiso.* Apelamos a la lealtad, el deber, la obligación o los votos.

De estas cinco motivaciones que utilizan los líderes, creo que las iglesias que subrayan la compasión y la comunidad serán las que mejor se desarrollen en los próximos años. ¿Por qué no las otras? Vamos a examinarlas.

+ *Reto.* Cuando llegan personas a nuestra iglesia, no nos damos cuenta de que han sido retadas durante toda la semana a obtener más, lograr más y alcanzar más. No quieren que los empujen, y buscan algo diferente. Si van a una iglesia donde el reto es el impulso motivador, para ellos eso es casi como otro día de la semana.

- *Sensatez.* Aunque la sensatez suena bien, de nuevo es en lo que están metidas todas las personas todo el día, cada día de la semana laboral. Están abrumados con datos, lógica, análisis y sentido común ya sean comerciales, directores generales o maestros de escuela. Cuando van a un lugar de adoración, ¿por qué querrían el mismo reclamo?

- *Compromiso.* Cometemos un grave error cuando pedimos compromiso demasiado pronto. Sabemos que solo porque ellos llenen una tarjeta de compromiso no significa que estén comprometidos. El compromiso es un asunto del corazón y, por lo tanto, apelar al compromiso asusta y aleja a las personas en lugar de invitarlas a participar.

> Las personas hoy quieren sentir que son una parte vital de un grupo; es decir, quieren experimentar comunidad.

Las personas solían ir a la iglesia los domingos para celebrar la comunidad que vivían el resto de la semana. Ahora van a la iglesia el domingo, o el viernes o el sábado para encontrar la comunidad que no tienen el resto de la semana.

Esto nos deja con dos impulsos motivadores atractivos: compasión y comunidad.

La compasión se refiere a conectar "a nivel del alma", y nuestra motivación está por encima de la reciprocidad y la autoindulgencia. Se centra en la otra persona. Al final de nuestra vida, entonces reconocemos la satisfacción a un nivel más profundo que si sencillamente hubiéramos hecho muchas buenas obras.

La compasión implica cinco cualidades: compartir, interesarse, dar, amar y servir.

La comunidad se trata de conexiones con un énfasis en lo común. Nuestra sociedad individualista nos ha llevado de regreso a los comienzos del plan de Dios para la raza humana. Fuimos creados como ciudadanos de una comunidad sociable. Nuestra necesidad más profunda es estar con otros y entretejer un vínculo común. Nuestro sistema penal, por ejemplo, muestra esto con toda claridad. Aparte de la ejecución, el castigo más duro es que lleven a un prisionero a un lugar de aislamiento solitario.

> Apelar al deber ha perdido su eficacia, pero los líderes del mañana pueden apelar a la compasión, la comunidad, el reto, la sensatez y el compromiso.

Hace algunos años, la comedia de éxito en televisión era *Cheers*. La cortina musical de ese programa decía que las personas se relacionaban en ese bar porque todos conocían sus nombres. El bar representaba la relación de comunidad para los personajes que pasaba por allí cada semana.

En las empresas, casi todo el mundo trabaja en un cubículo. Por lo tanto, ¿dónde se reúnen para mostrar comunidad? Muchos negocios tienen un lugar no oficial donde los empleados van después del trabajo para relajarse y desconectar antes de irse a su casa, y reconectar con seres humanos después de haber estado todo el día sentados delante de máquinas.

Aunque vivimos en una sociedad individualista, nuestra necesidad de conectar nos empuja fuertemente hacia la comunidad. La iglesia tiene una gran oportunidad de acercarse y satisfacer esa necesidad.

16

VIVIR EN TIEMPOS *ÉPICOS*

Vivimos en tiempos ÉPICOS. Esta palabra es un acróstico.

Experiencial dice: "Ya hemos hablado suficiente. Deja de hablar y tan solo hazlo".

Participativo dice: "Cuenta conmigo. Quiero participar en esto".

Ícono como impulso dice: "Tienes que dibujarme el cuadro. Déjame que lo vea por mí mismo".

Conexión dice: "Eso conecta conmigo. Quiero pertenecer".

La mejor manera en que puedo ilustrarlo es señalar el increíble éxito de la empresa eBay, Inc., *sin publicidad*. Esta empresa se describe a sí misma como una que "provee el intercambio comunitario de persona a persona en la Internet donde compradores y vendedores se reúnen". eBay tiene un valor superior a muchas de las cadenas principales que hay en nuestros centros comerciales. Son exitosos porque entienden los tiempos.

Aquellos de nosotros que fuimos formados en el último siglo recibimos formación con palabras. Poníamos el énfasis en lo que decíamos y cómo lo decíamos. Las personas aprenden hoy día con imágenes. Predicadores y maestros que dibujan con las palabras son muy buenos comunicadores. Podemos llevar a quienes nos escuchan donde queremos que vayan si pueden "ver" lo que queremos decir.

Mi coautor dice que él les dice a los escritores noveles: "Cierren los ojos cuando no estén seguros de una palabra. ¿Pueden ver la palabra?". Les da una serie de palabras. Si él dice "árboles", eso no es visual porque es un término impreciso y general. Si él dice "roble" o "cedro", les ha dado una imagen. ¿Es sorprendente que Windows esté construido sobre íconos?

En el último capítulo destaco los cinco retos que los líderes del mañana enfrentan en todas las áreas de la iglesia.

17

NUEVOS ESTILOS DE LIDERAZGO

Como todos los judíos fieles, José y María llevaron a su hijo de doce años, Jesús, a la fiesta de la Pascua en Jerusalén (ver Lucas 2:41-52). Este no fue su primer viaje; de hecho, era un viaje que hacían cada año para seguir la ley del Antiguo Testamento. Por lo tanto, era una tradición: el modo en que hacían las cosas. La tradición no es mala, pero para algunas personas la repetición finalmente pierde su significado.

Voy a espiritualizar esta historia; es decir, voy a hablar de eventos y personas como si fueran simbólicos. Soy bastante consciente de que esa no era la intención de Lucas al escribir la historia. Pero al espiritualizarla, puedo usarla para mostrar la mentalidad de los nativos y los inmigrantes con más claridad.

José y María representan a la vieja iglesia, o los nativos. Jesús representa a los inmigrantes, o la nueva iglesia. En esta historia tan conocida, después de la fiesta los padres de Jesús se van y suponen que Jesús está con ellos. Mientras sus padres comienzan su regreso a Nazaret para vivir como siempre, Jesús se queda en Jerusalén. Está allí comenzando a cumplir su llamado.

Si quieres ser o buscas llegar a ser un líder del mañana, los siguientes son cinco retos que tienes que enfrentar:

1. Enfocar la mayoría de tus esfuerzos en el futuro.

2. Comprender la naturaleza fundamental del cambio.

3. Entender los sistemas complejos y cómo funcionan.

4. Examinar tu estilo de liderazgo.

5. Crear una visión compartida para construir puentes hacia el futuro.

Durante tres días, María y José ni siquiera saben que Jesús no está con ellos, lo cual es un modo de decir que muchas de nuestras iglesias ni siquiera saben que han dejado de ser eficaces. Aún siguen haciendo lo que hacían antes; para ellos, es hacer las cosas como siempre. Quizá hayan comenzado con emoción e innovación, pero no se dan cuenta de que han perdido la vanguardia.

¿Qué sucede cuando María y José descubren que el muchacho no está? Hacen lo que es obvio: le buscan entre lo familiar, entre amigos y familiares, pero Jesús no está ahí.

Piensan seriamente y regresan al lugar donde vieron a su hijo por última vez. Esto es como regresar al punto en que la iglesia perdió su innovación. Ellos finalmente lo encuentran y se sorprenden ante su descubrimiento.

Sucede en cuatro cosas en los versículos 46 y 47:

1. Jesús *escucha* a los líderes tradicionales: los sacerdotes y maestros.

2. Jesús *hace* preguntas.

3. Jesús *entiende* sus respuestas.

4. Jesús *les da* respuestas a ellos.

Notemos que Jesús hizo tres cosas antes de dar respuestas. Esa es la característica de los líderes del mañana eficaces.

Primero, si quieres ser ese tipo de líder, necesitas escuchar. Escucha lo que dicen las personas, especialmente las personas en tu congregación.

Segundo, después de haber escuchado, plantea preguntas para aclarar cosas. Sigue haciéndolo hasta que hayas planteado todas las preguntas relevantes.

Tercero, medita sus respuestas, y entiende los asuntos y las necesidades. No te apresures a resolver problemas o a dar buenos consejos. No hagas nada hasta que estés seguro de haber entendido la complejidad de la situación.

Finalmente, estás preparado para dar respuestas, pero solo después de haber recorrido los tres primeros pasos.

Los padres de Jesús regresan al lugar donde habían dejado a su hijo. Vuelven sobre sus propios pasos. En cuanto María ve a Jesús, pregunta: "¿Por qué nos tratas de esta manera?". Ella está haciendo la pregunta del "nosotros contra ellos". ¿Por qué nos tratas a *nosotros* de esta manera?

Este es el punto de tensión entre los nativos y los inmigrantes. Jesús realmente no responde, sino que señala que debe ocuparse de los negocios del Padre.

En la iglesia tradicional, existe tensión entre el negocio de la iglesia y el negocio del reino. El inmigrante está más orientado al reino, mientras que los nativos siguen estando encerrados en las tradiciones del pasado.

María y José solamente mueven la cabeza negativamente. No lo entienden. ¿Cómo podía este muchacho saber tanto y ser tan brillante? Ellos eran mayores y habían sido parte del sistema judío durante toda su vida. Sin embargo, él les estaba dejando en evidencia. Esa es una manera de decir que si los líderes del mañana esperan que los nativos entiendan el modo de pensar de los inmigrantes, ya pueden olvidarse. Con frecuencia, es imposible que los nativos hagan ese ajuste mental. Los líderes del mañana han aprendido a vivir con esta tensión entre los dos grupos. También es cierto que la mayor parte del tiempo los inmigrantes no entenderán a los nativos.

La nota de esperanza en esta historia es el modo en que termina. *"Luego regresó con sus padres a Nazaret, y vivió en obediencia a ellos. Y su madre guardó todas esas cosas en el corazón"* (Lucas 2:51 NTV). Una traducción más antigua dice que ella "meditaba en estas cosas".

María, la nativa, no solo ignoró o negó lo que había escuchado. Más adelante, cuando Jesús había terminado su ministerio y murió en la cruz, su madre estaba allí. En cierto modo la nativa había aprendido a pensar como una inmigrante.

Finalmente, quiero concluir dando a los líderes de iglesias cinco sugerencias para llegar a ser líderes eficaces de *fefutura*.

1. Enfocar la mayoría de tus esfuerzos hacia el futuro. Aunque exhorto a los líderes a pensar en el futuro, soy consciente de que la mayoría de sus seguidores están enredados en el presente. Están lidiando con conseguir que sus hijos lleguen a tiempo al entrenamiento de fútbol, pagar las deudas de sus tarjetas de crédito, recuperarse de un divorcio, o preocupados por llevar a un padre o a una madre a una residencia para ancianos. Los líderes eficaces reconocen todo esto e intentan estar disponibles para ayudar de cualquier modo posible. Mientras abrazan a quienes sufren, también mantienen una gran parte de su atención enfocada en el futuro. Necesitan ver las crisis que están muy por delante para que los miembros llenos de problemas puedan lidiar con ellas.

Necesitan prever los problemas y las oportunidades que la congregación enfrentará dentro de unas semanas o meses. Si están enfocados adecuadamente, los cambios drásticos no los tomarán por sorpresa, y tendrán a su gente preparada para lidiar con esos cambios.

2. Comprender la naturaleza fundamental del cambio. Aparecen nuevos paradigmas antes de que los necesitemos, y agarran por sorpresa a quienes no están preparados. Mantente en contacto con el mundo exterior, y no te permitas a ti mismo estar limitado a tu congregación o tu denominación. La mayor parte del tiempo, quienes no son parte del sistema presente introducen los cambios. Demasiados de quienes están dentro aceptan la vida tal como es y a menudo rechazan cualquier cosa que demande cambio.

Supongamos, por ejemplo, que tu nicho es la educación cristiana y sabes que necesitas hacer cambios importantes para poder ser plenamente eficaz. Piensa en incorporar a alguien que no sea parte de tu iglesia, pero que sea un especialista en educación cristiana. Tales personas pueden producir los mayores cambios en tu organización.

En Beulah Heights incorporamos a una nueva auditora, Maxine Marks, a quien contratamos de St. Elizabeth College en Nueva Jersey. Cuando Maxine se incorporó a nuestro personal, aportó una perspectiva fresca. "¿Por qué hacen eso? ¿Han pensado en…?". Ella cuestionaba nuestros procedimientos y actitudes, y nos enseñó métodos de contabilidad nuevos y mejores.

Una advertencia, desde luego, es que un equipo tiene que estar seguro de aceptar que entre alguien de fuera y haga cambios. Si los miembros del equipo están seguros y comprometidos a hacer todo lo posible, pueden solucionar todo eso e incluso celebrar el reto.

Tú, como líder, necesitas entender la naturaleza fundamental del cambio. Hazte la pregunta: "¿Qué es el cambio, y cómo produzco cambio?". Si eres un líder del mañana, harás que el cambio sea una parte importante de tu estudio. Tienes que convertirte en un especialista en el área del cambio, o tu liderazgo sencillamente no será eficaz en este siglo.

3. *Entender sistemas complejos y cómo funcionan.* ¿Cómo encaja tu iglesia en la comunidad? ¿Cómo encaja la comunidad en tu ciudad? ¿Cómo encaja la ciudad en el país? ¿Cómo todo eso regresa de nuevo a tu iglesia? ¿Cómo entrelazan sus vidas las personas en tu iglesia contigo y con tu personal? Cuando una familia atraviesa tiempos difíciles, ¿cómo se refleja eso en el modo en que funciona tu iglesia? Cuando entendemos

sistemas complejos y cómo se relacionan, podemos llegar a involucrarnos con eficacia en los sistemas y en el cambio.

4. *Examinar tu estilo de liderazgo.* Muy pocos líderes de iglesias se detienen para pensar atentamente en su estilo de liderazgo. Con frecuencia suponen que hay una sola manera de liderar y no cuestionan si podrían aprender un estilo mejor.

Sugiero que comiences con varias preguntas:

+ ¿Cuál es mi estilo de delegación?

+ ¿Lanzo trabajo o delego?

+ ¿Doy autoridad y después la reclamo?

+ ¿Necesito estar en control de cada situación?

Tú eres un líder, y nunca he conocido a un líder fuerte que no tuviera algunos problemas con el control. ¡Probablemente esa es una de las razones por las que eres un líder! La desventaja es que regresamos a la tapa o al techo del globo lleno de helio. Ese es el techo que hay sobre tu productividad.

Aquí tenemos algunas preguntas más de autoestudio:

+ ¿Administras bien tu tiempo?

+ ¿Eres organizado o descuidado?

+ ¿Comienzas cada día con una sensación de lo que necesitas lograr a continuación?

5. *Crear una visión compartida para construir puentes hacia el futuro.* El énfasis está aquí en la visión compartida. En la iglesia, las personas necesitan tu visión, pero también quiere tener voz en su futuro. Los líderes eficaces del mañana construyen puentes y alientan a otros a que les acompañan en el viaje para

cruzar el puente. Visiones compartidas significan: "No es mi visión; es nuestra visión".

Líderes que desarrollan líderes

Tengo una gran deuda con el Dr. John Maxwell. En el siguiente material, él nos ayuda a entender la diferencia entre líderes que desarrollan seguidores y líderes que desarrollan líderes.

Los líderes de *fefutura* en iglesias que crecen saben:

- Para *sumar* crecimiento, los líderes reúnen y forman seguidores; para *multiplicar* crecimiento, reúnen y forman a otros líderes.

- El 90 por ciento de todos los líderes reúnen seguidores y no líderes.

- Los líderes son difíciles de encontrar, difíciles de reunir, y difíciles de mantener.

- Los líderes que desarrollan seguidores *necesitan* que los necesiten; los líderes que desarrollan líderes *quieren* que los necesiten.

- Los líderes que desarrollan seguidores se enfocan las *debilidades* de las personas; los líderes que desarrollan líderes se enfocan en las *fortalezas* de las personas.

- Los líderes que desarrollan seguidores dedican su atención al 20 por ciento de abajo; los líderes que desarrollan líderes dedican su atención al 20 por ciento de arriba.

- Los líderes que desarrollan seguidores se elevan a sí mismos; los líderes que desarrollan líderes elevan a otros.

- Los líderes que desarrollan seguidores *pasan* tiempo con las personas; los líderes que desarrollan líderes *invierten* tiempo en las personas.

- Los líderes que desarrollan seguidores piden poco compromiso; los líderes que desarrollan líderes piden mucho compromiso.

- Los líderes que desarrollan seguidores lideran a todos de la misma manera; los líderes que desarrollan líderes lideran a cada uno de modo diferente.

- Los líderes que desarrollan seguidores influencian a la generación presente; los líderes que desarrollan líderes influencian a la generación siguiente.

Conclusión

Todo lo que vemos hoy se produjo porque alguien lo pensó primero. Eso es obvio, pero muchos de nosotros tendemos a olvidar lo que va antes de la acción. Pensar, contextualizar y planificar debe ir primero. He observado muchos líderes que se emocionan demasiado con la actividad (visible), pero tienen poca consideración por el pensamiento transformador (invisible). Participan rápidamente en "hacer que sucedan cosas" en lugar de quedarse atrás, y considerar el proceso y los efectos de su acción en los meses y años futuros.

Los líderes del mañana se enfocan en el futuro aunque saben que sus seguidores están inmersos en el presente.

Uno de los propósitos principales de este libro es subrayar la necesidad de maneras atípicas de pensar que conducen a diferentes conclusiones y, por lo tanto, imaginan nuevas estrategias. Así, el mañana nos llama a contextualizar el liderazgo y considerarlo un proceso en lugar de un conjunto de actividades.

Al avanzar hacia el mañana con nuestro liderazgo, estas son dos cosas que necesitamos mantener en un primer plano:

1. Las tareas de liderazgo nunca terminan. Como agentes de cambio, seguimos siendo parte del proceso.

2. Nuestros pensamientos y procesos muestran integridad solamente si nuestro estilo de vida es coherente con esos pensamientos y procesos. Esto significa que no es lo que *hacemos* tanto como lo que *somos*. Cambiamos el énfasis de *hacer* a *ser*.

Al igual que los líderes entran en un nivel diferente de liderazgo cuando pasan de proyectos (qué) a personas (quién).

La iglesia del mañana te invita a hacer este viaje emocionante donde la pequeña criatura de la película *ET* no puede llevarte, pero Dios sí puede.

EPÍLOGO

DR. JOHN C. MAXWELL

Cuando estudio liderazgo, especialmente en la iglesia y ministerios relacionados con la iglesia, a menudo me sorprende la falta de planificación intencional y deliberada para el futuro. Quiero alentarte a reflexionar en lo que acabas de leer. *La iglesia del mañana* nos recuerda que el cambio no es una opción, sino que tenemos que tomar decisiones cuando se trata de cómo reaccionamos al cambio. Al reflexionar y actuar en consonancia con las palabras del Dr. Chand, puedes decidir responder proactivamente al horizonte cambiante. Puedes planear de modo intencional y deliberado para tu futuro y el futuro de tu ministerio.

Junto con la información profunda y práctica del Dr. Chand, hay tres cosas que te insto a pensar y poner en acción:

1. *Recuérdate* a ti mismo que el futuro ya está aquí.

2. *Observa* las tendencias emergentes (capítulo 14).

3. *Estudia* los cinco reclamos principales (capítulo 15).

El futuro está aquí

Para obtener resultados diferentes, debemos hacer cosas diferentes. Pero muchas veces veo a personas lanzarse a un enfoque o método simplemente debido a su novedad. Se convierten en seguidores de modas. Las iglesias que quieran prosperar no comprarán las tendencias solamente debido a su novedad. En cambio, los líderes perspicaces de *fefutura* sabrán por qué quieren hacer las cosas de modo diferente. Preguntarán: "¿Cómo nos afectará esto ahora y en el futuro?".

El futuro no es una entidad ambigua que está ahí fuera. El futuro ya está llamando a tu puerta mientras lees este libro. Esto te deja con una pregunta: "Ahora, ¿qué?".

Observar las tendencias emergentes

Las tendencias emergentes nos preparan para un liderazgo relevante. Al hablar con líderes en todo el mundo, a menudo tengo ganas de preguntar: "¿No lo viste llegar? ¿Cómo pudiste pasarlo por alto?". Quizá pasan por alto tendencias porque no las buscan intencionalmente.

Revisa tu cinturón de herramientas. Es más pesado ahora que cuando comenzaste a leer este libro, ¿cierto?

Siempre están surgiendo nuevas maneras de enmarcar el mundo, los patrones de comunicación siguen en movimiento, y el liderazgo se afirma de maneras nuevas. No ser observador es como reparar un automóvil en el presente con herramientas que se utilizaban para autos fabricados hace treinta años. Si trabajamos duro con una energía febril con esas herramientas, podemos hacer que el vehículo circule, aunque no bien. Ejercemos un esfuerzo máximo, pero obtenemos resultados mínimos.

Este libro te equipa con las herramientas actuales que necesitarás para hacer tu trabajo hoy y mañana. Utiliza estas herramientas para identificar tendencias en tu misterio y en la comunidad.

Estudiar los cinco reclamos principales

El Dr. Chand enumera los cinco reclamos principales como compasión, comunidad, reto, sensatez y compromiso. Estos son los reclamos que hacen a las personas pasar a la acción. Si tú, como líder de *fefutura*, decides cuál es tu reclamo, personalizas tu enfoque y creas un plan, puedes pasar de ser una iglesia que va a la deriva a ser una congregación creciente e intencional.

Si quieres ser un líder de *fefutura* y quieres que tu iglesia se desarrolle, asegúrate de que los líderes en todos los niveles dentro de tu esfera de influencia también conozcan y entiendan estos principios. Equípalos y permíteles que estén a tu lado mientras preparan juntos a su iglesia para el futuro.

CONCORDANCIA DE TÉRMINOS

ACERCA DEL DR. SAMUEL R. CHAND

Mentor internacional de pastores y líderes, el Dr. Samuel R. Chand es el estratega del cambio que ha contribuido al exitoso liderazgo de miles de ministros y empresarios. Uno de los 30 principales gurús de liderazgo en el mundo, es distinguido por sus soluciones sencillas y prácticas que producen grandes resultados. Ha servido como pastor principal, presidente de una universidad, y rector. Conduce conferencias nacionales e internacionales, foros ejecutivos, y otros eventos de liderazgo, además de ofrecer mentoría y consultas individuales. Su misión personal es ayudar a otros a alcanzar el éxito, y se llama a sí mismo "Liberador de Sueños".

Su trasfondo académico incluye un doctorado honorario en Divinidades de Heritage Bible College, una maestría en Consejería bíblica de Grace Thelogical Seminary, una licenciatura en educación bíblica de Beulah Heights College y una licenciatura de la Universidad Lucknow de India. Es autor de numerosos libros, entre ellos, *Quién sostiene tu escalera, Qué mueve tu escalera, Liderazgo Acelerado*, e *Inspira*.

El Dr. Chand está casado con Brenda, y tienen dos hijas: Rachel y Deborah.

Para más información, visite www.samchand.com.

ACERCA DE CECIL MURPHEY

Cecil Murphey es un galardonado autor, maestro y orador con una extensa trayectoria que incluye una gran diversidad de géneros: biografía, memorias, ficción, inspiracional, cristiano, y otros, incluyendo varios éxitos de ventas. Ha sido co-autor de conocidas figuras como Don Piper, Ben Carson, Franklin Graham y el obispo Eddie Long, entre otros.

Antes de lanzar su carrera como escritor a tiempo completo, Cecil Murphey sirvió como pastor en Atlanta durante catorce años, y misionero en Kenia por seis años. Tiene una licenciatura y una maestría en Educación, y una maestría en Divinidades.

Puede contactar con Cecil Murphey en su página web: www. cecilmurphey.com o por correo electrónico en cec_haraka@ msn.com.

Inspira

ISBN: 978-1-64123-104-6

La cultura organizacional puede acelerar o desacelerar la visión del líder.

Durante muchos años, la cultura organizacional ha estado basada en líderes autoritarios dándoles prioridad a productos y servicios. Hoy ese concepto no da los resultados deseados.

La cultura, no la visión ni la estrategia, es el factor más poderoso de una organización. Las personas, no los productos ni los servicios, son el activo más valioso.

En una cultura organizacional guiada por la inspiración, se establecen metas altas y se proveen los recursos para alcanzarlas; reina la creatividad y se ven las fallas como parte de crecer; la comunicación fluye por encima de los desacuerdos; y los líderes celebran el éxito con toda la organización.

8 Pasos para alcanzar tu destino
ISBN: 978-1-62911-758-4

Ningún líder está inmune a las circunstancias cambiantes que desafían su progreso profesional y organizacional. El aviso de tormentas, junto a la preparación adecuada, hacen la diferencia entre desastre y éxito.

Con la riqueza de ejemplos de las principales organizaciones, Samuel R. Chand ofrece una base sólida para preparar a los líderes para las dificultades. Ya sea que dirijas un ministerio o una empresa, *8 pasos para alcanzar tu destino* te dará introspectiva en los 8 asuntos que todo líder enfrentará, tales como obtener el máximo de las personas, diez herramientas para ganar perspectiva, discernir el cambio de pasiones, por qué preparar es más importante que planificar y explorar nuevas posibilidades

8 Pasos para alcanzar tu destino es una referencia necesaria que te ayudará a equipar tu organización para el éxito futuro.